U0519760

陈祖武学术文集

乾嘉学术编年
（下册）

陈祖武 著

商务印书馆
创于1897 The Commercial Press

嘉庆元年丙辰　1796年

正月，王念孙著《广雅疏证》，历时十年，喜获蒇事。据王念孙《王石臞先生遗文》卷二《广雅疏证序》记：

  昔者周公制礼作乐，爰著《尔雅》，其后七十子之徒，汉初缀学之士，递有补益。作者之圣，述者之明，卓乎六艺群书之钤键矣。至于旧书雅记，诂训未能悉备，网罗放失，将有待于来者。魏太和中，博士张君稚让，继两汉诸儒后，参考往籍，遍记所闻，分别部居，依乎《尔雅》，凡所不载，悉著于篇。其自《易》《诗》《书》"三礼""三传"，经师之训，《论语》《孟子》《鸿烈》《法言》之注，《楚辞》、汉赋之解，谶纬之记，《仓颉》《训纂》《滂喜》《方言》《说文》之说，靡不兼载。盖周、秦、两汉古义之存者，可据以证其得失，其散逸不传者，可藉以窥其端绪，则其书为功于诂训也大矣。念孙不揆梼昧，为之《疏证》，殚精极虑，十年于兹。以诂训之旨，本于声音，故有声同字异，声近义同，虽或类聚群分，实亦同条共贯。譬如振裘必提其领，举网必挈其纲，故曰本立而道生，知天下之至啧而不可乱也。此之不寤，则有字别为音，音别为义，或望文虚造而违古义，或墨守成训而鲜会通，易简之理既失，而大道多岐矣。今则就古音以求古义，引伸触类，不限形体，苟可以发明前训，斯凌杂之讥，亦所不辞。其或张君误采，博考以证其失，先儒误说，参酌而寤其非，以燕石之瑜补荆璞之瑕，适不知量者之用心云尔。张君进表，《广雅》分为上中下，是以《隋书·经籍志》作三卷，而又云梁有四卷，不知所析何篇。隋曹宪《音释》，《隋志》作四卷，《唐志》作十卷，今所传十卷之本，音与正文相次。然《馆阁书目》云，今逸，但存音三卷。是音与《广雅》别行之证，较然甚明，特后人合之耳。又宪避炀帝讳，始称《博雅》，今则仍名《广雅》，而退音释于后，从其朔也。宪所传本，即有舛误，故音内多据误字作音，《集韵》《类篇》《太平御览》诸书所引，其误亦或与今本同，盖是书之讹脱久矣。今据耳目所及，旁考诸书，以校此书。凡字之讹者五百八十，脱者四百九十，衍者三十九，先后错乱者百二十三，正文误入音内者十九，音内字误入正文者五十，辄复随条补正，详举所由（《广雅》诸刻本，以明毕效钦本为最善，凡诸本皆误而毕本未误者，不在补正之列）。最后一卷，子引之尝习其义，亦即存其说，窃放范氏《穀梁传集解》子弟列名之例。博访通人，载稽前典，义或易晓，略而不论，于所不知盖阙如也。后有好学深思之士，匡所不及，企而望之。嘉庆元年正月叙。

正月九日，段玉裁有书致邵晋涵，代顾广圻乞《尔雅正义》，并告卢文弨病逝及有关江南学人近况。

据刘盼遂《经韵楼文集补编》上《与邵二云书二》记：

> 愚弟段玉裁顿首，上二云大兄先生阁下：上年，舍亲史名瑾者入都，曾奉书及《戴东原集》，曾否收到？迩来想新祉便蕃，起居万安，玉裁愧不能亲炙细读也。闻以《宋史》自任，不知何日可成。令郎于《宋史》之学亦深，想必相得益彰。将来删削繁芜，继踪马、班，能令郎人尚及见否？玉裁前年八月，跌坏右足，至今成废疾。加之以疮，学问荒落，去年始悉力于《说文解字》。删繁就简，正其讹字，通其义例，搜转注、假借之微言，备故训之大义，三年必可有成，亦左氏失明、孙子膑脚之意也。小婿龚丽正者，屺怀之子，考据之学，生而精通，大兄年家子也，更得大兄教诲之，庶可成良玉。苏州有博而且精之顾广圻，字千里，欲得尊著《尔雅疏》一部，望乞之为祷，即交小婿邮寄可也。《东原集》三部附上。丁小山兄，去冬于杭城乃得相识。抱经先生已归道山，可叹可叹。梁伯子著《人表考》《史记志疑》二书，该洽之至，想已看过矣。肃候近安，诸惟丙鉴不一。玉裁顿首。

周书昌先生无恙否？朱少白兄祈叱致。章实斋亦不得其消息。（原注：正月九日。）

正月十五日，阮元为陈鳣《论语古训》撰序。
据陈鸿森《阮元揅经室遗文辑存》卷上《论语古训序》记：

> 海宁陈君鳣，撰《论语古训》十卷。于《集解》所载之外，搜而辑之，且据石经、皇侃《义疏》，山井鼎、物观诸本，订其讹缺而附注于下。元在京师，获见稿本，今来浙，而是书付刻初成。元幼习是经，往往蓄疑于心而莫能释，及取包、郑诸君之注而考之，颇恚然尽解。……学者知有古训，进而求之，可以得经文之精微，识圣人之旨趣，所以益身心而正性命者，非浅小矣。陈君精于六书，尝著《说文解字正义》，又以《说文》九千言，以声为经，偏旁为纬，辑成一书，有功学者益甚。元乐其《古训》之既版行，尤望其以《说文》付梓，庶几为声音训诂之学者，事半而得功倍也。嘉庆元年正月上元日，学使者仪征阮元序。（原注：录自陈鳣本书卷首）

正月十七日，段玉裁有书致刘台拱，告注《说文解字》及一应近况。
据刘盼遂《经韵楼文集补编》下《与刘端临第十四书》记：

> 献岁发春，新祉骈集，老伯母大人福履亨嘉，贺贺。弟到今疮不痊愈，客冬至今，勉治《说文解字》，成第二篇之上卷。胸中充积既多，触处逢源，无所窒碍，言简而明。此书计三年可成，足以羽翼汉注，足以副同志之望，看来有必成之势矣。……年来新知所得，可以入拙书者，盡抄寄数则付之。弟脚尚痛而不可耐，疮未愈而将痊，书未成而志在必成。弟意随时修改，不必汲汲于刊板也。苪字下曰（原作四，误，径改。——引者。）："五行之数，廿分为一辰。"此语有他证否？可得其解否？杭州梁伯子《史记志疑》（"志"字原作"质"，误，径改。——引者。）、《古今人表考》二书，甚详，可谓博极矣。臧在东书来，近状好。抱经先生径归道山，终于常州寓馆，亦可伤也。其身后惟有书耳，不知书籍作何等归宿。家严托庇

康健，命笔候安。弟懒于作札，故迟迟至今，乃一为之。

案：此札又见刘文兴《刘端临先生年谱》嘉庆元年四十六岁条。惟无"家严"以下廿四字，作"令郎想甚好，庸夫子读书何如"。札末署"丙辰正月十七日"。

二月二日，仁宗颁谕，斥责地方乡试命题失当，表示将一如其父，"敦尚经义，崇实黜华"。

据《仁宗实录》卷二嘉庆元年二月戊寅条记：

> 谕内阁：本日覆勘试卷大臣，进呈广东、四川等省乡试各卷。朕披阅各该省所出"四书"题、"五经"题，多涉颂圣，诗题亦系习见语，殊属非是。试官简抡人才，出题考试，固不可竞尚新奇，然亦须择其题句足以发挥义理、敷陈经术者，方可征实学而获真才。……嗣后各省乡试派出试官，及各省学政所出题目，务将"四书""五经"内义旨精深，及诗题典重者，课士衡文，用副朕敦尚经义，崇实黜华至意。

春，焦循在浙江学政阮元幕，致书刘台拱，再斥以考据名学之非。

据《雕菰集》卷十三《与刘端临教谕书》记：

> 先生之学，久闻汪君容甫言之。己酉之春，曾乞容甫札，求谒左右。后未果渡江，至今殊歉歉也。迩因阮学使之约，客游于越。适程君中之自丹徒来，道先生知鄙人名，且索拙作《宫室图》。谨以一部呈上，幸进而教之也。循谓经学之道，亦因乎时。汉初，值秦废书，儒者各持其师之学。守之既久，必会而通，故郑氏注经，多违旧说。有明三百年来，率以八股为业，汉儒旧说，束诸高阁。国初，经学萌芽，以渐而大备。近时数十年来，江南千余里中，虽幼学鄙儒，无不知有许、郑者。所患习为虚声，不能深造而有得。盖古学未兴，道在存其学，古学大兴，道在求其通。前之弊患乎不学，后之弊患乎不思。证之以实而运之于虚，庶几学经之道也。乃近来为学之士，忽设一考据之名目。循去年在山东时，曾作札与孙渊如

观察，反复辨此名目之非。盖儒者束发学经，长而游于胶庠，以至登乡荐，入词馆，无不由于经者。既业于经，自不得不深其学于经。或精或否，皆谓之学经，何考据之云然！

二月，焦循致书钱大昕，谢为《释弧》撰序，随信送《群经宫室图》一部，并请教新著《释轮》中未明诸处。

据《雕菰集》卷十四《上钱辛楣少詹事论七政诸轮书》记：

> 所呈《释弧》三卷，蒙赐览，并给序文，不胜愧谢之至。循又有《释轮》二篇，明七政诸轮所以用弧三角之理。以有数条未能以旧说为信，请以就正有道。

钱大昕接信并《群经宫室图》，复书焦循，绍介循与其弟子李锐相识。

据《焦氏遗书·释轮》卷首载钱大昕复书记：

> 接读手教，如亲謦欬。前于黄宗易处，已领得大制《宫室图》，兹复见惠，已分一部致李生尚之，并将尊札付其阅看。伊亦深佩服，以不得握手为恨。所论月五星诸轮，推阐入微，以实测之数，假立法象，以求其合，尤为洞澈根原。弟衰病不能进于此道，当赖英绝领袖之耳。舍弟在幕，想时亲高论。兹托蒋生于野附致寸函，并候起居不戬。弟大昕顿首。

三月，章学诚为汪辉祖《史姓韵编》《二十四史同姓名录》撰序，并致书汪氏，批评一时学术风气，喻为"桑蚕食叶而不能抽丝"。

据《章氏遗书》卷八《史姓韵编序》记：

> 吾友龙庄先生，悖行工文。初以名幕成名进士，试为州县，以名宦闻。究以直道龃龉，投劾归里。著书满家，多孝友蕴积及恺惠绪言。其书布粟而不雕绘，识者称之。又以其余力，为《史姓韵编》及《二十四史同姓名录》二书，以备读史者之稽检。……夫史之大忌，文繁事晦。史家列传，

自唐宋诸史，繁晦至于不可胜矣。使欲文省事明，非复《人表》不可。而《人表》实为治经业史之要册，而《姓编》《名录》，又《人表》之所从出也。故曰专门之学，不可同于比类征事书也。

又据同书卷九《与汪龙庄书》记：

《韵编》《名录》两书共制一序，非习懒也。序意发明，实为史学大关键。俾阅是两书者，大开眼孔，知有经史专门之学……方为不负吾兄十数年功力。不知有当吾兄尊旨否也。近日学者风气，征实太多，发挥太少，有如桑蚕食叶而不能抽丝。故近日颇劝同志诸君多作古文辞，而古文辞必由纪传史学进步，方能有得。盖古人无所谓古文之学，但论人才，则有善于辞命之科。而《经解》篇言"比事属辞，《春秋》教也"，因悟《论语》"不学《诗》，无以言"，诵《诗》不能专对，虽多奚为？乃知辞命之文，出于《诗》教；叙事之文，出于《春秋》比事属辞之教也。左丘明，古文之祖也，司马因之而极其变；班、陈以降，真古文辞之大宗。至六朝古文中断，韩子文起八代之衰，而古文失传亦始韩子。盖韩子之学，宗经而不宗史，经之流变必入于史，又韩子之所未喻也。近世文宗八家，以为正轨，而八家莫不步趋韩子。虽欧阳手修《唐书》与《五代史》，其实不脱学究《春秋》与《文选》史论习气，而于《春秋》马、班诸家相传所谓比事属辞宗旨，则概未有闻也。八家且然，况他人远不八家若乎！拙撰《文史通义》，中间议论开辟，实有不得已而发挥，为千古史学辟其蓁芜。然恐惊世骇俗，为不知己者诟厉，姑择其近情而可听者稍刊一二，以为就正同志之质，亦尚不欲遍示于人也。然大旨终不能为知好者讳，辄因大刻序言史学，亦开凿新论之一端，故云云之多至于此也。

三月十八日，章学诚致书孙星衍，述《湖北通志》馆中委曲，并及《史籍考》底稿暨《文史通义》初刻事。

据陈烈《田家英与小莽苍苍斋》第一篇《小莽苍苍斋收藏管窥》录

章氏书札记：

　　学诚顿首奉书渊如观察大人阁下：丁未杪冬，长安街上拱手为别，转盼十年。云泥愈远，则音问愈疏，每望北风，辄深延跂也。前闻分藩兖沂，风清齐鲁，诗书雅化，倡动列城。政理多暇，游心文墨，导率宾从，补苴宇宙间绝大著述，度此后十年内外坛坫，继武弇山，使海内人士以为如彼教之传灯不断，岂非一时之盛事哉！虽然，不可以不慎也。吏治民生，簿书案牍，鸿纤委折，必有得其肯綮，使若庖丁游刃而后心有余闲，乃得遂其千秋之业。鄙尝推论，古今绝大著述，非大学问不足攻之，非大福泽不足胜之。此中甘苦，非真解人不能知也。鄙人楚游，前后五载，中间委曲，一言难尽。大约楚中官场恶薄，天下所无，而游士习气，亦险诈相倾，非弇山先生定识不摇，则积毁销骨，区区无生全理矣。《湖北通志》体大思沉，不愧空前绝后之目（原注：弇山先生云尔）。而上自抚藩，下至流外微员，标营末弁，莫不视为怪物。天下真是真非，谁与辨之？其创条发例，不但为一省裁成绝业，亦实为史学蚕丛开山。如弇山先生征苗奏凯，仍还武昌，此事尚可申白，否则惟恳祖方伯（原注：敝同年）钞一副本寄京，知必有赏音者矣。昔兖沂曹龚观察，曾以《三府合志》见示，其意甚善，而书不甚佳。岂椎轮初试，待贤观察为踵事之华，我辈得与闻讨论乎？如何如何，幸熟图之。《史考》底稿已及八九，自甲寅秋间，弇山先生移节山东，鄙人方以《通志》之役，羁留湖北，几致受楚人之钳。乙卯方幸弇山复镇两湖，而逆苗扰扰，未得暇及文事。鄙人狼狈归家，两年坐食，困不可支，甚于丁未扼都下也。今遣大儿赴都，便道晋谒铃阁，幸推屋乌之爱，有以教之，无任感荷。日内俗冗纷扰，一切不及详悉，但令儿子面陈，可识数年来笔墨所不尽之悰也。近刻四卷，附呈教正。本不自信，未敢轻灾梨枣，无如近见名流议论，往往假藉其言，而实失其宗旨。是以先刻一二，恐其辗转或误人耳，览之想拊掌也。章学诚载拜，三月十八日灯下。

　　五月，阮元为段玉裁《周礼汉读考》撰序，表彰段氏治经业绩，力主"训诂必宗汉人"。

据《周礼汉读考》卷首阮元《序》记：

> 稽古之学，必确得古人之义例，执其正，穷其变，而后其说之也不诬。政事之学，必审知利弊之所从生，与后日所终极，而立之法，使其弊不胜利，可持久不变。盖未有不精于稽古，而能精于政事者也。言韵者多矣，顾《诗》三百篇，人人读之，而能知三百篇之韵者，或未之有也。《说文解字》一书，人人读之，而许氏全书之例未之知，则许之可疑者多矣。训诂必宗汉人，汉人之说经传也，或言读为、读曰，或言读如、读若，或言当为。作义疏者一切视之，学者概谓若今之音切而已，其诬古不亦甚哉！圣朝右文，超轶前古，淳气郁积。金坛段若膺先生生于其间，覃摩经籍，甄综百氏，聪可以辨牛铎，舌可以别淄、渑，巧可以分风擘流，其书有功于天下后世者，可得而言也。……而一行作吏，即引疾养亲，食贫乐道，二十年所矣，其诸所得于己者深欤。先生说经之书，尚有《毛诗训诂传微》《毛诗小学》《古文尚书撰异》，皆深识大源，不为亿必之言，行将尽以饷学者云。

夏，洪亮吉为惠栋遗著《后汉书训纂》撰序。

据《卷施阁文甲集》卷九《惠定宇先生后汉书训纂序》记：

> 惠定宇先生以经学名东南。其所著《九经古义》《易汉学》《明堂大道录》等，精博有过阎、顾诸君。余昨著《左传诂》一书，采先生之说为多，今又得读《后汉书训纂》，而知先生之史学亦非近时所能及也。此书皆先生采缀众家，凡有异同增损，皆摘录入卷中。其门下再传弟子朱邦衡，为之缮写补缀，汇为一编。仍有签识某书某卷未经录入者，吾友桂进士未谷，复为补成之。定本既出，适吴念湖司马入都，爱力任剞劂之事，濒行复索序于余。时司马刊阎百诗《古文尚书疏证》甫竟，复能以余力校刊此书，公诸同好，是亦今之汲古主人矣。

> 余尝慨世之读史者类多耳食，每以谢承诸人所撰《后汉书》为过于范史，尝细校之，而后知蔚宗去取之精，决择之慎，有非诸家所可同日语者。就诸家之中，谢承最有名，又最先出，而其纰缪已非一端可竟，又况华峤、袁山松、谢沉、薛莹诸人，年代较远者乎！试举一二端言之。……今先生所纂，于十六家《后汉书》，皆条采之，而不专主其说，间为举正其误，又可云先获我心者矣。
>
> 余于《后汉书》中，又尝有蓄疑数十事，及后校刊他书，而忽觉冰释者，亦不妨略举一二焉……窃谓当梁陈时，众家之书俱在，故三家所注卷帙繁衍若此。今先生独能于残阙之余，网罗散失，虽仅得若干卷，而其难有十倍于王、刘者，当不独钦先生之学识，并可以鉴先生之苦心矣。
>
> 余近又尝以《水经注》校范书及《续志》，增益二十余事，以《前汉书》《三国志》《宋书》校范书、《续志》，举正亦不下数十事。他日当质之吴、桂二君，或可附先生之书以行也。时嘉庆元年，岁在丙辰，夏至后五日。

六月十五日，邵晋涵病逝于北京。

据钱大昕《潜研堂文集》卷四十三《日讲起居注官翰林院侍讲学士邵君墓志铭》记：

> 嘉庆纪元之春，余姚邵君二云自左庶子擢翰林院侍讲学士，兼文渊阁直阁事。……回翔清署二十有余年，至是始转四品，乃以编书积劳成疾。疾且愈矣，医者误投药，遂不起，实六月十五日，春秋五十有四。讣至吴下，予为位哭之恸。……君讳晋涵，字与桐，二云其号。……于戏！自四库馆开，而士大夫始重经史之学，言经学则推戴吉士震，言史学则推君。君于国史，当在儒林、文苑之列，朝野无间言，而知之最先者，予也。予比岁衰病，尝预戒儿辈，必求二云铭我。孰意天实祝予，转以才尽之笔，纳君穿中也。此所以泫然而失声也。

又据洪亮吉《卷施阁文甲集》卷九《邵学士家传》记：

于学无所不窥，而尤能推求本原，实事求是。盖自元明以来，儒者务为空疏无益之学，六书训诂，屏斥不谈，于是儒术日晦，而游谈垄兴。虽间有能读书如杨慎、朱谋㙔者，非果于自用，即安于作伪，立论往往不足依据。迨我国家之兴，而朴学始辈出，顾处士炎武、阎徵君若璩首为之倡，然奥窔未尽辟也。乾隆之初，海宇乂平，已百余年，鸿伟傀特之儒接踵而见，惠徵君栋、戴编修震，其学识始足方驾古人。及四库馆之开，君与戴君又首膺其选，由徒步入翰林，于是海内之士知向学者，于惠君则读其书，于君与戴君则亲闻其绪论，向之空谈性命及从事帖括者，始骎骎然趋实学矣。夫伏而在下，则虽以惠君之学识，不过门徒数十人止矣。及达而在上，其单词只义，即足以歆动一世之士。则今之经学昌明，上之自圣天子启之，下之即谓出于君与戴君讲明切究之力，无不可也。

君于经深"三传"、《尔雅》，成进士以后，未入馆以前，以宋邢昺疏义芜浅，遂别为《尔雅正义》一书。亮吉始识君，与同客安徽学使者署，见君一字未定，必反覆讲求，不归于至当不止。如以九府之梁山为即今衡山，《释草》繁菟葵即今欵东，皆同客时所订定，而亮吉等亟叹以为绝识者也。服官后，又为《孟子述义》《穀梁古注》《韩诗内传考》，并足正赵岐、范甯及王应麟之失，而补其所遗。

君又病《宋史》是非失实，且久居山阴四明之间，习闻里中诸老先生绪言，遂创为《南都事略》一编。君尝谓人曰："南宋诸传，最无理法。其稿创于袁桷。桷与史氏中外，故于甬东诸人，多乡曲之私。"今读南宋诸杂史及桷《清容集》，君说信然。熟精前明掌故，每语一事，辄亟称刘先生宗周、黄处士宗羲，盖君史学所本，而又心仪其人，欲取以为法者也。外又有《方舆金石编目》《皇朝大臣谥法录》《輶轩日记》《南江文稿》《南江诗稿》等。若奉命校秘阁书，如薛居正《五代史》等，皆君一手勘定。分校石经，君职《春秋三传》，所正字体，亦校他经独多。生平为文，操笔立就，有大述作，咸出君手。其冲和渊懿，奥衍奇古，则又君之学为之也。

七月十五日，应严元照之请，钱大昕为严著《娱亲雅言》撰序，主张为学勿存门户。

据《潜研堂文集》卷二十五《严久能娱亲雅言序》记：

今海内文人学士，穷年累月，肆力于铅椠，孰不欲托以不朽？而每若有不敢必者，予谓可以两言决之，曰多读书而已矣，善读书而已矣。胸无万卷书，臆决唱声，自夸心得，纵其笔锋，亦足取快一时，而沟浍之盈，涸可立待。小夫惊而舌挢，识者笑且齿冷，此固难以入作者之林矣。亦有涉猎今古，闻见奥博，而性情偏僻，喜与前哲相龃龉。说经必诋郑、服，论学先薄程、朱，虽一孔之明非无可取，而其强词以求胜者，特出于门户之私，未可谓之善读书也。唐以前说部，或托《齐谐》《诺皋》之妄语，或扇高唐、洛浦之颓波，名目猥多，大方所不屑道。自宋沈存中、吴虎臣、洪景卢、程泰之、孙季昭、王伯厚诸公，穿穴经史，实事求是，虽议论不必尽同，要皆从读书中出，异于游谈无根之士，故能卓然成一家言，而不得以稗官小说目之焉。苕溪严久能氏，少负异才，濡染家学，所居芳茮堂，聚书数万卷，多宋元椠本。久能寝食于其间，漱其液而哜其胾，中有所得，质之尊人茂先翁，许诺而谨书之。积久成帙，名之曰《娱亲雅言》，贻书乞予序其端。夫古之娱亲者，牵车负米，奔走千百里，契阔跋涉，以谋菽水之欢。而严氏之娱，近在庭闱，以图籍为兼珍，以辩难为舞彩，此其娱有出于文绣膏粱之外者矣。以读书为家法，而取之富，而择之精，吾恶能测久能之所至哉！

案：久能当作九能。据《娱亲雅言》卷首所录钱大昕序，系是年七月望日，撰于苏州紫阳书院之春风亭。

七月二十七日，钱大昕就《娱亲雅言》致书严元照，重申不可轻议宋儒。

据严元照《悔庵学文》卷首录钱大昕书记：

季夏承示《雅言》三卷，考证精核，不愧作者。兹复诵第四卷，益钦撰述之勤。拙序已经脱稿，缘付来纸格一时检寻未得，另写一本呈上，俟寻得后，再录一本奉寄，何如？大制讽诵再四，其中有刍荛之见，粘签以备采择。于纠正宋儒处，尚希词意含蓄为妙。弟于经典诂训，笃信汉儒，不喜后来新说，然亦未尝轻议宋儒者。是非久而自明，专尚攻讦，非长厚之道，徒足取骇于俗目，并望同志共守此约耳。……九能大兄先生，弟钱大昕顿首，七月二十七日。

九月九日，庄述祖初成《夏小正经传考释》。
据《夏小正经传考释》卷首《序一》记：

《夏小正》经传之分，自宋傅崧卿始。《隋经籍志》：《夏小正》一卷，戴德撰，与《大戴礼记》十三卷别行。傅崧卿得其本于关涪，校以集贤所藏《大戴礼》，以为《小正》夏书，德所撰传尔，谓之《夏小正戴氏传》。其实不然。《夏小正》于《别录》，当属《明堂阴阳》，礼家录之，谓之《礼记》，非戴氏作也。太史公曰："孔子正夏时，学者多传《夏小正》。"盖孔子得夏四时之书而正之，是为《夏时》。其传为《夏小正》，自汉以来，不详其所授受。崧卿仅得一错讹旧帙，独参考慎择而厘析之，诚异于俗学所为。间误以经为传，以传为经，疑传之失本旨，终莫能有所是正。然赖以知古经，犹幸未泯灭，不得概视为传记之书。彼其表章之功，顾又何可少哉。《礼运》记云："孔子曰，我欲观夏道，是故之杞而不足征也，吾得《夏时》焉。我欲观殷道，是故之宋而不足征也，吾得《坤乾》焉。《坤乾》之义，《夏时》之等，吾以是观之。"郑康成以为其书存者有《小正》、《归藏》。《隋经籍志》云，《归藏》伪妄之书（《隋志》：《归藏》十三卷，晋太尉参军薛贞注。宋《中兴书目》有初经、齐母、本著三篇，今佚）。是孔子所以观夏殷之道者，其幸而仅存于今，惟《夏小正》而已。世所传《夏小正》既传写失真，今以古文大小篆校正其经文共四百六十五字，定为《夏时》。而以《夏小正》为传，考其异同，释其义例，名曰《明堂阴阳夏小正经传考释》。《大戴礼》卢辩注,(《周书》本传云:卢辩字景宣,范阳涿人,博通经籍,为太学博士,以《大戴礼》未有解诂,乃注之。其兄景裕谓曰,昔侍中注《小戴》,今尔注《大戴》,庶纂前修矣。累迁尚书右仆射,进位大将军,卒谥曰献。《北史》同。《北史·儒林传》云,永熙中,孝武释奠于国学,又于显阳殿诏中书舍人卢景宣讲《大戴礼·夏小正篇》。《魏书》同。王应麟《困学纪闻》云,《大戴礼》卢辩注,非郑氏。朱文公引《明堂篇》郑氏注云,法龟文。未考《北史》也。)《夏小正》阙不具,关沧本有注并音,傅崧卿所云旧注是也。亦间见于它书所引,今以某本某书注别之,未敢质为卢注也。傅崧卿字子骏,山阴人,宋政和中为考功员外郎。林灵素作《神霄录》,公卿以下群造其庐拜受,崧卿与李纲、曾几移疾不行,为所谮,出为蒲圻县丞,后官至给事中。见王应麟《困学纪闻》及《宋史·曾几传》。崧卿自序,题宣和辛丑,盖谪蒲圻时作也。重其掇遗经于废坠之余,以扶绝学,故备论其世云。嘉庆元年九月九日,庄述祖谨序。

九月十二日,章学诚有书致朱珪,欲借朱助觅一书馆,以完成《史籍考》。

据《章氏遗书》卷二十八《上朱中堂世叔书》记:

欣闻擢长三省,仍兼节制两川,福星一路,即以福星天下……楚中教匪,尚尔稽诛。奔山制府,武备不遑文事。小子《史考》之局,既坐困于一手之难成,若顾而之他,亦深惜此九仞之中辍。迁延观望,日复一日。今则借贷俱竭,典质皆空,万难再支。祇得沿途托钵,往来于青、徐、梁、宋之间,惘惘待饩来之馆谷,可谓惫矣。但春风拂面,朋友虽多,知己何人!关心最切?近闻河南大梁书院、直隶莲池书院,现在院长,河南则沈给事步垣,直隶则邵中书瑛也,……阁下于梁制府、景抚军处,度其易为力者,即赐邮书推荐,当有所遇。……夫以流离奔走之身,忽得藉资馆谷,则课诵之余,得以心力补苴《史考》,以待弇山制府军旅稍暇,可以蔚成大观,亦不朽之盛事,前人所未有也。而阁下护持之功,当不在弇山制府下矣。……近刻数篇呈诲，题似说经，而文实论史。议者颇讥小子攻史而强说经，以为有意争衡，此不足辨也。戴东原之经诂可谓深矣，乃讥朱竹垞氏本非经学，而强为《经义考》以争名，使人哑然笑也。朱氏《经考》，乃史学之支流，刘、班《七略》《艺文》之义例也，何尝有争经学意哉？且古人之于经史，何尝有彼疆此界，妄分孰轻孰重哉？小子不避狂简，妄谓史学不明，经师即伏、孔、贾、郑只是得半之道。《通义》所争，但求古人大体，初不知有经史门户之见也。不识阁下以为何如？无任惭汗之至。九月十二日。

章学诚致书胡虔，言校刊胡天游文集事，颇及入清以后浙东贤哲之表彰。

据《章氏遗书》卷十三《与胡雒君论校胡稚威集二简》之第一简记：

　　昨示校刊胡稚威徵君文集，所言先后目次，与其人之专愚，诚不足当一噱。徵君于雍正、乾隆间，名重京师三十年，至今犹有相引重者。学使命刊，必有京师同志相嘱，诚佳事也。

又据第二简记：

　　昨闻邵二云学士逝世，哀悼累日，非尽为友谊也。浙东史学，自宋元数百年来，历有渊源，自斯人不禄，而浙东文献尽矣。盖其人天性本敏，家藏宋元遗书最多，而世有通人口耳相传，多非挟策之士所闻见者。鄙尝劝其授高第学子，彼云未得其人；劝其著书，又云未暇。而今长已矣，哀哉！前在楚中，与鄙有同修《宋史》之约，又有私辑府志之订，今皆成虚愿矣。曾忆都门初相见时，询其伯祖邵廷采氏撰著，多未刻者，皆有其稿，其已刻之《思复堂文集》，中多讹滥非真，欲校订重刊，至今未果。此乃合班、马、韩、欧、程、朱、陆、王为一家言，而胸中别具造化者也，而其名不为越士所知。又有黄梨洲者，人虽知之，遗书尚多未刻，曾于其裔孙前嘉善训导黄璋家，见所辑《元儒学案》数十巨册，搜罗元代掌故，未有如是之富者也。又有鄞人全谢山，通籍清华，学士亦闻其名矣，其文集专搜遗文逸献，为功于史学甚大，文笔虽逊于邵，而博大过之，以其清朴不务涂泽，故都人士不甚称道。此皆急宜表章之书，学使所未闻者，曷乘间为略言之。鄙与学使素称知契，然本部宪使，不欲屡通书问故也。

秋，阮元有书致刘台拱，言《淮海英灵集》纂辑事。

据陈鸿森《阮元揅经室遗文辑存》卷下《与刘端临书二》记：

> 曩接赐函，过蒙奖饰，私心愧歉，何可胜言。近维履候胜常，著作日富，京江秋夜，真当有贯月长虹，以应经神也。弟近况托庇如常，现在校士嘉湖二郡。前曾有征刻《淮海英灵集》之启，今晤程中之兄，知宝应文献，兄处已收罗迨遍，诗稿皆在高斋，不胜欣慰之至。他日书成日，当特著大名，以志盛心。将来或京口有人来浙，或弟处有人过京口，可将各集付下为望。再者，容夫《述学》已刻，又其诗及文，弟处皆无片纸只字，近有人向其家索取者，靳惜异常，此事非兄不可。再彼有《知新录》草稿，……兄曾见之否？

段玉裁有书致刘台拱，告《说文解字注》拟推迟成书。

据《经韵楼文集补编》下《与刘端临第十六书》记：

> 弟自立秋后颇健，每日得书一叶，《说文》第三篇已毕。中秋以后，则又懈怠。看来五年内能成此书为幸，不能急也。"采得百花成蜜后，不知辛苦为谁甜"，每诵此语，为之怅然。邵二云已作古人，又弱一个行自念也。《毛诗》略点定几处，尚未暇校补，少迟缓之可耳。足下《仪礼疏义》得几许，毕竟足下精力远胜于弟，不可容易过去也。于《说文》有妙契独解处，祈札示之，以备采入。……《说文》一书，赖吾兄促成之。然已注者十之三耳，故成之不易也。

十月四日，孙星衍为王复诗集撰序，述二人同游踪迹，可觇毕沅早年幕府之一斑。

据《岱南阁集》卷二《王大令复诗集序》记：

> 往予以丁酉岁薄游江淮，与秋塍明府把臂于维扬金校官兆燕坐上，论诗见烛跋。一时名士，邀吾两人游，桓登临谈宴之乐。别去八年，予在关中节署，秋塍来依毕秋帆中丞幕府参理文檄，中丞方开翘材之官，同舍生以经学词章相矜尚。值姚观察颐、王廉使昶先后入关，又多从游佳士，暇日搜访汉唐故迹，著书歌咏，以纪其事。而庄判官炘、钱判官坫及秋塍，竟以参军入告，授官职，极才人之殊遇。比中丞移节中州，又请以秋塍入幕随行，与予聚于大梁。已而秋塍以吏治膺特擢为商丘令，予亦以上第官翰林比部。数年中，秋塍两以入觐至都，至则招集同人饮予寓邸问字堂中。问字堂者，朝鲜使人朴齐家，谓予多识古文奇字，因为题署。都下名公卿及海内好古之士，常造门借书籍，治酒具以为欢，好事者或写为图。予赠秋塍诗所云"君有金鱼沽绿酒，我犹珂马逐红尘"者也。又数年，秋塍调任偃师，予出官东鲁，防河曹南，与中州隔一水，时与秋塍邮寄诗什，往返酬酢，不异在幕府授简时。自摄廉使，移官历下，日在案牍堆中。得秋塍书，知方刊所为诗如干卷成，索序于予。盖非政成人和，不暇及此，喜可知也。……予与秋塍有元白之交，故为略述其同游踪迹如此。嘉庆元年，岁在丙辰，十月四日，赐进士及第、署山东提刑按察使、分巡兖沂曹济驿传、水利、黄河兵备道、前兼署山东全省运河道、刑部郎中、翰林院编修孙星衍序。

冬，钱馥卒，其门人辑馥所著为《小学盦遗稿》。阮元应请为《遗稿》撰序，并托幕友臧庸审订钱稿。

据陈鸿森《阮元揅经室遗文辑存》卷中《小学盦遗稿序》记：

> 海宁处士钱广伯，下帷教读，言行不苟。乃父许其一意读书，不治举子业，因得沉酣经籍中。余于乙卯岁视学来浙，闻处士名，访于校官，望

其出试，而竟不投牒，若将终身焉。是非于学实有所得，恶能知之笃而守之坚若此？《汉志》载史籀、苍颉等十家为小学，宋人又辑《小学》书，专言明伦立教之旨。处士谓必兼汉儒、宋儒之说，而小学之义乃备。尝自题其居曰"小学盦"，其学与行概可知矣。乃以力学得瘵疾，于丙辰冬卒，年未五十，所著未能成书，皆已散失。其门人邵书稼辑其所受之业，及书头纸角微言小辨汇存之，题曰《小学盦遗稿》，问序于余。……书凡四卷，元更属广伯友人武进臧君在东审定之，以付书稼。书稼乃孝廉方正钱塘志纯之子也。仪征阮元书于浙江节署之挈经室。（原注：录自《海宁州志稿》卷十四《典籍十四》，页十二。）

十一月一日，刘逢禄撰《申榖梁废疾》成，申何休说而难郑玄。 据《刘礼部集》卷三《申榖梁废疾序》记：

叙曰：榖梁氏之世系微矣。（杨士勋云名俶〔原作淑，误。——引者〕，字符始，鲁人，一名赤。受经于子夏。郑玄《六艺论》云，亲受子夏。应劭《风俗通》云，子夏门人。魏糜信云，与秦孝公同时。桓谭《新论》云，《左氏》传世，遭战国寝藏，后百余年榖梁赤为《春秋》，残略多所违失。谨按谷梁子之受业于子夏，不可考。名俶名赤，颜师古《汉书》亦云名喜，盖如公羊家世相传，非一人也。其著竹帛，当在孙卿、申公之时。糜信以为与秦孝公同时，见所引有尸子说也。桓谭以事说经，其言不足信。孙卿书多《榖梁》说，盖《榖梁》不传托王诸例，非微言口授，故可先著录也。）汉孝武时，瑕邱江公受之鲁申公，上使与董仲舒议，卒用董绌江。(《汉书》仲舒能持论，江公讷于口。然后汉何劭公亦讷于口，而能著书传于今，其贤达矣。范宁序云，《公羊》有何、严之训，注中多采何氏，而严氏无一存者，盖何君能以胡毋之例正严、颜之谬也。）孝宣以卫太子好《榖梁》，愍其学且废，乃立学官博士。东汉之世，传者绝少。（《隋经籍志》有段肃注十四卷，惠徵士栋据班固传注以为即宏农功曹吏殷肃，然《儒林传》不载，又无治《榖梁》者。）窃尝以为《春秋》微言大义，《鲁论》诸子皆得闻之，而子游、子思、孟子著其纲，其不可显言者，属子夏口授之，公羊氏五传始著竹帛者也。然向微温城董君、齐胡毋生及任城何劭公三君子同道相继，则《礼运》《中庸》《孟子》所述圣人之志、王者之迹，或几乎息矣。谷梁子不传建五始、通三统、张三世、异内外诸大旨，盖其始即夫子所云"中人以下，不可语上"者。而其日月之例、灾变之说、进退予夺之法，多有出入，固无足怪。玩经文，存典礼，足为公羊氏拾遗补阙，十不得二三焉。其辞同而不推其类焉者，又何足算也。兼之经本错迕，俗师附益，起应失旨，条例乖舛，信如何氏所名《废疾》有不可强起者。余采择美善，作《春秋通义》及《解诂笺释》，因申何氏废疾之说，难郑君之所起，覃思五日，缀成二卷。藩篱未决，区盖不言，非敢党同，微明法守，世有达士，霍然起之，亦有乐焉。

案：此序又见阮元《皇清经解》，序末署"嘉庆元年冬十有一月壬寅朔，武进刘逢禄纂"。

是年九月，毕沅、阮元辑《山左金石志》成。十二月，钱大昕应阮元请撰序。

据《潜研堂文集》卷二十五《山左金石志序》记：

金石之学始于宋。录金石而分地，亦始于宋。有统天下而录之者，王象之《碑目》、陈思之《丛编》是也。有即一道而录之者，崔君授之于京兆，刘泾之于成都是也。国朝右文协古，度越前代，而一时诸巨公，博学而善著书，于是毕秋帆尚书镇抚雍、豫，翁覃溪学士视学粤东，皆荟萃翠墨，次第成编。独山左圣人故里，秦、汉、魏、晋六朝之刻，所在多有。曲阜之林庙，任城之学宫，岱宗、灵岩之磨崖，好事者偶津逮焉。犹挹水于河，而取火于燧矣。近时黄小松、李南涧、聂剑光、段赤亭辈虽各有编录，只就一方，未赅全省，是诚艺林一阙事也。乾隆癸丑秋，今阁学仪征阮公芸台奉命视学山左，公务之暇，咨访耆旧，广为搜索。其明年冬，毕尚书来抚齐鲁，两贤同心，赞成此举，遂商榷条例，博稽载籍。萃十一府两州之碑碣，又各出所藏彝器、钱币、官私印章，汇而编之。规模粗定，而秋帆移督三楚，讨论修饰润色，壹出于公。乙卯秋，公移节两浙，携其稿南来，手自删订。嘉庆丙辰秋，书成，凡廿四卷。寓简于大昕，俾序其颠末。盖尝论书契以还，风移俗易，后人恒有不及见古人之叹。文籍传写，久而踳讹，唯吉金乐石，流传人间，虽千百年之后，犹能辨其点画而审其异同。金石之寿，实大有助于经史焉。而且神物护持，往往晦于古而显于今，如武梁画象，元明人目所未睹，而今乃尽出。更有出于洪文惠之外者，任城夫人碑又欧、赵之所失收。若此者，古人未必不让今人也。金石之多，无如中原，然雍豫无西汉以前石刻，而山左有秦碑三、西汉三。雍、豫二记，著录仅七八百种，此编多至千有七百。昔欧、赵两家集海内奇文，欧目仅千，赵才倍之。今以一省而若是其多，谁谓今人不如古哉？山左故文献之薮，而公使车所至，好问好查，采获尤勤。又有博闻之彦，各举所知，故能收之极其博。公又仿洪丞相之例，录其全文，附以辩证，记其广修尺寸，字径大小，行数多少，俾读之者了然如指诸掌。既博且精，非必传之业而何？公研覃经史，撰述等身，此编不过尝鼎一脔，而表微阐幽，实有合于辖轩采风之谊。剞劂既竣，又将辑两浙金石为一书。大昕虽病废，尚及见而序之。

顾广圻自乾隆五十九年入黄丕烈家馆，借窗读书，勤于校雠。是年八月，黄丕烈购得汲古阁刻《文选》六十卷本。顾广圻粗校一过，十二月二十日作跋一篇，发愿董理选学。

据赵诒琛编《顾千里先生年谱》乾隆五十九年二十九岁条记：

> 九月一日，匪石至荛圃家，又至先生馆中，见所校《潜夫论》《越绝书》。是时，先生馆荛圃家也。

又据蒋祖诒会辑、邹百耐增印《思适斋集外书跋》集类《文选六十卷冯窦伯陆敕先校本》记：

此《文选》朱校，出汲古主人同时冯窦伯手，其前二十卷，又有蓝笔，则陆敕先所覆校也。今年秋八月，予嘱荛圃以重价购之。复借芗岩周氏所藏残宋尤袤椠本，即冯、陆所据者，重为细勘。阅时之久，几倍冯、陆。补其漏略，正其传讹，颇有裨益。惜宋椠之尚非全豹也。窃思选学盛于唐，至王深宁时，已谓不及前人之熟。降逮前明，几乎绝矣。唯词章之士，掇其字句，以供謦欬。至其经史之鼓吹，声音训诂之键钥，诸子百家之检度，遗文坠简之渊薮，莫或及也。其间字经浅人改易，文为妄子刊削，五臣混淆善本，音注抵牾正文，又乌能知之！因讹致舛，其来久远，承袭辗转，日滋一日，卷帙鸿富，征引繁多，词意奥隐，不容臆测，义例深密，未易推寻。虽以陈文道之精心锐志，既博且勤，而又渊源多助，然举正一书，犹时时有失。况余仲林《记问》以下，摭华遗实，宜同自郐矣。广圻由宋本而知近本之谬，兼由勘宋本而即知宋本亦不能无谬。意欲准古今通借以指归文字，参累代声韵以区别句逗，经史互载者考其异，专集尚存者证其同，而又旁综四部，杂涉九流，援引者沿流而溯源，已佚者借彼以订此，未必非此学之功臣也。体用博大，自渐谫陋，惧弗克任，姑识其愿于此，并期与荛圃交勖之焉。嘉庆元年十二月二十日，顾广圻书于士礼居。

案：文中"自渐谫陋"之"渐"，疑当为"惭"。

是年，章学诚撰《淮南子洪保辨》，主张"君子之学，贵辟风气"。据《章氏遗书》卷七《淮南子洪保辨》记：

　　君子之学，贵辟风气，而不贵趋风气也。盖既曰风气，无论所主是非，皆已演成流习，而谐众以为低昂，不复有性情之自得矣。古文《尚书》之伪，自宋迄今，六百余年，先儒历有指驳，已如水落石出。至阎氏而专门攻辨，不遗余力，攻古文者至此可以无遗憾矣。譬如已毙之虎，虽奋挺搏之，不足为勇，况搏之不以其道，前人所已尽之说，而务欲有以加之，则不免转授人以罅隙。……昔者每怪毛西河氏无端撰《尚书古文冤辞》，恃其才雄学富，言之成理，究不足以为公是也，亦何乐乎为之！今观山公诸篇，非深文太过，则言之不关款要，高自矜诩，义袭取名，而于经学初无所入。意当时趋风气者，大率如是，毛氏不免有激以至此耳。……天下事，凡风气所趋，虽善必有其弊。君子经世之学，但当相弊而救其偏，转不重初起之是非，谓既入风气，而初起之是非已失实也。然则《洪保》诸书，不但附赘悬疣，直是趋风气而反为风气之罪人矣。呜呼！趋风气者岂特《洪保》而已哉？

是年恩科会试，纪昀任正考官。试毕，选辑贡士佳文为《丙辰会试录》，主张制艺"当以宋学为宗"。

据《纪晓岚文集》卷八《丙辰会试录序》记：

窃以为文章各有体裁，亦各有宗旨。区分畛域，不容假借于其间。故词赋之兴，盛于楚汉，大抵以博丽为工。司马相如称"合纂组以成文"，刘勰称"金相玉式，艳溢锱毫"，是文章之一体也。经义昉于北宋，沿于元代，而大备于明。本以发明义理，观士子学术之醇疵，其初犹为论体，后乃代圣贤立言。其格主于纯粹精深，不主相矜以词藻。由明洪武以来，先正典型，一一具在，是又文章之一体也。自学者不知古法，混为一途，譬如郊庙礼服，而缀以金翠之首饰，争趋捷径，遂偭前规，岂制科取士之本意与？至经义之中，又分二派，为汉儒之学者，沿溯六书，考求训诂，使古义复明于后世，是一家也；为宋儒之学者，辨别精微，折衷同异，使六经微旨，不淆乱于群言，是又一家也。国家功令，五经传注用宋学，而十三经注疏亦列学官。良以制艺主于明义理，固当以宋学为宗，而以汉学补苴其所遗，纠绳其太过耳。如竟以订正字画，研寻音义，务旁征远引以炫博，而义理不求其尽合，毋乃于圣朝造士之法稍未深思乎。

夫古学，美名也；崇奖古学，亦美名也。名所集而利随焉，故弋获者有之；利所集而伪生焉，故割剥谶纬，掇拾苍雅，编为分类之书，以备剿说之用者亦有之。试官奉天子之命，其职在于正文体，幸承简任，不敢不防其渐也。是以臣等所录，惟以平正通达，不悖于理法为主，而一切支离涂饰，貌为古学者，概不录焉。虽文体骤更，不能奥衍宏深，遽追曩哲，然窃闻前人之论明文也，谓北地、太仓如桓文，长沙、嘉定如周鲁，一则虽强而僭，一则虽弱而犹秉礼也。臣等区区之志，亦窃附于斯意云尔。

岁末，章学诚在安庆晤朱锡庚，得读孙星衍《问字堂集》。章氏旋即致书孙星衍，罗列十目，详加论辩。

据《章氏遗书》佚篇《与孙渊如观察论学十规》记：

渊如先生执事：十年不见，积思殊深，云泥道殊，久疏音问。前岁维扬税驾，剧欲踵访旌辕，适以俗事南旋，不克一罄积愫，至今为怅。倾晤少白于皖抚署中，详悉近状，良慰良慰。又从少白索君《问字堂集》读之，……谨献其疑，犹愿执事明以教我，幸矣。……嗟乎！学术岂易言哉！前后则有风气循环，同时则有门户角立，欲以一时一人之见，使人姑舍汝而从我，虽夫子之圣犹且难之，况学者乎？前辈移书辨难，最为门户声气之习，鄙人不敢出也。鄙人所业幸在寂寞之途，殆于陶朱公之所谓人弃我取，故无同道之争，一时通人亦多不屑顾盼，故无毁誉为之劝阻，而鄙性又不甚乐于舍己从时尚也，故浮沉至此。然区区可自信者，能驳古人尺寸之非，而不敢并忽其寻丈之善，知己才之不足以兼人，而不敢强己量之所不及，和己学之不可以概世，而惟恐人有不得尽其才，以为道必合偏而会于全也。杜子曰"不薄今人爱古人"是矣，鄙请益曰"不弃春华爱秋实"，故于执事道不同科，而欲攀援调剂以斟于尽善。是则区区相爱之诚，未知有当裁择否耳。行笈无书，而记性又劣，书辞撮举大指，如有讹误，容后检正也。

翌年正月，乃钱大昕七十寿辰。是年冬，王昶应请撰文祝福。
据《春融堂集》卷四十二《钱晓征七十寿序》记：

嘉定钱少詹事晓徵由词垣晋詹事，入直上书房，骎骎乎上被宠遇。顾引疾以归，优游安养，迄今二十余年，而君年届七十。正月七日为览揆之辰，于是令子星伯携及门弟子谋所以寿君者，属余为祝嘏之辞。余少与君同学，又同登于礼部试，在内阁又为后进，知君之深者洵莫余若也。今国家重熙累洽，醇风翔播，太上皇寿开九帙，御宇至六十年，乃行元日受终之典，中外大臣以耆硕称者，布满朝列。嘉庆元年正月，举千叟宴，庞眉皓齿，拜稽于殿陛，计三千余众。盖久道化成，太和保合，敦庞悠久之运，磅礴宇宙。君于时仗履逢吉，神明不衰，以受门弟子之奉觞上寿，与子孙舞彩含饴之乐，固其宜矣。且君经师也，囊括艺术，网罗众家，嗜金石，通六书之本，尤工于历术，著述繁芳，四方奉为枕秘。历主太仓、娄东、江宁、钟山、苏州紫阳书院者十余年，东南俊伟博洽之士，率皆奉手抠衣，受业于门下。考两汉经师，申公、桓荣皆年八十余，辕固、伏生皆九十余，而固尚以贤良征。若北平侯张苍邃于阴阳、律历，年至百有余岁，是皆得乎天地祥和之气，际国家休养之隆，而又身体乎圣贤修身养性之旨，是以永锡难老如此。况君早年勇退，栖情林壑，履中而蹈和，凝庥而葆粹，荣利不足以眩其心，纷华无所动于志，以道义为膏粱，以《诗》《书》为服食，由是而至申公、伏生之年，上与北平侯等，固不俟迎日推策而知也。然则为辕固之征，受桓荣之赐，固必有邀异数于他日者矣。余虽少长于君，衰至而耄及之，倘得附余光、承末照，将应东南人士之请，阅十年而更为祝辞，颂国家万年有道之长，著儒者寿考维祺之效，当屡书不一书也。

阮元视学吴兴，得读胡渭遗著《易图明辨》，撰序予以表彰。
据《揅经室一集》卷十一《胡朏明先生易图明辨序》记：

元幼学《易》，心疑先、后天诸图之说。庚子，得毛西河先生全集中《河图洛书原舛篇》读之，豁然得其源委。友人歙凌次仲廷堪谓元曰："子知西河之辩《易》，未见吴兴胡朏明先生《易图明辨》，尤详备也。"元识之，求其书不可得。继在京师，见《四库馆书目》录之，曰："其书一卷辨《河图》《洛书》，二卷辨五行、九宫，三卷辨《参同契》《先天图》《太极图》，四卷辨《龙图》《易数钩隐图》，五卷辨《启蒙》图书，六卷、七卷辨先天古《易》，八卷辨先天之学，九卷辨卦变，十卷辨象数流弊。引据经典，原原本本，于《易》学深为有功。"元向往益切。丙辰，视学至吴兴，始求得读之，盖距所闻已十六年矣。愧闻道之甚迟，喜斯编之未泯，亟命其家修板刷印，广为流传，以贻学者，因并识其事于篇首。至其辨图大略，则万季野先生叙言之已尽，兹不赘论。

阮元于是年二三月出试宁波、绍兴，表彰毛奇龄、全祖望学术，当在此时。

据张鉴《雷塘庵主弟子记》嘉庆元年三十三岁条记：

> 二月初七日，出试宁波，渡钱塘，过曹娥江，登天一阁观书。三月，试绍兴。

又据《揅经室二集》卷七《毛西河检讨全集后序》记：

> 萧山毛检讨，以鸿博儒臣，著书四百余卷……国朝经学盛兴，检讨首出，于东林、蕺山空文讲学之余，以经学自任，大声疾呼，而一时之实学顿起。当是时，充宗起于浙东，胐明起于浙西，宁人、百诗起于江淮之间。检讨以博辨之才，睥睨一切，论不相下而道实相成。迄今学者日益昌明，大江南北著书授徒之家数十，视检讨而精核者固多，谓非检讨开始之功则不可。……我朝开四库馆，凡检讨所著述，皆分隶各门，盖重之也。余督学两浙，按试绍兴府，说经之士虽不乏人，而格于庸近者不少。陆生成栋，家藏《西河全集》刻版，请序于余。因发其谊于卷末，俾浙士知乡先生之书，有以通神智而开蒙塞。人蓄一编，以教子弟，所藉以兴起者，较之研求注疏，其取径为尤捷。余曩喜观是集，得力颇多。惟愿诸生共置案头读之，足胜名师十辈矣。

又据同书同卷《全谢山经史问答序》记：

> 经学、史才、词科，三者得一足以传，而鄞县全谢山先生兼之。先生

举鸿博科，已官庶常，不与试，拟进二赋，抉《汉志》《唐志》之微，与试诸公皆不及，精通经史故也。予视学至鄞，求二万氏、全氏遗书及其后人。慈溪郑生勋奉先生《经史问答》来，往返寻绎，实足以继古贤，启后学，与顾亭林《日知录》相埒。吾观象山、慈湖诸说，以空论敌朱子，如海上神山，虽极高妙，顷刻可见，而卒不可践。万、全之学，出于梨洲而变之，则如百尺楼台，实从地起，其功非积年工力不成。噫！此本朝四明学术所以校昔人为不惮迂远也。

是年，顾之逵刊宋椠本《列女传》，顾广圻应请校勘考证。据顾广圻《思适斋集》卷九《列女传考证后序》记：

乾隆癸丑，家兄抱冲得宋椠本《列女传》于郡故藏书家，至乙卯付之梓，其明年嘉庆丙辰梓成。广圻董梓雠之役焉，乃参验他书，综核同异，于刘氏义例，窃有证明，其传写讹脱，亦略为补正。不敢专辄改其故书，兼不欲著于当句之下，横隔字句，故别为此《考证》附于后。金坛段君玉裁向曾借钞是书，手疏数十条于上下方，知将付梓，悉以见畀。及《考证》就，复从请正。今多载其说，每题"段君曰"以识别云。

嘉庆二年丁巳　1797年

正月一日，孙星衍接朱珪为其祖母所撰《寿序》，有书呈朱珪答谢，并及论学商榷。

据孙星衍《岱南阁集》卷二《呈覆座主朱石君尚书》记：

> 新正一日，接奉手示，稔吾师起居万福。并读赐家大母九十生日序，名臣词翰，足光家乘，谨悬座右。……吾师言今之耆学，自以为高出前贤。然察今之学者，非有夸诞之处。人才亦随世升降，晋代板荡，经师遂绝，汴京沦丧，古籍尽亡。其时虽有好学之儒，抱残守缺，甚且以释典解经，遁入空谈性命之学。国家承平日久，教养又深，自筠河先生奏辑《四库全书》，南宋已来未见古书，渐行于世。今之学者不肯以臆说解经，惟寻绎三代古书，训诂声音，及汉儒坠绪，求合于圣人好古敏求之道，此则胜于古人。吾师所宜加之激励，以成一代之才，要之没世然后是非乃定。星衍蒙吾师旷世之知，学有所得，不敢不陈之左右，幸终教之。门下士孙星衍拜呈。

正月十七日，章学诚致书朱珪，请代谋浙江学政阮元、布政使谢启昆，欲借二氏力续修《史籍考》。

据《章氏遗书》补遗《又上朱大司马书》记：

> 昨桐城胡太学虔有书来，伊不日赴浙，且云阮学使将与谢方伯合伙辑《两浙金石考》，又将西湖设局，借看《四库》秘副，补朱竹垞《经义考》中未辑之小学一门。又胡君未来时，杭城原有修《盐法志》之议，运使张君，尚称好尚文事，因劝小子谋浙江文墨生涯。盖小子自终《史考》之役，胡君自补《经考》诸书，同看《四库》秘副，便取材料，彼此互收通力合

作之益。又胡君于襞绩编纂之功，比小子为缜密，而小子于论撰裁断，亦较胡君稍长。不特取材互省功力，即成书亦互资长技也。但胡君膺聘而去，自不患无安顿，而小子未与诸公交涉，必须阁下专书托阮学使为之地步。阮虽素知小子，而未知目下艰难，又未悉伊等所办之事，于《史考》有互资之益，须阁下详论以上情形，则彼必与谢藩伯、张运台通长计较矣。既明小子于彼诸书有益，又明《史考》得藉杭州告成，则秋帆先生必不忘人功力，将来必列伊等衔名，如秦尚书《五礼通考》列方制军、卢运使、宋臬台，亦其例也。……若嘱阮公以此意歆动诸公，度必可动。但学使不时出巡，必须及早致书，俾得与司道诸公相商。（原注：二月中旬，出按外郡。）而小子此间他无可图，藉看一两棚考卷，以作盘费。……惟阁下即图之。如阮公之外，更有可嘱之书，则更有济也。学诚不胜翘企之至。谨禀。十七日。

正月二十二日，阮元集浙中学人于杭州，编纂《经籍纂诂》。
据张鉴《雷塘庵主弟子记》嘉庆二年三十四岁条记：

  正月二十二日，始修《经籍纂诂》。先是岁试毕，先生移檄杭嘉湖道，选两浙经古之士，分修《经籍纂诂》。至是集诸生于崇文书院，分俸与之。

二月十五日，程瑶田游苏州，晤段玉裁。有书致刘台拱，述阔别之思并别后学行。
据刘文兴《刘端临先生年谱》嘉庆二年四十七岁条，录程瑶田书记：

  不见叔度，于今十六年矣。中间惟在嘉定时，彼此一通尺素。中心藏之，何日忘之，当两地皆然也。顷至吴门，得晤暘城诸生汪觐扬，言先生著书乐道，优游自得，而身世遭逢，吉祥止止，王不与存之乐，乃今见之。段君若膺，数十年寤寐相思，不意其侨居于此，幸得觏面。登其堂促席论难，忽遽之间，虽未能罄其底蕴，然偶举一端，必令人心开目明，实事求是，诚今时不数数观者。……拙刻《通艺录》，虽未刻全，然已开雕者约有八百叶。此番从杭来苏,行笈中未经携带,只近刻《考工车制》二十篇,《述性》等九篇,……《补桃氏》数叶,附呈请教,以资笑柄。任子田、汪容甫诸君皆相继去人间世,而王怀祖亦已假归。其《广雅》前年得书,言已成五卷,今闻其已经告成,然天各一方,不能合并。

案:据刘文兴先生原加案语,札末有"二月望日"四字。

三月二日,王引之著《经义述闻》初成。

据《经义述闻》卷首王引之《叙》记:

引之受性梼昧,少从师读经,裁能绝句,而不得其解。既乃习举子业,旦夕不辍,虽有经训,未及搜讨也。年廿一,应顺天乡试,不中式而归。亟求《尔雅》《说文》《音学五书》读之,乃知有所谓声音、文字、诂训者。越四年而复入都,以己所见质疑于大人前,大人则喜曰:"乃今可以传吾学矣。"遂语以古韵廿一部之分合,《说文》谐声之义例,《尔雅》《方言》及汉代经师诂训之本原。大人曰:"诂训之指,存乎声音,字之声同声近者,经传往往假借,学者以声求义,破其假借之字,而读以本字,则涣然冰释。如其假借之字而强为之解,则诘籟为病矣。故毛公《诗传》,多易假借之字而训以本字,已开改读之先。至康成笺《诗》注《礼》,屡云某读为某,而假借之例大明。后人或病康成破字者,不知古字之多假借也。"大人又曰:"说经者期于得经意而已,前人传注不皆合经,则择其合经者从之,其皆不合,则以己意逆经意,而参之他经,证以成训,虽别为之说,亦无不可。必欲专守一家,无少出入,则何邵公之《墨守》,见伐于康成者矣。"故大人之治经也,诸说并列,则求其是,字有假借,则改其读,盖孰于汉学之门户,而不囿于汉学之藩篱者也。引之过庭之日,谨录所闻于大人者,以为圭臬,日积月累,遂成卷帙。既又由大人之说,触类推之,而见古人之诂训,有后人所未能发明者,亦有必当补正者,其字之假借,有必当改读者。不揆愚陋,辄取一隅之见,附于卷中,命曰《经义述闻》,以志义方之训。凡所说《易》《书》《诗》《周官》《仪礼》《大小戴记》《春秋内外传》

《公羊》《穀梁传》《尔雅》，皆依类编次，附以通说。其所未竟，归之续编。亦欲当世大才通人纠而正之，以祛烦惑云尔。嘉庆二年三月二日，高邮王引之叙。

又据《王伯申文集补编》卷上《经义述闻自序》记：

引之学识譾浅，无能综研，旦夕趋庭，闻大人讲授经义，退则录之，终然成帙，命曰《经义述闻》。述闻者，述所闻于父也。其或往复绪言，触类而长，梼昧之见，闻疑载疑，辄附篇中，以俟明哲。比物丑类，胥出义方之教，故不复自为书云。嘉庆二年三月望日，高邮王引之序。（原注：此文从王氏初刻《经义述闻》未编次第本录出。）

三月十七日，章学诚有书答朱锡庚，恃才傲物，于戴震、程瑶田、洪亮吉、孙星衍，多所讥弹。

据《章氏遗书》补遗《又答朱少白书》记：

弟辨地理统部之事，为古文辞起见，不尽为辨书也。洪、孙诸公，洵一时之奇才，其于古文辞，乃冰炭不相入，而二人皆不自知香臭。弟于是乎谓知人难，自知尤不易也。诗与八股时文，弟非不能一二篇差强人意者也。且其源流派别，弟之所辨，较诗名家、时文名家，转觉有过之而无不及矣。……故其平日持论关文史者，不言则已，言出于口，便如天造地设之不可摇动。此种境地，邵先生与先师及君家尚书皆信得及，此外知我者希，弟亦不求人知，足乎己者不求乎外也。以洪君之聪明知识，欲弹驳弟之文史，正如邵先生所云："此等拳头，只消谈笑而受，不必回拳，而彼已跌倒者也。"……而弟尤不免论辨，若以争胜然者，实欲为世风作小维挽耳。故上尚书启事，极论今之士习文风，所争不在小也。虽然，人不自知分量，岂少也哉！程易田之于孙、洪诸君，自较胜矣。彼刻《通艺录》，直《周官》之精要义也。而不今不古之传志状述，犹自以为文也，而亦列其中，岂非自具村俚供招？若戴东原氏，则更进乎程矣。然戴集中应酬传志，亦自以为文也而存之，且以惹人笑柄之《汾州府志》，津津自道得意。然则人之真自知者寡矣。自己尚然不知，如何能知古今人之是非，良可慨也。人才如是之难，足下能不自勉？倘因弟之所论，而遂有轻视一切之心，则非弟勉效砥砺之意，而反进鸩毒于足下矣。大抵身履其境，心知其意，方有真见解，不用功于实际，则见解虽高而难恃也，如何？如何？邵先生行事细碎，宜即动手记之，即如受洪书而不报，此虽不便明记，亦可暗指其事，而形其雅量也。……三月十七日，世愚弟章学诚顿首。

与之前后，章学诚数度致书朱锡庚，既言与邵晋涵、钱大昕治史的分歧，又有对戴震学术的批评，颇涉一时学术消息。

据《章氏遗书》补遗《又答朱少白书》记：

> 昔为先师《别传》，载《文鸟赋》，稍有删易字句。邵先生以书来问，谓《史》《汉》载杨、马诸赋，从无改易之例，因问出何典故。惟时儿子率以《文选》诸赋恐原从《史》《汉》录出，未必即是班、马原文为对。其实亦不必如此说也。楚狂接舆之歌，《论语》略而《庄子》详，则诗赋韵语，古人不妨随意改易之明证矣。……如《宋诗纪事》及《辍耕录》，俱有烈女韩希孟五言古诗，诗旨极正，而辞未尽善。鄢修《通志·列女传》，辄以己意改之。此外如一切书牍贱表，凡意可取而言未善者，鄢皆力加改削。……今将《列女传》摘录之一册呈阅，其韩希孟诗改本，并为举似尚书。盖不能作诗而能改诗，正史家之作用也。此事与流俗言则不解，与通人言又每多不以为然，斯道之所以难也。（原注：辛楣先生尚不谓然。）……近日名士，争心甚炽。鄢深畏以此等文字结成仇雠，所关非细。吾辈所谓不朽，原非取辨于生前也。

又据同书同卷《又与朱少白书》记：

> 规正孙渊如书稿呈阅，中有圈点，乃姚姬传先生动笔。苦于钞胥不给，不能另录，非不恭也。姚姬传于论岁差处，不以鄢见为然，足下幸为我进

质于尚书。……戴东原训诂解经，得古人之大体，众所推尊。其《原善》诸篇，虽先夫子亦所不取。其实精微醇邃，实有古人未发之旨，鄙不以为非也。（原注：姚姬传并不取《原善》，过矣。）戴君之误，误在诋宋儒之躬行实践，而置己身于功过之外。至于校正宋儒之讹误可也，并一切抹杀，横肆诋诃。至今休、歙之间，少年英俊，不骂程朱，不得谓之通人，则真罪过，戴氏实为作俑。……然戴实有所得力处，故《原善》诸篇，文不容没。若渊如则本无所得，全恃聪明，立意以掀翻古人为主，而力实未能，故其文集疵病百出。鄙所纠正，特取与《文史通义》相关涉者而已。

季春，臧庸有书致钱大昕，讨论郑玄《易注》，并荐其弟礼堂师从大昕。

据《拜经堂文集》卷三《上钱晓徵少詹书》记：

> 镛堂自新春来浙，寓阮学使署中，晤令弟可庐先生，质疑问难，获读《诗古训》《汉表》《广雅》等书，得未曾有。阮学使作书，荐之敝同乡孙渊如观察处，屡为浙士所留，此间古学骎骎日起。近读《周易》，康成传费氏学，而《本传》云"始通京氏《易》"。今考《康成传》，注"三礼"、《毛诗》，而晚年注《易》。（原注：据郑君《自序》。）注《诗》《礼》引用之《易》，与《易注》不同，盖费、京之异。舍弟礼堂，颇细心读书，言行不苟。去春新婚，客秋先人弃世，哀毁骨立，至今寝于外室，斯能三年不入内者，质尚可造。当今之品学交粹者，镛堂心折阁下一人，欲令其受业门墙，伏祈大君收录教诲之，幸甚。

时值丁杰六十生辰，臧庸撰文祝寿。

据《拜经堂文集》卷四《丁小雅教授六十序》记：

> 镛堂从故学士卢召弓游，即知小雅先生。读学士所录《郑易》，极详审精密，以未获见手定本为憾。今年春游浙，相见恨晚。知镛堂之笃志先师郑氏学也，款居西湖精舍，执《郑易》来授之读，且属为校僻。遂据私

定本参之,更检勘《十三经义疏》,历旬日成,覆校数十条。先是曲阜孔丛伯读此书,亦有校语。镛堂气性粗直,有驳正过当处。先生惠书曰:"备见心细如发,不留遗憾。驳正孔氏各条,词气稍直,将来略为改易,付彼一观。"然后知先生之善与人同,大公无我,而辞气温雅,循循善诱,益为心重其人。

三月,臧庸在杭州补订所辑郑玄《三礼目录》。
据拜经堂刊本《三礼目录》卷末臧庸《跋二》记:

《目录》及《礼序》,《正义》并引之。《隋经籍志》《唐艺文志》,皆云《三礼目录》一卷,而不著《礼序》。窃思录者,录经题之义例,序者,序经旨之指归。录在目下,序则弁端。《史记·自序》《前汉书·叙传》,其前篇,序也;本纪已下叙传,即录也。《释文》首卷,名为《序录》。知《三礼目录》七十二篇,前冠《礼序》以总会之,序与录固毗连焉,特以目录为题耳。《释文·序录》引《礼序》,亦称"目录",尤其明证。兹依前人成式,录为一卷,虽未知郑君之旧,其然与否,以意揆之,或不爽云。

此太常博士孔丛伯广林《叙录》,余善其说,因钞附于自定本后。丁巳三月,补订于西湖葛林园。镛堂识。

六月,阮元在杭州刻《七经孟子考文》成。
据张鉴《雷塘庵主弟子记》嘉庆二年三十四岁条记:

夏六月,刻《七经孟子考文》成。

又据阮元《揅经室一集》卷二《刻七经孟子考文并补遗序》记:

《四库全书》新收日本人山井鼎所撰《七经孟子考文》并物观《补遗》,共二百卷,元在京师,仅见写本。及奉使浙江,见扬州江氏随月读书楼所藏,及日本元板落纸印本,携至杭州,校阅群经,颇多同异。……我国家文教振兴,远迈千载,七阁所储书籍,甲于汉唐,海外轶书,亦加甄录,此书其一也。元督学两浙，偶于清署之暇，命工写刊小板，以便舟车，印成卷帙，捻于同志，用校经疏，可供采择。至于去非从是，仍在吾徒耳。日本序文、凡例，皆依文澜阁写本，刊列卷首。书中字句，尽依元板，有明知其讹者，亦仍之，别为订讹数行于每卷之后，示不诬也。助元校字者，为吴县友人江镠、仁和廪生赵魏、钱塘廪生陈文述。

六月二十四日，段玉裁自周锡瓒处借得汲古阁刊宋本《说文解字》，撰跋一篇，明其得失。

据陈鸿森《段玉裁年谱订补》嘉庆二年六十三岁条记：

按：丁福保《说文解字诂林》前编序跋类，载段氏《毛刊宋本说文跋》一首，《文集》不载，《段集补编》亦阙收，今移录之：

《说文》始一终亥之本，亭林未见，毛子晋始得宋本校刊。入本朝，板归祁门马氏之在扬州者，近年归苏之书贾钱景开。当小学盛行之时，多印广售，士林称幸矣。独毛本之病，在子晋之子斧季妄改剜版，致多误处，则人未之知也。斧季孜孜好学，此书精益求精，笔画小讹，无不剜改，固其善处。然至顺治癸巳，校至第五次，先以朱笔校改，复以蓝笔圈之。凡有蓝圈者，今版皆已换字，与初印本不合，而所换之字，往往劣于初印本。初印本往往与宋椠本、《五音韵谱》等本相同，胜于今版。雍正乙巳，何小山煌又以朱笔纠正，而讥之"劝君慎下雌黄笔，幸勿刊成项宕乡"，是其一条也。今初学但知得汲古本为善，岂知汲古刊刻有功，而剜改有罪哉！向时王光禄跋顾抱冲所藏初印本，云："汲古延一学究，校改至第八卷，已下学究倦而中辍，故已下无异同。"此光禄听钱景开臆说，又八卷后未细勘也。此本斧季、小山之亲笔具在，非他学究所为。又八卷已下，与今版龃龉尚甚多。嘉庆丁巳，周君漪塘以借阅，宿疑多为之顿释。别作摘谬数纸，将以赠今之读《说文》者。六月二十四日，跋于下津桥之枝园。

闰六月，臧庸得段玉裁襄助，亟欲辑刻萧该《汉书音义》三卷。

据拜经堂刊本《汉书音义》卷末臧庸《后序》记：

> 萧博士《汉书音义》十二卷，见《隋、唐志》，小司马、章怀太子咸征引之。其书盖亡于唐末、北宋初，宋景文所据，即不全之册，故于《扬雄传》《叙传》，引用颇夥，而他卷仅见。然宋景文本世不可得，不全者亦末由见之。镛堂读官板《汉书》，用宋本载《音义》，称"旧注"，如服虔、应劭、刘德、郑氏、李奇、邓展、苏林、张晏、如淳、孟康、韦昭、晋灼、臣瓒、郭璞等，多《集注》所无者。……诚罕觏之琦珍也。惜阙逸不完，存者多与宋氏及三刘之说相混。有称"萧该曰"而实为他说者，有称"宋祁曰"而实为《音义》者，又或羼入颜注中。兹精加别白，都由研审得之，不滥不漏，差堪自信，录为三卷，以存萧氏梗概。……巫山知县段若膺见之欣赏，助为勘正谬误。镛堂以此书世无传本，而汉魏微言往往存什一于千百，必未可以残阙废，思亟付剞劂，传之同好焉。时嘉庆二年闰六月，武进臧镛堂识于拜经家塾。

案：《汉书音义》后于嘉庆四年秋在广东刊刻。

同月，臧庸订补其高祖琳所辑郑玄《六艺论》毕。

据拜经堂刊本《六艺论》卷末臧庸《跋》记：

> 玉林先生《困学钞》，有《六艺论》一卷，甄采严核，附录《汉书》本传及《隋、唐志》。从《公羊疏》说，以为郑君先作《六艺论》讫，然后注书。故叙《春秋》《孝经》，皆云"玄又为之注"，而二经实未有注。斯作论在先之明证。太常博士曲阜孔丛伯云："《六艺论》大较有四，首论元始，次论指趣，次叙师授，终述作注意。考《隋书·经籍志》，'《六艺论》一卷。'（原注：案《唐书·艺文志》同。）今只得若干条，先以总论，而六艺依次序焉。《论语》宜亦有论，无闻焉尔。"镛堂案：《隋书·刘炫传》："乃自为赞曰，通人司马相如、扬子云、马季长、郑康成等，皆自序风徽，传芳来叶。"则当别有《自序》一篇，而不在《艺论》中，今附此。我祖原

编，间有漏略，窃为补次。近人所辑，曾见二本，其体例似俱不如《困学钞》之严核云。嘉庆丁巳闰月，玉林玄孙臧镛堂，识于拜经堂。

七月三日，毕沅去世。

据钱大昕《潜研堂文集》卷四十二《太子太保兵部尚书湖广总督世袭二等轻车都尉毕公墓志铭》记：

> 嘉庆二年秋七月庚午，兵部尚书、湖广总督、世袭轻车都尉镇洋毕公，以疾终于辰阳行馆。……公讳沅，字纕蘅，一字秋帆，自号灵岩山人。……性好著书，虽官至极品，铅椠未尝去手。谓经义当宗汉儒，故有《传经表》之作。谓文字当宗许氏，故有《经典文字辨正书》及《音同义异辨》之作。谓编年之史，莫善于涑水，续之者有薛、王、徐三家，徐虽优于薛、王，而所见书籍犹未备，且不无详南略北之病。乃博稽群书，考证正史，手自裁定，始宋讫元，为《续资治通鉴》二百二十卷，别为《考异》附于本条之下，凡四易稿而成。谓史学当究流别，故有《史籍考》之作。谓史学必通地理，故于《山海经》《晋书·地理志》皆有校注，又有《关中胜迹图记》《西安府志》之作。谓金石可证经史，宦迹所至，搜罗尤博，有《关中》《中州》《山左金石记》。诗文下笔立成，不拘一格，要自运性灵，不违大雅之旨，有《灵岩山人诗集》四十卷、《文集》八卷。公生于雍正八年八月十八日，春秋六十有八。

八月十五日，钱大昕为顾炎武遗著《历代帝王宅京记》撰序。

据陈鸿森《钱大昕潜研堂遗文辑存》卷上《历代帝王宅京记序》记：

> 《历代帝王宅京记》二十卷，顾亭林先生所编次也。……昔郑夹漈作《通志》，于历代郡县略而不书，而独立都邑一门。宅都之所系，岂浅尠哉！此编所列，较之夹漈尤备，洵读史家不可少之书。先生精于舆地之学，所著有《肇域志》《郡国利病书》，并此而三，然世间皆未有刊本。吴君道久购得此稿，亟欲梓以行世，其表章先贤、嘉惠来学之意，洵足多矣。嘉

庆丁巳中秋日，竹汀居士钱大昕书。（原注：录自邓邦述氏《寒瘦山房鬻存善本书目》卷七。）

阮元刊《山左金石志》成，有序一篇，述纂修梗概，并缅怀毕沅创始之功。

据《揅经室三集》卷三《山左金石志序》记：

> 山左兼鲁、齐、曹、宋诸国地，三代吉金甲于天下。东汉石刻，江以南得一已为巨宝，而山左有秦石二，西汉石三，东汉则不胜指数。故论金石于山左，诚众流之在渤海，万峰之峙泰山也。元以乾隆五十八年秋，奉命视学山左，……始有勒成一书之志。五十九年，毕秋帆先生奉命巡抚山东。先是，先生抚陕西、河南时，曾修《关中》《中州金石》二志。元欲以山左之志属之先生，先生曰："吾老矣，且政繁，精力不及此，愿学使者为之也。"元曰："诺。"先生遂检《关中》《中州》二志付元，且为商定条例暨搜访诸事。元于学署池上署积古斋，列志乘图籍，案而求之，得诸拓本千三百余件，较之《关中》《中州》，多至三倍，实始为修书之举。而秋帆先生复奉命总督两湖，继且综湖南北军务矣。
>
> 元在山左，卷牍之暇，即事考览，引仁和朱朗斋文藻、钱塘何梦华元锡、偃师武虚谷亿、益都段赤亭松苓为助。……六十年冬，草稿斯定，元复奉命视学两浙，舟车余闲，重为厘定，更属仁和赵晋斋魏校勘，凡二十四卷。……秋帆先生……竟以七月三日卒于辰州。元以是书本与先生商订分纂，先生莅楚，虽羽檄纷驰，而邮筒往复，指证颇多。先生为元词馆前辈，与元交素深，先生又元妻弟衍圣公孔冶山庆镕之外舅也，学术情谊，肫然相同。元今写付板削，哀然成卷袟，而先生竟未及一顾也。噫，是可悲已！

《续资治通鉴》校刻事，因毕沅故世而中辍，所刻仅一百零三卷。

据史善长《弇山毕公年谱》嘉庆二年六十八岁条记：

公自为诸生时，读涑水《资治通鉴》，辄有志续成之。凡宋元以来事迹之散逸者，网罗搜绍，贯串丛残，虽久典封圻，而簿领余闲，编摩弗辍，为《续通鉴》二百二十卷。始自建隆，讫于至正，阅四十余年而后卒业。复为凡例二卷、序文一首，毕生精力尽于此书。

又据钱庆曾《竹汀居士年谱续编》嘉庆二年七十岁条记：

是年为两湖制军毕公沅校刊《续资治通鉴》。自温公编辑《通鉴》后，宋元两朝，虽有薛氏、王氏之续，而记载疏漏，月日颠倒，又略于辽金之事。近世徐氏重修，虽优于两家，所引书籍，犹病漏略。自四库开馆，海内进献之书，与天府储藏奇秘图籍、《永乐大典》所载事涉宋元者，前人都未寓目，毕公悉钞得之，以为此书参考之助。先经邵学士晋涵、严侍读长明、孙观察星衍、洪编修亮吉及族祖十兰先生佐毕公分纂成书。阅数年，又属公覆勘，增补考异，未竣事而毕公卒，以其本归公子。

又据《续资治通鉴》卷首冯集梧《序》记：

镇洋故尚书毕秋帆先生著《续资治通鉴》，……经营三十余年，延致一时轶才达学之士，参订成稿。复经余姚邵二云学士核定体例付刻，又经嘉定钱竹汀詹事逐加校阅。然刻未及半，仅百三卷止。

焦循自乾隆五十九年秋始著《加减乘除释》，至是年十二月书成。据《雕菰集》卷十六《加减乘除释自序》云：

刘氏徽之注《九章算术》，犹许氏慎之撰《说文解字》。士生千百年后，欲知古人仰观俯察之旨，舍许氏之书不可，欲知古人参天两地之原，舍刘氏之书亦不可。嘉定钱溉亭先生塘谓，《说文》一部之中，声无统纪。因取许氏书，离析合并，重立部首，系之以声。其书虽未成，迄今讲《说文》者，颇宗其意以著书。……不揆浅陋，本刘氏之意，以加减乘除为纲，以《九章》分注而辨明之。草创于乾隆甲寅之秋，明年为齐鲁游，遂中辍。嘉庆二年丁巳，授徒村中，无酬应之烦，取旧稿细为增损，得八卷。窃比于溉亭之于《说文》，庶几与刘氏相表里焉。

焦循撰《良知论》，表彰王守仁功业，主张讲朱子学和阳明学的学者不必互相訾议。

据《雕菰集》卷八《良知论》云：

岁丁巳，授徒村中，有以朱、陆、阳明为问者。案：数百年来，人宗紫阳，自阳明表彰陆氏，而良知之学复与朱子相敌。迩年讲汉儒之学者，又以朱、陆、王并斥，而归诸佛老。余谓紫阳之学，所以教天下之君子；阳明之学，所以教天下之小人。紫阳之学，用之于太宽平裕，足以为良相；阳明之学，用之于仓卒苟且，足以成大功。……阳明以浙右儒生，削平四省之盗。……当是时，从容坐论，告之以穷理尽性之学，语之以许、郑训诂之旨，可乎？……天下读朱子之书，渐磨莹涤，为名臣巨儒，其功可见。而阳明以良知之学，成一世功，效亦显然。然则为紫阳、阳明之学者，无容互訾矣。

冬，钱大昭著《三国志辨疑》成，其兄大昕喜而撰序。

据《潜研堂文集》卷二十四《三国志辨疑序》记：

陈承祚《三国志》，创前人未有之例，悬诸日月而不刊者也。魏氏据中原日久而晋承其禅，当时中原人士知有魏而不知有蜀吴也。自承祚书出，始正三国之名，且先蜀而后吴，又于《杨戏传》末载《季汉辅臣赞》，亹亹数百言，所以尊蜀殊于魏吴也；存"季汉"之名者，明乎蜀之实汉也。习凿齿作《汉晋春秋》，不过因其意而推阐之，而后之论史者辄右习而左陈，毋乃好为议论而未审乎时势之难易与？夫晋之祖宗所北面而事之者，魏也。蜀之灭，晋实为之，吴蜀既亡，群然一词，指为伪朝。乃承祚不唯不伪之，且引魏以匹二国，其秉笔之公，视南、董何多让焉！而晋武不以为忤，张茂先且欲以《晋书》付之，其君臣度量之宏，高出唐宋万万。岂非去古未远，三代之直道犹存，故承祚得以行其志乎？厥后琅邪绍统，即仿汉中承制之局，凿齿建议挑魏而承汉，直易易耳！考亭生于南宋，事势与蜀汉相同，以蜀为正统，固其宜矣。然吾所以重承祚者，又在乎叙事之可信。盖史臣载笔，事久则议论易公，世近则见闻必确。三国介汉晋之间，首尾相涉，垂及百年，两史有违失者，往往赖此书正之。如郗虑、华歆均为御史大夫，而虑为汉臣，歆为魏臣，《魏武记》书歆不书虑是也，《汉献记》书虑兼书歆非也。《吴志》言刘熙作《释名》，《后汉书》以为刘珍作，亦陈是而范非也。蔚宗号称良史，然去东京岁月遥远，较之承祚，则传闻之与亲睹，固不可同年而语矣。若《晋书》修于唐初，时代益复邈隔，又杂出众手，非专家之业，其罅漏百出，奚足怪哉！予性喜史学，马、班而外，即推此书，以为过于范、欧阳，而裴氏注遮罗阙佚，尤为陈氏功臣。所恨意存涉猎，不能专力。予弟晦之孜孜好古，实事求是，所得殊多于予。其用力精勤，虽近儒何屺瞻、陈少章未能或之先也。钞撮甫毕，属予点次，喜而序之。

又据陈鸿森《钱大昕年谱别记》嘉庆二年七十岁条记：

钱庆曾《年谱续编》系此序于明年，未核。

是年，钱大昕与洪亮吉屡有书札往还，讨论历史地理。
据洪亮吉《卷施阁文甲集》卷十《与钱少詹论地理书一》记：

秦分天下为三十六郡，其目见裴骃《史记集解》，而《晋书·地理志》因之，尝以为不然。……秦制天下为四十郡，除内史外，其名皆见于《史记》《汉书》，故唐以前地志，皆遵用之，又非可意为增减。裴骃之过，惟以内史足三十六之数，而不知有鄣郡。阁下则又欲并四十郡为三十六郡，遂不得不引刘歆之邪说。既又知其不安，则以为置在楚汉之际，且又并闽中郡削之，以附会当日成数。亮吉恐皆不足以传信，而启后人之惑也，用敢论及之。

又据钱大昕《潜研堂文集》卷三十五《答洪稚存书》记:

得执事书,知顷承恩命,入直三天,当今经师人师,孰有先于执事者?深为吾道之幸。又述亲藩时复记忆贱名,然仆病废已久,近则耳目益聩眊,举动须人掖持,钧天旧游,茫如隔世,徒增不能奋飞之叹耳。仆所考秦三十六郡,并据《汉志》本文,而姬传、辅之诸君皆不谓然。今执事亦有是言,盖据《晋志》四十郡之文,于裴骃所说三十六郡,虽斥其妄而实取之,唯易内史为郯郡而已。仆考魏晋以前言秦地理者,但言三十六郡,未有言四十者。《史记》"秦始皇二十六年,秦始并天下,分天下为三十六郡",谓废封建立郡县始于此,非谓三十六郡皆是年所分也。若细考之,则是年平齐所置,袛齐与琅邪两郡耳,并前置之三十一郡,后置之三郡总计之,故云三十六也。史公但言分三十六郡,而不列其目。孟坚则明言某郡秦置,某为秦某郡,合之正得三十六。其末云:"本秦京师为内史,分天下作三十六郡。汉兴,以其郡太大,稍复开置,又立诸侯王国。武帝开广三边,故自高祖增二十六,文景各六,武帝二十八,昭帝一,讫于孝平,凡郡国一百三。"志所称增者,增于三十六之外,非增于四十之外也。史公言三十六郡,孟坚亦言三十六郡,许慎《说文》、高诱《淮南注》、应劭《风俗通》、皇甫谧《帝王世纪》、司马彪《郡国志》,皆言秦三十六郡,是秦未始有四十郡也。言四十郡者,始于唐人修《晋书》,其实本于裴骃。骃据始皇取陆梁地在三十三年,故不数南海三郡,而别求它郡以实之,后人又取闽中郡以足四十之数,递相祖述,牢不可破者千有余年矣。执事欲以郯郡当三十六郡之一,然孟坚明言东海郡高帝置矣。信它书不如信孟坚也。《汉志》于武陵郡云"高帝置",不云故秦黔中;于丹阳郡云"故鄣郡",不言秦。是骃所增无一可信,不独内史之为妄。刘原父《刊误》虽多违失,其云秦三十六郡无鄣郡,则合于《汉志》,恐未可斥为邪说也。执事又谓闽中一郡不宜遗漏,此亦未然。考《史记》,《南越》《闽越》二传,置闽中及南海三郡,并在秦初并天下之日。(《王翦传》"平荆地为郡县,因南征百越之君",即谓置四郡事。)其时虽有郡名,仍不废其君长,其后遣尉屠睢取陆梁地,诛其君,设南海守、尉等治之,比于内郡,故得列于三十六郡之数。若闽中则仍无诸、摇分治之,窃意黔中亦当类是,孟坚所以不取也。其他纪传述汉初事所举郡名,若鄣、若郯、若吴、若东阳之类,皆楚汉之际增置,非复始皇之旧,且不久即废,故《汉志》略而不书,唯鄣郡至武帝始改名丹阳,故志称故鄣郡,明乎非秦亦非汉也。陈、项初起之日,汉未兴而秦二世犹在,故亦可称秦置,要不在三十六郡之内。苟知秦本无四十郡,则裴骃之谬不辨自明,而诸家纷纷补凑,皆可以不必矣。执事以为然乎,否乎?幸详示之。

又据《卷施阁文甲集》卷十《与钱少詹论地理书二》记:

来示又云:"据《宋志》,南梁郡之睢阳县,即汉晋之寿春县。疑太元收复以后,即侨立南梁郡,不更立淮南郡,又避郑太后名,不立寿春县,即以睢阳当之"云云。……晋末二郡并置,……二郡之合,实在宋永初以后,于晋无预也。

又据《潜研堂文集》卷三十五《又答洪稚存书》记:

《宋志》南梁郡睢阳县所治,即二汉晋寿春县,后省。仆向疑太元收复以后,侨立梁郡,不更立淮南郡与寿春县。执事以为,淮南、南梁二郡,晋末当并立,其并合实在永初以后。今检《刘敬宣传》,义熙五年,出督淮西,其结衔云:"淮南、安丰二郡太守,梁国内史。"则其时尚有淮南郡,有郡则必有所领之县。仆向所疑,今乃豁然,执事之益我良多矣!

是年,张惠言著《周易虞氏义》《虞氏消息》成。
据张惠言《茗柯文二编》卷上《周易虞氏义序》记:

虞翻《周易注》,《释文》云十卷,《隋书·经籍志》云九卷。翻字仲翔,会稽余姚人。……自汉成帝时,刘向校书,考《易》说,以为诸

《易》家说皆祖田何、杨叔、丁将军，大义略同，唯京氏为异。而孟喜传《易》家阴阳，其说《易》本于气，而后以人事明之。八卦六十四象，四正七十二候，变通消息，诸儒皆祖述之，莫能具。当汉之季年，扶风马融作《易传》；授郑康成。康成作《易注》，而荆州牧刘表、会稽太守王朗、颖川荀爽、南阳宋忠，皆以《易》名家，各有所述。唯翻传孟氏学。……自魏王弼以虚空之言解《易》，唐立于学官，而汉世诸儒之说微。独资州李鼎祚作《周易集解》，颇采古《易》家言，而翻注为多。其后古书尽亡，而宋道士陈搏，以意造为《龙图》，其图，刘牧以为《易》之《河图》《洛书》也。河南邵雍，又为《先天》《后天》之图，宋之说《易》者，翕然宗之，以至于今，牢不可破，而《易》阴阳之大义，盖尽晦矣。我大清之有天下百年，元和徵士惠栋，始考古义孟、京、荀、郑、虞氏，作《易汉学》，又自为解释曰《周易述》。然掇拾于亡废之后，左右采获，十无二三。其所自述，大抵祖祢虞氏，而未能尽通，则旁征他说以合之。盖从唐、五代、宋、元、明，朽坏散乱，千有余年，区区修补收拾，欲一旦而其道复明，斯固难也。翻之学既世，又具见马、郑、荀、宋氏书，考其是否，故其义为精。又古书亡，而汉魏师说略可见者十余家，然唯荀、郑、虞氏三家，略有梗概可指说，而虞又较备。然则求七十子之微言，田何、杨叔、丁将军之所传者，舍虞氏之注，何所自焉？故求其条贯，明其统例，释其疑滞，信其亡阙，为《虞氏义》九卷，又表其大旨，为《消息》二卷，庶欲探喷索隐，以存一家之学。其所未瘠，俟有道正焉耳。

案：据嘉庆十四年刊李生甫、张云藻《张皋文笺易诠全集》，该序末尚有"嘉庆二年月日"六字。

洪亮吉著《东晋疆域志》，于是年刊竣。

据吕培《洪北江先生年谱》嘉庆二年五十二岁条记：

在京供职。……三月初三日，奉旨在上书房行走，侍皇曾孙奕纯读书。……刊《东晋疆域志》竣。

又据洪亮吉《卷施阁文甲集》卷八《东晋疆域志序》记:

历史地志,互有得失。若求其最舛者,则惟晋史《地理志》乎?其为志也,惟详太始、太康,而永嘉以后,仅掇数语,又不能据《太康地志》《元康定户》等书,以为准则。……然余以为,且无论其得失也,即其以永嘉为断,亦止可称西晋之地志,而于江左,则尚无预焉。此《东晋疆域》之不可不作也。……暇日以《晋书》纪传为主,详求沈约,辅以魏收,外若《太康地志》《元康定户》,王隐、虞预、臧荣绪、谢灵运、孙盛、干宝诸人所著仅存于今者,参之以郦元、李吉甫、乐史、祝穆之所撰,旁搜乎杂录,间采乎方书,凡两阅岁而成。其纪及于山川邑里、乡堡聚落、台殿宫阁、园林冢墓者,非特仿马彪、魏收之例,亦以自西晋以来,陆机、华延儁等数十辈造述,今已悉亡。其佚说见他书者,惧其复归沦没,爰为采掇之,悉著于编,庶藉群贤之简牍,成一代之掌故焉。书成,藏之筐笥者又十年,乃序而付之梓云尔。

约于是年,阮元应请为王鸣盛《全集》撰序。
据《揅经室二集》卷七《王西庄先生全集序》记:

西庄先生编定《诗文全集》四十卷,既成,属元为之序。先生自归田后,以经术文章发海内者数十年,大江南北承学之士,知究心经术者,实奉先生与竹汀少詹为归焉。……夫汉人治经,首重家法,家法亦称师法,前汉多言师法,后汉多言家法。至唐,承江左义疏,惟《易》《书》《左氏》为后起者所夺,其余家法未尝亡也。自有破樊篱者,而家法亡矣。以先生之才,倘吐纳众家,自辟堂奥,安知诗文不将驾唐宋而上也?乃斤斤守古不背厥宗者,盖深感家法之亡,而于诗文寓其辙耳。然当涵濡既久,其达之者守古之法,无守古之迹,浸浸乎周、秦、汉、魏之间,又足为私心自用者关其口而夺其气。则才学之卓绝所以矩范后来者,岂浅末之可窥测哉!元学术愧未成立,何足以知先生,幸得序先生之诗文,阐明先生确守家法之意，挂名简端，有荣施焉。元和蒋氏征蔚，最服膺先生，其与元言先生者甚详。今因蒋氏之归，书此质之先生，不识先生以为知言否也。

案：此序未详年月，因王鸣盛系是年十二月去世，故姑系于此。

季冬，臧庸将所录段玉裁著《诗经小学》付梓。

据《诗经小学录》卷首臧庸《刻诗经小学录序》记：

《诗经小学》，金坛段君玉裁所著。初，镛堂从翰林学士卢召弓游，始知段君，以鄙论《尚书》古今文异同四事就正。段君致书卢先生云："高足臧君，学识达超孙、洪之上。"卢先生由是益敬异之。既而段君自金坛过常州，携《尚书撰异》来授之读，且属为校雠，则与鄙见有若重规而叠矩者。因为参补若干条，刘端临训导见之，谓段君曰："钱少詹签驳，多非此书之旨，不若臧君笺记，持论正合也。"而《诗经小学》，全书数十篇，亦段君所授读，镛堂善之，为删烦纂要，《国风》《小、大雅》《颂》，各录成一卷，以自省览。后段君来见之，喜曰："精华尽在此矣，当即以此付梓。"时乾隆辛亥孟秋也。窃以读此而六书假借之谊乃明，庶免穿凿傅会之谈。段君所著《尚书撰异》《诗经小学》《仪礼汉读考》，皆不自付梓，有代为开雕者，又不果。而此编出镛堂手录，卷帙无多，复念十年知己之德，遂典裘以畀剞劂氏。此等事各存乎所好之笃不笃耳，原未可以力计也。书中每言十七部者，段君自用其《六书音均表》之说。嘉庆丁巳季冬，武进臧镛堂书于南海古药洲之撰诂斋。

案：此序录入《拜经堂文集》，文末不署年岁，惟篇题下小注"己未季冬"。

十一月十七日，袁枚卒于南京。

据姚鼐《惜抱轩诗文集》卷十三《袁随园君墓志铭》记：

君钱塘袁氏，讳枚，字子才。其仕任官有名绩矣，解官后，作园江宁西城居之，曰随。世称随园先生，乃尤著云。……君古文、四六体，皆能自发其思，通乎古法。于为诗尤纵才力所至，世人心所欲出不能达者，悉为达之。士多效其体，故《随园诗文集》，上自朝廷公卿，下至市井负贩，皆知贵重之。海外琉球，有来求其书者。……君卒于嘉庆二年十一月十七日，年八十二。

十二月二日，王鸣盛在苏州病逝。

据《潜研堂文集》卷四十八《西沚先生墓志铭》记：

西沚先生，……以嘉庆二年十二月二日捐馆。……西沚姓王氏，讳鸣盛，字凤喈，一字礼堂，外舅虚亭先生长子，为世父升孟公后。……年十七，补嘉定县学生。……巡抚陈文肃公大受取入紫阳书院肄业。……又与惠徵君松崖讲经义，知训诂必以汉儒为宗。……乾隆十二年，中江南乡试。十九年，会试中式，殿试一甲第二人及第，授翰林院编修。……二十八年，丁朱太淑人忧，去职回里。既除丧，以虚亭先生年高，遂不赴补。……西沚自以多病，无宦情矣。……卜居苏州阊门外，不与当事通谒，亦不与朝贵通音问，唯好汲引后进。……尝言："汉人说经，必守家法，亦云师法。自唐贞观撰诸经义疏而家法亡，宋元丰以新经义取士而汉学殆绝。今好古之儒，皆知崇注疏矣，然注疏惟《诗》、'三礼'及《公羊传》犹是汉人家法，它经注则出于魏晋人，未为醇备。"故所撰《尚书后案》，专宗郑康成，郑注亡逸者，采马、王补之。《孔传》虽伪，其训诂犹有传授，非尽乡壁虚造，间亦取焉。经营二十余年，自谓存古之功，与惠氏《周易述》相埒。又撰《十七史商榷》百卷，主于校勘本文，补正讹脱，审事迹之虚实，辨纪传之异同，于舆地、职官、典章、名物，每致详焉。独不喜褒贬人物，以为空言无益实用也。……又撰《蛾术编》百卷，其目有十，曰《说录》《说字》《说地》《说制》《说人》《说物》《说集》《说刻》《说通》《说系》，盖仿王深宁、顾亭林之意，而援引尤博赡焉。自束发至垂白，未尝一日辍书。年六十八，两目忽瞽，阅两岁，得吴兴医针之而愈，著书如常。时春秋七十有六。

嘉庆三年戊午　1798年

正月，惠士奇遗著《大学说》刊行，段玉裁撰序表彰惠氏祖孙之学。据陈鸿森《段玉裁年谱订补》嘉庆三年六十四岁条记：

> 正月，撰《惠氏大学序》。此文《文集》未收，《段集补编》亦阙，今录次：
> 半农先生以经学世其家，自王父朴庵先生有声，父研溪先生周惕，以及哲嗣松崖先生栋，皆沉潜博物。于经皆远绍两汉大儒师师相传之绪。凡故训旧章蕴岁久者，咸抉剔张皇之，持赠后学。若研溪之《诗说》，半农之《礼说》《易说》《春秋说》，松崖之《周易述》《易汉学》《易例》《九经古义》《古文尚书考》，皆有刊本，学者奉为圭臬，可谓盛矣。《礼说》最为典雅，而版已久亡，彭君纯甫乃重梓，以惠士林。吾友周君漪塘（锡瓒），家藏半农《大学说》，素无刻本。漪塘曰："《大学》本《小戴》之一篇，宜附《礼说》之后。"纯甫乃并梓之。愚窃观此《说》，论"亲民"不读"新民"，格物不外本末终始先后，即絜矩之不外上下前后左右，不当别补"格致"章，确不可易。其他精言硕论，根极理要，针砭末俗，有功世道人心不小，不徒稽古类典已也。嘉庆三年正月，金坛后学段玉裁识。（原注：录自兰陵书屋刊本卷首。）

正月初一日，周广业在浙江海宁故里病逝。
据吴骞《愚谷文存》卷十《周耕崖孝廉传》记：

> 君讳广业，字勤补，别字耕崖，姓周氏，宋儒元公之后。……年二十二，受知于学使翠庭雷公，补博士弟子。……迨癸卯始登贤能之书，

则君年已五十有四矣。偕计吏北上，又累绌于礼部。……自是杜门却轨，壹意著述，不复再蹋春明矣。于书无所不窥，凡十四经、二十四史，以及九流百氏，靡不溯流讨源，钩沉索隐。晚尤注意于《孟子》。……生平纂述凡二十余种，已刊行世者，《孟子四考》《文昌通纪》《关帝征信编》《重修广德州志》。未刻者，《周易纂注》《读相台五经随笔》……《蓬庐诗文钞》《制义》等，藏于家。君于《意林》，寝馈不离。……生雍正庚戌十一月十二日，卒嘉庆戊午正月初一日，年六十有九。

正月二十日，阮元为鲍廷博重刻《测圆海镜细草》撰序，推尊元儒李冶算学，倡导兴复李氏绝学。

据陈鸿森《阮元揅经室遗文辑存》卷中《重刻测圆海镜细草序》记：

《测圆海镜》何为而作也？所以发挥立天元一之术也。算数之书，《九章》尚已，少广著开方之法，方程别正负之用。立天元一者，融会少广、方程而加精焉者也。李敬斋《自序》，称老大以来，得洞渊九容之说，日夕玩绎，而乡之病我者，使爆然落去而无遗余。盖其精心孤诣，积累数十年，而后能神明变化，无不如志若此。……《海镜》者，中土数学之宝书也，惜流传之本不可多得。元视学浙江，从文渊阁《四库全书》中钞得一本，宁波教授丁君小雅杰，又以所藏旧本见赠，但通之者鲜。《细草》多讹，因属元和李君尚之锐，算校一过。其文字隐奥难晓，及立术于率不通者，李君又杂记数十条于书之上下方。盖敬斋此书为数百年绝学，元知学友中，惟尚之独能明之，其精通妙悟，即今之敬斋也。且其所以发明古人之术，阐绎圣祖之言者，为功亦巨矣哉！歙县鲍君以文廷博，请以是书刊入《知不足斋丛书》第二十集，即以畀之。及其刻成，而为序之如此。嘉庆三年正月乙酉，内阁学士兼礼部侍郎、文渊阁直阁事，仪征阮元序。（原注：录自《知不足斋丛书》本卷首。）

二月一日，王引之撰《经传释词序》。

据王引之《经传释词》卷首《自序》记:

> 语词之释,肇于《尔雅》。粤、于为曰,兹、斯为此,每有为虽,谁昔为昔。若斯之类,皆约举一隅,以待三隅之反。盖古今异语,别国方言,类多助语之文。凡其散见于经侍者,皆可比例而知,触类长之,斯善式古训者也。自汉以来,说经者宗尚雅训,凡实义所在,即明著之矣,而语词之例,则略而不究,或即以实义释之,遂使其文扞格而意亦不明。……引之自庚戌岁入都,侍大人,质问经义,始取《尚书》二十八篇紬绎之,而见其词之发句、助句者,昔人以实义释之,往往诘籀为病。窃尝私为之说,而未敢定也。及闻大人论《毛诗终风》"且暴",《礼记》"此若义也"诸条,发明意旨,涣若冰释。益复得所遵循,奉为稽式,乃遂引而伸之,以尽其义类。自九经、三传及周、秦、西汉之书,凡助语之文,遍为搜讨,分字编次,以为《经传释词》十卷,凡百六十字。前人所未及者补之,误解者正之,其易晓者则略而不论。非敢舍旧说而尚新奇,亦欲窥测古人之意,以备学者之采择云尔。嘉庆三年二月一日,高邮王引之叙。

仲春,洪亮吉将旧著《十六国疆域志》在京中刊刻。
据吕培等辑《洪北江先生年谱》嘉庆三年五十三岁条记:

> 刻《十六国疆域志》竣。

又据《卷施阁文甲集》卷八《十六国疆域志序》记:

> 《十六国疆域志》固与《东晋疆域》相辅而行者也。然志十六国之难,则更难于东晋。……乙巳岁,客开封节楼,燕居多暇,因杂取诸书辑成之。距《东晋疆域》之成,不逾二稔。其附书山川官阁,一如《东晋志》之例。他若田融、段龟龙等书之仅存者,并一一录入之。非广异闻,亦所以存故事也。时中秋后五日,是为序。

又据《清儒学案》卷一百零五《北江学案》所录《补十六国疆域志

序》末记：

> 越十四年戊午仲春，乃刊之于京邸云尔。

三月十五日，焦循复书王引之，决意"芟此考据之名目，以绝门户声气之习"。

据罗振玉《罗雪堂先生全集》五编《昭代经师手简二编》载焦循《复王伯申书》云：

> 循尝怪为学之士，自立一考据名目。以时代言，则唐必胜宋，汉必胜唐；以先儒言，则贾、孔必胜程、朱，许、郑必胜贾、孔。凡郑、许一言一字，皆奉为圭璧，而不敢少加疑辞。窃谓此风日炽，非失之愚，即失之伪。必使古人之语言，皆佶屈聱牙而不可通；古人之制度，皆委曲繁重而失其便。譬诸懦夫不能自立，奴于强有力之家，假其力以欺愚贱，究之其家之堂室牖户，未尝窥而识也。……循每欲芟此考据之名目，以绝门户声气之习。敢以鄙见相质，吾兄以为何如？石臞先生《广雅疏证》，梗概稍闻于阮公，刻成望赐一部。吾兄《释辞》，亦宜早出，与《疏证》相辅而行也。嘉庆三年三月望日。

三月下旬，章学诚为汪辉祖《三史同姓名录》撰序。

据《章氏遗书》卷八《三史同姓名录序》记：

> 辽、金、元三史，人多同名。……今见龙庄《三史同名》之录，盖先得我心之同然矣。龙庄问序于余，……是书盖三易其稿，再涉寒暑，有苦心矣。前人谓元有五伯颜，或广至九伯颜，以为详矣。今龙庄所考，盖同名伯颜几二十人，视前人所考，不啻倍蓰。此则书之精详，不可不著者也。嘉庆戊午暮春下浣。

五月，阮元撰《四书经注集证序》。

据陈鸿森《阮元揅经室遗文辑存》卷上《四书经注集证序》记：

宋大儒定著"四子书"，数百年功令所垂，制艺一途，无不望的以趋。承学之士，先后从事于其书者，层见迭出。今见于《续文献通考》《经义考》二书，有可指数其目者，殆不下五六百家。其余时师之讲习，乡塾之抄撮，尚不在其内，可谓博矣。综其异趣，大抵言义理者十之九，言故实者十之一。……同里汪子石潭，缄寄苏州吴文园先生所辑《四书经注集证》，因受而卒读之。详于故实，而尽去其傅会义理、循声模响之习。……大旨一本朱子，而后来考辨之精，与其沿袭之误，确然有可依据者，间亦采入一二，凡以期于是而已。先生竭数十年采录别择之勤，手辑是书，意以砭义理空疏之失，而为谈故实者息穿凿攻击之私。学者童而习之，白首而昧其解者比比也，则是书之为功，岂浅鲜哉？……嘉庆三年，岁次戊午，夏五月小暑后五日，仪征阮元序。（原注：录自吴昌宗本书卷首，咸丰三年刊本。）

五月，姚鼐为金榜著《礼笺》撰序。
据《惜抱轩文集》卷四《礼笺序》记：

歙金蕊中修撰，自少笃学不倦，老始成书。其于《礼经》，博稽而精思，慎求而能断。修撰所最奉者康成，然于郑义所未衷，纠举之至数四。夫其所服膺者，真见其善而后信也；其所疑者，必核之以尽其真也。岂非通人之用心，烈士之明志也哉！鼐取其书读之，有窃幸于愚陋夙所持论差相合者，有生平所未闻，得此而俛首悦怿，以为不可易者，亦有尚不敢附者。要之，修撰为今儒之魁俊，治经之善轨，前可以继古人，俯可以待后世，则于是书足以信之矣。嘉庆三年五月，桐城姚鼐序。

六月十五日，孙星衍著《周易集解》成。
据徐世昌《清儒学案》卷一百十《渊如学案》录《孙氏周易集解序并注》记：

蒙念学者病王弼之玄虚，慨古学之废绝，因以李氏《易解》合于《王注》，又采集书传所载马融、郑康成诸人之注，及《周易口诀义》中古注，附于其后。凡《说文》《释文》所引经文，异字异音附见本文。命曰《周易集解》，庶几商瞿所传汉人师说不坠于地，俾学者观其所聚，循览易明。其称解者，李氏所辑注者，王弼所注；称集解者，蒙所采也；先以李氏解者，以其多引古注；最后附集解者，不敢掩前人也。……孔子曰"五十学《易》"，又曰"五十知天命"，又曰"文王既没，文不在兹"，皆谓《易》也。古之学者，八岁入小学，学六甲五方书计之事，于《易》学盖近而易明。则孟氏之卦气，京氏之世应飞伏，荀氏之升降，汉魏已来象数之学不可訾议也。经师家法既绝于晋，自六朝至唐，诸儒悉守古经义，不敢朦其臆说。至宋而人人言《易》，繁而寡要，直以为卜筮书，岂知言哉？近世惠征君栋，作《周易述》《易例》《易汉学》诸书，实出于唐宋诸儒之上。蒙为此书，无所发明，窃比于信而好古，网罗天下放失旧闻云尔。此书之成，左右采获，东海毕征君以田之力为多，东吴周孝廉隽，瑕邱牛徵君钧及其子廉夫，互加校勘，以助予之不及。四君者皆好学深思之士，尤不敢略其美也。如其疏释，以待能者。时嘉庆三年六月丁未书成，序于兖州巡使署中。

六月，阮元《曾子十篇注》成。
据张鉴《雷塘庵主弟子记》嘉庆三年三十五岁条记：

六月，注释《曾子十篇注》成。……先生弟梅叔先生《瀛舟笔谈》曰："……《曾子十篇注释》，则时时自随，凡三易稿。此中发明孔、曾博学、难易、忠恕等事，与《孝经》《中庸》相表里，而训'一贯'之'贯'为行事，尤为古人所未发。昔人以主静、良知标其学，目一贯之说亦为创论。故所撰之书，当以此五卷为最精。"又言："近人考证经史小学之书则愈精，发明圣贤言行之书甚少，否则专以攻驳程、朱为事，于颜、曾纯笃之学未之深究。兹《注释》五卷，不敢存昔人门户之见，而实以济近时流派之偏也。"

又据《揅经室一集》卷二《曾子十篇注释序》记:

> 元谨案:百世学者皆取法孔子矣,然去孔子渐远者,其言亦渐异。子思、孟子,近孔子而言不异,犹非亲受业于孔子者也。然则七十子亲受业于孔子,其言之无异于孔子而独存者,惟《曾子》十篇乎?曾子修身慎行,忠实不欺,而大端本乎孝。孔子以曾子为能通孝道,故授之业,作《孝经》。……元不敏,于曾子之学,身体力行未能万一,惟熟复曾子之书,以为当与《论语》同,不宜与记书杂录并行。爰顺考十篇之文,注而释之,以就正有道。……近时为《大戴》之学者,有仁和卢召弓学士文弨校、卢雅雨运司见曾刻本,有休宁戴东原吉士震校刻武英殿聚珍板本,有曲阜孔㧑约检讨广森《补注》本,有高邮王怀祖给事念孙、江都汪容甫拔贡中在朱竹君学使筠署中同校本,有归安丁小雅教授杰本。元今所注《曾子》,仍据北周卢仆射之书,博考群书,正其文字,参以诸家之说,择善而从。如有不同,即下己意,称名以别之。至于文字异同及训义所本,皆释之,以明从违之意。又尝博访友人,商榷疑义,说之善者,择而载之。时嘉庆三年,叙录于浙江使院。

夏,阮元为新刻惠士奇遗著《礼说》撰序,倡导《周礼》研究。

据《揅经室一集》卷十一《惠半农先生礼说序》记:

> 十三经义疏,《周礼》可谓详善矣。贾公彦所疏者,半用六朝体例,于礼乐、军赋诸大端,皆能引据明赡;所考证者,多在九经诸纬,而于诸子百家之单词精义,以及文字之假借,音读之异同,汉制之存亡,汉注之奥义,皆未能疏证发明之。我朝惠半农先生,家传汉学,所著《礼说》十四卷,实足补贾氏之所未及。此书虽经镂板,而行世甚少。余于丁未年,在京师厂肆购得一帙,反覆读之,服其精博无比。后为友人借去未归,至今深忆之。戊午夏,吴县友人江贡廷持一帙见示,则上海彭纯甫所新刻本。余喜插架之可备,且一时同学皆得读之也,因为序之。余昔有志于撰《周

礼义疏》，以补贾所未及，今宦辙鲜暇，惜难卒业。如有好学深思之士，据贾氏为本，去其谬误及伪纬书，择唐、宋人说礼之可从者，加以惠氏此说，兼引近时惠定宇、江慎修、程易田、金辅之、段若膺、任子田诸君子之说，勿拘疏不破注之例，博考而详辨之。则此书之成，似可胜于贾氏，是所望于起而任之者。彭君家贫，好古多读书，闻此书之刻赀皆出馆谷，何其贤也！

六月，谢启昆辑《小学考》五十卷成。八月，钱大昕、姚鼐分别为之撰序。

据谢启昆《小学考》卷首钱大昕《序》记：

《六经》皆载于文字者也，非声音则经之文不正，非训诂则经之义不明。《尔雅》一编，肇始于周公，故《诗》赞仲山甫之德，则曰"训诂是式"；宣尼告鲁哀公，亦云"《尔雅》以观于古"。厥后，七十子之徒，叔孙通、梁文诸人递有增益，如"张仲孝友"、"瑟兮僩兮"、"谑浪笑傲"之类是也。后儒执此数言，疑为汉人缀集，各出新意以说经，而经之旨去之弥远矣。自仓颉创作文字，而黄帝因之以正名百物，古之名，今之字也。古文籀篆体制虽变，而形声事意之分，师传具在，求古文者，求诸《说文》足矣。后人求胜于许氏，拾钟鼎之坠文，既真赝参半，逞乡壁之小慧，又诞妄难凭，此名为尊古，而实戾于古者也。声音固在文字之先，而即文字求声音，则当以文字为定。字之义取于孳，形声相加，故六书唯谐声为多。后人不达古音，往往舍声而求义；穿凿附会，即二徐尚不能免，至介甫益甚矣。古人之意不传，而文则古今不异，因文字而得古音，因古音而得古训，此一贯三之道，亦推一合十之道也。《汉志》以小学入《六艺略》，后之志艺文者莫不因之。秀水朱氏《经义考》，博稽传注，作述源流，最为赅洽，而小学独缺，好古者有遗憾焉。方伯南康谢公蕴山，枕葄经史，博综群言，早岁紬书东观，得窥金匮石室之藏，既而典大郡，陟监司，公务之余，铅椠未尝去手。每念通经必研小学，而古今流别，议论纷如，乃遵秀水之例，绩为《小学考》。顷岁领藩两浙，人和年丰，海堧绥靖，文澜阁颁赐中秘书，职在典守，时得寓目，乃出旧稿，参以新得，分训诂、文字、声韵、音义为四门，为卷凡五十。既成，贻书见示，读之两阅月而毕。彬彬乎！械械乎！采摭极其博，而评论协于公，洵足赞圣世同文之治者乎！夫书契之作，其用至于百官治，万民察。圣人论为政，必先正名，其效归于礼乐兴，刑罚中。张敞、杜林以识字而为汉名臣，贾文元、司马温公以辨音而为宋良相，然则公之于斯学，固有独见其大者。因文以载道，审音而知政，孰谓文学与经济为两事哉！嘉庆三年岁在戊午八月，嘉定钱大昕序。

又据《惜抱轩文集》卷四《小学考序》记：

秀水朱锡鬯检讨，尝作《经义考》，载说经之书既备，而不及小学。今南康谢蕴山方伯，以为小学实经义之一端，为论经始肇之事。且礼乐则言之大广，射御则今士所不习，九数则诚术家专门之所为，惟书文固人人当解，学者须臾不能去，非专门之事也。前世好古之儒，固多究心于斯。至于今日，其书既众，或因旧闻而增深，或由创得而迈古。虽其间粹驳浅深，为者或不必尽同，然而彼皆欲自为其艰危劳苦，而授小子以逸获之道，其人其志，固皆不可泯也。因辑汉以来言文字、训诂、形音之书，至于今日英才博学所撰，举载于编，凡若干卷，名之曰《小学考》，以补朱氏之所未备。……嘉庆三年八月，桐城姚某序。

八月，阮元主持纂修《经籍籑诂》成。九月三日，臧庸为该书撰《后序》，旋即受托携往广东刻板。

据《雷塘庵主弟子记》嘉庆三年三十五岁条记：

八月二十二日，奉旨补授兵部右侍郎。又奉旨："礼部右侍郎员缺，着阮元调补。"撰《经籍籑诂》一百十六卷成。……福案：是冬，即托臧公往广东刻板，次年刊成印行。

又据《拜经堂文集》卷二《经籍籑诂后序》记：

少宗伯仪征阮公,视学浙江,以经术倡迪士子。思治经必先通诂训,庶免凿空逃虚之病,而倚古以来,未有汇辑成书者。因遴拔经生若干人,分籍纂训,依韵归字,授之凡例,示以指南。期年分纂成,更选其尤者十人,每二人汇编一声。知镛堂留心经诂,精力差胜,嘉庆三年春,移书来常州,属以总编之役。镛堂不辞谫陋,谨遵宗伯原例,申明而整齐之,以告诸君子。复延舍弟礼堂相佐,请诸宗伯,檄仁和廪生宋咸熙,来司收掌对读。乃键户谢人事,暑夜汗流蚊积,犹校阅不置。书吏十数辈,执笔候写,虽极繁剧匆猝,不敢以草率了事。与同纂诸君,往复辨难。国子监生严杰,仁和附生赵坦,颇不以镛堂为悠谬,其所编书,亦精审不苟,皆学行交笃士也。自孟夏始,至仲秋告竣,凡五阅月,共成书一百一十六卷,可谓经典之统宗,诂训之渊薮,取之不竭,用之无穷者矣。盖非宗伯精心卓识,雄才大力,不足以兴创造之功。而非诸君子分纂之勤,亦不能汇其成也。卷帙繁重,限于时日,未尽覆检原书。而《易》、《书》、《诗》、"三礼"、《苍颉》、《字林》、《释文》、《楚辞》等纂稿,每科为之审正。经子有失载正文,并补录之,校阅之。下更随笔改订,删烦钩要,分并归合,而条次其先后,俾秩然有章。论其大端,实足为有功经学之书。倘不知者指其小舛,支支节节而议之,是欲摘泰山之片石,问河海于断潢矣,又乌足与语学问之事哉!书既成,宗伯将授之剞劂,以嘉惠来学。镛堂因识其颠末,以告海内治经之士。时嘉庆戊午秋九月三日,武进臧镛堂,识于浙学使院之譔诂斋。

秋,江藩为焦循著《释椭》撰序,赞许循数学之专精。
据江藩《炳烛室杂文》之《释椭序》记:

江都焦君里堂,厉节读书,综经研传,钩深致远。复精推步,稽古法之九章,考西术之八线,穷弧矢之微,尽方圆之变,与凌君仲子、李君尚之齐名。嘉庆三年秋,里堂出所制《释椭》一篇示予。……昔秦大司寇蕙田,辑《五礼通考》,"观象授时"一门,戴编修震分纂,详述诸轮之法,而不及太阳地半径差、清蒙气差、椭圆三说，不亦慎乎？是篇仿张渊《观象赋》之例，自为图注，反复参稽，抉蕴阐奥，为实测推步之学者所不可无之书也。

九月，严元照为《经义杂记》撰跋。
据《经义杂记》卷末严元照《跋》记：

> 卢学士校刊《经典释文》，后附考证数卷，多引武进臧玉林先生之说。先生在康熙朝，与阎百诗友善，所著书甚多，《经义杂记》三十卷，其一也。先生玄孙在东，从学士游，故学士得见之，尝谓元照曰："人诚不可无贤子孙也。臧先生之书，使无在东，则吾何由见之哉？"元照去年始获交于在东，在东笃志读经，力宗郑氏学。所著有《拜经日记》八卷，皆发明古义者，每出一说，引证甚备，是非甚确。元照心折之，以《娱亲小言》就正。在东不以为非，因曰："子不可不读吾高祖书也。"遂出以见示。……惜在东有粤东之行，不得卒读，因缀数语于后，以志景慕。……嘉庆三年九月，归安后学严元照谨跋。

七月十一日，钱大昕寄《廿二史考异》予严元照。秋抄，臧庸访元照，严氏有书复大昕。
据严元照《悔庵学文》卷首录钱大昕书记：

> 得手札，知去月所寄已到。弟前所制序稿，本拟载入拙集中，底稿见存，毋庸写寄。外附到《廿二史考异》全部及《通鉴注辨正》。其中或有舛讹，希校正见示。顺候九能大兄。尊大人前希致候。弟大昕顿首，七月十一日。

又据同书卷一《奉少詹事钱竹汀先生书》记：

> 秋间，蒙远寄尊制《廿二史考异》全部，见赐领到，敬谢。此书浩博精谛，实自古考史者所未尝有。荒陋如元照，宜无从赞一词矣。唯《汉书》

"銅阳"一条，曾肆业及之，敢布其说于左右。……若夫銅从同声，而读若纣，纣非同声也，此不能无疑。元照昔尝闻诸亡友钱君馥云，《诗》"甈假无言"，《中庸》引作"奏假"；《毛诗》"衡从其亩"，《韩诗》作"衡由"。"甈"为"奏"，"从"为"由"，与銅之读纣正同，不必疑其非声。不知阁下谓此说何如也。

九月，俞正燮撰《书五礼通考后》，讥秦蕙田书体例不当。
据《癸巳存稿》卷十二《书五礼通考后》记：

《五礼通考》所采汉以后事皆是，惟周时书籍，广搜魏晋以后议论附于后，本康庄也，而荆棘榛芒之，可谓宋元人平话经义与帖括经义，日课陋稿，令人憎恶，不可谓之礼书也。据魏晋以后礼制，多本王肃、皇甫谧，其说不可不采，然宜附所引史志后，不宜附经后。引经止存汉传注本义，魏晋以后野文皆削之。宋元人平话、帖括两体文尤不当载，而制度则案年次之。《通考》之体应如此。此书体例非也。其体国经野，无历代田亩步弓尺度，亦是漏略。或谓不须录此，则又何须录《禹贡锥指》乎？嘉庆戊午九月。

十一月六日，臧庸为宋咸熙《夏小正注》撰序，表彰宋氏辑逸之功。
据《拜经堂文集》卷二《题夏小正全书目录》记：

按《明堂阴阳》三十三篇，载《汉书·艺文志》，所以发明《夏小正》之义也。镛堂闻之庄葆琛先生说，以《夏时》为《明堂阴阳经》，《夏小正》为传，《月令》《明堂位》《盛德》，及诸子言阴阳时令者为记。《汉志》所载虽逸，可考而复也。能精校汇编，以补《汉志》之阙，更为音义、叙录等，俾成完书，斯不朽之盛业矣。宋君咸熙，于去年已撰辑《夏小正注》十二卷，今夏在西湖书局，复多补正，可谓勤已。兹先写定十卷，以就正有道，续编如出，余将拭目读之。时嘉庆戊午十一月六日，武进臧镛堂，记于仁和塘栖宋氏之锄经阁。

冬，陈鳣撰《尚友图记》，可觇一时学人幕游杭州景况。

据《简庄文钞》卷五《尚友图记》记：

> 余自问无他长，惟以书卷、友朋为性命。嘉庆元年，孝廉方正之举，陈东浦方伯告人曰："有好古之学者，必有高世之行。如钱晦之、胡雏君、陈仲鱼，庶几称鼎足哉。"后与钱、胡两君同在谢苏潭方伯署，因属王君沛堂作《三子说经图》，两方伯各题诗。时阮芸台先生为学使，见之，以为有程君易田在，何不并及之。遂合程君，绘《吴山雅集图》。是秋，余复膺乡荐，计偕将行，王君别画一像以相赠，张君农闻颜曰《尚友图》。噫嘻！诸君之惠而好我，固若是乎！张惠言表彰虞翻《周易》学，所著诸书于是年相继告成。

据《茗柯文二编》卷上《虞氏易礼序》记：

> 韩宣子见《易象》与鲁《春秋》曰："周礼尽在鲁矣。"《记》曰："夫礼，必本于太一，转而为阴阳，变而为四时，其降曰命。"故知《易》者，礼象也。《易》家言礼者唯郑氏，惜其残阙不尽存。又其取象用爻辰；爻辰者，远而少变，未足以究天地消息。至其原文本质，使周家一代之制，损益具备，后有王者，监仪在时，不可得而废也。虞氏于礼，盖已略矣，然以其所及，揆诸郑氏，源流本末，盖有同焉。何者？其异者，所用之象也，而所以为象者不殊。故以虞氏之注，推礼以补郑氏之阙，其有不当，则阙如，一以《消息》为本。

又据同书同卷《虞氏易事序》记：

> 孟氏说《易》，本于气，而以人事明之。然虞氏之论象备矣，皆气也。人事虽具说，然略不贯穿，匪独虞尔，郑、荀多说人事者，爻象亦往往错杂。后学不得其通，乃始苦其支窒而不能骋，于是悉举而废之，而相辩以浮辞，日以益众。夫理者无迹，而象者有依，舍象而言理，虽姬、孔靡所

据以辩言正辞,而况多歧之说哉!设使汉之师儒比事合象,推爻附卦,明示后之学者有所依逐,至于今,曲学之响,千喙一沸,或不至此。虽然,夫《易》广矣,大矣,象无所不具,而事著于一端,则吾未见汉儒之言之略也。述《易事》云尔。

又据同书同卷《周易郑荀义序》记:

汉儒说《易》,大指可见者三家:郑氏、荀氏、虞氏。郑、荀,费氏《易》也,虞,孟氏《易》也。郑氏言礼,荀氏言升降,虞氏言消息。昔者伏羲作十言之教曰,干、坤、震、巽、坎、离、艮、兑、消、息。郑氏费《易》实述之。至其说经,则以卦爻无变动谓之《象辞》。夫七、八者《象》,九、六者变;经称用九用六,而辞皆七、八,名与实不相应,非伏羲氏之旨也。爻象之区既隘,则乃求之于天,乾坤六爻,上系二十八宿,依气而应,谓之爻辰。若此,则三百八十四爻,其象十二而止,殆犹濂焉,此又未得消息之用也。然其列贵贱之位,辩大小之序,正不易之伦。经论创制,吉凶损益,与《诗》《书》《礼》《乐》相表里,则诸儒未有及之者也。……余既述虞氏之注为《消息》。

以发其义,故为郑、荀各通其要,以俟治古文者正焉。
又据同书同卷《易义别录序》记:

《易》之传自商瞿子,以至田生,惟一家。焦氏后出。及费氏为古文,而汉之《易》有三。自是之后,田氏之《易》,杨、施、孟、梁邱、高氏而五,唯孟氏久行。焦氏之《易》,为京氏。费氏兴而孟、京微焉。夫以传述之统,田生、丁将军之授受,则孟氏为《易》宗无疑。而其行不及费氏者,以传受者少,而费氏之经与古文同,马融、郑康成为之传注故也。王弼《注》行而古师说废,孔颖达《正义》行而古《易》书亡。其见于《释文》叙录者,自晋以前三十有二家,李鼎祚《集解》所引二十有三焉,皆微文碎义,多不贯串。盖《易》学扫地尽矣,可不惜哉!夫不尽见其辞而欲论其是非，犹以偏言决狱也；不尽通各家而欲处其优劣，犹援白而嘲黑也。余于《易》取虞氏，既已推明其义，以郑、荀二家注文略备，故条而次之。自余诸家，虽条理不具，然先士之所述，大义要旨，往往而有不可得而略也。乃辑《释文》《集解》及他书所见，各为别录；义有可通，附著于篇，因以得其源流同异，若夫是非优劣，亦可考焉。凡孟氏四家：孟氏、姚信、翟元、蜀才。京氏三家：京氏、陆绩、干宝。费氏七家：马融、宋衷、刘表、王肃、董遇、王廙、刘岳。子夏传非汉师说，别为一家。

又据同书同卷《易纬略义序》记：

《纬》者，其原出于七十子之徒，相与传夫子之微言，因以识阴阳五行之序，灾异之本也。盖夫子五十学《易》，而知天命。子赣曰："夫子之言性与天道，不可得而闻。"是以其言者，六艺之文著之，其言者，游、夏之徒或口受其传旨，益增附推阐以相传授。秦汉之间，师儒第而录之，其亦有技术之士，以其所能，推说于篇，参错间出，故其书杂而不能醇。刘歆之于《纬》，精矣。当其时，河洛之文大备，而《七略》不著录，将以符命之学出于其中，在所禁秘耶？郑康成氏，汉之大儒，博通古文，甄录而为之注，则《纬》之出于圣门，而说经者之不可废也，审矣。至隋而"六经"之纬焚灭，唯《易》独存。《后汉书注》载其目，曰《稽览图》《干凿度》《坤灵图》《通卦验》《是类谋》《辨终备》。宋而更有《乾元序制记》《乾坤凿度》。宋之诸儒，排而摈之。迄于元明，无传于世，存者独明《永乐大典》所编，而纬无完书矣。

窃尝以为《乾坤凿度》，伪书也，不足论；《乾元序制记》，宋人钞撮者为之；《坤灵图》《是类谋》《辨终备》，亡佚既多，不可指说；其近完存者，《稽览图》《乾凿度》《通卦验》。《稽览图》论六日七分之候；《通卦验》言八卦暑气之应，此孟、京氏阴阳之学。《乾凿度》论乾坤消息，始于一，变而七，进而九，一阴一阳，相并而合于十五，统于一元，正于六位，通天意，理人伦，明王度，盖《易》之大义条理毕贯，自诸儒莫能外之。

其为夫子之绪论,田、杨以来先师所传习,较然无疑。至其命图书,考符应,算世轨,则其传湮绝,文阙不具,不可得而通,亦非达士之所欲说也。故就三书而求其醇者:《通卦验》十三、《稽览图》十五、《乾凿度》十八。《易》学芜绝,汉人之书皆已亡阙,其仅而存于今,足以考古师说,如此三书者,治《易》者盖可忽乎哉?故条而次之,以类相说,通其可知者,阙其不可知者,存其略云尔。

是年,章学诚以《文史通义》初刻稿送钱大昕,并致书重提戴震、钱载早年争议旧事。

据《章氏遗书》卷二十九《上辛楣宫詹书》记:

> 学诚从事于文史校雠,盖将有所发明。然辨论之间,颇乖时人好恶,故不欲多为人知。所上敝帚,乞勿为外人道也。夫著书大戒有二,是非谬于圣人,忌讳或干君父,此天理所不容也。然人苟粗明大义,稍通文理,何至犯斯大戒。惟世俗风尚,必有所偏,达人显贵之所主持,聪明才俊之所奔赴,其中流弊,必不在小。载笔之士,不思救挽,无为贵著述矣。苟欲有所救挽,则必逆于时趋。时趋可畏,甚于刑曹之法令也。戴东原尝于筵间偶议秀水朱氏,犟石宗伯至于终身切齿,可为寒心。

章学诚入浙江布政使谢启昆幕,续修《史籍考》。"盗卖毕公《史考》"之说因之而起。

据胡适、姚名达《章实斋先生年谱》嘉庆三年六十一岁条记:

> 此年,在杭州,借谢启昆(蕴山、苏潭)之力,补修《史籍考》。(原注:据王宗炎记在《两浙輶轩录补遗》的话,及吴兰庭《复章实斋书》、阮亨《瀛洲笔谈》卷八页五、卷十页二。)助手有袁钧(陶轩)、胡虔等。(原注:《瀛洲笔谈》,《柿叶轩笔记》卷首方损之所作《胡虔传》。)

又据《章氏遗书》卷末附录佚篇之《又与朱少白》记:

足下自谦，谓"不志古而复遗于今"，固属虚挹之意，然仆则甚惧足下有过人之美质而不善成也。……先师门下如李畏吾、朱沧湄，邵君旧徒如寒族正甫、逢之两孝廉，皆有志于古。不知近来新出一辈人才，亦必有可观者。足下苟有所取，皆有所资。京师人海，不比外间气类孤寂，宜善自计。勿贸私篆所镌自命"能读父书"四字（原注：去岁游维扬，晤兰泉先生，游苏州，晤辛楣先生，皆有责望足下之意，且有所见不如所闻之议。）乃仆祷祀而求者也。勉之勉之，勿以人废言也。然学者风气，不知近来京师如何？江浙之间，一二闻见所及，实为世道人心忧虑。盖好名之习，渐为门户，而争胜之心，流为忮险。学问本属光明坦途，近乃酿成一种枳棘险隘，诡谲霭昧，殆于不可解释者，转觉时髦。株守二寸书册，揣摩墨卷律诗，自命干禄养亲，可为嘉秀子弟。否则力田服贾，目不识丁，粗知事亲敬长，尚不失为愿农良贾。贤于讲学术而误入此辈之流毒也。即如足下屡促仆为《邵先生传》，仆亦自谓邵君之传，实有一二非仆著笔必不得其实者，盖平日实有印证，非漫言也。然能言其意而无征于实，则文空而说亦不为人所据信，故从其家问遗书。（原注：已刻《尔雅正义》，只是邵氏皮毛，世人之知邵氏不过在皮毛，是以须仆为发幽潜。）昔韩昌黎将铭志樊氏，先从樊氏求书，古人无不如此，非仆创也。邵氏次君，自命读父书者，遇仆求请，辄作无数惊疑猜惧之象，支离掩饰，殆难理喻。仆初犹未觉，后乃至于专书不报，姚江赴杭，至郡又过门不入，仆甚疑骇。久乃得其退后之言，直云仆贸生死之谊，盗卖毕公《史考》，又将卖其先人笔墨，献媚于谢方伯，是以不取于仆。嗟乎！斯岂人口中语哉！孺子何知，遂至于此！闻其结交近日一种名流，所谓好名争胜、门户忮忌之辈，阴教导之。世风至此，我辈更何言哉！《史考》之出于毕公，自十数年前，南北艺林，争相传说。谢公有力，能招宾客，纂辑考订，何事不可由己出之，而必掩耳盗铃，暗袭众目皆知之毕氏书为己所创，人情愚不至此。况浙局未定之前，仆持《史考》残绪，遍吁请于显贵有力之门。君家官保，亦曾委折相商，且援桐城方制军、德州卢转运共勷秦大司寇《五礼通考》为例。当时知其事者，并无疑仆有如盗卖献媚。所云"伐国不问仁人"，此言何为至哉！且学问之途，本自光明坦荡，人自从而鬼蜮荆棘，由于好名争胜，而于学本无所得故也。邵君《雅疏》未出，即有窃其新解，冒为己说，先刊以眩于人，邵（校记："邵"字原作"即"）君知之，转改己之原稿以避剿嫌。又其平日应酬文稿，为人连筒攫去。辛楣詹事，尝有绪言未竟，而黠者已演其意而先著为篇。儿子常问古书疑义于陈立三，立三时为剖辨，有乡学究馆于往来之冲，每过必索答问，窃为己说，以眩学徒。君家宋镌秘籍，李童山借本重刊，亦胜事也，其转借之人冒为己所箧藏，博人叙跋，誉其嗜奇好古，亦足下所知也。此辈行径，大者不过穿窬，细者直是胠箧。彼郭象之袭庄注，齐邱之冒纪书，已具田常盗齐之力，犹未能掩千古耳目。况此区区鬼蜮不直一笑者哉！然吾党子弟，用此相猜，则世道人心，实不胜其忧患。

鄙著《通义》之书，诸知己者许其可与论文，不知中多有为之言，不尽为文史计者。关于身世，有所根触，发愤而笔于书。尝谓百年而后，有能许《通义》文辞与老杜歌诗同其沉郁，是仆身后之桓谭也。《通义》书中，《言公》《说林》诸篇，十余年前旧稿，今急取订正付刊，非市文也。盖以颓风日甚，学者相与离跂攘臂于桎梏之间，纷争门户，势将不可已也。得吾说而通之，或有以开其枳棘，靖其噬毒，而由坦易以进窥天地之纯、古人之大体也，或于风俗人心不无小补欤。印本呈正，其副余可以分赠同志中人，如又不足，续寄可也。此番书辞，乞与邵楚帆侍御，邵耿光中翰及家逢之、正甫二孝廉，此外邵君弟子有能真知其师者，可共观之。《邵传》则徐当以意属草，而阙其不可知者，以识遗憾，此仆不敢贰死友也，然所贰已不少矣。长者行事不使人疑，今遭疑如是，仆亦良自愧也。如何如何！足下鉴之而已。

是年，阮元为孔广森遗著《春秋公羊通义》撰序。
据《春秋公羊通义》卷首阮元《春秋公羊通义序》记：

昔孔子成《春秋》，授于子夏，所谓以《春秋》属商是也。子夏口说以受公羊高，高五传至汉景帝时，乃与齐人胡毋生始著竹帛。其后有严彭祖、颜安乐两家之学，宣帝为之立博士。故《公羊》之学，两汉最胜，虽刘歆、郑众、贾逵谓《公羊》可夺，《左氏》可兴，而终不能废也。然说者既多，至有倍经任意者。任城何君起而修之，覃精竭思，闭门十有七年，乃有成书，略依胡毋生条例而作《解诂》，学者称精奥焉。六朝时何休之学犹盛行于河北，厥后《左氏》大行，《公羊》几成绝学矣。我朝经术昌明，超轶前代，诸儒振兴，皆能表章六经，修复古学。而曲阜圣裔孔㢲轩先生，思述祖志，则从事于《公羊春秋》者也。先生幼秉异资，长通绝学，凡汉晋以来之治《春秋》者，不下数百家，靡不综览。尝谓《左氏》旧学湮于征南，《穀梁》本义汩于武子，王祖游谓何休志通《公羊》，往往为《公羊》疢病，其余啖助、赵匡之徒，又横生义例，无当于经。唯赵汸最为近正，何氏体大思精，然不无承讹率臆。于是旁通诸家，兼采《左》《穀》，择善而从，撰《春秋公羊通义》十一卷、序一卷，凡诸经籍义有可通于《公羊》者，多著录之。其不同于《解诂》者，大端有数事焉。谓古者诸侯分土而守，分民而治，有不纯臣之义，故各得纪年于其境内。而何邵公猥谓唯王者然后改元立号，经书元年为托王于鲁，则自蹈所云反传违戾之失矣。其不同一也。谓《春秋》分十二公而为三世，旧说所传闻之世，隐、桓、庄、闵、僖也；所闻之世，文、宣、成、襄也；所见之世，昭、定、哀也。颜安乐以为襄公二十三年，邾娄鼻我来奔，云邾娄无大夫，此何以书？以近书也。又昭公二十七年，邾娄快来奔，传云邾娄无大夫，此何以书？以近书也。二文不异，同宜一世，故断自孔子，自后即为所见之世，从之。其不同二也。谓桓十七年，经无夏，二家经皆有夏，独《公羊》脱耳。何氏谓夏者阳也，月者阴也，去夏者，明夫人不系于公也，所不敢言。其不同三也。谓《春秋》上本天道，中用王法，而下理人情。天道者，一曰时，二曰月，三曰日。王法者，一曰讥，二曰贬，三曰绝。人情者，一曰尊，二曰亲，三曰贤。此三科九旨。而何氏《文谥例》云，三科九旨者，新周，故宋，以《春秋》当新王，此一科三旨也。又云所见异辞，所闻异辞，所传闻又异辞，二科六旨也。又内其国而外诸夏，内诸夏而外夷狄，是三科九旨也。其不同四也。他如何氏所据闲有失者，多所裨损，以咸一家之言。又谓《左氏》之事详，《公羊》之义长，《春秋》重义不重事，是可谓好学深思，心知其意者矣。故能醇会贯通，使是非之旨不谬于圣人。岂非至圣在天之灵，惧《春秋》之失恉，笃生文孙，使明绝学哉！元为圣门之甥，陋无学术，读先生此书，始知圣志之所在，因敬叙之。嘉庆三年，扬州阮元。

余廷灿于是年病逝。
据《清国史·儒林传下卷》卷八《余廷灿传》记：

  余廷灿，字存吾，湖南长沙人。乾隆二十六年进士，改翰林院庶吉士，散馆授检讨，充"三礼"馆纂修官。以母年八十乞养归。……其学兼综经史及诸子百家，象纬、句股、律吕、音韵，皆能提要钩玄。尝与休宁戴震、河间纪昀相切劘。晚主濂溪、石鼓、渌江、城南书院，教人以兼通汉宋为宗。著有《存吾文集》十六卷。嘉庆三年卒，年七十。

案：据袁行云《清人诗集叙录》卷三十八《诒穀草堂诗集》记，廷灿字卿雯，嘉庆三年卒，年六十四。又，传中"三礼"馆，疑系"三通"馆之误。

嘉庆四年已未　1799年

正月初三日，高宗去世。五日，仁宗颁诏求言。八日，王念孙以言官上密折，奏请诛除权奸和珅。同日，逮和珅下狱。

据《仁宗实录》卷三七嘉庆四年正月甲子条记：

> 又谕：朕仰承皇考付托之重，……特此通行晓谕，凡九卿科道，有奏事之责者，于用人行政，一切事宜，皆得封章密奏，俾民隐得以上闻，庶事不致失理。诸臣务须宅心虚公，将用人行政，兴利除弊，有裨实政者，各抒诚悃，据实敷陈，佐朕不逮，用副集思广益至意。

又据王念孙《王石臞先生遗文》卷一《敬陈剿贼事宜折》记：

> 本月初五日奉上谕，凡九卿科道，有奏事之责者，务须宅心虚公，将用人行政，兴利除弊，有裨实政者，各抒诚悃，据实敷陈等因。……臣不揣愚陋，敢敬举六事，为我皇上陈之。
> 一、除内贼以肃朝宁也。大学士公和珅，受大行太上皇帝知遇之隆，位居台辅，爵列上公，不思鞠躬尽瘁，惟知纳贿营私。图一己之苞苴，忘国家之大计，金钱充于私室，铺面遍于畿辅。……臣窃以为，和珅之罪，不减于教匪，内贼不除，外贼不可得而灭也。臣闻帝尧之世，亦有共骡，及至虞舜在位，成就诛殛。由此言之，大行太上皇帝在天之灵，固有待于皇上之睿断也。

又据刘盼遂《高邮王氏父子年谱》嘉庆四年五十六岁条记：

> 正月，密疏劾大学士和珅黩货揽权，清仁宗览奏称善，即日下旨正法

和珅。当时歙然称之为朝阳鸣凤。今《文集》第一篇《敬陈剿贼事宜折》是也。王子兰《观其自养斋烬余录·嘉庆四年南巡纪事》一文云："嘉庆四年正月，仁庙特旨召见，凡七人：先观察公、杨公志信、杨迈功先生、蒋励堂先生、金大司寇□□、邵总宪自昌、周公廷栋。此迈功先生七世孙所言也。先文简公作祖父《行状》遗之。今谨记。"

又据《仁宗实录》卷三十七嘉庆四年正月丁卯（即初八日。——引者）条记：

革大学士和珅、户部尚书福长安职，下狱治罪。

又据陈鸿森《段玉裁年谱订补》嘉庆四年六十五岁条，录七月谱主《与刘端临书》记：

怀祖大兄赐联已敬收，当另作书奉谢。札中称其正月初八日上平定贼匪事宜六条，平明疏入，食时首辅下狱。……（原注：据阿迁氏《东京国立博物馆所藏段茂堂尺牍札记》移录。）

春，严元照有书分致梁玉绳、臧庸，论为学、为人之道。
据严元照《悔庵学文》卷一《与梁曜北书》记：

于周生处得尊刻《瞥记》，伏读一过，佩服良深。中有数说，不无尚有可商，请质言之，以取正焉。……某尝言，汉儒诂经，非有大违错，不可轻议。吾曹立说，非有确征，不可自信。好异喜新，宋以后儒者之病，贤者固当力矫之耳。

又据同书同卷《与臧在东书》记：

足下天性憨直，有言必尽，欲少委宛一字而不可得，坐是而不谐于俗。……足下去年在杭州书局，局中人皆不悦足下。此亦不可尽责于人，亦足下有以召之也。夫人心之不同如其面，学问亦犹是矣。一出言而莫之违，虽圣人弗能也，而谓吾曹顾能之乎？读书有得，果自信不谬于古人，则虽举世噪骂，曾何足以动吾心！于此而苟动其心，是自守之不固矣。又臧否人伦，尤宜谨慎，而足下且肆然见之笔墨之间，辄曰某某不足道。此大失儒者谨厚之风。……愎与躁，非特难以处世，亦且损于养生。斯二病足下皆不免焉。

五月四日，仁宗接见新科进士，王引之、汤金钊、张惠言、陈寿祺、莫与俦、胡秉虔、郝懿行等皆分授官职。是科以得人之盛著称。

据《仁宗实录》卷四十四嘉庆四年五月辛酉条记：

> 引见新科进士。得旨：一甲三名姚文田、苏兆登、王引之业经授职外，……汤金钊……张惠言……陈寿祺……莫与俦……着改为翰林院庶吉士。……胡秉虔……郝懿行……着以知县即用，余着归班铨选。

又据张鉴《雷塘庵主弟子记》嘉庆四年三十六岁条记：

> 三月……初六日，奉旨充会试副总裁。时正总裁经筵讲官、太子太保、南书房行走、吏部尚书大兴朱公珪，副总裁都察院左都御史长沙刘公权之，经筵讲官、内阁学士兼礼部侍郎满洲文公宁及先生。揭晓，得士史致俨等二百九人，多积学之士。……论者谓得士如鸿博科，洵空前绝后也。

案：文宁之"宁"字，原作空格，据《仁宗实录》嘉庆四年三月甲子条补。

六月一日，孙志祖著《读书脞录》成。

据《读书脞录》卷首《自序》记：

> 予少时溺苦于八比文，自"五经"章句外，塾师戒勿泛涉。偶借得《毛西河集》，于灯下窃读之，不寐者累夕，稍有启悟。壮岁通籍，承乏西曹，黾勉簿领，几束书不观者十年。逮丙申岁，陈情归里，瑟居多暇，始得恣意披览。又虑师丹之善忘，偶有所得，随笔疏记，积久成帙。因有感于卢抱经学士"辛苦纂辑，烟飞灰烬"之语，乃略加诠次，付诸剞劂。凡

说经二卷，说子、史二卷，杂识三卷。唯冀直谅多闻之君子，匡其不逮，而纠正其失，庶炳烛之明，得以及今更定。此则区区求益之心也夫。嘉庆己未六月朔日，仁和孙志祖，识于梅东书屋。

六月，钱大昕为阮元主编《经籍籑诂》撰序。
据《经籍籑诂》卷首钱大昕《经籍籑诂序》记：

有文字而后有诂训，有诂训而后有义理。诂训者，义理之所由出，非别有义理出乎诂训之外者也。《诗》《烝民》之篇曰："天生烝民，有物有则。民之秉彝，好是懿德。"宣尼赞为"知道"之言。而其诗述仲山甫之德，本于"古训是式"。古训者，诂训也，诂训之不忘，乃能全乎民秉之懿。诂训之于人大矣哉！昔唐、虞典谟，首称稽古；姬公《尔雅》，诂训具备。孔子大圣，自谓"好古敏求之"，又云"信而好古"，而深恶夫"不知而作"者，由是删定"六经"，归于雅言。文也，而道即存焉。汉儒说经，遵守家法，诂训传笺，不失先民之旨。自晋代尚空虚，宋贤喜顿悟，笑问学为支离，弃注疏为糟粕，谈经之家，师心自用，乃以俚俗之言诠说经典。若欧阳永叔解"吉士诱之"为"挑诱"，后儒遂有诋《召南》为淫奔而删之者。古训之不讲，其贻害于圣经甚矣。我国家崇尚实学，儒教振兴，一洗明季空疏之陋。今少司农仪征阮公以懿文硕学，受知九重，扬历八座，累主文衡，首以经术为多士倡，谓治经必通训诂，而载籍极博，未有会最成一编者。往岁休宁戴东原在书局，实创此议。大兴朱竹君督学安徽，有志未果。公在馆阁日，与阳湖孙渊如、大兴朱少白、桐城马鲁陈相约，分纂钞撮群经，未及半而中辍。乃于视学两浙之暇，手定凡例，即字而审其义，依韵而类其字，有本训，有转训，次叙布列，若网在纲。择浙士之秀者若干人，分门编录。以教授归安丁小雅董其事，又延武进臧在东专司校勘。书成，凡百有十六卷。公既任满赴阙，将刊梨枣，嘉惠来学，以予粗习雅故，贻书令序其缘起。夫六经定于至圣，舍经则无以为学。学道要于好古，蔑古则无以见道。此书出，而穷经之彦，焕然有所遵循，乡壁虚造之辈，不得滕其说以衒世。学术正而士习端，其必由是矣，小学云乎哉！嘉庆四年夏六月嘉定钱大昕序。

六月十七日，江苏监生周砯以"妄言国政"获咎。
据《仁宗实录》卷四十七嘉庆四年六月甲辰条记：

> 又谕：江苏监生周砯具折言事，胪列数十款。朕详加披阅，……复命军机大臣等悉心核议。……周砯以诸生而妄言国政，……逞臆渎陈，而又不切时要。著即将该监生送至费淳处，交地方官约束。

六月二十九日，王念孙致书孙星衍，告《广雅疏证》成书。
据陈烈《田家英与小莽苍苍斋》所录王念孙手札记：

> 去年惊闻太夫人辞世，匆匆未及修函敬唁，至今歉然。迩惟尊候安适，著述益富于前，《问字堂文集》别后凡增几种，发明汉诂者必多。何时一一读之，以袪茅塞。念孙《广雅疏证》近已成书，十年之力，幸不废于半涂，容觅便人，寄呈教正。小儿引之今岁受知于朱尚书，殿试亦居前列，差可慰先生期望之意。但渠近日有馆课之累，而旧学渐荒矣。念孙三月秒承乏巡漕，往来江淮间，略无善状。……六月廿九日，王念孙顿首上渊如先生执事。引之禀笔请安。

七月一日，王引之为《经籍籑诂》撰序。
据《经籍籑诂》卷首王引之《经籍籑诂序》记：

> 训诂之学，发端于《尔雅》，旁通于《方言》，《六经》奥义，五方殊语，既略备于此矣。嗣则叔重《说文》，稚让《广雅》，探赜索隐，厥谊可传。下及《玉篇》《广韵》《集韵》，亦颇搜罗遗训，而所据之书或不可考。且旧书雅记，经史传注，未录者犹多。至于网罗前训，征引群书，考之著录家，罕见有此。惟《旧唐志》载天圣太后《字海》一百卷、诸葛颖《桂苑珠丛》一百卷，《新唐志》载颜真卿《韵海镜源》三百六十卷，自古字

书、韵书，未有若此之多者。意其详载先儒训释，是以卷帙浩繁，而惜乎其书之已逸也。曩者戴东原庶常、朱笥河学士，皆欲纂集传注，以示学者，未及成编。吾师云台先生欲与孙渊如编修、朱少河孝廉共成之，亦未果。及先生督学浙江，乃手定体例，逐韵增收，总汇名流，分书类辑。凡历二年之久，编成一百十六卷。展一韵而众字毕备，检一字而诸训皆存，寻一训而原书可识，所谓握六艺之钤键，廓九流之潭奥者矣。……后之览是书者，去凿空妄谈之病而稽于古，取古人之传注而得其声音之理，以知其所以然。而传注之未安者，又能博考前训以正之。庶可传古圣贤著书本旨，且不失吾师纂是书之意与。岁在屠维协洽相月之朔，弟子高邮王引之谨序。

孟秋，臧庸在广东刻所辑《通俗文》。
据《拜经堂文集》卷二《刻通俗文序》记：

颜黄门谓，《通俗文》世题河南服虔子慎造。《魏书》江式表，次此于《方言》《埤苍》间。是北人悉以此为汉服子慎所著。然梁阮氏《七录》本，言李虔造。征之《初学记》，《阮录》为信。《唐志》称李虔《续通俗文》，殆蹈北人之见，惑以为有两书，遂误以李氏为续篇欤？镛堂核之，断此非汉人之书。……爰采《一切经音义》诸书，略次其先后，以存一家绝学。署曰服虔，仍其旧也。稿始己酉仲夏，迄今十有一年，时有补正，卒无定本。己未秋，同甘泉林君仲云客南海，林君见斯编，喜之，欲取以付梓。因为校正若干条，足以补镛堂所未逮，此书自是有定本矣。遂叙夙昔所闻，及今之论定者于篇末，以诒之。

八月八日，朱珪为法式善著《清秘述闻》、《槐厅载笔》撰序。
据《清秘述闻》卷首朱珪《科名故实二书序》记：

法梧门司成，优学而守官。其为学士也，则著《清秘述闻》十六卷；其官祭酒也，则著《槐厅载笔》二十卷。实事求是，文献足征，详矣，确矣。珪无状，自年十八选馆，出入中外，三入翰林，今日岿然忝二十四科之首,称先进焉。服官五十二年,每以人才为断断,而尤念释于翰林诸君子,相期近文章,砥砺廉隅,以副圣主求贤若渴之意。读梧门此编,不觉反覆而三叹也。嘉庆己未八月初八日,……大兴朱珪序。

八月二十七日,洪亮吉以"肆意妄言,有心诽谤"获罪,遣戍伊犁。据《仁宗实录》卷五十嘉庆四年八月癸丑条记:

> 谕内阁:本年正月,朕亲政之初,即特颁谕旨,广开言路。……乃洪亮吉辄作私书,呈递成亲王处,并称有分致朱珪、刘权之二书,……肆意妄言,有心诽谤。……洪亮吉著从宽免死,发往伊犁。

段玉裁著《周礼汉读考》于上年刊行,是年八月段氏复检刻本,成《书周礼汉读考后》以明书中未确处。

据《经韵楼集》卷二《书周礼汉读考后》记:

> 为此书时,方受横逆之害,自谓大段无误也。钱唐王生国章,于嘉庆戊午刻成,偶一复阅,则已有未确处。……因记于此,以见古书难读,搜讨无尽。倘大雅读此书,纠正其缪误,以教诲之,愚所翘企以待者也。己未八月。

翁方纲读段玉裁《周礼汉读考》,颇多异议,因撰《书金坛段氏汉读考》,主张遵"阙疑"古训,"一以勿畔程朱为职志"。

据《复初斋文集》卷十六《书金坛段氏汉读考》记:

> 治经之道,其最宜慎者阙疑也,其最不宜蹈者改字也。盱江李氏曰,郑康成未尝改字。此后人重康成之勤于诸经,不欲以改字目之也。然而孔氏《诗疏》云,《毛传》未尝改字。此一语即以显白郑之改字矣。……今金坛段氏,乃为之发例,一曰读若,二曰读为、读曰,三曰当为。不知郑君昔时,果森然起例若斯欤?抑郑未有例,而段氏代为举例欤?……昔郑君礼堂写经,自谓整百家之不齐。孰意千载下,又有整郑君之不齐者,良可

笑也。是以愚意奉劝善为学者,当博考古今诸家,而一以勿畔程朱为职志。于此等同异审正处,随事随文,权其轻重,而平心酌之。且莫一意高谈复古,戒嗜异而务阙疑,庶稍免于罪悔乎!

案:翁氏此文,未详年月,因及段氏《周礼汉读考》,故姑系于此。九月一日,臧庸在广东刻《华严经音义》。

据《华严经音义》卷末臧庸《后序》记:

> 镛堂寓吴门时,故友王西林为毕秋帆宫保掌守经典,从之索借唐以前遗书。西林以《华严经音义》四卷写本见示,盖宫保抚陕右时所得释藏本也。读之如获一海外奇珍,旬日间尽纂录之。钮君匪石与余同好,每纂一卷成,匪石随取披读,并勘正其误谬,援引据证,罗列上下方。时即欲刊布而未能。后宫保抚山左,招镛堂课孙。学使阮芸台少司农一见,首问此书。以手录本呈阅,司农曰:"善,当即以此本付梓。"并出北藏板二卷,属为校雠。始知西藏本为后人窜改,远不及北藏本之真,窃幸素愿可酬。而宫保颇好佛、老家言,谓当以完书开雕,并许为刻先高祖《经义杂记》。既而仍督两湖,死于军,事皆不果。今来粤东,为司农校刊《经籍籑诂》,始自决意为之。……噫!自慧苑撰述以来,千有余年矣,沉霾释藏,世无知者。幸本朝文运天开,有好学深思之人,旁搜二典,征引此书,此书始见知于世。倘及今不为之传布,一旦亡逸,深可悯矣。镛堂衣食不遑恤,而孜孜于此,不敢视为不急之务也。有与我同志者,亦无隐焉。时嘉庆四年九月一日,镛堂后序于南海古药洲。

秋,臧庸在广东刊其高祖琳遗著《经义杂记》,阮元题辞予以表彰。据《经义杂记》卷首阮元《刻经义杂记题辞》记:

> 《经义杂记》,武进臧玉林先生所著也。先生隐德君子,深入两汉诸儒阃奥,研覃经训,根究小学。嘉定钱辛楣少詹序之云:"先生之书,实事求是,别白精审,而未尝驰骋其辞,轻诋先哲,余是以重其书而益重其人。"

金坛段若膺大令序之云："发疑正读，必中肯綮，精心孤诣，所到冰释。至《诗》《礼》二经，王肃私窜以难郑者，尤推见至隐，觉悟群疑。"是以当世通儒硕学，莫不心折此书，通都大邑研经好学之士，往往传写不倦。余获交先生玄孙在东，亟为料量刻资，于嘉庆己未秋，付梓南海，庶得家置一编，免于抄胥之役。将见海内承学之士，有所禀程，藉先生之书，以通汉唐之业，于是乎在。前人自阎百诗徵士以下，序之者已详。余为掇其梗概，题辞卷端，以告学者焉。

九月三日，江声在苏州病逝。

据孙星衍《平津馆文稿》卷下《江声传》记：

江声，字叔澐，号艮庭，江苏元和人。……年三十，师事同郡惠徵君栋，……年四十一，始为《尚书》之学。……惠徵君既作《周易述》，搜讨古学。声亦撰《尚书集注音疏》，存今文二十九篇，以别梅氏所上二十八篇之伪造。……凡四易稿，积十余年，虽有小疵，而大醇不可掩矣。时王光禄鸣盛撰《尚书后案》，亦以疏通郑说，考究古学，为书延声至家，商订疑义，始以行世焉。……声与戴君（震。——引者）以学问相推重，……又为《说文解字考证》。及见段大令玉裁所著，多自符合，遂辍笔，并举稿本付之。时王侍郎昶、钱少詹大昕及毕督部沅雅重声，督部延致家塾校书。肇为刊《释名》，为之疏证，以篆书付刊。……时有徐孝廉颋、顾秀才广圻、钮布衣树玉从声游，俱以通小学，为声契赏。……吴中古学，自顾氏炎武后，有惠氏父子及声继之，后进翕然，多好古穷经之士矣。以嘉庆四年九月三日卒于里舍，得年七十有九。……所著书，已刊有《尚书集注音疏》十二卷，《说》一卷，《恒星说》及《艮庭小慧》各一卷，余书未梓行。

江声故世，其弟子顾广圻将师札十余通汇辑成册。

据顾广圻《思适斋集》卷十五《题江艮庭先师遗札册后》记：

广圻自乾隆庚戌春执贽于先生，在门下者十年。见与手札，时时有之，每随得即散置所读书帙中。嘉庆己未，先生殁，检点出之，仅此十余通耳。嗟乎！先生以一代醇儒，不弃广圻之不才，居平奖诲，特勤勤焉。今先生徂谢，广圻又困顿荒落，窃自惧师法之失矣，惟揭此册于座右，庶几典型未远，以勖厉于万一云。

十月一日，臧琳遗著《经义杂记》刊竣，臧庸撰跋纪念。

据《经义杂记》卷末臧庸《跋》记：

维我高祖玉林公，著书未刊，四传至先考，不绝如缕。先考镠藏遗稿甚固，教不孝等读书粗有知识，始启箧校录，欲择其要者付梓。由是当世学者，甫知有玉林先生其人。阮司农为先考著传，论先考能守先绪、启后学。恭录此传，以见我高祖之书之得传也。今《经义杂记》三十卷汗青斯竟，而不能起先考于九原，一睹之而生喜色也，痛何如矣！嘉庆四年，岁次己未，冬十月朔，孤子镛堂泣识于传后。时在南海古药洲。

十月下旬，臧庸将友人严元照赠宋本《尔雅》在广东付梓，呼吁重刻宋本《十三经注疏》。

据《尔雅》臧氏拜经堂本卷末《重雕宋本尔雅书后》记：

戊午仲冬，镛堂将有粤东之行，严君久能贻我雪窗书院《尔雅》三卷。审其雕刻，定为南宋本。深感良友所惠，不忍一己私秘之，将愿人人得读宋本也，因勉力重雕焉。……凡诸经义疏，与经注皆别行，南宋以来，欲省两读，始合之，名之曰兼义。然经注本与义疏往往不同，分之则两全，合之则两伤。近日读经之士，多思重雕十三部注疏，而未见有发轫者。盖因资费浩繁，善本亦难一时具得。故镛堂意以古人校刊书籍，必得善本，而勿参以己意，亦不取其兼备。试约同志，于十三部中，不拘经注、义疏，得一宋本，即为重雕，无则宁缺。庶得友朋分任，力既纾缓，而所刊之书，复无私智臆改之失。不数年间，十三部之注若疏，亦可渐备。奚必一人一时，合而为之，始称雄快哉？吾友袁君又恺，藏有宋雕单疏《尔雅》，希世之珍也，归将怂恿付梓。吴中多研经之士，又多善本经书，镛堂昔年所见，有单注"三礼"、单疏《仪礼》，皆宋椠善本。安得普大公无我之志者，为之次第刊行，以传汉唐一线乎？则镛堂虽贫儒，《尔雅》虽小经，其即以此为刻"十三经"注若疏之权舆也可。嘉庆己未孟冬下旬，武进臧镛堂，识于南海古药洲。

十月，钱大昕集毕生为学札记，编定《十驾斋养新录》。
据钱庆曾《竹汀居士年谱续编》嘉庆四年七十二岁条记：

> 公弱冠时，即有述作意，读书有得，辄为札记，仿顾氏《日知录》条例。后著各书，即于其中挹注。又去其涉于词华者，尚衰然成集。是年重加编定，题曰《十驾斋养新录》。

又据《十驾斋养新录》卷首《自序》记：

> "芭蕉心尽展新枝，新卷新心暗已随；愿学新心养新德，长随新叶起新知。"张子厚《咏芭蕉》句也。先大父尝取"养新"二字，榜于读书之堂。大昕儿时侍左右，尝为诵之，且示以"温故知新"之旨。今年逾七十，学不加进，追惟燕翼之言，泚然汗下。加以目眊耳聋，记一忘十，问字之客不来，借书之瓻久废。偶有咫闻，随笔记之，自惭萤爝之光，犹贤博簺之好，题曰《养新录》，不敢忘祖训也。嘉庆四年十月，书于十驾斋。

阮元创编《畴人传》告竣。
据《畴人传》卷首阮元《序》记：

> 元早岁研经，略涉算事，中西异同，今古沿改，三统四分之术，小轮椭圆之法，虽尝旁稽载籍，博问通人，心钝事棼，义终昧焉。窃思二千年来，术经七十改，作者非一人，其建率改宪，虽疏密殊途，而各有特识，法数具存，皆足以为将来典要。爰掇拾史书，荟萃群籍，甄而录之，

以为列传。自黄帝以至于今，凡二百四十三人，附西洋三十七人，大凡二百八十人，离为四十六卷，名曰《畴人传》。综算氏之大名，纪步天之正轨，质之艺林，以俟来学。俾知术数之妙，穷幽极微，足以纲纪群伦，经纬天地，乃儒流实事求是之学，非方技苟且干禄之具。有志乎通天地人者，幸详而览焉。嘉庆四年十月。

又据该书卷首阮元手订《凡例》第十七条记：

是编创始于乾隆乙卯，毕业于嘉庆己未。中间供职内外，公事殷繁，助元校录者，元和学生李锐暨台州学生周治平力居多。又复博访通人，就正有道，嘉定钱少詹大昕、歙县凌教授廷堪、上元谈教谕泰、江都焦明经循，并为印正，乃得勒为定本。集益孔多，附书以志不忘。

十月，陈鳣得王念孙赠《广雅疏证》刊本，撰跋推尊，并记相关故实。

据陈鳣《简庄文钞》卷三《广雅疏证跋》记：

忆初入京师，与给谏王怀祖先生交最深。时先生方著《广雅疏证》，而鳣亦撰《说文正义》，每相见时，必剖析字形，稽求声义，娓娓忘倦。或数日不见，必手札往来，且千百言。后鳣将南归，先生执手而言曰："《广雅》卷帙浩繁，余稿已数易，近日多病，恐不能必是书之成也。"鳣曰："先生思精而学博，志专而业勤，何患不成。"遂挥泪而别。越十年，再至京师，适先生击权贵，名振公卿。时权贵已伏诛，而先生杜门谢客，独鳣往谒，则亟出见，曰："余待子已久矣。《广雅疏证》二十卷，发愤垂成，惟后二卷，命子引之足成之。今付刻甫完，特以初印本持赠，子其为我校阅焉。"会先生出巡漕务，公子伯申以对策第二人成进士，入词馆，而鳣则罢举南旋。遂携是书于车中读之，或就宿旅舍，则挑灯展卷，不知漏之几下至。将抵里门而毕业焉，叹其详审精密，洵足为稚让功臣。间有管见，附列于上，俟质诸先生。方今从事于小学者，若邵校理与桐之《尔雅正义》，及先生之《广雅疏证》，皆及见其书之刊行。独愧鑃之《说文正义》，用力已十余年，草创未就，而风尘荏苒，业渐荒芜，近更多病，且恐不能必其成也。先生得无怜之，而慨然者乎？嘉庆四年十月书。

十月，武亿卒于河南邓州旅邸。
据孙星衍《五松园文稿》不分卷《武亿传》记：

> 武亿，字虚谷，河南偃师人。……乾隆庚寅科，中式本省乡试第六名举人，三应礼部试皆报罢，因游朱学士筠之门。时学士負海内文望，门下士多一时贤俊、阔达不羁之才，亿尽与交游，而独以文章气谊相勖厉。学士雅重之，为延誉。……庚子科成进士，五十六年谒选，授山东博山县知县。……上官……假名滥刑平民，劾亿罢职。官博山才七阅月耳。……嘉庆四年十月，卒于邓州客馆，得年五十有五。……亿通贯经籍，讲学依据汉儒师授，不蹈宋明人空虚臆说之习。所著经义，原本三代古书，疏通贾、孔疑滞凡数百事。所得列代金石为古人未见者数十通，因之考正史传者又数十事。今中州人知读古书，崇经学，搜讨碑刻，备一方掌故，多自亿为倡始云。

冬，凌廷堪致书孙星衍，讨论禘礼，兼评星衍谈天文之疏失。
据《校礼堂文集》卷二十四《与孙渊如观察书》记：

> 丁巳夏，朱少白同年南来，见贻大著《问字堂集》六卷，又《岱南阁集》一卷。其中崇论闳议，足使昔贤俯首，小儒咋舌。彼时即欲奉书，而足下观察山左，罕遇便邮。既而传闻丁伯母太夫人之艰，僻处山城，未得确耗，以致失于吊赙，五中曷胜耿耿。伏读集中论禘诸篇，以禘为配天之祭，以祖之所自出为感生帝，以大祖为明堂，以经文禘与尝并举皆指时祭，真百世不磨之论。方之他篇，尤为醇粹，不徒作郑氏功臣也。然《周禘表》中，配天之外兼及地示是已，窃谓人鬼之大祭亦不可谓非禘也。……至于以天为无岁差，以地为长方形，与江处士艮庭相往复而坚持己说，故不敢

再与足下辨。此学自有本末，终未能以足下之言为是也。廷堪穷守一毡，无可告语，惟老母康宁，有暇读书，藉以自娱。年来，陆续成《礼经释例》十三卷、《元遗山年谱》二卷，未敢自信。其他杂文尚多，缘乏人录副，俟他日寄政。季和寓白下，寄书甚便，暇时望付一好音，并示近稿，以慰索居也。余情缕缕，不尽欲言。己未小除夕，廷堪顿首。

凌廷堪著《礼经释例》三稿成，撰《自序》一篇。
据《校礼堂文集》卷二十六《礼经释例序》云：

廷堪年将三十，始肆力于是经。潜玩既久，知其间同异之文，与夫详略隆杀之故，盖悉体夫天命民彝之极而出之，信非大圣人不能作也。学者舍是，奚以为节性修身之本哉！肆习之余，心有所得，辄书之于册。初仿《尔雅》，为《礼经释名》十二篇。如是者有年，渐觉非他经可比，其宏纲细目必以例为主，有非诂训名物所能赅者。乾隆壬子，乃删芜就简，仿杜氏之于《春秋》，定为《礼经释例》。已而闻婺源江氏有《仪礼释例》，又见杭氏《道古堂集》有《礼例序》，虑其雷同，辍而弗作者经岁。后检《四库书存目》，载《仪礼释例》一卷，《提要》云："江永撰。是书标目释例，实止《释服》一类，寥寥数页，盖未成之书。"复考杭氏《礼例序》，又似欲合《周礼》、《仪礼》而为之者，且以《大射》为天子礼，《公食大夫》为大夫礼，则于《礼经》尚疏。然则江氏、杭氏，皆有志而未之逮也。于是重取旧稿，证以群经，合者取之，离者则置之，信者申之，疑者则阙之，区为八类：曰通例，上下二卷；曰饮食之例，上中下三卷；曰宾客之例，一卷；曰射例，一卷；曰变例，一卷；曰祭例，上下二卷；曰器服之例，上下二卷；曰杂例，一卷。共为卷十三。至于第十一篇，自汉以来，说者虽多，由不明尊尊之旨，故罕得经意。乃为《封建尊尊服制考》一篇，附于《变例》之后。不别立宫室之例者，宋李氏如圭《仪礼释宫》已详故也。回忆草创之初，矻矻十余年，稿凡数易矣。……嘉庆四年，岁在屠维协洽，日躔寿星之次，歙凌廷堪次仲氏，书于宁国学署之杞菊轩中。

焦循历时十九年,六易其稿,著《毛诗鸟兽草木虫鱼释》成。十一月,撰"自序"一篇。

据《雕菰集》卷十六《毛诗鸟兽草木虫鱼释自序》云:

> 盖自辛丑至己未,共十有九年,稿易六次。以今之所订,视诸草创之初,十不存一。其间虽他有撰述,必兼治之,历丧荒、疾病、争讼,未尝或辍。乙卯为山左之游,随诸行箧,车尘马足中,闻见所及,时加订正,盖亦费日力之甚者矣。

岁末,焦循著《天元一释》成。

据《雕菰集》卷十六《天元一释自序》云:

> 天元一之名,不著于古籍。金元之间,李仁卿学士作《测圆海镜》、《益古演段》两书,以畅发其旨趣。宋末,秦道古《数学九章》,亦有立天元一法,而术与李异,盖各有所授也。元世祖并宋之后,郭邢台用李氏之法造授时术,其学颇显著于世。明顾箬溪不知所谓,毅然删去细草,终明之世,此学遂微。国朝梅文穆公,悟其为欧逻巴借根法之所本,于是世始知天元一之说。然李氏书虽尝板刻,而海内不多有,故学者习学借根方法,而于天元一之蕴,或有未窥者也。吾友元和李尚之锐,精思妙悟,究核李氏全书,复辨别天元之相消,异乎借根之加减。重为校注,奥秘益彰,信足以绍仁卿之传,而补文穆所不逮也。循习是术,因以教授子弟。或谓仁卿之书,端绪丛繁,鲜能知要。因会通其理,举而明之。

冬,阮元为焦循《里堂学算记》撰序。

据《揅经室三集》卷五《里堂学算记序》记:

> 江都焦君里堂,与元同居北湖之滨,少同游,长同学。里堂湛深经学,长于"三礼",而于推步数衍,尤独有心得。比辑其所著《加减乘除释》八卷、《天元一释》二卷、《释弧》三卷、《释椭》一卷,总而录之,名《里堂

学算记》。……里堂之说算,不屑屑举夫数,而数之精意无不包,简而不遗,典而有则,所谓扶以文义,润以道术者,非邪?然则里堂是记,固将以为儒流之典要,备六艺之篇籍者也。

十一月,朝鲜使节返国述职,颇及一时北京儒林风气与朝臣学术。据吴晗《朝鲜李朝实录中的中国史料》第十二册,《正宗实录》二十三年(清嘉庆四年)十一月辛未条记:

辛未,召见回还进贺正使赵尚镇、副使徐滢修、书状官韩致应。上教滢修曰:"朱书觅来,而果有紧要耶?"滢修曰:"书下诸册遍问于藏书宿儒,而多不能辨其何等义例。惟礼部尚书纪昀洞悉其源流,如朱玉所编《大全韵编》,事实年条逐编注释,称为《大全》诸本中最善本。黎靖德所编《语录合编》,乃是池、眉、饶、徽、建安诸本之合录者,故称为全本。而一在建宁,一在淮安,谓当次第觅来,此后使行,便鳞次付送,必当如约。今番所贸者,《朱子大同集》《朱子实纪》《后汉书》三帙。而《大同集》中《大全》所不载之句语,间多有之,全集裒辑之际,诚不可无此书矣。"上曰:"黄李真本,则终不可得耶?"滢修曰:"黄李录书以后,屡经彼人之重编,真本则必无见在者。南京等处,不知何如,而燕京求之无益,故专以诸录之无遗见收者广问矣。"上曰:"纪昀闻是陆学,能知尊朱否?"滢修曰:"纪昀之文学言语,尊尚朱子。且以近日俗学之背朱子,从小品大,以为忧矣。"上曰:"朱书如是绝贵,必因俗尚之宗陆而然,岂不可慨乎!"滢修曰:"年来中原学术,果多宗陆,而朱书之绝贵,未必不因于此矣。"……朝臣中一辞公论,刚方正直推刘墉,风流儒雅推纪昀,而墉则见其为人视下而步徐,一入班行,位著为之肃然。去年传禅时,临当受贺,高皇帝不肯与大宝,则墉止贺曰:"古今安有无大宝之天子?"遂即入奏高宗曰:"陛下不能无系恋天位之心,则传禅可已。传禅而不与大宝,则天下闻之,谓陛下何如?"半日力争,卒得大宝而出,始行贺礼。故今皇帝以定册元老待之。昀则近则(以)中原学术,类皆以声律书画为粉饰涂泽之具，而稍进于是者，不过丛书小品之博洽而已。今行购求时，当世所称藏书名儒，多与之往复质问，则自内阁书下之书目间，或不辨其何等义例，何人编刻，而独昀一人，取诸腹笥，年经月纬，始终源流，洞如烛照。所著古文，本之以经术，绳之以检押，纯正优余，无愧为当世名家。……学术则习尚日渝，灭裂益甚。其言则共尊程朱，而实未尝窥见门墙。虽称稍有知识者，并与记录义例而不辨出处者有之。至于王陆之学，亦未闻传其绪余云云。所谓西洋邪教事，或与朝绅间酬酢，则以为堂狱之说，初不过愚惑匹庶之事，而未始至于浸染蔓炽之境。近因邦禁之截严，委巷之间，几乎止熄云云。

嘉庆五年庚申　1800 年

正月二十八日，臧庸为文追记四年前与钮树玉、顾广圻诸俊彦聚会苏州事，一时江南学坛风貌，可觇一斑。

据《拜经堂文集》卷四《渔隐小圃文饮记》记：

> 昔顾子明吴门还，告余有其宗千里者，高明绩学士也，恨勿能见。后钮君匪石过尚志斋，子明招余订交焉。袁又恺向与吾师抱经为姻好，亡友王西林介为寓主人，遂得与匪石、千里往还，以求从事于实学，乃渐与镜涛、玉衡、尚之交。丁巳冬，镛堂过吴门，又恺招钮、顾诸君会饮渔隐小圃，而属为记。余鹿鹿未有以报命。兹游粤东，又恺五千里外贻书促之，不敢以不文辞。于归途清远峡舟次，追记时事焉。吴县钮匪石，年三十八，隐于贾，内介而外和，敦气谊，嗜金石，邃六书之学，好为诗歌。余游楚，匪石为料理行资。吴县袁又恺，年三十六，性孝友，博雅通达，深研经史小学，交游皆海内名流。自西林之卒也，与余益善。震泽费玉衡，年三十四，通《易》学，宗师法，所著秘不以示人。元和顾千里，年三十三，气骨峻然，所览靡不精究，余畏友也。武进臧在东，三十一，有志于学，未成。元和李尚之，年三十，精步算，阐悉微奥，识者以为梅定九复出。余于数不能通九九，无由问津。嘉定瞿镜涛，年二十九，从其外舅竹汀先生游，日久，所业日进。余昔之楚，镜涛赠诗六章，以壮其行。后以校勘石经《仪礼》寄示，皆深思好学士也。又恺以杯酒间集天下贤豪，较古人刘伶辈七友，有过之，无不及，后世当有能辨之者。愿真诚相与，坦率以待，为心交，勿为面交，过相规而善相劝，砥厉廉隅，切磋问学。毋怀才以相嫉，毋循利而忘义，出则有济当时，处则有益后世。庶君子之交久而

有成，上不愧古人，次亦无负我又恺一旦会饮之胜举乎。时嘉庆二年冬，十月二十有三日，同饮者为金坛段若膺明府。越四年庚申，正月二十八日，镛堂记。三月，孙起岠著《榷经斋劄记》成，凌廷堪应请撰序。

据《校礼堂文集》卷二十七《榷经斋劄记序》云：

> 自宋以来，为考核之学者所著书，以洪野处《容斋笔记》、王深宁《困学纪闻》为最。后之著录者，列其目于子部杂家，所以别于类书及小说家也。稍稍衰于前明，迨至国朝，兹学渐盛，而昆山顾氏《日知录》、太原阎氏《潜邱札记》，由此其选也。同年桐城孙君符如，博综群籍，好学深思，著《榷经斋劄记》一卷，于"六经"传注，百家撰述，皆有所论辨。……窃谓符如此书，不骋才竞胜，不夸多骛广，唯于实事求是，固应比肩宁人、百诗，接武景卢、伯厚，而兼儒墨，合名法，亦不外乎刘氏《七略》之初旨。方诸弇州之《艺苑卮言》，升庵之《丹铅总录》，其精粗深浅之判，盖有不可同日语者。

闰四月三日，仁宗颁谕，洪亮吉获赦回原籍。

据《仁宗实录》卷六十五嘉庆五年闰四月乙卯条记：

> 谕内阁：……去年，编修洪亮吉既有欲言之事，不自具折陈奏，转向成亲王及尚书朱珪、刘权之私宅呈送。原属违例妄为，经成亲王等先后呈进原书。朕详加披阅，实无违碍之句，仍有爱君之诚。惟言"视朝稍晏"，及"小人荧惑"等句，未免过激。令王大臣讯问，定以重辟，施恩改发伊犁。……洪亮吉所论，实足启沃朕心，故置诸座右，时常观览。……军机大臣即传谕署伊犁将军、大学士保宁，将洪亮吉释放回籍。仍行知岳起，留心查看，不准出境。

阮元自四年十月代理浙江巡抚，五年正月实授。五月，建诂经精舍于杭州。是月七日，奉许慎、郑玄木主于舍中，以示学术好尚。

据《揅经室二集》卷七《西湖诂经精舍记》记：

圣贤之道存于经，经非诂不明。汉人之诂，去圣贤为尤近。譬之越人之语言，吴人能辨之，楚人则否；高曾之容体，祖父及见之，云仍则否。盖远者见闻，终不若近者之实也。元少为学，自宋人始，由宋而求唐，求晋魏，求汉，乃愈得其实。尝病古人之诂，散而难稽也，于督学浙江时，聚诸生于西湖孤山之麓，成《经籍纂诂》百有八卷。及抚浙，遂以昔日修书之屋五十间，选两浙诸生学古者读书其中，题曰诂经精舍。精舍者，汉学生徒所居之名。诂经者，不忘旧业，且勖新知也。诸生请业之席，则元与刑部侍郎青浦王君述庵、兖沂曹济道阳湖孙君渊如迭主之。诸生谓，周、秦经训，至汉高密郑大司农集其成，请祀于舍。孙君曰，非汝南许淡长，则三代文字不传于后世，其有功于经尤重，宜并祀之。乃于嘉庆五年五月己丑，奉许、郑木主于舍中，群拜祀焉。此诸生之志也。元昔督学齐鲁，修郑司农祠墓，建通德门，立其后人，是郑君有祀，而许君之祀未有闻。今得并祀于吴、越之间，匪特诸生之志，亦元与王、孙二君之志。谓有志于圣贤之经，惟汉人之诂多得其实者，去古近也。许、郑集汉诂之成者也，故宜祀也。精舍之西，有第一楼，生徒或来游息于此，诗人之志，登高能赋。汉之相如、子云，文雄百代者，亦由《凡将》《方言》，贯通经诂。然则舍经而文，其文无质，舍诂求经，其经不实。为文者尚不可以昧经诂，况圣贤之道乎！

又据《揅经室四集·诗》卷五《题西湖第一楼》记：

高楼何处卧元龙，独倚孤山百尺松。人与峰峦争气象，窗收湖海入心胸。经神谁擅无双誉，阆影当凭第一重。却笑扶风空好士，登梯始见郑司农。

五月十六日，顾广圻始校《经典释文》。之后迄于嘉庆二十五年，其中年精力尽萃此书。

据赵诒琛编《顾千里先生年谱》嘉庆五年三十五岁条记：

五月十六日，校《经典释文》卷二《周易音义》。隆案：先生校本，今藏余斋中。余藏乾嘉经师校释文凡十部，如惠松崖、段茂堂、钮匪石、袁寿阶、顾抱冲、臧镛堂、江铁君、陈硕甫、管吉云，而以先生所校为最多且详。全书朱墨烂然，计自是年起，至嘉庆二十五年庚辰止，前后经二十一年。盖先生自三十五岁至五十五岁，中年精力尽萃此书。暇当精心条录，以为先生遗著之一。今先以有年月可稽者，分条按年录入焉。

五月，李保泰为赵翼《廿二史劄记》撰序，主张治史以经世。

据《廿二史劄记》卷首李保泰《序》记：

经者治之理，史者治之迹。三代以上，明于理而经立；三代以下，详于迹而史兴。世愈积，事愈多，其于天下之情变，古今之得失，盖有不可枚举者矣。立乎今日以溯古人，辽阔数千年，世尽狃于目前之近，沿流既远，前后迥判，不特封建井田之制，为夐乎其不可返也。昔三代中质文之运，递相救也，亦递相因。往往有此一代之所趋，而前代已启其端；有彼一代之所开，而后代遂衍其绪。世第纷然，交眩于成败废兴之迹，回惶变易，则卒不得其所以致之者。后之读史者，排比事类，商榷伦物，不过取一人一事而予夺之，毁誉之，盖皆未离乎经生之见也。阳湖赵瓯北先生，以经世之才，具冠古之识，自太史出守，擢观察，甫中岁，即乞养归，优游林下者将三十年，无日不以著书为事，辑《廿二史劄记》三十六卷。方先生属稿时，每得与闻绪论，及今始溃于成，窃获从编校之役，反覆卒读之。嗟夫！自士大夫沉湎于举业，局促于簿书，依违于格令，遇国家有大措置，民生有大兴建，茫然不识其沿革之由，利病之故，与夫维持补救之方。虽使能辨黄初之伪年，收兰台之坠简，于以称博雅，备故实足矣，乌足以当经世之大业哉？然则使先生翱翔木天，径箸青云，以备经筵之启沃，必能援古证今，指陈贯串。否则扬历外台，建牙仗节，斟酌时宜，折衷往昔，其所裨于斯世者不少，而惜乎其仅托之此书以传也。昔赵中令自谓以《论语》一部理天下，夫中令则何能然？读是书而有会焉。洵乎其得史学之大且重者，举而措之天下无难也。世尝谓宰相须用读书人，岂不谅哉！爰承先生之督，序而仅述之如此。嘉庆五年五月，宝山后学李保泰拜书。

六月十日，钱大昕为赵翼《廿二史劄记》撰序，力主经史合一，不可两分。

据《廿二史劄记》卷首钱大昕《序》记：

> 瓯北先生早登馆阁，出入承明，硕学淹贯，通达古今，当时咸以公辅期之。既而出守粤徼，分臬黔南，从军瘴疠之乡，布化苗、瑶之域，盘根错节，游刃有余。中年以后，循陔归养，引疾辞荣，优游山水间，以著书自乐。所撰《瓯北诗集》《陔余丛考》，久已传播士林，纸贵都市矣。今春访予吴门，复出近刻《廿二史劄记》三十有六卷见示。读之窃叹其记诵之博，义例之精，论议之和平，识见之宏达，洵儒者有体有用之学，可坐而言，可起而行者也。乃读其自序，有质钝不能研经，唯诸史事显而义浅，爰取为日课之语，其执谦自下如此。虽然，经与史岂有二学哉。昔宣尼赞修六经，而《尚书》《春秋》实为史家之权舆。汉世刘向父子校理秘文为六略，而《世本》《楚汉春秋》《太史公书》《汉著纪》列于春秋家，《高祖传》《孝文传》列于儒家，初无经史之别。厥后兰台、东观作者益繁，李允、荀勖等创立四部，而经史始分，然不闻陋史而荣经也。自王安石以猖狂诡诞之学，要君窃位，自造《三经新义》，驱海内而诵习之，甚至诋《春秋》为断烂朝报。章、蔡用事，祖述荆舒，屏弃《通鉴》为元祐学术，而十七史皆束之高阁矣。嗣是道学诸儒，讲求心性，惧门弟子之泛滥无所归也，则有诃读史为玩物丧志者，又有谓读史令人心粗者。此特有为言之，而空疏浅薄者托以借口，由是说经者日多，治史者日少。彼之言曰，经精而史粗也，经正而史杂也。予谓经以明伦，虚灵玄妙之论，似精实非精也。经以致用，迂阔刻深之谈，似正实非正也。太史公尊孔子为世家，谓："载籍极

博，必考信于六艺。"班氏《古今人表》尊孔孟而降老庄。皆卓然有功于圣学，故其文与六经并传而不愧。若元明言经者，非剿袭稗贩，则师心妄作，即幸而厕名甲部，亦徒供后人覆瓿而已，奚足尚哉。先生上下数千年，安危治忽之机，烛照数计，而持论斟酌时势，不蹈袭前人，亦不有心立异，于诸史审订曲直，不掩其失，而亦乐道其长，视郑渔仲、胡明仲专以诟骂炫世者，心地且远过之。又谓稗乘胜说，间与正史歧互者，本史官弃而不采，今或据以驳正史，恐为有识所讥。此论古特识，颜师古以后，未有能见及此者矣。予生平嗜好与先生同，又少先生二岁，而衰病久辍铅椠，索然意尽，读先生书，或冀涊然汗出而霍然病已也乎。嘉庆五年岁次庚申，六月十日，嘉定钱大昕序。

七月，顾广圻校勘宋官本《仪礼疏》，认为"尚是贾公彦等所撰之旧"。

据蒋祖诒会辑、邹百耐增印《思适斋集外书跋》经类《仪礼疏》记：

《仪礼》一经，文字特多讹舛，深于此学者，每读注而得经之误，又读疏而得注之误。然则疏之为用至要，而不可以不校者也。校疏诸家，大概见于卢召弓氏《详校》中。乃浦声之多凭臆之改，金朴园惟《通解》是从，识者又病之。无他，不见善本之过而已。此宋时官本，疏分卷五十，尚是贾公彦等所撰之旧。不佞在士礼居勘之一过，于行世各本补其脱，删其衍，正其错谬，皆不可胜数。其所标某至某，注某至某，尤有关于经注。而各本刊落窜易殆尽，非此，竟无由得见，实于宋椠书籍为奇中之奇，宝中之宝，莫与比伦者也！窃谓倘掇其精英，句排字比，勒成一书，流传寓内，庶几贾氏之精神不敝，而问途此经者，享夫榛芜一辟之功。然自揣才力拙薄，曷克斯任？姑引其端，用以俟夫方来之哲焉耳。嘉庆五年岁在庚申七月，元和顾广圻识。

孟秋，臧庸撰《小尔雅征文》，阐发戴震说，考证《小尔雅》乃王肃作。

据《拜经堂文集》卷二《小尔雅征文》记：

> 善乎戴东原氏之论《小雅》也，曰："《小尔雅》一卷，大致后人皮傅掇拾而成，非古小学遗书。……故汉世大儒不取以说经，独王肃、杜预，及东晋枚赜奏上之《古文尚书孔传》，颇涉乎此。"余初见戴氏之言，而叹其识之伟，论之精。既考前人之征引此书者，以为始于东晋郭景纯。夫经学至魏晋改师法，如王肃、伪孔、何晏、杜预、孔晁、郭璞，皆喜新好异，不经师匠者也，故其言往往互相祖述。……后考之有年，知郭璞之前，王肃实首引此书。余高祖玉林先生，以《孔丛子》为王肃伪作，而《小雅》在《孔丛》篇第十一，又自王肃以前，无有引《小雅》者。凡作伪之人，私撰一书，世之人未之知也，必作伪者先自引重，而后无识者从而群然和之，世遂莫有知其伪者矣。然则《小雅》之为王肃私撰，而《孔丛》书之由肃伪作，皆确然无疑也。

仲秋，臧庸自严元照处得《左传》宋椠不全本，撰文以明宋本之可贵。

据《拜经堂文集》卷二《书宋椠左传不全本后》记：

> 归安严君久能，卢学士私淑弟子也，诒余宋椠不全《左传》三册。……宋板文体，多本唐人碑刻。……余既以近本细校，因历举宋板之善者著于篇。此吾师卢学士所谓宋本之可贵者，盖不止一端已也。

十月七日，钱大昕跋李锐所得《欧逻巴西镜录》，以为手批文字乃梅文鼎所留，或系梅著《西镜录订注》初稿。

据陈鸿森《钱大昕年谱别记》嘉庆五年七十三岁条记：

> 是冬，李尚之于苏州书肆得梅定九手批《欧逻巴西镜录》，以示先生，十月七日，为跋其后。（原注：北京图书馆藏焦循钞本过录先生跋文。）

森按：此文承香港大学中文系冯锦荣教授检示，今录次：

> 尚之文学于吴市得此册，中有"鼎按"数条，盖梅勿庵先生手迹也。《西镜录》不见于《天学初函》，亦无撰人名氏，唯梅氏书中屡见之。梅所著书目中，有《西镜录订注》一卷，今已失传，此殆其初稿与？嘉庆庚申十月七日丙辰，钱大昕记。

孙星衍拟著《经学渊源录》，嘱臧庸辑庄存与学行。十一月五日，臧庸撰《礼部侍郎庄公小传》成。

据《拜经堂文集》卷五《礼部侍郎庄公小传》记：

> 镛堂少从公之从子葆琛问学，尝一见公，自惭谫陋，未敢有所质也。后读公《尚书既见》，叹其精通浩博，深于大义，章句小儒未由问津矣。近者，孙伯渊观察撰辑《经学渊源录》，属镛堂征采事状。因从公子孙索志铭、家传等勿得，得其家《行述》，于是撰掇其学行大略，著《小传》，以俟观察裁录焉。公之学行，近世盖仅见，安得尽读公之遗书为快乎！时嘉庆五年十一月长至前三日，同里后学臧镛堂拜撰。

十一月十七日，臧庸为其师卢文弨撰《行状》。

据《拜经堂文集》卷五《皇清日讲官起居注前翰林院侍读学士卢先生行状》记：

> 尝合经史子集三十八部，成《群书拾补》若干卷，正误辑遗，仿《经典释文》例，句释而字注之。又取董仲舒《春秋繁露》、贾谊《新书》校而合刊，名之曰《汉两大儒书》，以皆经生而通达治体，如周末孟轲氏、荀卿子之俦也。又取《逸周书》《荀子》《孟子音义》《吕氏春秋》《方言》《白虎通》《韩诗外传》等，一一校刊。至今海内之士，多知读周、秦、两汉书焉。凡"十三经""二十一史"、《大戴礼记》、《国语》、《国策》、《史记索隐》、《蔡中郎集》等，皆精意细勘，有手订善本藏于家。晚年更取影宋钞

《释文》，审定付梓，每卷撰考证附后。盖先生以经术导士，于是为至，而衣被学者之功，亦由是益广矣。所自著书，有《周易注疏辑正》十卷、《仪礼注疏详校》十七卷、《广雅注释》二卷、《经义考补》若干卷、《钟山札记》四卷、《龙城札记》三卷、《文集》三十四卷，大半刊行。……乾隆戊申，主讲龙城，知镛堂，亟欲见之。以《月令杂说》请正，曰："子异日学业，吾不如也。"庸感其言，执弟子礼。会修郡志，采先高祖学行入《儒林传》，而语于里人汤君宾路曰："是子他日亦《儒林传》中人。"及先生之终，才二十日耳。教诲谆恳，垂殁不衰，身受大德，无以发明先生之道是惧。尝乞钱少詹大昕、段知县玉裁撰志传，得段君文，少詹未有作也。先生卒后五年，镛堂乃次先生历官行事、治经大略、著书卷数，为之状，以备史馆传儒林采择。谨状。嘉庆五年十一月十七日，受业弟子常州府学附生臧镛堂状。

十二月，黄丕烈、顾莼刻钱大昕《补元史艺文志》。
据《补元史艺文志》卷首钱大昕《自序》记：

《元史》不立《艺文志》，国朝晋江黄氏、上元倪氏，因承修《明史》，并搜访宋、元载籍，欲裨前代之阙，终格于限断，不得附正史以行。大昕向在馆阁，留心旧典，以洪武所葺《元史》冗杂漏落，潦草尤甚，拟仿范蔚宗、欧阳永叔之例，别为编次，更定目录，或删或补，次第属草，未及就绪。归田以后，此事遂废，唯《世系表》《艺文志》二稿，尚留箧中。吴门黄君荛圃，家多藏书，每有善本，辄共赏析。见此志而善之，并为纠其踳驳，证其同异，且将刻以问世。若刘子骏父子亲校秘文，故能成《别录》《七略》之作。今之著斯，录者果尽出目睹乎？前人之失当者，我得而改之；后之笑我者，方日出而未有已也。从吾所好，老而不倦。弹射之集，亦无憾焉。嘉庆庚申十二月，大昕记。

张惠言选四十岁之前为文，辑录成编。

据张惠言《茗柯文三编》不分卷《文稿自序》记：

余少学为时文，穷日夜力，屏他务，为之十余年，乃往往知其利病。其后好《文选》辞赋，为之又如为时文者三四年。余友王悔生，见余《黄山赋》而善之，劝余为古文，语余以所受其师刘海峰者。为之一二年，稍稍得规矩。已而思古之以文传者，虽于圣人有合有否；要就其所得，莫不足以立身行义，施天下致一切之治。荀卿、贾谊、董仲舒、扬雄，以儒；老聃、庄周、管夷吾，以术；司马迁、班固，以事；韩愈、李翱、欧阳修、曾巩，以学；柳宗元、苏洵、轼、辙，王安石，虽不逮，犹各有所执持，操其一以应于世而不穷，故其言必曰道。道成而所得之浅深醇杂见乎其文，无其道而有其文者，则未有也。故乃退而考之于经，求天地阴阳消息于《易》虞氏，求古先圣王礼乐制度于《礼》郑氏，庶窥微言奥义，以究本原。已而更先太孺人忧，学中废。嘉庆之初，问郑学于歙金先生。三年，图《仪礼》十八卷，而《易义》三十九卷亦成，粗以述其迹象，辟其户牖，若乃微显阐幽，开物成务，昭古今之统，合天人之纪，若涉渊海，其无涯涘。贫不能自克，复役役于时，自来京师，殆又废弃。呜呼！余生四十年矣，计自知学在三十以后，中间奔走忧患，得肆力于学者，才六七年。以六七年之力，而求所谓道者，敢望其有得耶？使余以为时文辞赋之时毕为之，可得二十五年，其与六七年者相去当几何？惜乎其弃之而不知也。后此者尚有二十五年耶？其庶几有闻，其讫无闻乎？他日复当悔今日之所为如囊时，未可知也。然余之知学于道，自为古文始。故检次旧所为文，去其芜杂，自戊申至甲寅为一编，丁巳、戊午为一编，存以考他日之进退云。

汪辉祖著《廿四史同姓名录》自嘉庆二年定稿，欲请大学士王杰撰序，未果。五年十二月，其子入京，取道苏州，持辉祖书拜谒钱大昕。大昕撰《二十四史同姓名录序》，当在之后未久。序中，竹汀先生提出，舆地、官制、氏族为治史三大要端。

据汪辉祖《梦痕遗录》嘉庆二年六十八岁条记：

二月，渐可校书。取《廿四史同姓名录》稿本，重加核订。再录再校，脱漏终不能免，补遗之功，不得不俟诸儿辈。

又据同书嘉庆三年六十九岁条，录王杰来札记：

《二十四史同姓名》及《三史同名录》，俾读史者得资考订，是有益书。承属序言，俟病少间，或可为之。

又据同书嘉庆四年七十岁条，录谱主致王杰书记：

《廿四史同姓名录》一百六十卷，草稿粗定。辽、金、元三史，名易混淆，某又录《三史同名》二十二卷。上年，以《元史》繁复，拟为《本证》一书，尚未蒇功。谨录《自序》两篇，呈请诲定。

又据同书嘉庆五年七十一岁条记：

十二月，……见竹汀宫詹《文集》，刻所撰先人传铭，作书命继坊过苏亲谢。

又据《潜研堂文集》卷二十四《二十四史同姓名录序》记：

予好读乙部书，涉猎卅年。窃谓史家所当讨论者有三端，曰舆地，曰官制，曰氏族。顾州郡、职官，史志尚有专篇，唯氏族略而不讲。……氏族之不讲，触处皆成窒碍。此虽卑之无甚高论，实切近而适于用。至于遥遥华胄，姑置勿道可尔。《廿四史同姓名录》者，萧山汪君焕曾所茸，盖取诸史中同姓者，类其名而列之，或专传，或附传，悉附注其下，略述事实以备稽考。凡著于录者四万六千余人，于是正史之人物，了然如指诸掌，其名同而族异者，俱可溯其原而不杂厕。既藏事，以予稍涉史学，贻书属序其端。汪君少承两节母之训，穷经敦品，耻为流俗之学。得第后，作宰楚南，公务稍暇，披览史籍，往往忘食。投劾归田，益以撰述为务。其于斯编，固将友其贤者于千载之上，岂徒识姓名已哉！予特以其义例有裨于史，而喜其实获我心也，于是乎书。

是年，章学诚撰长文论浙东学术，力主"史学所以经世"。

据《文史通义》卷五《浙东学术》记：

  浙东之学，虽出婺源，然自三袁之流，多宗江西陆氏，而通经服古，绝不空言德性，故不悖于朱子之教。至阳明王子，揭孟子之良知，复与朱子牴牾。蕺山刘氏，本良知而发明慎独，与朱子不合，亦不相诋也。梨洲黄氏，出蕺山刘氏之门，而开万氏弟兄经史之学；以至全氏祖望辈尚存其意，宗陆而不悖于朱者也。惟西河毛氏，发明良知之学，颇有所得，而门户之见，不免攻之太过，虽浙东人亦不甚以为然也。

  世推顾亭林氏为开国儒宗，然自是浙西之学。不知同时有黄梨洲氏，出于浙东，虽与顾氏并峙，而上宗王、刘，下开二万，较之顾氏，源远而流长矣。顾氏宗朱，而黄氏宗陆。盖非讲学专家，各持门户之见者，故互相推服，而不相非诋。学者不可无宗主，而必不可有门户，故浙东、浙西，道并行而不悖也。浙东贵专家，浙西尚博雅，各因其习而习也。

  天人性命之学，不可以空言讲也。故司马迁本董氏天人性命之说，而为经世之。儒者欲尊德性，而空言义理以为功，此宋学之所以见讥于大雅也。夫子曰："我欲托之空言，不如见诸行事之深切著明也。"此《春秋》之所以经世也。圣如孔子，言为天铎，犹且不以空言制胜，况他人乎？故善言天人性命，未有不切于人事者。三代学术，知有史而不知有经，切人事也。后人贵经术，以其即三代之史耳。近儒谈经，似于人事之外，别有所谓义理矣。浙东之学，言性命者必究于史，此其所以卓也。

  朱陆异同，干戈门户，千古桎梏之府，亦千古荆棘之林也。究其所以纷纶，则惟腾空言而不切于人事耳。知史学之本于《春秋》，知《春秋》之将以经世，则知性命无可空言，而讲学者必有事事，不特无门户可持，亦且无以持门户矣。浙东之学，虽源流不异，而所遇不同。故其见于世者，阳明得之为事功，蕺山得之为节义，梨洲得之为隐逸，万氏兄弟得之为经术史裁。授受虽出于一，而面目迥殊，以其各有事事故也。彼不事所事，而但空言德性，空言问学，则黄茅白苇，桓面目雷同，不得不殊门户，以为自见地耳。故惟陋儒则争门户也。

或问：事功气节，果可与著述相提并论乎？曰：史学所以经世，固非空言著述也。且如六经，同出于孔子，先儒以为其功莫大于《春秋》，正以切合当时人事耳。后之言著述者，舍今而求古，舍人事而言性天，则吾不得而知之矣。学者不知斯义，不足言史学也。整辑排比，谓之史纂；参互搜讨，谓之史考；皆非史学。

章学诚因病目不能手书，口述邵晋涵生平学行，由其子贻选笔录为《邵与桐别传》。

据《章学诚遗书》卷十八《邵与桐别传》记：

余姚邵氏殁，名流多为状述碑志，余自度文笔未足抗也。邵氏弟子大兴朱锡庚，屡书责余为文，谓余有一二知深，宜不可默，余谊不敢辞。然君卒数年矣，余屡就其家求其遗书坠绪，庶几征予所知，乃竟不可得。今目废不能书，疾病日侵，恐不久居斯世。苟终无一言，不特负死友于九原，亦且无以报锡庚之责。口授大略，俾儿子贻选书之。贻选固尝受学于君者也，辞义未备，或稍资补注焉。昔史迁著书，自命《春秋》经世，实本董氏天人性命之学，渊源甚深。班氏而下，其义微矣。南宋以来，浙东儒哲讲性命者多攻史学，历有师承。宋明两朝记载，皆稿荟于浙东，史馆取为衷据。其间文献之征，所见、所闻、所传闻者，容有中原耆宿不克与闻者矣。邵氏先世多讲学，至君从祖廷采善古文辞，著《思复堂文集》发明姚江之学，与胜国遗闻轶事，经纬成一家言，蔚然大家。惜终老诸生，其书不显于世，事详大兴朱先生筠所撰墓表。君宿慧英敏，自童子塾时，读书无难易，三数过即终身不忘。稍长，益涉猎，博闻强识，见者惊犹鬼神。乾隆三十年乙酉，始举于乡，期集京师，都士争求识面。辛卯，礼部会试第一，赐第罢归。会四库馆开，特诏徵君与历城周永年、休宁戴震等五人入馆编校,授职翰林,天下荣之,君自视泊如也。君之于学,无所不通,然亦以是累,志广猝不易裁。见大兴朱先生,则曰:"经训之荒久矣,《雅疏》尤芜陋不治,以君之奥博,宜与郭景纯氏先后发明,庶几嘉惠后学。"君由是殚思十年,乃得卒业,今所传《尔雅正义》是也。然君才尤长于史,自其家传夙习,闻见迥异于人。及入馆阁,肆窥中秘,遂如海涵川汇,不可津涯。当辛卯之冬,余与同客于朱先生安徽使院,时余方学古文辞于朱先生,苦无藉手。君辄据前朝遗事,俾先生与余各试为传记,以质文心,其有涉史事者若表志记注、世系年月、地理职官之属,凡非文义所关,覆检皆无爽失。由是与余论史契合隐微。余著《文史通义》,不无别识独裁,不知者或相讥议。君每见余书,辄谓如探其胸中之所欲言,间有乍闻错愕,俄转为惊喜者,亦不一而足。以余所知解,视君之学,不啻如稊米之在太仓,而君乃深契如是。古人所称昌歜之嗜,殆有天性,不可解耶。方四库征书,遗书秘册荟萃都下,学士侈于闻见之富。别为风气,讲求史学,非马端临氏之所为整齐类比,即王伯厚氏之所为考逸搜遗。是其研索之苦,襞绩之勤,为功良不可少,然观止矣。至若前人所谓决断去取,各自成家,无取方圆求备,惟冀有当于《春秋》经世,庶几先王之志焉者,则河汉矣。余尝语君,史学不求家法,则贪奇嗜琐,但知日务增华,不过千年,将恐大地不足容架阁矣。君抚膺叹绝,欲以斯意刊定前史,自成一家。时议咸谓前史榛芜,莫甚于元人三史,而措功则《宋史》尤难。君遂慨然自任,尝据宋事与史策流传大违异者凡若干条,燕闲屡为学者言之。识者知君笔削成书,必有随刊疏凿之功,蔚为艺林巨观。讵知竟坐才高嗜博,官程私课,分功固多。晚年日月益促,又体羸善病,人事蹉跎其间,遂致美志不就,淹忽下世。以数百年闻丛见集,若将有待以大其成者,一旦失散,不可复聚,不特君之不幸,亦斯文之厄也。已故总督湖广尚书镇洋毕公沅,尝以二十年功,属某客续《宋元通鉴》,大率就徐氏本稍为损益,无大殊异。公未惬心,属君更正,君出绪余,为之覆审,其书即大改观。时公方用兵,书寄军营读之,公大悦服,手书报谢,谓迥出诸家《续鉴》上也。

公旋薨于军，其家所刻《续鉴》，乃宾客初定之本，君之所寄，公薨后，家旋籍没，不可访矣。嗟乎！昊天生百才士，不能得一史才，生十史才，不能得一史识，有才有识如此而又不佑其成，若有物忌者然，岂不重可惜哉！君居家孝友，与人忠信，度诸家传志所已详者，余不赘也。惟于予爱若兄弟，前后二十余年，南北离和，历历可溯，得志未尝不相慰悦。至风尘潦倒，疾病患难，亦强半以君为依附焉。今君下世五年，而余又衰病若此，追念春明旧游，意气互相激发，何其盛也，而今安在哉？悲夫！

论曰：乾隆癸卯之春，余卧病京旅，君载予其家，延医治之。余沉困中，辄喜与君论学，每至夜分，君恐余惫，余气益壮也。因与君论修《宋史》，谓俟君书成后，余更以意为之，略如后汉、晋史之各自为家，听决择于后人。君因询予方略，余谓当取名数事实，先作比类长编，卷帙盈千可也，至撰集为书，不过五十万言，视始之百倍其书者，大义当更显也。君曰："如子所约，则吾不能，然亦不过参倍于君，不至骛博而失专家之体也。"余因请君立言宗旨，君曰："宋人门户之习，语录庸陋之风，诚可鄙也。然其立身制行，出于伦常日用，何可废耶。士大夫博学工文，雄出当世，而于辞受、取与、出处、进退之间，不能无箪豆万钟之择，本心既失，其他又何议焉？此著《宋史》之宗旨也。"余闻其言而耸然。乾隆己酉、庚戌之间，君以才学为权要人所知，稍诱进之，君毅然弗屈，故以是龃龉终身，君不自恤也。呜呼！著书之贵有宗旨，岂漫然哉？

章宗源于是年去世。
据孙星衍《五松园文稿》不分卷《章宗源传》记：

　　章宗源，字逢之，浙江山阴人。以兄编修章瀛官京师，遂以大兴籍中式乾隆丙午科举人。……以嘉庆五年□月□日，疾卒于京邸。撰《隋书经籍志》及杂文若干卷。

　　案：宗源遗著《隋经籍志考证》，故世四十余年后，始由钱泰吉觅得不全钞本，直至光绪三年三月，终在湖北崇文书局开雕。谨将钱泰吉道光二十八年三月十六日撰《序》过录于后：

　　嘉度戊寅，吾兄衍石自京师归，箧中携此书，谓钞自何梦华元锡，藏书家未有也。余乃嘱表兄怀豫堂钞录副本，以期迫，金岱峰嘱其友相助誊写，逾月而毕。惜仅有史部，三十年来，访求全书，无知之者。道光丁未冬日，朱述之明府假钞一本，乃从述翁假孙氏《五松园文集》，录章君传于册首。此书名与王氏《汉书艺文志》同，而编次则异。然纂辑古书，实昉于王氏也。戊申三月既望，嘉禾甘泉乡人钱泰吉，识于海昌学舍。

嘉庆六年辛酉　1801年

自去冬十一月起，焦循、李锐同客浙江巡抚阮元幕，与浙江学政刘镮之幕友谈泰皆好数学，时相过从，讨论开方法。正月，焦循著《开方通释》成。

据《雕菰集》卷十六《开方通释自序》记：

梅勿庵《少广拾遗》，发明诸乘方，于正负加减之际，阙而未备，故其廉隅繁琐，步算既艰，亦且莫适于用。循向为《加减乘除释》，于此欲贯而通之，反复再三，犹未得立法之要。近来因讲明天元一术，于金山文淙阁借得秦道古《数学九章》。其中用开方法，既精且简，不特与《测圆镜海》相表里，究其原，实古《九章》之遗焉。嘉庆庚申冬十一月，与元和李尚之同客武林节署，共论及此。尚之专志求古，于是法尤深好而独信，相约广为传播，俾古学大著于海内。时谈阶平教谕亦客督学刘侍郎幕中，时过余寓舍，互相证订，甚获友朋讲习之益。窃谓乘除之法，负贩皆知，至开正负带从诸乘方，儒者竭精敝神，或有未能了了者。使知道古此法，则自一乘以至百乘、千乘，庶几一以贯通，人人可以布策而求也。列为十二式，设问以明之，欲便于初学，故不厌详尔。

二月二十九日，孙志祖病逝于杭州。

据阮元《揅经室二集》卷五《孙颐谷侍御史传》记：

孙君名志祖，字诒毂，字或作颐谷，号约斋，仁和人。乾隆丙子举人，丙戌二甲进士，分刑部，补山东司主事，……擢江南道监察御史。乞养父母归里，复少宦情，不复出，以著书为事。嘉庆六年，掌紫阳书院教，二月二十九日，以疾卒，年六十有五。……侍御所著书，有《家语疏证》六卷。谓王肃作伪难郑，诬圣背经，既作《圣证论》以攻康成，又伪撰《家语》，饰其说以欺世。因博集群书，凡肃所剿窃者，皆疏通证明之，如鞫盗之获真赃也。其有功于郑氏，似孙叔然。《文选考异》四卷，据潘稼堂、何义门诸校本，参稽众说，仿朱子《韩文考异》之例，以正俗本之误。《文选注补正》四卷，仿吴师道校《国策》之例，辑前贤评论及朋辈商榷之说，以补李注所未及。又辑《风俗通逸文》一卷，又补正姚之骃辑谢承《后汉书》五卷。《读书脞录》七卷，考论经子杂家，折中精详，实事求是，不为凿空武断之论，恧然如其为人。又谓《孔丛子》亦王肃伪托，其《小尔雅》乃肃借古书以自文，作疏证辨其妄，惜未咸书。又《脞录续编》，亦未成。

三月，冯集梧补刻毕沅遗著《续资治通鉴》成。
据《续资治通鉴》卷首冯集梧《序》记：

> 镇洋故尚书毕秋帆先生，著《续资治通鉴》。……兹书以宋、辽、金、元四朝正史为经，而参以《续资治通鉴长编》《契丹国志》等书，以及各家说部、文集，约百十余种。仿《通鉴考异》之例，著有《考异》，并依胡氏三省分注各正文下，事必详明，语归体要。经营三十余年，延致一时轶才达学之士，参订成稿。复经余姚邵二云学士核定体例付刻，又经嘉定钱竹汀詹事逐加校阅。然刻未及半，仅百三卷止。集梧于去岁买得原稿全部及不全板片，惜其未底于成，乃为补刻百十七卷，而二百二十卷之书居然完好。缘系毕氏定本，故稍为整理，不复再加考订。……又毕氏未刻稿本，卷中凡分年处，俱各冠年号，与前已刻一百三卷体例不合，亦姑仍之。嘉庆六年，三月日，桐乡后学冯集梧识。

又据同书卷首钱大昕致冯集梧书札记：

> 鹭庭先生阁下：《续通鉴》刊刻告竣，俾秋帆数十年苦心不至泯没，此先生之高谊，秋帆亦当感切于重泉者也。前晤时，屡承见委作序，而弟逡

巡未敢应者，实以古来纪传编年之书，只有本人自序，如《史》、《汉》、休文、延寿之例，未有他人为之序者。温公《通鉴》，则神宗制序；李氏《长编》，孝宗欲赐序未果；徐东海书，亦未闻有序。盖史以寓褒贬，其用意所在，唯著书人可以自言之。今秋帆既未有序，身没之后，先生得其遗稿续成之，大序但志刊刻始末，不言其撰述之旨，最为得体。若别为制序，创古人所未有，则弟名位既卑，何足以重秋帆之书；况衰病龙钟，岂敢任此！专此奉复。大昕顿首。

刘台拱父卒于二月一日。台拱旋撰《行述》寄段玉裁。玉裁接刘文，有书复台拱，告欲请王引之完成《说文解字注》。

据刘盼遂《经韵楼文集补编》卷下《与刘端临第二十七书》记：

> 接奉老伯大人《行述》，披读之下，老成典型犹在羹墙，而吾兄仁孝显扬之思溢于楮墨，传世行后之作，无过于此。迩惟侍奉万安，起居无恙。舍下家严，不无疾苦。弟贱体春病如故，栗栗危惧，望有以教之。《说文注》恐难成，意欲请王伯申终其事，未识能允许否。吉拜、凶拜，弟说固恐未安。春浦事实，弟不记识，吾兄应为作小传，附刻《尔雅》后。何时大驾涉江泊吴门馨谈？弟衰朽，恐难北上相晤矣。匆匆书此，书不尽意，敬请近安，无任驰溯。

四月十五日，朱珪为庄存与遗著《春秋正辞》撰序。

据《春秋正辞》卷首朱珪《序》记：

> 汉兴，传《春秋》者不一家，邹、夹无师，虞、铎微阙。左氏失之夸，《穀梁》病其短，将以求微言于未坠，寻大义之所存，其惟《公羊》乎。公羊家世传业，平地衍其绪，敢寿畅其风，胡母子都乃著《条例》，董生大儒用资讲授。邵公专精，隐括绳墨，述三科九旨之义。依类托辅，笔削之权，如发矇矣。然在东京之世，贾、郑之徒已缘隙奋笔，相与为难，戴宏《解疑》亦随二创。魏晋而下，经学破碎，隶及唐宋，师儒偏蔽，苟取顽

曹之语，不顾师法之传，谓日月为虚设，鄙起问为无端，独逞庸臆，妄测非常，既违偏其反而之旨，乌睹析薪杝矣之理。使《公羊》之例当乖，即《春秋》之义几废，承学之士所共闷叹也。夫《春秋》一经，人事浃，王道备，以矫枉拨乱为受命，品道之端，正德之纪，非纪事之书。昔孔子云吾志在《春秋》，行在《孝经》。又曰，我欲托之空言，不如见之行事。又曰，其义则某窃取之矣。又曰，属词比事，《春秋》教也。然则本志以立事，考义以定词，苟非因端规指，别嫌明微，精求于繁杀之间，严辨于同异之故，率词揆方，各得其序，守文持论，鲜有能通者焉。前辈少宗伯庄方耕先生，学贯六艺，才超九能，始入翰林，即以经学受主知。群经各有论著，斐然述作，遂造其深，率尔简札，必衷于道。畴昔之岁，与余同官禁近，朝夕论思，无间术业。挹其渊醇，如饮醇醴，窥厥原本，疑入宝藏，洵当代之儒宗，士林之师表也。公之孙隽甲，为余丙午典试江南所得士，偕其弟贵甲来京师，持公所纂《春秋正辞》一书，问序于余。余受而读之，义例一宗公羊，起应寔述何氏，事亦兼资左氏，义或拾补穀梁。条列其目，属比其词，若网在纲，如机省括，义周旨密，博辨宏通，近日说经之文，此为卓绝。用以诏兹来哲，庶几得所折衷。由是抉经心，执圣权，则偏惑乖方之诮，吾知免矣。嘉庆六年龙集辛酉四月望，大兴朱珪序。

四月二十一日，仁宗策试各省贡士于保和殿，倡导"申明朱子之意"。

据《仁宗实录》卷八二嘉庆六年四月丁卯条记：

策试天下贡士马有章等二百七十五人于保和殿。制曰：……自唐虞授受一中，开万世之治要，而《尧典》首钦，《舜典》首恭，实能体天以出治，可推阐其义欤？三代圣王，后先一揆，《尚书》而外，经旨相通，可类陈欤？《大学或问》谓，格致诚正，以至修齐治平，始终不外乎敬；《中庸或问》谓，中和位育，极之圣神功化，枢纽不外乎诚。心法、治法，一以贯之者，二书实括其全，能申明朱子之意欤？又若王通《中说》，真德秀

《大学衍义》，邱濬《大学衍义补》诸书，其言亦有合欤？

四月，阮元聘孙星衍、王昶主持诂经精舍讲席。
据阮元《揅经室二集》卷三《山东粮道渊如孙君传》记：

  （嘉庆）六年四月，元抚浙，建诂经精舍于西湖之滨，选督学时所知文行兼长之士读书其中，与君及王少司寇昶迭主讲。命题课业，问以经史疑义，旁及小学、天部、地里、算法、词章，各听搜讨书传，条对以观其器识。诸生执经问字者盈门。

又据《雷塘庵主弟子记》嘉庆六年三十八岁条记：

  立诂经精舍，舍有第一楼，在西湖行宫之东，关帝庙、照胆台之西。先是，先生督学时，曾集诸生辑《经籍纂诂》一书。至此，遂以其地立精舍，选两浙诸生学古者读书其中，题曰诂经精舍。奉祀许叔重、郑康成两先生，并延青浦王述庵司寇、阳湖孙渊如观察先后主讲席其中。

陈鳣为朝鲜使臣朴修其《贞蕤稿略》撰序。
据《简庄文钞》卷二《贞蕤稿略序》记：

  嘉庆六年三月，余举进士，游都中。遇朝鲜国使臣朴修其检书于琉璃厂书肆，一见如旧相识，虽语言不通，各操不律，书之辄相说以解。检书通经博古，工诗文，又善书法，人有求，则信笔立书所作以应。时余同年友嘉定钱君既勤继至，既勤克承家学，著述甚伙。检书偕同官柳君惠风，亦宏览多闻，卓然儒雅。四人者赏奇析义，舐墨濡毫，顷刻尽数纸。……越数日，又相见。……检书手一编出示，曰《贞蕤稿略》，皆其旧作。首列对策，发明古学，贯通六艺群书，读之洋洋洒洒，如登高山，临沧海，骤然莫测其崇深。盖余从事于声音文字训诂，已历多年，意有所会，辄疏记之，近年性渐忽忘，未敢自信。今阅检书之作，先得我心之所同然，不觉兴感交集。检书自言，所列策问，乃其先国王亲制。国王好学博闻，直接邹鲁渊源，不作汉唐后语，而恭检礼下，从善如流。凤知草茅之名，振拔于科举常格之外而登进之，擢授要职。君臣知遇，古所罕觏。余叹其何荣若此。盖尝三入京师，所交皆名公巨儒。其天性乐慕中朝，好谈经济，曾著《北学议》二卷。其他著作诗文尚多，此所存者才十之一。然其中考证之作，酬唱之篇，云流泉涌，绮合藻杼，粲然具备。同人亟为校刻，请余弁其端，余固谢不敏。适绵州李墨庄中翰出使琉球方归，亦在坐，欣然劝余为之。

六月十一日，金榜病逝于安徽歙县故里。

据《碑传集》卷五十吴定《翰林院修撰金先生榜墓志铭》记：

先生姓金氏，讳榜，字蘂中，一字辅之，晚更号檠斋。先世自杭州徙歙北，……。先生少负伟志，思博学深造为通儒，而不屑溺没聪明于科举之学。受经学于江永慎修暨戴东原，学诗古文辞于吾师刘大櫆耕南，学科举之文于方檠如朴山。数君子者各以所长擅天下，先生或师之，或友之，而皆得其宗，故其学伟然为江南魁俊。……年三十一，高宗南巡，以诗赋蒙恩，擢授中书舍人，越七年成进士，殿试一甲第一人，官翰林院修撰。尝一出为山西副考官，以父丧归，遂不出。于经尤深于"三礼"，……所著有《礼笺》一书，详稽制度，卓然可补江、戴之缺而尾随之，必传于后无疑也。……以嘉庆六年六月十一日卒，年六十有七。

七月十六日，丁杰子授经卒于北京旅舍。

据陈鳣《简庄文钞》卷六《丁缃士传》记：

君讳授经，字缃士，一字莲庄，浙江归安之下昂里人。父杰，乾隆辛丑进士，官宁波府学教授，淹贯经义，体大思精，世所称小雅先生也。君承家学，弱冠为名诸生，与弟传经有双丁之目。仪征阮云台夫子视学浙江，试经解，拔置第一。嘉庆三年，以优行贡入成均。旋因后至，未及廷试，需次京师，馆崇文门外茅氏，与其友严铁桥孝廉寓舍密迩。铁桥以通经博学名于时，著述甚多，尤肆力于许泬长之学，方造甲乙丙丁《长编》四种，以校定《说文》。君实佐之翻阅，而所业亦由是大进。今年春，鼍入都，一见为之刮目。……入秋，得铁桥书，云缃士病痢且甚。越日，趋往视之，则已属纩矣。……辛之日为嘉庆六年七月十六日，年三十三。

八月一日，李调元辑刻《续函海》成。
据詹杭伦《李调元学谱》录《续函海序》记：

> 前刻《函海》一书，业已流传海内，其板由京载回，藏于万卷楼之前楹。自去岁庚申，凶焰忽延，长思莫守。于四月初六日，万卷一炬，化为烽云。幸《函海》另贮，未成焦土。以故五月中即雇车搬板至省，寄放青石桥白衣庵。迄今已及一年，改讹订正，又增至四十函，可谓无恨矣。然随身箧中所带钞本，其中有内府修《全书》时，经诸纂修者所校定，而未入聚珍板者，皆人间未见书，亦例得刊出，嘉惠来学。与夫但知什袭，而庋阁年多，虽不烬于火，亦必虫噬鼠啮，殊可惜也。因稍缩板式，改为袖珍，以便行远。附载拙纂一二，共得四函。后有余力余年，再行请益可也。嘉庆六年辛酉八月朔，绵州李调元雨村撰。

十月十五日，臧琳、臧庸祖孙辑《六艺论》《三礼目录》刊行。
据拜经堂刊《六艺论三礼目录》卷末陈善《六艺论三礼目录书后》记：

> 《六艺论》一卷，武进臧玉林先生辑。辑郑学自王伯厚始，后人踵为之，若《易注》，若《书注》，若《诗谱》，若《郑志》之属，次第编集，粗有端绪。顾检阅万余卷书，抉择或不精，仍不免脱误。故知非壹意此者，未善也。先生当康熙间，潜心经训，著述甚富，有《困学钞》十八卷。此特其《困学钞》中一斑耳，然已精审可宝，较之王伯厚氏，有过之，无不及矣。《三礼目录》一卷，则先生玄孙在东辑，别择精审，无惭家学。善从友人赵君宽夫所见此，爱手自缮写，合为一册付梓，以识景慕云。岁在重

光作噩阳月之望，仁和陈善书。

十月，陈鳣为严可均《唐石经校文》撰叙。
据《简庄文钞》卷二《唐石经校文叙》记：

> 鳣于乾隆五十五年，作《石经说》六卷，盖取汉熹平、魏正始、唐开成、蜀广政、宋至和、宋绍兴历代所刻石，而稽考其异同也。自以漏略尚多，未敢出而问世。越十年，计偕入都，因同年友丁君绗士，得交严君叔卿，深湛好书，著作富有。一日，出《唐石经校文》十卷，读之既博且精，卓然可信。鳣愧不逮远甚，又欣幸其有同志焉。……叔卿推之《说文》《玉篇》以溯其原，按之《注疏》《释文》以穷其旨，于流传版本析其非，于后人所校祛其惑，为功于群经不浅。盖叔卿实肆力于许氏之学，尝著甲乙丙丁《长编》四部，以校定《说文》，时与绗士反复讨论。惜乎绗士死矣，叔卿郁郁不得志，将由潞河南还。鳣滞迹都门，索然寡兴，惟劝其以此《校文》先为付梓，公诸同好，遂书数语简尚以送之。嘉庆五年冬十月。

案：文末署年有误。据陈鸿森《清儒陈鳣年谱》嘉庆六年四十九岁条考证："《文钞》此叙末题嘉庆五年冬十月，其年岁有误。据先生《丁绗士传》云，卒之日为嘉庆六年七月十六日。而此叙既言及惜乎绗士死矣云云，则当作于六年七月以后可知。叙末五年，疑当作六年。"甚确。

十一月十四日，阮元刻钱大昕著《三统术衍》蒇事，撰序予以表彰。
据《三统术衍》卷首阮元《序》记：

> 嘉定少詹事钱先生，囊罗百氏，学为儒宗，所著《廿二史考异》，皆实事求是，于天文、舆地、官制、氏族数大端，说之尤极精核。盖先生天算之学所得甚深，实能兼中西之长。……《三统术衍》三卷，……嘉庆庚申，先生门人元和李尚之锐寓元幕中，行箧携有是书，因得假而读之。……千古卓识，独抒心得，其有功于经史甚大，又岂徒阐扬术数而已哉！由是亟请于先生，寿诸梨枣，以广其传。刻既竣，先生寓书殷勤，属元为之序。

元不敏，少日治经之暇，颇亦留情算术，比年以来，供职中外，此事日荒。况先生之书，义蕴宏深，尤非末学所能窥测，特就所晓知，粗举纲要，述于卷端，为天下后世读是书者导以先路，则元之厚幸也夫！嘉庆六年冬至日，仪征后学阮元谨序。

章学诚于是年十一月，在浙江绍兴故里病逝。

据汪辉祖《梦痕余录》嘉庆六年七十二岁条记：

闻章实斋十一月卒。余交实斋三十二年，踪迹阔疏。甲寅归自湖北，就馆近省。往来吾邑，必过余叙谈，见余撰述，辄作序言、书后以赠。去春病瞀，犹事论著，倩写官录草。今夏，属志归庐，实斋易名"豫室"，中有数字未安，邮筒往返，商榷再三，稿甫定而疾作，遂成绝笔。昔二云言，实斋古文，根深实茂，重自爱惜，从无徇人牵率之作。文稿盈箧，数月前，属滕縠编次，异日当有传人也。

又据《清史稿》卷四八五《章学诚传》记：

章学诚，字实斋，会稽人。乾隆四十三年进士，官国子监典籍。自少读书，不甘为章句之学。从山阴刘文蔚、童钰游，习闻蕺山、南雷之说。熟于明季朝政始末，往往出于正史外，秀水郑炳文称其有良史才。继游朱筠门，筠藏书甚富，因得纵览群籍，与名流相讨论，学益宏富。著《文史通义》《校雠通义》，推原《官礼》，而有得于向、歆父子之传。其于古今学术，辄能条别而得其宗旨，立论多前人所未发。尝与戴震、汪中同客冯廷丞宁绍台道署，廷丞甚敬礼之。学诚好辩论，勇于自信。有《实斋文集》，视唐宋文体，夷然不屑。所修和州、亳州、永清县诸志，皆得体要，为世所推。

章学诚逝世前数月，以一生文稿送友人王宗炎，嘱代为编定成集。王氏有复书论学。

据王宗炎《晚闻居士遗集》卷五《复章实斋书》记：

奉到大著，未及编定体例。昨蒙垂问，欲使献其所知，始取《原道》一篇读之。……至于编次之例，拟分内外二篇。内篇又别为子目者四：曰《文史通义》，凡论文之作附焉；曰《方志略例》，凡论志之作附焉；曰《校雠通义》；曰《史籍考叙录》。其余铭志、叙记之文，择其有关系者录为外篇，而以《湖北通志传稿》附之。此区区论录之大概也。……《礼教篇》已著成否？《春秋》为先生学术所从出，必能探天人性命之原，以追阐董江都、刘中垒之绪言，尤思早成而快睹之也。来谕以儒者学识不广，囿于许、郑之说，此言深中近日之病。鄙人尝谓，西汉经学深于东汉，董、刘无论，即匡衡亦岂易几！若叔重《说文》，自是一家之学，而谓违此者即非圣无法，此拘虚之见，非闳通之论。若郑不及毛，则近人已见及之矣，门下以为然否？《浙东学术》首条，今又改定数语。二篇记有稿本奉寄，如尊处不能检，当别钞寄也。《邵传》无可商者，惟"所见""所闻""所传闻"七字，似赘设，且闻见字下屡言之，似可节去耳。谨复。

吴兰庭卒于是年十一月二十八日。

据严元照《悔庵学文》卷五《吴胥石先生墓志铭》记：

先生精熟乙部书，深惩夫言史者之喜以空腹高心妄论得失，而不复实事求是，以逞其一时之快也，思有以矫其弊。其读史也，尤究心于地、理、职官，于其沿革、建置，纷拏烦乱卒不可理者，钩稽探索，尽得其条贯，上下千余年，了如指掌。少詹事嘉定钱公大昕，史学冠当代，尝见先生所著《五代史纂误补》四卷，叹其精核，以不得一见为憾。国子监典籍会稽章君学诚亦善史，不轻许可，尝言今之可与言史者，唯二云与胥石耳。二云，余姚邵学士晋涵也。其为名流推重如此。

又据《清史列传》卷七十二《吴兰庭传》记：

嘉庆六年辛酉　1801年

> 吴兰庭，字胥石，浙江归安人。乾隆三十九年举人。……同邑丁杰邃于经，兰庭熟于史，故一时有"丁经吴史"之目。

是年，阮元聘顾广圻、臧庸、何元锡等入杭州书馆，校勘《十三经注疏》。

据《思适斋集》卷首杨文荪《序》记：

> 嘉庆辛酉，仪征相国抚浙，延元和顾君涧蘋及武进臧君拜经、钱唐何君梦华，同辑《十三经校勘记》，寓武林之紫阳别墅。余始与顾君订交。

又据《揅经室四集》诗卷五《辛酉腊月朔日入山祈雪即日得雪出山过诂经精舍访顾千里广圻臧在东镛堂用去年得雪诗韵》记：

> 残岁山峥嵘，陈迹两年合。峰峦泄春气，一雪复成腊。空谷无行人，白光冻千衲。出山入精舍，拂衣花满榻。延宾有陈蕃，下车愧卫飒。煮茶说群经，《郑志》互问答。登楼对南屏，还见去年塔。颓云泼墨浓，图中认王洽。抚景触愁怀，乡园户空阒。慈竹压墓门，风雪定纷杂。

十二月一日，李锐校《三统术衍》毕，撰《跋》一篇。

据《三统术衍》卷末李锐《跋》记：

> 右《三统术衍》三卷、《钤》一卷，吾师竹汀先生所撰也。忆自辛亥之冬，锐肄业紫阳书院，从先生受算学。先生始教以三角、八线、小轮、椭圆诸法。复引而进之于古，手是书见授而诲之曰："数为六艺之一，由艺以明道，儒者之学也。自世之学者卑无高论，习于数而不达其理，囿于今而不通乎古，于是儒林之实学遂下同于方技，虽复运算如飞，下子不误，又曷足贵乎？刘歆《三统术》为步术最古之书，汉末大儒若郑康成辈，咸通其学。是书衍说，词虽浅近，然循是而习之，一隅三反，则古今推步之源流，不难一一会通其故也。"锐谨受教，识之不敢忘。十年以来，专力斯学，而材质驽钝，无所成就。上玷师门，私心恒窃窃自惧。今浙抚阮公，

洞明象数,一见是书,叹为得未曾有,因广先生嘉惠来学之心,特开雕于武林节署。以锐于是书仰钻有素,命以校字之役。既卒业,辄举先生所以教锐之语,识于简末,愿与海内甄明九数、有志稽古之士,共寻究焉。嘉庆辛酉冬十二月癸卯朔,元和门人李锐谨跋。

是年,钱大昕早年译《地球图说》,经李锐补图,由阮元刊行。
据陈鸿森《阮元揅经室遗文辑存》卷中《地球图说序》记:

> 嘉定少詹事钱大昕,以乾隆年间奉旨所译西法《地球图说》一书见示,且属付梓。……少詹事原书有说无图,爰属詹事高弟子李锐画图,为说以补之。凡坤舆全围二、太阳并游曜诸图一十九,共二十一图。是说也,乃周公、商高、孔子、曾子之旧说也,学者不必喜其新而宗之,亦不必疑其奇而辟之可也。经筵讲官、南书房行走、户部左侍郎兼管国子监算学臣阮元撰。(原注:录自本书卷首。)

季冬,阮元为臧庸辑《孝经》郑玄注题辞。
据陈鸿森《阮元揅经室遗文辑存》卷上《孝经郑氏解辑本题辞》记:

> 往者鲍君以文持日本《孝经郑注》请序,余按其文辞,不类汉魏人语,且与群籍所引有异,未有以应。近见臧子东序辑录本,喜其精核,欲与新出本合刊,仍属余序。余知东序治郑氏学几二十年,有手订《周易》《论语》注等,所采皆唐以前书,为晋、宋、六朝相传《郑注》,学者咸所依据。鲍君耄而好学益笃,凡有善本,靡不刊行。然则《孝经》旧引之注、新出之书,二本并行,亦奚不可?嘉庆辛酉季冬,仪征阮元题。(原注:录自臧庸本书卷首,《知不足斋丛书》本。)

嘉庆七年壬戌　1802年

正月三日，汪辉祖著《元史本证》刊竣。

据《元史本证》卷首《自序》记：

予录《三史同名》，阅《元史》数周，病其事迹舛阙，音读歧异，思欲略为厘正，而学识浅薄，衰病侵寻，不能博考群书，旁搜逸事，为之纠谬拾遗。因于课读之余，勘以原书，疏诸别纸。自丙辰创笔，迄于庚申，流览无间，刺取浸多。遂汇为一编，区以三类：一曰《证误》，一事异词，同文叠见，较言得失，定所适从，其字书为刊写脱坏者，弗录焉；二曰《证遗》，散见滋多，宜书转略，拾其要义，补于当篇，其条目非史文故有者，弗录焉；（原注：如《艺文志》《国语解》之类。）三曰《证明》，译无定言，声多数变，辑以便览，藉可类求，其汉语之彼此讹舛者，弗录焉。凡斯数端，或举先以明后，或引后以定前，无证见则弗与指摘，非本有则不及推详。爰取陈第《毛诗古音考》之例，名之曰《本证》。曩者《三史同名录》草稿初成，子继培复为增补，因将《证名》一门并令校录，有及《证误》《证遗》亦录之。时贤订《元史》者，钱宫詹《考异》最称精博，戊午暮秋，始得披读。凡以本书互证，为鄙见所未及者，悉采案词，分隶各卷，不辞诮于窃取，幸免耻于攘善。自维桑榆景迫，梨枣功艰，强记日疏，求正益切。去夏《同名录》竣工，随取是编重加排比，付诸剞劂。非敢规前人之过，衔其所长，庶逮闻大雅之言，补吾所短。若夫假以余年，益所新得，此则区区之志，所不能自必者也。嘉庆七年岁在壬戌，正月三日，萧山汪辉祖叙。

正月，阮元著《浙江图考》成。

据《雷塘庵主弟子记》嘉庆七年三十九岁条记：

> 正月，撰《浙江图考》成。

又据《揅经室一集》卷十二《浙江图考》记：

> 古今水道，变迁极多，小水支流，混淆不免。然未有一省主名之大川，定自禹迹，而后人乱之，若今不知浙江为岷江，以浙江、穀水冒浙江者也。元家在扬州府，处北江之北，督学浙省，往来吴、越间屡矣。参稽经史，测量水土，而得江浙本为一水之迹，浙江实《禹贡》南江之据。近儒著述，多考三江，而终未实发之。予乃博引群书，为图说一卷。……元尝立诂经精舍于西湖孤山之麓，诸生议奉许叔重、郑康成二君木主于舍中而祀之。二君说经之功，人罕见者。然浙省读经之士，奚翅数万人，问以所居之省，莫不曰浙江也，问以浙江究为何水，鲜不误举也。若非许氏《说文》"浙""渐"二字相别为解，郑氏《尚书·禹贡注》读"东迤"为断句，与《汉书》《说文》相发明，则必为郦道元诸说所误，浙江禹迹，及古吴、越之界，皆不可复求。然则许、郑之为功，岂不甚巨，固宜为潜学之士所中心说而诚服者哉！元七八年来，博稽古籍，亲履今地，引证诸说，图以明之，用告学者，请勿复疑。嘉庆七年，撰于杭州使院。

二月，阮元在杭州刻《诂经精舍文集》。

据张鉴《雷塘庵主弟子记》嘉庆七年三十九岁条记：

> 二月……，刻《诂经精舍文集》。

又据许宗彦《鉴止水斋集》卷十一《诂经精舍文集序》记：

> 吾师阮云台先生，以名世之德，为人伦藻鉴。先是视学两浙，以行谊经术厉士，士风旷然一变。既奉命镇抚是邦，纲举目张，百为具理，鲸鲵就戮，江海如砥。爰于湖堧立诂经精舍，祀许淡长、郑司农两先师。择

十一郡端谨之士,尤好古力学者,萃处其中,相与讲明雅训,兼治诗古文辞。公暇,亲为点定,并请王兰泉、孙渊如两先生为之主讲。阅二年,得文集若干卷。

四月一日,钱大昕应汪辉祖请,为《元史本证》撰序,推汪书为读《元史》指南,抨击自诩《春秋》义例而"任意褒贬"之风。

据《元史本证》卷首钱大昕《序》记:

读经易,读史难。读史而谈褒贬易,读史而证同异难。证同异于汉魏之史易,证同异于后代之史难。昔温公《资治通鉴》成,惟王胜之借读一过,他人阅两三纸辄欠伸思卧。况宋元之史文字繁多,虽颁在学官,大率束之高阁。文多则检阅难周,又鲜同志相与商榷者,则钻研无自,即有撰述,世复不好,甚或笑其徒费日力。史学之不讲久矣。仆少时有志于此,晨夕携一编,随手记录,于《元史》得《考异》十五卷,自愧搜索未备。今老病健忘,旧学都废。顷汪君龙庄以所著《元史本证》若干卷寄示,窃喜天壤间尚有同好。而龙庄好学深思,沿波讨源,用力之勤,胜于予数倍也。本证之名,昉于陈季立《诗古音》,然吴廷珍《新唐书纠缪》已开其例矣。欧、宋负一代盛名,自谓事增文简,既精且博。廷珍特取纪志表传之文,彼此互勘,而罅漏已不能掩。若明初史臣,既无欧、宋之才,而迫于时日,潦草塞责,兼以国语翻译,尤非南士所解。或一人而分两传,或两人而合为一篇,前后倒置,黑白混淆,谬妄相沿,更仆难数。而四百年来,未有著书以窥其过者,讵非艺林之阙事欤!廷珍求入史局弗得,年少负气,有意吹求,其所指摘往往不中要害。龙庄则平心静气,无适无莫,所立《证误》《证遗》《证名》三类,皆自抒心得,实事求是,不欲驰骋笔墨,蹈前人轻薄谑噪之弊。此所以有大醇而无小疵也。考史之家,每好收录传记、小说,矜衒奥博,然群言淆乱,可信者十不二三。就令采择允当,而文士护前,或转谓正史之有据。兹专以本史参证,不更旁引,则以子之矛刺子之盾,虽好为议论者,亦无所置其喙。悬诸国门,以待后学,不特读《元史》者奉为指南,即二十三史,皆可推类以求之。视区区评论书法,任意褒贬,自诡于《春秋》之义者,所得果孰多哉!嘉庆七年岁次壬戌,四月辛丑朔,嘉定钱大昕书。

四月三日,钱大昕有书致王念孙,讨论王著《广雅疏证》。
据陈鸿森《钱大昕潜研堂遗文辑存》卷下《与王石臞论广雅书》记:

> 大昕顿首谨启石臞先生阁下:前岁曾蒙赐寄大制《广雅疏证》一部,体大思精,于文字声音之原本,烛照数计,其启佑后学,功不在许祭酒、张博士下。随附寸函谢教,于去春由都门转递,未审得达左右否。嗣以夏秋雨涨泛溢,至干吏议,圣恩宽大,即加曲宥,仍许任事河干,益信清白吏自邀天佑也。前读尊制,间有一二未及详者,谨就鄙见录于别纸,伏希示其然否。兹因汪芝亭西曹北上之便,附请近安,不任依切之至。弟钱大昕再顿首。壬戌四月三日。……(原注:录自罗振玉辑《昭代经师手简》。)

四月四日,清廷增设伏胜后裔为五经博士。
据《仁宗实录》卷九十七嘉庆七年四月甲辰条记:

> 增设秦博士伏胜后裔五经博士一员,以六十五代孙敬祖承袭。

谢启昆得胡虔、陈鳣助,于嘉庆三年六月辑成《小学考》五十卷。是年重订刊行。
据《小学考》卷首谢启昆《序》记:

> 古者书必同文,政先正名,小学为经艺、王政之本。故自幼习书计,至于成人,授经三年而通一艺,三十而《五经》立。《尔雅》出周、孔之徒,以正名物。《三仓》《急就》迭兴,而汝南许君集其大成。孙叔然受业北海郑君门人,始作翻切。学者务极其能,于是音训之书备焉。盖小学本附群经,汉之《七略》《艺文》,梁隋之《七录》《经籍》皆然。秀水朱氏撰《经义考》,有功经学甚巨,但止详《尔雅》,余并阙如。吾师翁学士覃谿

先生作《补正》，又欲广小学一门，时为予言之。余惟国家稽古右文，广收载籍，汇为《四库全书》，群经之后，次以小学，敕撰诸书即谨载焉，郁乎盛矣！乾隆乙卯，启昆官浙江按察使，得观文澜阁中秘之书，经始采辑为《小学考》。后复由山西布政使移任浙江，从政之暇，更理前业，成书五十卷。卷首恭录敕撰。次训诂，则续《经义考》《尔雅》类，而推广于《方言》《通俗文》之属也。次文字，则《史篇》《说文》之属也。次声韵，则《声类》《韵集》之属也。次音义，则训读经史百氏之书。训诂、文字、声韵者体也，音义者用也，体用具而后小学全焉。《大戴礼记》鲁君"欲学小辨，以观于政"。孔子曰："《尔雅》以观于古，足以辨言。"是小学通于为政，经术致用之儒，必有取尔矣。助为辑录者，桐城胡徵君虔及海宁陈鳣。鳣，余所举士也。时嘉庆戊午季夏，越五年壬戌，重加厘定，乃付板削焉。

五月，俞正燮撰《古本大学石刻记》，讥朱、王后学之粗疏浮躁。据《癸巳存稿》卷十四《古本大学石刻记》记：

某公循吏达官，好刊古本《大学》，自述曰："乾隆丙申，补五台令。读《阳明全集》，乃取古本《大学》，朝夕寻绎，身体力行，遂于历任所至，刊宪门壁，不忍圣贤真种子遂亡。"又曰："《司马温公全集》，世不多见，官滇南时读之，曾因《大学》发挥数百言于其上方，滇南诸生藏焉。"其自言得力者如此。乃所刊于五台、保德、颍州、开封、济宁者，皆明万历十二年，南京户部员外郎唐伯元所上之丰道生书，当时号为魏政和石经，此又署王羲之书。按宋司马光注《大学》，当仁宗时，时御书《大学》赐进士，即《礼记》本。宋始有别注《大学》，不比《中庸》，《汉》《隋志》均有单行本，可言有古别也。程、朱改《大学》后，有志道学者多效之。明正德十三年七月，王守仁从《礼记》写出《大学》本文，其识甚高。时有张夏者，辑《闽洛渊源录》，反极诋守仁倒置经文。盖张夏言道学，不暇料检《五经》，又所传陈澔《礼记》中无《大学》，疑是守仁伪造。然朱子《章句》见在，为朱学者多以朱墨涂抹其《章句》之语，夏欲自附朱子，亦不全览朱子《章句》，至不知有旧本，可云奇怪！今欲宗阳明学，亦不审览王书，窥寻《礼记》，直以丰道生书诬之。丰道生者，有心疾者也。见世人多以改经名，而守仁古本名较美，则亦自言有子贡《诗传》及古本《大学》、《中庸》，出魏政和石经。《中庸》改窜两节。《大学》以"瞻彼淇澳"，至"此以没世不忘也"为末段，中增"颜渊问仁，子曰非礼勿视，非礼勿动，非礼勿听，非礼勿言"二十二字，而删"此谓知本，此谓知之至也，此谓修身在正其心"十八字。唐伯元表上其书，引贾逵言《大学》经之，《中庸》纬之。又有郑晓也者，其《古言》曰："正始中，虞松等考正《五经》，刻之于石，而《大学》《中庸》传焉。"又谓松表引贾逵言，孔伋穷居于宋，作《大学》《中庸》。有沈曦者，好此文，言不读古本，如矮人观场。而周从龙也者，作《遵古编》，以"瞻彼淇澳"在末段，谓文武心法在卫武公，定为子思居卫作。又谓颜渊问仁二十二字，乃唐明皇削去。此数人者，慷慨下笔，殆有异人之禀。其书初行，毛奇龄云，只有宋体楷字书五叶，道生死，忽有篆及分书本。时已误正始为政和，盖不检魏时年号，以古刻石者皆当号政和。此本则以政和刻石当是羲之妙墨，不谓为阳明学者上下四方、往来古今，亦信之而不疑也。嘉庆七年五月，见打本于滋阳，记其与司马文正、王文成之所以异者，冀有贤者碎其石，以无成循吏之过，亦冀为朱、王之学者，倘肯略览朱、王之书也。

六月一日，翁方纲得悉金石同好黄易逝世，为黄氏小传以志纪念。 据《复初斋集》卷十三《黄秋盦传》记：

君姓黄氏，讳易，字大易，钱塘人。……父树穀，以篆隶名家，世称松石先生者也，故君自号小松。其先世居马塍，即姜白石诗"每听秋声忆故乡"地也，有秋影庵，故君又自号秋盦。君幼承家学，……精于金石六书之学，自欧阳、赵、洪所未见者，皆著于录。尝手自钩摹汉魏诸碑，附以题跋，开雕成帙，曰《小蓬莱阁金石文字》。又有《小蓬莱阁碑目》。小蓬莱阁者，其先贞父先生读书南屏书室名也。丁酉秋，君于都下得汉熹平石经《般庚》《论语》三段，时方纲亦摹此勒石，援洪文惠镌石经于会稽蓬莱阁故事以名斋。既乃知君家先有此名，洵一异也。君在济宁升起郑季宣全碑，于曲阜得熹平二年残碑，于嘉祥之紫云山得武斑碑、武梁祠堂石室画像。适扬州汪氏所藏古拓武梁像册归君斋，此册自竹垞、衍斋、查田诸老辈往复鉴赏，几疑世久无此石矣，一旦君乃兼得之。于是敬移孔子见老子像一石于济宁州学，而萃其诸石，即其地筑室砌石，榜曰武氏祠堂，立石以记之。君北抵燕赵，南游嵩洛，又四方嗜古之士所得奇文石刻，无不就正于君。以是所蓄金石甲于一时，皆不及缕数，而述其一二大者于此。……又精于摹印，……嗟乎！黄伯思、米芾而后，世久无此人矣！济宁李东琪，字铁桥，亦以金石之学世其家，与君最契。适有《铁松观碑图》卷方纲题甫就，而君讣音至矣。呜呼伤哉！今日石墨论交，惟予知君最深者，故不辞而为之传。镌诸石者，安邑宋葆淳也。嘉庆七年六月朔。

六月三日，张惠言病逝于翰林院编修任。
据恽敬《大云山房文稿》初集卷四《张编修惠言墓志铭》记：

张臯文，名惠言，……武进人。……乾隆五十一年，本省乡试中式。明年赴礼部会试，……报罢。……嘉庆四年，皇帝始亲政，试天下进士加慎，臯文中式。……前后七试礼部而后遇，年三十有九矣。六年散馆，奉旨以部属用。文正复特奏，改授翰林院编修。七年六月三日，以疾卒，年四十二。

六月七日，顾广圻跋严元照藏宋椠魏了翁《仪礼要义》，并记此时阮元正主持编纂《十三经注疏考证》。
据蒋祖诒会辑、邹百耐增印《思适斋集外书跋》经类《仪礼要义五十卷宋刊本》记：

右宋椠本魏文靖公《仪礼要义》五十卷，归安严君九能藏书也。嘉庆壬戌，九能携至西湖予所寓居相示，并别有手钞者一部见借。予久闻此书，今得观焉,乃叹赏以为真天地间第一等至宝,不徒因宋椠而珍重者也。今之《仪礼注疏》,依十七篇为卷,而贾氏之元第,世不复见。向在吾郡黄氏,传校其所藏景德六年单疏本,诧为得未曾有,但其失去卅二至卅七六卷,是一大阙陷事。今用此书以相比校,则其分卷之处,景德本所有,既合若附节;景德本所无,正厘然具存,一一可取以补全之也。即此,而为功于贾书者不甚大哉!至其文句与今本异者,必与景德本合。如《聘礼》记对曰"非礼也敢",唐石经敢下衍一辞字,自宋以来经注各本,皆仍其误。贾疏云:"介则在旁,曰非礼也敢。"张忠甫尝据之以证辞之为衍字者也。今注疏本反依误本经注,增辞字于下,致为巨谬。唯景德本及此,则俨然未有也。此类尚伙,当以卒业后悉标识于钞本,兹特撮举其崖略,书于后而还之。六月七日,元和顾广圻记。

中丞阮元将为"十三经"作《考证》一书,任《仪礼》者为德清徐君新田。新田与九能有姻亲,曾传钞是书,近日复从予所持旧校景德本去,临出一部。将来此二书者,皆必大显白于天下。然溯导河所自,则此本与景德本实为昆仑源也。广圻又记。

六月二十六日,谢启昆病卒于广西巡抚任。

据姚鼐《惜抱轩文集》后集卷七《广西巡抚谢公墓志铭》记:

公讳启昆,字蕴山,世居江西南康之苏步,公后徙居南昌南郭,乃以苏潭为自号云。公于乾隆二十五年庚辰科会试中式,次年殿试,以朝考第一名选庶吉士,年二十五。乾隆三十一年授编修,既而充国史纂修官,日讲起居注官。出为镇江府知府,又知扬州府、宁国府,擢授江南河库道、浙江按察使、山西布政使,调浙江布政使。今上亲政,命为广西巡抚。凡三载,嘉庆七年六月乙丑,终于位,年六十六。……公自少本以文学名,博闻强识,尤善为诗,其才宏赡精丽,兼具唐宋名家之体。所为《树经堂集》若干卷,《杂古文》四卷,《西魏书》若干卷,《小学考》若干卷。晚成《广西通志》若干卷,则士谓公文学吏治盖兼存于其中焉。

八月，王昶毕朱彝尊未竟之业，辑《明词综》十二卷成。

据《明词综》卷首王昶《自序》记：

> 国初，朱竹垞太史集三唐五代宋金元之词，汰其芜杂，简其精粹，成《词综》三十六卷，汪氏晋贤刻之，为后世言词者之准则。予以其不及明词为憾。盖明初词人，犹沿虞伯生、张仲举之旧，不乖于风雅。及永乐之后，南宋诸名家词皆不显于世，惟《花间》《草堂》诸集盛行。至杨用修、王元美诸公，小令、中调颇有可取，而长调则均杂于俚俗矣。然一代之词亦有不可尽废者，故《御选历代诗余》撷取者一百六十余家。予友桐乡汪康古又谓："竹垞太史于明词曾选有数卷，未及刊行，今其本尚存。"汪氏频访之而不得。嘉庆庚申，遇汪小海于武林，则太史未刻之本在焉。于是即其所有，合生平所搜，辑得三百八十家，共成十二卷，汇而镌之，以附《词综》之后。选择大旨，亦悉以南宋名家为宗，庶成太史之志云尔。嘉庆七年八月青浦王昶撰。

秋，凌廷堪复书孙星衍，论郑注"三礼"及中西算法。

据《校礼堂文集》卷二十四《复孙渊如观察书》云：

> 去秋奉到钧函，力扶汉学，辟西人推步为不可信。洋洋累牍，可谓好古情深，不狥众议者矣。今年复蒙手书，来相督责，益增惶悚。伏读来札云："近时为汉学者，又好攻击康成，甚以为非。"此言切中今日之弊，夫何间然。又，来札云："康成注礼，分夏、殷、周、鲁礼，则《周官》《礼记》，无不合符。"向来鄙见正如此。后儒于"三礼"互异之处，不肯援据郑注，徒滋聚讼，颇以为惑。不谓高识，先得我心，何快如之。至于所驳西法数条，既不敢违心相从，亦不敢强词求胜。良以合志同方，寥寥无几，不忍以一事岐辙，自启争端。第学贵虚中，事必求是，请略言之可乎？窃谓主中黜西，前代如邢云路、魏文魁诸君皆然，杨光先浅妄，不足道也。盖西学渊微，不入其中则不知。故贵古贱今，不妨自成其学，然未有不信

岁差者也。岁差自是古法，西法但以恒星东移推明其故耳。不可以汉儒所未言，遂并斥之也。再审来札所云："天文与算法，截然两途。"则似足下尚取西人之算法者。夫西人算法与天文，相为表里，是则俱是，非则俱非，非若中学有占验、推步之殊也。苟不信其地圆之说，则八线、弧三角亦无由施其用矣。西人言天，皆得诸实测，犹之汉儒注经，必本诸目验。若弃实测而举陈言以驳之，则去乡壁虚造者几希，何以关其口乎！中西之书具在，愿足下降心一寻绎之也。

十月十五日，钱大昕应吴骞请，为吴氏《拜经楼诗集》撰序，倡言诗与学无二道。

据陈鸿森《钱大昕潜研堂遗文辑存》卷上《拜经楼诗集序》记：

海宁吴君槎客，博文赡学，著述等身。早岁即以诗名湖海间，既而聚书数万卷，寝馈其间，颜所居之楼曰拜经。盖取东莞臧氏之例，楼所储书，百氏具焉，独言经者，统于尊也。顷岁录生平古今体诗，手自编定，为卷一十有二，名之曰《拜经楼集》。寓书求序于予，且告曰："仆编稿时，客有举沧浪语以相难者，谓诗有别才，不关于学，春华秋实，理不得兼。……"乞予一言以解两家之结。……经有六，而诗居其一，舍经即无以为学，诗与学果有二道乎哉！……槎客之诗，根柢厚而性情正，……固将蕲至于学人之诗而不诡于经者也。……嘉庆壬戌十月望日，竹汀钱大昕书。

十月，阮元为冯浩遗集撰序，赞冯氏一门文学之盛。

据陈鸿森《阮元揅经室遗文辑存》卷中《孟亭居士文稿序》记：

嘉庆六年辛酉，桐乡冯孟亭先生终于家，冢君星实方伯前先生一年卒，季君鹭庭太史录先生杂文四卷、赋一卷付诸梓。明年壬戌，元得读先生遗书。元为词馆后辈，仰跂先生者甚久。先生所著《玉溪诗》《樊南文》详注，辨析入微，考订精切，亦既采诸《四库》，海内风行矣。……星实方伯有《苏诗合注》，鹭庭太史有《元丰九域志考证》《杜樊川诗注》，渊泉广博,不愧家传,说者比诸陈氏三君,何多让乎!元谫陋,不足以知高深,然仰企者久,尤甚艳于一门文学之盛,遂系之而重以叙。嘉庆七年冬十月,扬州馆后学阮元撰。(原注:录自冯浩本书卷首。)

十一月,阮元为周春著《十三经音略》撰序,重申"穷经之道,必先识字;识字之要,又在审音"。

据陈鸿森《阮元揅经室遗文辑存》卷上《十三经音略序》记:

> 海宁周君松霭,以所著《十三经音略》问序于元。……夫穷经之道,必先识字;识字之要,又在审音。……今周君此书,斷斷持守,一以字母为归,又复掇拾诸家,详审博辨。读其书者,能由经音以考字母,由字母以审韵谱,由韵谱而协,诸雅故而协,则声音之道自此而通,而经学之指归亦可自此而窥矣。此书之嘉惠来学,其功岂不伟与!嘉庆七年冬十一月,扬州阮元序。(原注:录自周春本书卷首。)

秋冬间,段玉裁有书致刘台拱,告金榜逝世,并推荐程瑶田《丧服文足征记》。

据《经韵楼文集补编》卷下《与刘端临第二十八书》记:

> 龚婿来,得手书,备承雅爱,屋契一纸亦收到。自秋至今,想起居安胜,潭府福履胜常。玉裁舍下粗安,家严康健,惟裁精力大衰,拙著恐不能成。日前,闻金五先生道山之信。又徐大兄《尔雅古注》存弟处,未能有所发明。近日乃为之序,欲述其官事与其后人,皆不甚悉。意大兄可以为其墓志,详悉书之,能使同志刊刻《尔雅》为善。《诗经毛传》,弟年来有所增益,可以成书。詹公写本,徐当寄上。弟所为《释拜》,煞费研摩,足下当举其何处最合,何处非是,寄示为感。易田先生《丧服文足征记》最精,足下曾否读过?易田著述之最大者,不可不读之书也。如未见,可急索之。顺候近安,并令弟三哥近安,不既。

冬，凌廷堪撰《复礼》上中下三篇，倡言"圣人之道，一礼而已"。据张其锦《凌次仲先生年谱》嘉庆七年四十七岁条记：

是年冬，先生语其锦曰："向尝谓吾圣人之道，不能外礼而求。由今静思之，真觉确不可易矣。十余年功力，一旦卓然自信，乐不可言。"于是作《复礼》三篇、《礼后说》、《慎独格物说》、《好恶说》等篇以发明之。并命于诵读之际，凡说之有以礼为主者，节录大略，使相印证。其锦于是将经中语为一卷，子史及集中语为一卷，先生诸论说为一卷，总颜之以《约礼编》。先生曰："其庶几求道之方乎？"吾宣学博戴斗垣先生大昌与先生最相得，见而叹之曰："此论乍闻之，若生面独开；而细按之，实还其本来面目也，特向者未经人指点耳。今为指出，儒家得指南车矣！"泾川赵肖岩先生良霈主敬亭讲席，往来甚密，亦见而云然。

又据《校礼堂文集》卷四《复礼上》云：

夫人之所受于天者，性也。性之所固有者，善也。所以复其善者，学也。所以贯其学者，礼也。是故圣人之道，一礼而已矣。

又据同卷《复礼下》云：

圣人之道，至平且易也。《论语》记孔子之言备矣，但恒言礼，未尝一言及理也。……圣人不求诸理而求诸礼，盖求诸理必至于师心，求诸礼始可以复性也。……说圣人之遗书，必欲舍其所恒言之礼，而事事附会于其所未言之理，是果圣人之意邪？

是年，凌廷堪接姚鼐诗文集并书信，复书道谢，并论《司马法》当有二书。

据《校礼堂文集》卷二十四《复姚姬传先生书》记：

客夏在皖，获亲仗履，二十年仰止之忱，一朝顿慰。归舟每绎教言，犹肃然生敬也。缘秋间抱病未痊，不克笺候起居，中心曷胜歉仄。昨贵门生严明府来，乃荷手书，勤勤恳恳，奖掖备至。并蒙示新刻大集二种，潜玩累月，闻见藉以扩充，不啻重侍几仗也。伏读集中论《司马法》，以世所传本为伪撰，故《汉书·刑法志》所引不在其中。窃谓《汉志》所载《司马法》，与今所行《司马法》当是两书。何以知之？考《隋书·经籍志》，经类《三礼杂大义》下注云："梁有《司马法》三卷，亡。"此即《汉书·艺文志》礼类所载《军礼司马法》百五十五篇也。（原注：其书亡于江陵之难，《隋志》据《七录》存其目耳。）又《隋志》子类载《司马兵法》三卷，下注云"齐将穰苴撰"。此即今所行本也。汪容甫明经因此书无传注所引者，遂谓是宋人删本，金辅之修撰又谓是阙佚不全，皆不知为两书故耳。

十一月二十六日，段玉裁有害致刘台拱，告《说文解字注》进展，并辞阮元敷文书院讲席事。

据刘盼遂《经韵楼文集补编》卷下《与刘端临第二十九书》记：

前两札未尽欲言，所索易田书，已嘱阮公便致。前奉托检出竹汀书内，有弟手记刘熙履历，近日哀痛稍暇，可能一检？补注《荀卿子》甚佳，然弟所望于足下者，终在《礼经》也。谢氏所刻《荀子》，其中校语出于弟者，别纸录呈，其余不能申送。弟衰迈之至，《说文》尚缺十卷。去年春病甚，作书请王伯申踵完，伯申杳无回书。今年一年，《说文》仅成三页，故虽阮元盛意，而辞不敷文。初心欲看完《注疏考证》，自顾精力万万不能，近日亦荐顾千里、徐心田养源两君而辞之。盖春夏秋三季多不适，而春病尤甚，有不得不然者也。目下阅《丧服篇》，偶有所见，易田不无误处，今呈一篇。又说《说文》者一篇，均祈赐教。敬请孝安，不缕。

案：据陈鸿森《段玉裁年谱订补》嘉庆六年六十七岁条考证，"今年一年，《说文》仅成三页"句，《说文》二字前，尚有"为他人作嫁衣裳"七字。"辞不敷文"之"不"字，段氏原墨作"下"。原墨末署"冬月二十六"。所考皆甚确。惟陈先生不从刘先生系年，改系于嘉庆六年，似可商量。

十二月二十一日,李调元卒于四川绵州故里。

据《清史列传》卷七十二《李调元传》记:

> 李调元,字羹堂,号雨邨,四川绵州人。乾隆二十八年进士。生平宦迹所至,辄访问山川风土人物,其有为古人所未志者,即笔录之,以为谈资。官通永道时,值《四库》馆开,每得善本,辄遣胥录之。因辑自汉迄明,蜀人著述罕传秘籍汇刊之,名曰《函海》。……罢官后,家居二十余年,益以著书自娱。蜀中撰述之富,费密而后,厥推调元云。

又据詹杭伦《李调元学谱》嘉庆七年六十九岁条记:

> 十二月二十一日,卒于南村。

嘉庆八年癸亥　1803年

正月一日，程瑶田汇生平著述为《通艺录》，刊刻将竣，有《自叙》一篇。

据《通艺录》卷首《自叙》记：

> 圣教安归乎？归于自治而已矣。今有能纯乎喻义，而绝不喻利之人，处人伦如此，酬世务亦如此，夙兴夜寐举如此，尔室屋漏中如此，稠人广众中复如此，志清气明时如此，梦寐惶惑时无不如此。此其人，不亦可以立于天地间乎！夫十分喻义，容有不合义处，无伤也。无丝毫喻利意杂乎其中，虽不合义，不得谓之不纯乎喻义也。若杂丝毫喻利意于十分喻义中，则此十分喻义，立地变为十分喻利矣。夫义利亦何常之有哉？彼不孝不弟者无论已，十分行孝行弟矣，吾于是察其所喻，喻义乎？抑喻利乎？未能不生分别也。果喻义矣，吾正不必问其所行孝行弟之合义与否也。惟无丝毫喻利意杂乎其中，此乃为十分喻义之人，乃可以立于天地间，足为天下后世法。圣教不其有赖乎？呜呼！圣教归于自治，未有不赖于是人也。乃观于今之世，意其必有人焉，以为一时之望，徐而察之，未始无行孝、行弟人也。及进而深求之，或不免于喻利焉。是虽行孝行弟，负一时之望，而于自治，不能毫发无憾也。呜呼！吾安得一绝不喻利之人，以自治其身，使吾夫子之教，日监在兹也。夫喻义，圣功也，而必断绝其喻利，以喻乎义，斯圣功乃全，而圣教亦于斯为盛。余方刻《通艺录》，将成矣，而未有叙也。客曰："盍以是说冠诸篇端，叙莫善于此矣。"嘉庆八年岁在癸亥，正月元日，让老人书于让堂东偏钟铿石磬斋之无俗声室，时年七十有九。

正月，严元照著《尔雅匡名》，段玉裁应请撰序，主张以《说文解字》为纲,《尔雅》为目。

据《尔雅匡名》卷首段玉裁《序》记:

> 凡言训诂之学,必求之《尔雅》矣。虽然,求之《尔雅》而不得其所以然之故,但见其泛滥无屋涘。吾未见熟于《尔雅》之必能通经也,则又求之《说文解字》矣。以《说文解字》言形,与声与义无不憭然,读之者于训诂当无不憭然。……夫训诂者,《周官》所谓转注是也。《说文解字》与经传《尔雅》训诂有不能同者,由六书之有假借也。经传字多假借而《尔雅》仍之,《说文解字》无假借,盖六书有义、有音、有形,有义而后有音,有音而后有形。……然则谓《说文》为纲,谓《尔雅》《方言》《释名》《广雅》诸书为目,可也。……归安严子九能,述《尔雅匡名》廿卷,博观约取,一一精画,盖唯能窥见其大者,故于纲(疑为"细"字之讹。——引者)者较易易耳。近日,阮云台中丞为《尔雅校勘记》,不识见九能是书否也。九能《娱亲雅言》既为同学推许,而是书复将出,予故先以鄙说序之云。嘉庆八年正月,金坛段玉裁,书于姑苏下津桥朝山墩之枝园。

许宗彦以严元照外兄而序《尔雅匡名》,于段玉裁序颇多异议。未详年月,姑系于此。

据许宗彦《鉴止水斋集》卷十一《尔雅匡名序》记:

> 外弟严子九能,熟于《尔雅》,作为《匡名》八卷。……曩戴吉士以考、老二字互相训,因推《尔雅》诂训为转注,宗彦窃不以为然。……段大令茂堂,今之精六书者也,序九能书,申戴氏之说,而又言《说文》与《尔雅》诂训有不能同者,由六书之有假借也,经典字多假借,而《尔雅》仍之。……段又云《说文解字》无假借。若然,则《说文》止五书,无六书矣。……依大令言,《尔雅》之字为假借,而义为转注,是假借非转注不明,合二者为一,而于二者之本旨胥失之矣。

三月初一日,焦循删订十七年前旧稿,成《毛诗地理释》四卷。

据《雕菰集》卷十六《毛诗地理释自序》记：

乾隆丁未，馆于寿氏之鹤立堂。偶阅王伯厚《诗地理考》，苦其琐杂，无所融贯，更为考之。迄今十七年，未及成书。今春家处，取旧稿删订其繁冗，录为一册。凡《正义》所已言者，不复胪列。又以杜征南撰《春秋集解》，兼为《土地名》《氏族谱》，以相经纬。《隋书·经籍志》，谱系次于地理，而《三辅故事》《陈留风俗传》，与陆澄、任昉之书并列。岂非有地则有人，有人则有事。《小序毛传》中，有及时事者，亦考而说之，附诸卷末，共四卷。焦子曰：考《春秋》之地理难，考《毛诗》之地理尤难。……窃自为断，虽未必当，或有备后贤之汲取云。嘉庆癸亥三月朔。

春，陈寿祺应阮元请，至杭州主持敷文书院讲席。夏，率诂经精舍学人助阮元纂修《经郛》。迄于是年冬，成书稿数百卷。

据陈寿祺《左海文集》卷八《西湖讲舍校经图记》记：

嘉庆辛酉季秋，余请假归。明年，吾师阮抚部自越招之，讲学敷文书院，不果往。又明年春，乃至。书院在杭州凤山门外万松岭颠，患岚气之湿蒸中人也，师为假馆于孤山之椒、西湖之漘，所谓诂经精舍者，于月课精舍生。宜西百余步为文澜阁，得借读所未见书。其夏，师选校官及高才生十有六人，采唐以前说经文字，亲授义例，纂为《经郛》数百卷。属稿具，寿祺与编校焉，辄稽合同异，以俟吾师之审定。日寝馈六艺中，弗暇游，亦弗暇吟咏也。时座主文侍郎师为学使者，寿祺亦恒以闲请业。绵力薄材，闻见黦浅，幸乃亲经师、人师，陶化染学。复因与邦之贤俊往来论辩，非古不述，盖所以长神智者多矣。不游越，余何以得此哉！……然则经岁之萃处，恶可谓非天之所以私成我者乎？于冬将还朝也，作《西湖讲舍校经图》，示毋忘师友之益，有好我者，诗以宠之。

又据同书卷四《上仪征阮夫子请定经郛义例书》记：

弟子寿祺顿首侍郎夫子阁下：乃者仰蒙善诱，俯启梼昧，将于九经传注之外，裒集古说，令寿祺与高才生共纂成之。盛哉，夫子嘉惠学者之心乎！……宜放刘向、班固之书，别为《通义》，取扬子《法言》之语，总名《经郛》。庶几探赜索隐，拾遗补艺，汇九流之支裔，发文囿之根叶，一卷所习，无误于立师，五学不坠，犹愈于求野。寿祺粗涉艺林，曾微强识，囊者岁在著雍敦祥，养素家巷，亦尝稍事缀辑，取便浏览，人事牵迫，废焉不修。伏惟夫子，天下模楷，殿中无双，莅越八年，文武为宪，方面静息，旧文修理，倡明经业，宏奖气类。寿祺幸得陪奉鼓箧，优游湖山，亲聆叩钟，俾通窥腧。速惭司马传教蜀人，俯效临硕预论《周礼》，蛾子时术，敢撮壤于崇山，驽马十驾，冀驱尘于策彗。谨依拟条例，撰略呈览，蕲加攟钑，以就准绳。或令诸生相为参酌，亦可补苴云。寿祺顿首顿首。

又据同书同卷《经郛条例》记：

《经郛》荟萃经说，本末兼赅，源流具备。阐许、郑之闳眇，补孔、贾之阙遗，上自周秦，下讫隋唐，网罗众家，理大物博。汉魏以前之籍，搜采尤勤，凡涉经义，不遗一字。其大端有十：一曰探原本。以经解经，厥义最古，如"三传"、《礼记》所引《易》《诗》《书》，《尔雅》所释诂言训是也。二曰钩微言。奥训眇辞，注家阙略，如《说文》所解，《广雅》所释是也。三曰综大义。发明指归，会通典礼，如《荀子》之论礼乐，《董子》之论《春秋》，《史志》《通典》之历议、礼议、服议是也。四曰存古礼。三代遗制，周人能言，如《左氏传》之称《礼经》，《小戴记》之载杂说是也。五曰存汉学。两京家法，殊涂同归。载籍既湮，旧闻仅见，如《史记》载《尚书》多古文说，《白虎通》引经多今文说，《汉书·五行志》多《三传》先师之说，《五经异义》多石渠议奏之说是也。六曰证传注。古人解经，必无虚造，间出异同，皆有依据，如《毛传》之合于雅诂，《郑笺》之涉于鲁、韩是也。七曰通互诠。一家之说，或前后参错，而互相发明，如《郑志》之通诸注差互，《箴膏肓》《发墨守》《起废疾》之别《三传》短长是也。八曰辨剿说。晋代注家，每撼拾前人，而不言所自，如伪孔《尚书传》之本于王肃，杜预《左传注》之本于服虔，郭璞《尔雅注》之本于樊、孙是也。九曰正缪解。大道多歧，习非胜是，实事求是，择焉必精，如《易》之象数明，则辅嗣之玄宗可退，《书》之训诂核，则仲真之伪传可排是也。十曰广异文。古篆籀隶，易时递变，众家授受，传本不同，如《说文》之古文，《玉篇》之异字，汉碑之异体，《经典释文》之异本是也。统诸十端，囊括古今，诚六艺之潭奥，众论之苑囿。今仍厘为条例如左，览者详之。

四月二日，仁宗颁谕，命由纪昀主持，将高宗诗文之未缮部份及其他官修书籍，"一体缮入庋藏"。

据《仁宗实录》卷———嘉庆八年四月丙寅条记：

> 谕内阁：《四库全书》内，恭缮皇考高宗纯皇帝圣制诗文，存贮诸阁，奎文炳焕，垂示万古。惟圣制诗自《四集》以后，文自《二集》以后，俱未缮写恭贮，理宜敬谨增入。此外如《八旬万寿盛典》及续办《方略》《纪略》等书，亦应一体缮入庋藏。尚书纪昀系纂办《四库全书》熟手，着即详悉查明，开单具奏。

四月七日，清廷增派重臣，续修《四库全书》。

据《仁宗实录》卷———嘉庆八年四月辛未条记：

> 谕内阁：现在续行缮办《四库全书》，前已谕令纪昀查明具奏。兹据将应入各书开单呈览，并拟出事宜十条，着添派庆桂、董诰、朱珪、戴衢亨、英和、钱樾、潘世恩，会同纪昀经理，并将应办各事宜，悉心妥议具奏。

五月初一日，钱大昕复书凌廷堪，对其学术倍加称许，并为廷堪《校礼图》题诗一首。

据《校礼堂文集》卷首《钱辛楣先生书》云：

大昕谨启次仲先生讲席：闻大名十有四五年矣。老懒又少便邮，然企慕之私，时在敬亭山色间也。顷于岜之兄处接奉手函，奖饰殷勤，俾衰颜顿为生色。赐读各体文十首，精深雅健，无体不工。儒林、文苑，兼于一身，当吾世而遇必传之诣，何快如之！《七戒》一篇，自出新意，真千载之奇作。而六者之中，不及仙佛，比于声色游猎，俱在屏弃之列，昌黎以后，无此绝识者，殆千年矣。《礼经》十七篇，以朴学人不能读，故郑君之学独尊。然自敖继公以来，异说渐滋，尊制一出，学者得指南车矣。属题《校礼图》，率成五言一篇，录于第二卷。芜浅之词，聊佐大方莞然一笑耳。弟向留意乙部，尝谓沈休文不特优于《晋书》，并在李延寿之上，于魏伯起亦不敢轻议。兹读大制《魏书音义序》，可谓观书眼如月，具眼人定不拾人牙后慧，为之快绝。蒙示覃溪先生诗札，展玩一过，恍如觌面。遵即缴上，并有寸笺，亦望转呈覃溪先生为感。承赠宣纸，感愧交并。弟去夏有重游泮宫之作，今检送左右，如得先生宠以新篇，更出望外也。顺候近禧，不尽驰切。弟钱大昕再顿首，癸亥五月朔。

又据钱大昕《潜研堂诗续集》卷十《题凌仲子教授校礼图》云：

我读《七戒篇》，伟哉凌君学。群言谢未能，《礼经》手自斠。《释例》十三章，大义何卓荦。古圣重人伦，以礼启后觉。揖让俯仰间，身心日追琢。教从童丱始，要使还诚悫。庄列崇玄虚，视道为桎梏。妇姑任勃溪，一室生羿浞。天未丧斯文，庆戴守其朴。北海集大成，文字费商榷。流传二千年，学官冈楗桷。束阁置勿观，张眼等眊瞀。真儒起新安，褎然甲科擢。不嫌校官卑，说经颜颢颢。古器辨敦卣，正声叶征角。只手障回澜，功岂但一璞。我衰耄已及，废学众所奤。忽柱瑶华诒，连城投和璞。敬亭云往还，千里途未邈。安得问字缘，黉堂许剥啄。

五月，陈宝泉著《孟子时事考征》成，凌廷堪应约撰序，表彰孟、荀二家学说。

据《校礼堂文集》卷二十六《孟子时事考征序》记：

七十子后，百家竞起，人自为学。明王道、守儒术者，孟、荀二子也。《孟子》有汉赵岐注，《荀子》有唐杨倞注，皆大醇无小疵焉。自宋人取《孟子》以配《论语》及《小戴礼记》中《大学》《中庸》两篇，谓之"四书"，后遂用之取士，由是说《孟子》者日益多。然皆就考亭《集注》而摹画之，以为科举之用，于本书无所发明也，矧求其时事而详考之耶？康熙中，太原阎氏有《孟子生卒年月考》，近吾友海宁周君耕崖有《孟子四考》，于是孟子时事稍稍可寻。同年陈君凤石，博极群书，名冠侪辈，授经之暇，复撰《孟子时事考征》四卷，兼旁及七国之形势。征引赅洽，考证明备，较阎氏、周氏而加密焉。孟子曰："颂其诗，读其书，不知其人可乎？是以论其世也。"凤石此书，可谓知人论世之学矣。窃惟《太史公书》，以孟子、荀卿同传，未尝有所轩轾于其间，而孟、荀之称，由汉迄唐无异辞。若夫罢荀卿从祀，挑七十子而以孔、孟并举，此盖出后儒之意，于古未之前闻也。今《孟子》得凤石及阎氏、周氏，实事求是，搜讨靡遗。而《荀卿子》三十二篇，自二三好古君子为之校正审定外，无过问者，甚且遭陋者妄加删改，几失其真。斯亦儒林之深耻也。凤石属余序其书，爰并述其所见以质焉。嘉庆八年，日躔鹑尾之次，歙年愚弟凌廷堪拜序。

五月，段玉裁临陈树华生前校宋本《左传正义》毕，有《跋》一篇。据陈鸿森《段玉裁经韵楼遗文辑存》之《临陈芳林校宋本左传正义跋》记：

此宋淳化庚寅官本，庆元庚申摹刻者也。凡宋本佳处，此本尽有。凡今日所存宋本，未有能善于此者也。此为滋兰堂朱丈文游物，陈君芳林于乾隆戊子借校一部。陈君既没，嘉庆壬戌，予借诸令嗣，命长孙美中细意临校，次子骦倅而终之。吾父有《左传》之癖，此本当同吾父手写本，子孙永远宝爱。文游名奂，藏书最精，今皆散。《左传》今在歙金修撰辅之家。芳林著《春秋内外传考证》《宋庠补音考证》，东原师甚重之。癸亥五月，段玉裁记。（原注：录自张金吾《爱日精庐藏书志》卷五，页二。）

六月立秋日，阮元刊张惠言遗著《周易虞氏义》。
据陈鸿森《阮元揅经室遗文辑存》卷上《周易虞氏义序》记：

汉时说《易》者皆明消息，今遗文可考者，郑、荀、虞最著。而虞氏仲翔世传孟氏《易》，又博考郑、荀诸儒之书，故其书参消长于日月，验变动于爻象，升降上下，发挥旁通，圣人消息之教更大明焉。惜后通之者少，……幸李鼎祚撰《集解》，采虞《注》独详。国朝惠徵士栋据之作《易汉学》，推阐纳甲，于消息变化之道，稍启端绪。后作《周易述》，大旨宗虞，而义有未通，补以郑、荀诸儒。读者以未能专壹少之，盖虞学之晦久矣。武进张编修惠言，承惠徵士之绪，恢而张之，约而精之，阐其疑滞，补其亡阙，纠其讹舛，成《虞氏义》九卷，又标其纲领，成《虞氏消息》二卷。……盖自仲翔以来，绵绵延延千四百余载，至今日而昭然复明。呜呼！可谓盛矣。……编修不幸早卒，其弟子陈生善得最后定本，思广传之而未得。余素重编修书，因命之校付梓人。……嘉庆八年六月立秋日，扬州阮元序。（原注：录自张惠言本书卷首，阮氏琅嬛仙馆刊本。）

六月二十五日，仁宗颁谕，令儒臣校刊太学石经。
据《仁宗实录》卷一一五嘉庆八年六月戊子条记：

谕内阁：彭元瑞奏，太学石经现在所刊碑文，与圣祖仁皇帝御纂四经、《康熙字典》，及高宗纯皇帝钦定"三礼"、校定武英殿"十三经"，间有异同，请详加察核等语。石经为同文盛举，刊布黉官，垂世行远。今碑内文字既尚须检校，著派董诰、朱珪、纪昀、戴衢亨、那彦成，将石经碑文与御纂、钦定各书，悉心查对，有无异同，粘签呈览。

六月二十七日，黄丕烈集所藏宋刻于一室，辑为《百宋一廛书录》。

据《百宋一廛书录》卷首黄丕烈《自序》记：

> 予喜聚书，必购旧刻，昔人佞宋之讥，有同情焉。每浏览诸家书目，以求古书源流，如述古、汲古，最为珍秘，然其中亦不能尽载宋刻。即《延令宋板书目》，亦以宋先之，其后亦不无兼收并蓄也。尝闻昆山徐氏有《小楼书目》，出于传是楼外，以为尽录宋板，惜家无其书，未能一一寓目焉。十余年来，究心载籍，欲仿宋人晁、陈两家例，辑录一书，系以题识，名曰《所见古书录》。究苦择焉而不精，语焉而不详，故迁延未成。适因迁居东城县桥，重理旧籍，特裒集宋刻本汇藏一室，先成簿记，谓之《百宋一廛书录》。廛本廛字，顾南雅庶常为余题字，取唐碑缠、㢆等字例易之，从省文也。……嘉庆癸亥六月二十有七日，荛翁黄丕烈识。

七月十五日，仁宗颁谕，将于翌年亲临翰林院。

据《仁宗实录》卷一一六嘉庆八年七月丁未条记：

> 又谕：翰林院为儒臣文薮，图书清秘，规制綦崇。乾隆甲子年，皇考高宗纯皇帝曾经临幸，锡宴赓吟，允为艺林盛轨。明岁又届甲子，朕当踵行斯典诹吉亲临，用光文治。所有应行豫备各事宜，着该衙门照例办理，届时具奏。

八月八日，黄丕烈重刻宋椠姚氏本《战国策》，并与元刻对勘，为《札记》三卷。顾广圻代黄氏撰是书序。

据《荛圃刻书题识》之《重刻剡川姚氏本战国策并札记序》记：

> 曩者顾千里为予言，曾见宋椠剡川姚氏本《战国策》，予心识之。厥后，遂得诸鲍绿饮所，楮墨精好，盖所谓梁溪高氏本也。千里为予校卢氏雅雨堂刻本一过，取而细读，始知卢本虽据陆敕先抄校姚氏本所刻，而实失其真，往往反从鲍彪所改。及加字并抹除者，未知卢、陆谁为之也。夫鲍之率意窜改，其谬妄固不待言，乃更援而入诸姚氏本之中，是为厚诬古

人矣。金华吴正传氏重校此书，其自序有曰："事莫大于序古，学莫大于阙疑。"知言也哉！后之君子，未能用此为药石，可一嘅已！今年命工织悉影宋椠，而重刻焉，并用家藏至正乙巳吴氏本互勘，为之札记，凡三卷。详列异同，推原卢本致误之由，订其失；兼存吴氏重刻校语之涉于字句者，亦下已意，以益姚氏之未备。大旨专主师法乎阙疑存古，不欲苟取文从字顺，愿贻诸好学深思之士。……嘉庆八年八月八日，吴县黄丕烈撰。

案：此序为顾广圻代笔，文载《思适斋集》卷七，惟无"嘉庆八年"以下十四字。

八月十七日，仁宗颁谕，以太学石经"实无违背更改"，决定"毋庸改易"。

据《仁宗实录》卷一一九嘉庆八年八月己卯条记：

> 谕内阁：前因彭元瑞奏，太学石经现在所刊碑文，与御纂钦定本间有异同，请详加察核。特简派大臣，悉心检校。兹据董诰等奏，将石经全部公同详细校勘，除曾奉特旨改刊各条外，实无违背更改之处，并开列清单进呈。因思石经为同文盛举，从前彭元瑞撰进之《考文提要》，亦系援引武英殿唐宋石经，及天禄琳琅宋椠各书，作为证据。现在太学石经早已刊布通行，毋庸改易。其石经内有遗漏笔画，及镌刻草率各条，着交御书处查照修整，以臻完善。

九月十九日，仁宗敕谕太学诸臣，重申"学以明伦为本，士以喻义为先"。

据《仁宗实录》卷一二一嘉庆八年九月辛亥条记：

> 敕谕管理国子监事大学士刘墉，祭酒润祥、顾德庆等：我国家列圣重光，以典学亲师为首务。……今仰荷洪慈，武功藏事，文教宜修，首善之地，尤加意焉。夫学以明伦为本，士以喻义为先。……朕所厚望于臣工庶士，涤濯其心，诚勤无懈，以培植贤才，为国桢干焉。

十月，范景福与陈寿祺同助阮元纂修《经郛》。范著《春秋上律表》成，寿祺有《序》表彰。

据陈寿祺《左海文集》卷六《春秋上律表序》记：

> 治《春秋》者，惟历术最难。仁和范子介兹邃于经，尤精天算，乃依《时宪》及《长历》相参核，推平朔，求平气，步交食，改置闰，从杜氏之长而不阿其所短。且准襄二十七年日食事，九月不入食限，十一月正入食限，无失闰法。其言曰："经传字形有时而误，而食限必无误。置闰前后可得而移，而食限必不能移。"其卓识可以释痾而规过矣。书既成，吾师仪征阮侍郎名之曰《春秋上律表》，取郑司农注《礼记·中庸》语也。介兹久为侍郎所知，比受义惜，分纂《经郛》。……余既重范子之阐幽经义，遂略摭旧闻，以相质若此。范子宜更有以启我也。嘉庆癸亥冬十月，福州陈寿祺序。

同月，严可均刻所著《唐石经校文》于岭南。

据《铁桥漫稿》卷五《唐石经校文叙》记：

> 嘉庆改元，知叶编修绍楏得旧拓本散片。又明年二月，假拓叶所，取今本与《石经》对校，凡八阅月，《十二经》与《五经文字》《九经字样》校皆再过，乃益审知今本逊宋板本，宋板本逊石经，而石经又非善之善者，人为之，亦时为之也。……然而后唐雕板，实依石经句度抄写，历宋、元、明转刻转误，而石经幸存，以之复古则不足，以正今误则有余。世间无古本，石经即古本矣，奈何！八百余年来，学士大夫误信史臣有芜累之讥，弃置之，鲜或过问者，间有一二好古之士，亦与冢碣寺碑同类而并道之。康熙初，顾氏炎武始略校焉，观其所作《九经误字》《金石文字记》，刺取寥寥，是非寡当，又误据王尧惠之补字以诬石经。顾氏，善读书者，犹尚如此，况其他乎？夫石经者，古本之终，今本之祖，治经不及见古本，而并荒石经，匪直荒之，又交口诬之，讵经之幸乎？余校石经，欲为今本正

其误,为郑覃、唐元度释其非,为顾氏等祛其惑。凡石经之与今本互异者,磨改者,旁增者,录出三千二百廿六条,理而董之,据《注疏》《释文》,旁稽史传及汉唐人所征引者,为之左证。而《石台孝经》附其后焉。分为十卷,题曰《唐石经校文》。刻板岭南,后乎余而治此经者,当有取乎此。癸亥岁冬十月,严可均叙。(原注:本书有叙一篇,是嘉庆丁巳九月所作,词不达意,故改作之。而本书先刻成,不复抽换。)

十一月十日,段玉裁为阮元审订《十三经注疏校勘记》之《左传》稿毕。

据段玉裁《经韵楼集》卷四《春秋左传校勘记目录序》记:

《春秋左氏传》,汉初未审献于何时。《汉书艺文志》说孔壁事,祇云"得《古文尚书》及《礼记》《论语》《孝经》",不言《左氏经传》也。《景十三王传》,亦但云"得古文经传"。所谓传者,即《礼》之"记"及《论语》,亦未言有《左氏》也。《楚元王传》,刘歆让太常博士,亦以"《逸礼》三十有九,《书》十六篇",系之鲁恭王所得,孔安国所献。而于《春秋》左氏所修二十余通,则但云"藏于秘府",不言献自何人。惟《说文解字叙》分别言之,曰:"鲁恭王坏孔子宅,得《礼记》《尚书》《春秋》《论语》《孝经》。又北平侯张仓献《春秋左氏传》。"然后《左氏经传》所自出,始大白于世。……《左氏传》之学,兴于贾逵、服虔、董遇、颍容诸家,而杜预分经比传,为之《集解》。今诸家全书不可见,而流传间见者,往往与杜本乖异。古有吴皇象所书本,宋臧荣绪、梁岑之敬所校本,今皆不可得,盖传文异同,可考者亦仅矣。唐人专宗《杜注》,惟蜀石经兼刻《经》《传》《杜注》文。而蜀石尽亡,世间拓本仅存数百字。后唐诏儒臣田敏等校《九经》,镂本于国子监。此亦《经》《传》《注》兼刻者,而今多不存。至于孔颖达等依杜注《经传》为《正义》三十六卷,本自单行,宋淳化元年有刻本。至庆元间,吴兴沈作宾分系诸经注本合刻之,其跋云:"踵给事中汪公之后,取国子监《春秋经传集解》《正义》精校,萃为一书。"盖田敏等所镂,淳化元年所颁,皆最为善本,而毕集于是。后此并附《释文》之本,未有能及此者。国朝乾隆中,元和陈芳林树华有《左》癖,既得此善本,乃弃官杜门,遍考他经传记、子史别集,与《左氏经传》及《注》有异同可参考者,成《春秋内传考证》一书。往者,戴东原师、卢绍弓氏、金辅之氏、王怀祖氏,皆服其该洽。钱塘严生杰,博闻强识,因授以庆元所刻淳化本,并陈氏《考证》,及唐石经以下各本,及《释文》各本,令其精详捃摭。观其所聚,而于是非难定者,则予以暇日折其衷焉。虽班氏所谓多古字古言,许氏所谓述《春秋传》用古文者,年代绵邈,不可究悉,亦庶几网罗放佚,冀成注疏善本,用裨好学之士云。嘉庆八年冬至日。

案:此序乃代阮元作,刘盼遂先生《段玉裁先生年谱》、陈鸿森先生《段玉裁年谱订补》考之甚确。惟段氏以此文入集,既不注代拟字样,反有"戴东原师"云云,殊不可解。

十一月十七日,仁宗颁谕,以来年二月三日临幸翰林院,君臣和诗为庆。

据《仁宗实录》卷一二三嘉庆八年十一月戊申条记:

> 谕内阁:朕诹吉于来年甲子二月初三日,临幸翰林院,上继前徽,恩荣艺苑。仍用唐张说《东壁图书府五律》字,分韵赋诗。朕赋东字、音字二首,余三十八字,着派仪亲王永璇……,大学士尚书掌翰林院事朱珪,……侍讲王引之、中允鲍桂星、吴烜等,各分一字赋诗。其为字数所限,不得同与赋诗者,应重赋柏梁体一章。朕为首倡,诸臣依次联吟,俾清华列秩,共效赓扬,以昭盛典。

阮元选刻朱珪《知足斋诗集》成。

据《雷塘庵主弟子记》嘉庆八年四十岁条记:

> 刻朱文正公《知足斋集》。……先生先后所刊海内学问之士著述,如

钱辛楣宫詹《三统术衍》《地球图说》，谢东墅侍郎《食物百咏》，张臯文（"文"字原作"闻"，误，径改。）编修《虞氏易》《仪礼图》，汪容甫明经《述学》，钱溉亭广文《述古录》，刘端临先生《遗著》，凌仲子先生《礼经释例》，焦里堂先生《雕菰楼集》，钟嶅崖明经《考古录》，孔䎱轩翰林《仪郑堂集》，胡西棼先生《诗集》，张解元贵吏部《诗集》，僧诵苕《蔗查集》，李四香《算书》，不下数十家。

又据《揅经室二集》卷七《知足斋诗集后序》记：

> 元奉命巡抚浙江，师尝以诗寄示。爰请于师，得授全集。将刊之于板，师复命元选订之。元乃与及门陈编修寿祺等，共商删存，以癸亥年以前编为二十四卷。……刻既成，欣闻甲子春皇上继美前徽，临幸翰苑。师之资最深，且掌院事，恩加太子太傅，领袖清班，极一时词臣之荣遇。西园东壁撰献之作必多，甲子后之新编更应美富，古名臣大儒之专集，未有盛于此者。然览者当知吾师之志，与师之所以持，庶几于《雅》《颂》间求之矣。

冬，凌廷堪有书复钱大昕，答谢大昕五月一日来书并题诗，昌言"圣人正心修身，舍礼末由"。

据《校礼堂文集》卷二十四《复钱晓徵先生书》记：

> 六月三日奉到手教，又赐《题校礼图》五言古诗一章，为之大喜过望。及发函庄诵，见奖许逾分，怔忪不安者久之。在大君子诱掖后学之深心，不嫌溢美，而身受者自不知汗下之何从也。学术自亭林、潜丘以来，士渐以通经复古为事，著书传业者不下十余家。求其体大思精，识高学粹，集通儒之成，祛俗儒之弊，直绍两汉者，惟阁下一人而已。廷堪年少粗疏，展卷偶有所得，未敢自信。读阁下之书，往往实获鄙心，且多开其所未至者，恒不觉俯首至地。故虽未遑亲承提命，实与礼堂请业者无异也。前书未尽所怀，敢再陈固陋。……是圣人所以教，大贤所以学，皆礼也。《论语》一书，未尝有"理"字。后儒怖释氏之微妙，以为"六经"所未有，

于是窃取其说，发挥一理，以与之争胜。故无论本天、本心，即事物、离事物，皆宗门之绪余也。然则洛、闽之后，名为圣学，其实皆禅学也，何必金溪、余姚哉！

十一月，凌廷堪接阮元寄《经籍纂诂》《浙江图考》，欣然复书，赞许关于三江的考证。

据《校礼堂文集》卷二十四《与阮侍郎书》记：

> 顷者使来，蒙寄《经籍纂诂》一部及新著《浙江图考》一部，匆匆尚未细阅，仅读序文与图一过。三江主《汉志》，实东原先生开其端，近人若金辅之、姚惜抱、钱溉亭诸君皆然。然《说文》所载浙、渐二水，皎若列眉，俱不知引，非阁下博稽精证，则学者疑义终未析也。洪稚存亦有《分江水考》一篇，即金、姚诸君之说。前过宛陵，留饮累日，告以《说文》云云，渠为之疑愕，不能言下了然。盖由于袭人之说，非有心得故也。东陵主《汉志》，亦确不可易。以巴陵为东陵者，真臆说也。

邵晋涵子秉华刊《南江邵氏遗书》，阮元应请撰序。

据《揅经室二集》卷七《南江邵氏遗书序》记：

> 余姚翰林学士邵二云先生，以醇和廉介之性，为沈博邃精之学，经学、史学，并冠一时，久为海内共推，无俟元之缕述矣。岁丙午，元初入京师，时前辈讲学者，有高邮王怀祖、兴化任子田，暨先生而三，元咸随事请问，捧手有所授焉。先生本得甬上姚江史学之正传，博闻强记，于宋、明以来史事最深。学者唯知先生之经，未知先生之史也。于经则覃精训诂，病邢昺《尔雅疏》之陋，为《尔雅正义》若干卷，发明叔然、景纯之义，远胜邢书，可以立于学官。在《四库》馆，与戴东原诸先生编辑载籍，史学诸书多由先生订其略，其提要亦多出先生之手。先生又曾语元云："《孟子疏》伪而陋，今亦再为之。《宋史》列传多讹，欲删传若干，增传若干。"顾皆未见其书。今先生久卒，于官所著书惟《尔雅注疏》先已刊行。今令子秉

华等,复刊《南江札记》四卷、《南江文钞》若干卷,次第皆成。尚有《南江诗钞》十卷、《韩诗内传考》一卷、《旧五代史考异》、《宋元事鉴考异》、《大臣谥迹录》、《方舆金石编目》若干卷未刊,将次第刊之,以贻学者。元既心折于先生之学行,又喜获交于令子秉华,能辑先生之书,俾元受而读之,得闻先生未罄之绪论也。谨记数言,以谂同学者。

阮元重理旧著《考工记车制图解》,有跋一篇以述其所得。

据《揅经室一集》卷七《考工记车制图解》文末跋记:

> 右《车制图解》,元二十四岁寓京师时所撰,撰成即刊之。其间,重较、軹前十尺、后诊诸义,实可辩正郑注,为江慎修、戴东原诸家所未发。且以此立法,实可闭门而造,驾而行之。此后金辅之、程易田两先生亦言车制,书出元后,其于任木、梢薮等义,颇与鄙说不同,其说亦有是者。元之说,亦姑与江、戴诸说并存之,以待学者精益求精焉。嘉庆八年,阮元识于浙江节院,时年四十。

冬,王昶以八十高龄,辑刻《湖海诗传》《国朝词综》蒇事。

据《春融堂集》卷四十一《湖海诗传自序》记:

> 予弱冠后出交当世名流,及涛登朝宁,扬历四方,北至兴桓,西南出滇蜀外,贤士大夫之能言者,揽环结佩,多以诗文相质证。往往录其佳者,藏之箧笥,名曰《湖海诗传》。今忽忽将六十年,而予年亦八十矣。去岁,自钱塘归,发而观之,则向日所录,虫穿鼠蚀,失者十之二三,诗中之人长逝者亦十之八九,并有声消迹灭无所表见者,是不得不急为传世也。因属同志编排前后,复稍加抉择,要不失乎古人谨慎之意。共得六百余人,编四十六卷,以科第为次,起于康熙五十一年,迄于近日。其间布衣韦带之士,亦以年齿约略附之,而门下士并附见焉。视《感旧》《箧衍》二集,多至一倍有奇,亦云富矣。间以遗闻轶事,缀为《诗话》,供好事者之浏览。虽非比于知人论世,而怀人思旧之助,亦庶几元结诸公之遗。至于

往时盛有诗名，而为投契所未及者，则姑置之，盖非欲以此尽海内之诗也。然百余年中士大夫之风流儒雅，与国家诗教之盛，亦可以想见其崖略，或不无有补于艺林云。

又据同书同卷《国朝词综自序》记：

余弱冠后与海内词人游，始为倚声之学，以南宋为宗，相与上下其议论。因各出所著，并有以国初以来词集见示者。计四五十年中，所积既多，归田后恐其散佚湮没，遂取已逝者择而抄之，为《国朝词综》四十八卷。其搜采编排，吴门陶子梁之力为多。

仲冬，钱大昕应黄丕烈之请，为重刊姚本《战国策》撰序。
据陈鸿森《钱大昕潜研堂遗文辑存》卷上《重刊姚本战国策序》记：

《战国策》自刘子政校定，至宋嘉佑间已多散佚，今所传者，皆出曾南丰重校本。高氏注，隋时止存二十一篇，今仅存十篇。以高注《吕氏》、《淮南》相校，颇有繁省之殊，似十篇注尚非足本也。自鲍彪注盛行，芟弃高氏注，又擅易篇次，好古者病之。惟剡川姚氏本刻于绍兴十六年，校勘精审，最为艺林所珍。近虽重刊扬州，而于文句可疑者，往往转取鲍本羼入，殊非不知盖阙之义。黄君荛圃乃取家藏宋椠本，重锓诸坚木，行款点画壹仍其旧。其中乌焉鱼豕审知讹踳者，别为《札记》，缀于卷末，而不肯移易只字。吴正传所云存古阙疑者，今于荛圃见之，洵书城中快事也。……癸亥仲冬，竹汀钱大昕序。（原注：录自黄氏读未见书斋重刊本卷首。）

十二月，钱大昕始刊《十驾斋养新录》，有书致孙星衍，嘱为撰序，并以身后墓志相托。
据钱庆曾《竹汀居士年谱续编》嘉庆八年七十六岁条记：

十二月，始刊《养新录》手定本，凡二十卷。

又据陈鸿森《钱大昕潜研堂遗文辑存》卷下《与孙渊如书》记：

> 大昕谨白渊如观察大人阁下：入春以来，再披手翰，委曲周挚，具见儒术饰治、惠民劝俗之盛意。伏生后裔世袭博士，允为熙朝旷典，古学振兴，将在此日。宰相须用读书人，非虚语矣。闻阁下有意刊《唐律疏义》，此真无量功德，较之一时平反冤狱，其惠盖万万倍也。近刻拙著《十驾斋养新录》，欲得元晏序，以增声价。大昕桑榆景迫，恐相见无期，身后墓志，亦待椽笔。卅载相知，幸不吝挥洒。息壤之约，惟留意焉。献之已起身，想岁内可相晤。顺候近祺，不尽驰切。弟大昕顿首。（原注：录自吴修《昭代名人尺牍》卷二十二。）

嘉庆九年甲子　1804年

正月，臧庸至杭州，谋游学京城旅费，有文答谢昆山知县，并及阮元《十三经注疏》校勘事。

据《拜经堂文集》卷四《送姚文溪大令还济南序》记：

仪征阮公抚浙之明年，校勘"十三经"，招镛堂与其事。越三载壬戌九月，镛堂分校者先竣，因请归。归而上侍老母，下抚群季，慨然念家事之败也，弃儒就贾。经理之一载，不可为，仍弃去复理故业。甲子春，应京兆试来杭，谋行李之资，不可得，大困，怅然欲归，遇先生于西湖孤山之麓。……镛堂于先生邂逅交耳，知镛堂欲游学京师而困于资也，许作书于其亲，为谋旅食计。心感其德，不能默而已。先生以母忧去官，将还济南，镛堂颂其所知者为赠。

正月，朱文翰刊刻全祖望遗著《汉书地理志稽疑》。

据朱铸禹《全祖望集汇校集注》附录朱文翰《汉书地理志稽疑刊本原起》记：

浙东谢山全先生《稽疑》斯作，互勘旁推，折中众说，通洞密至，成一家言，与直据故籍，刺撮成书者迥别，可谓勤且力矣。……顷岁在昭阳，余以文字之役，再游山阴。同客有鄞友汤君锡隈名家邦者，乃谢山再传高弟，时为余缕述四明文献渊源。一夕慨然发秘笈，得是书共读之，叹其精到。……余恐展转传钞，浸滋讹脱，爰乞得副墨，勉为雠勘刊行，而书其原起如此。皇清嘉庆九年，孟陬月启蛰日，歙后学朱文翰，识于杏城家塾。

二月二日，仁宗颁谕，将《高宗诗文全集》《石刻十三经》藏翰林院。

据《仁宗实录》卷一二六嘉庆九年二月壬戌条记：

> 谕内阁：翰林院为典册渊薮，从前皇考高宗纯皇帝临幸时，曾将《古今图书集成》全部，颁发珍藏。……此次朕临幸翰林院，特将内府尊藏皇考《圣制诗文全集》及《钦定石刻十三经》各一份，交该院祗领恭贮，以昭朕缵绪右文，嘉惠儒臣至意。

二月三日，仁宗临幸翰林院。

据《仁宗实录》卷一二六嘉庆九年二月癸亥条记：

> 上幸翰林院。先期御书"天禄储才""清华励品"二额，分悬院署。是日，谒先师孔子毕，升座作乐，行礼如仪。赐群臣宴，王大学士以下，翰林院、詹事府诸臣，并部寺科道之由翰林出身者咸与。

三月，段玉裁因臧庸北上京城，有书致陈寿祺。

据陈寿祺《左海经辨》卷首载《金坛段玉裁先生书》（原注：甲子三月。）记：

> 玉裁顿首恭甫先生阁下：自壬戌年得奉教益，直至于今，每深驰想。先生人品、经术，皆不作第二流人，圣心简在，慰天下重望。弟已老甚，所仰霖雨苍生也，比来大著能见示一二否？臧西成入都，因便布请福安。西咸言学，其推尊者惟先生，雅有水乳之契，相晤之乐可知也。伏惟雅鉴，不一。玉裁顿首。

许宗彦得日本刻《五行大义》，校勘讹误，撰序以记故实。

据《鉴止水斋集》卷十一《五行大义序》记：

> 《唐志》：萧吉《五行记》五卷；《宋志》萧吉《五行大义》五卷。藏书家均未著录。近日本国人刻《佚存丛书》，此书在焉，用活字印行，多

误舛。宗彦校其可知者，改定数十字，余仍其旧，俟知者而别梓之。……观吉之书，文朴义质，征事咸有条理，秘文坠简，多世希观。推五行之数，合诸辰日、音律、性情、年命，曲而不枝，约而不僻。虽其粗涉津涯，未足究神秘，探奥赜，融畅于大道，以视术家所诵习，则偶然远矣。岂可以传世无绪，来自远方而忽之哉？同年孙观察渊如，尤好斯学，必以是书为可喜。傥遂抉摘沉隐，补缀阙遗，廓而充之，务合乎"六经"之旨，则萧氏所望于来哲者，将在于是。嘉庆九年三月，许宗彦叙录。

五月十三日，钱大昕有书致江宁代理知府张敦仁，谈搜求金陵石刻事。

据陈鸿森《钱大昕潜研堂遗文辑存》卷下《与张古余书》记：

> 古馀先生大兄阁下：半载以来，久未奉书左右。沈生狎鸥回吴，得悉兴居如意，公务之余，不废撰述，文学、政事，一以贯之。心迹双清，当于古人求之，正恐古人中不多得耳。金陵多古刻，《天发神谶碑》摩挲最便，铜井镇之《福兴寺碑》，亦唐刻之佳者。此外，南唐、宋、元诸刻，未易枚举，阁下听政之暇，谅留意搜剔。上元严上舍观，字子进，系东友侍读之子，曾撰《金陵石刻记》，最为该洽。若借得其书，按图而索之，可无遗漏矣。弟病后目力益昏，日在云雾中，而精神亦怳忽，读书不数叶，索然欲睡，委心任运，符到即行而已。尚之病亦未愈，书生穷薄，甚以为虑。兹因狎鸥西来，附简敬候近禧，不任驰切。治弟钱大昕顿首，五月十三日。
>
> （原注：录自严观《江宁金石记》卷首。）

五月十九日，顾广圻跋段玉裁校本《经典释文》，以此书校刻多误而叹惜。

据蒋祖诒会辑、邹百耐增印《思适斋集外书跋》经类《经典释文三十卷段若膺校本》记：

> 近日此书有三厄：卢抱经新刻本多误改，一也；段先生借叶钞重校，

而其役属诸庸妄人之手,未得其真本即此,二也;阮中丞辨考证,差一字不识之某人临段本为据,又增出无数错误,三也。以此,而陆氏身无完肤矣。叶钞元本在天壤之间,真有一发系千钧之危,安得真心好古之士重为刊刻,以拯三厄,则先圣遗经实嘉赖之,岂惟陆氏受其赐乎?吾愿与绶阶祷祀以求之也。嘉庆甲子五月十九日,书识于无为州寓斋中,时将以此本还五砚楼,距始借时阅五稔云。涧薲居士顾广圻记。

五月,任启运遗著《礼宫室考》刊行,段玉裁应请撰序。

据刘盼遂《经韵楼集补编》卷上《任启运礼宫室考序》记:

宜兴任钓台先生所著《礼记》十卷、《王者肆献祼礼》三卷,既为海内诵习,而《礼宫室考》十三篇,经《四库书》采取,外间尚少见其书。今其曾孙泰校刊行世。……前人所未经胪列者,先生为之条分缕析,旁征曲引,儒先之说,靡不备称,言之亦綦详矣。为《仪礼》而作,不为宫室而作,凡名物之见《尔雅》、不见《礼经》者,皆略而不载。诸家聚讼之处,撮其大义,以片言折之,不复详为辨驳。此立言之有体要也。钦定"三礼",当时多采其说,兹复专行。世之读李氏书者,即以是书为其义疏,而考证焉可也。嘉庆九年五月,金坛后学段玉裁书。

夏,段玉裁有书致王念孙,告"前此三年,为人作嫁衣而不自作",以致《说文解字注》迟迟不能完成。

据刘盼遂《经韵楼集补编》卷下《与王怀祖第一书》记:

怀祖先生阁下:日前短札,想登记室。迩惟长夏,恢台起居安适,河工政务办理裕如。令郎书信往返甚近,想亦甚安。弟年七十余耳,乃昏眊如八九十者,不能读书。唯恨前此三年,为人作嫁衣而不自作,致此时拙著不能成矣,所谓一个错也。

段玉裁为黄丕烈所获蜀石经《毛诗》残本作跋,称"余为阮梁伯定

《十三经校勘记》"。

据《经韵楼集》卷一《跋黄荛圃蜀石经毛诗残本》记：

> 余少时闻蜀石经兼有经注，憾不得见。……南归后，侨居姑苏阊门外，于故友陈芳林树华家，见蜀石经《左传》数百字。钱晓徵少詹事录诸《潜研堂金石跋尾》，今为唐陶山刺史物者是也。嘉度甲子，黄荛圃主政又得蜀刻《毛诗·召南》一卷，故杭郡黄松石老人物，虽才一卷，较陈氏所得《左传》字数多矣。……《十驾斋养新录》取《江有汜》"之子于归"，有"于"字为胜；又"昔育恐鞠"，亦视他本为胜。余则谓《郑笺》释两"育"甚明，辛楣偶未省照也。余为阮梁伯定《十三经校勘记》，则取《甘棠》召伯听男女之讼，重烦劳百姓。此与《司马相如传》"方今田时，重烦百姓"同解。今本有"不"字，非也。

焦循复书王引之，批评惠栋《周易述》，阐发一己之《易》学主张。据罗振玉《昭代经师手简二编》载焦循《又复王伯申书》记：

> 循顿首覆伯申先生阁下：六月十三日，接得手书一通，大作《经义述闻》一部。第一条辨夤字，便见精核之至。东吴惠氏为近代名儒，其《周易述》一书，循最不满之。大约其学拘于汉之经师，而不复穷究圣人之经。譬之管夷吾名尊周，实奉霸耳。大作出，可以洗俗师之习矣。循自壬年出都后，一游于越，即以母疾，遂训蒙里中。兼之患水湿之疾，闭门不出者近三年矣。《周易》为先祖父世业，此三年中端理此经，稍有所见，笔之于楮。大约经文往往自相发明，孔子《十翼》又反复申明之。如《临》《观》之义，或与或求，以求属《观》。而凡《观》所变之卦，如《坎》之求小得（原注：《观》上之五），《蒙》之求我（原注：《观》五之二），《颐》之自求口实（原注：《观》五之初），《屯》之求而往（原注：《观》上之初），皆本《观》为辞。如此类者甚夥。……凡若此者，约有百余条。一家之言，未敢自信，曾略举以告沈君凫村，蒙其许可，然仍未定也。略举其概，以就正

于高明,幸为教正是荷。焦循顿首。

七月一日,陆凤藻著《小知录》成,钱大昕以耄耋之年撰序奖掖。据陈文和《潜研堂文集补编》序类《小知录序》记:

> 予少好记诵之学,友朋恒以入海算沙相诮。予应之曰:宣尼言博弈犹贤乎已。我所好犹博弈耳,未必有益于已,亦尚无损于人,以当博弈可矣。或又谓多记损神,不若博弈可以遣闷。则又应之曰:博弈必较胜负,喜胜而恶负,情也;负多而胜少,终日在不如意中,适足以益闷耳。且吾未见王抗、袁彦道之徒之善养生也。方是时,意气壮盛,日读百篇,犹以为未足,谈议虽多,未暇编录。荏苒数十年,老将至而耄及,欲疏所得以质通人,而昏眩健忘,什不记一,日薄西山,悔其晚矣。先圣之教曰:多见而识之,知之次也。知有大小之殊,而非古不道,终与不知而作者殊科。古人一物不知,以为深耻。绛老甲子,则史赵能言之;毗骞长颈,则刘杳能记之,皆著诸经史,传为美谈。否则撑犁之靡识,扶杖之不分,虽声望赫然,徒增人齿冷而已。吴门陆子丹宸,嗜古勤学,于《三仓》、二酉、九流、百氏之书,莫不游其堂奥而咀其菁华。晨夕钞撮,标新领异,积有岁年,汇成一编,出以示予。嘉其汲古之癖,与予臭味相似,而著述在盛年,排纂有法,证据该洽。此书出,将见有奉为枕中秘者。惜予衰病废学,不能相于商榷,益我所不逮也。嘉庆甲子七月朔,竹汀居士钱大昕书。(原注:录自陆凤藻《小知录》。)

七月十五日,凌廷堪著《燕乐考原》成,撰《自序》一篇。据《校礼堂文集》卷二十六《燕乐考原序》云:

> 窃谓世儒有志古乐,不能以燕乐考之,往往累黍截竹,自矜筹策,虽言之成理,及施诸用,几如海上三神山,可望而不可即。不然则以今笛参差其孔,上寻律吕。夫今笛尚不能应燕乐之七宫,况雅乐乎?是皆扣盘扪钥之为,学者将何所取径焉!廷堪于斯事初亦未解,若涉大水者有年,然

后稽之于典籍，证之以器数，一旦始有所悟入，乃以鄙见著为《燕乐考原》六卷。于故乐不敢妄议，独取燕乐二十八调，详绎而细论之，庶几儒者实事求是之义。颛愚之识，不自意及此，或者鬼神牖其衷乎？此本孤学，无师无友，皆由积思而得，不似天文、算术，有西人先导也。同志者希，书成未敢示人，谨藏箧衍，俟好学深思者质之。倘是非不谬于古人，其于审声以知音，审音以知乐之故，不无菲之采云尔。嘉庆九年，岁在甲子七月之望，歙凌廷堪次仲序。

八月，阮元刻《积古斋钟鼎彝器款识》成。

据《雷塘庵主弟子记》嘉庆九年四十一岁条记：

> 八月，……撰《积古斋钟鼎彝器款识》十卷，至是刻成。

又据《揅经室三集》卷三《积古斋钟鼎彝器款识序》记：

> 钟鼎彝器，三代之所宝贵，故分器、赠器，皆以是为先，直与土地并重，且或以为重赂。其造作之精，文字之古，非彼人所能及。……余心好古文奇字，每摩挲一器，拓释一铭，俯仰之间，辄心往于数千年前。……友人之与余同好者，则有江侍御德量、朱右甫为弼、孙观察星衍、赵银台秉冲、翁比部树培、秦太史复、宋学博葆醇、钱博士坫、赵晋斋魏、何梦华元锡、江郑堂藩、张解元廷济等。各有藏器，各有捐本，余皆聚之，与余所自藏自拓者，集为《钟鼎款识》一书，以续薛尚功之后。薛尚功所辑共四百九十三器，余所集器五百五十，数殆过之。……平湖朱氏右甫，酷嗜古金文字，且能辨识疑文，稽考古籍国邑大夫之名，有可补经传所未备者，偏旁篆籀之字，有可补《说文》所未及者，余以各拓本属之编次审释之。甲子秋，订成十卷，付之梓人，并记其始末如此。

九月，焦循著《论语通释》成。

据《雕菰集》卷十六《论语通释自序》记：

循尝善东原戴氏作《孟子》字义考证,于理道、天命、性情之名,揭而明之如天日,而惜其于孔子一贯、仁恕之说,未及畅发。十数年来,每以孔子之言参孔子之言。且私淑孔子而得其旨者,莫如孟子,复以孟子之言参之。既佐以《易》《诗》《春秋》《礼记》之书,或旁及荀卿、董仲舒、扬雄、班固之说,而知圣人之道,惟在仁恕,仁恕则为圣人,不仁不恕则为异端小道。所以格物致知,诚意正心,修身齐家,治国平天下,无不以此。其道大,其事易。自小其器而从事于难,是己而非人,执一而废百,注孔子一贯之道哉!今年夏五月,郑柿里舍人以书来,问未可与权。适门人论一贯,不知曾子忠恕之义,因推而说之。凡百余日,录而次之,得十有二篇,曰圣,曰大,曰仁,曰一贯忠恕,曰学,曰知,曰能,曰权,曰义,曰礼,曰仕,曰君子小人,统而名之曰《论语通释》。

九月二十日,阮元应赵在田之请,为其弟在翰辑《七纬》撰序。据陈鸿森《阮元揅经室遗文辑存》卷上《七纬叙》记:

谶纬之兴,始于哀、平,终于大业。洎乎宋、郑两家为之作注,而纬与经乃相杂而不越。然异学争鸣,七纬之外,复有候有图,最下而及于谶,而经训愈滩。不知纬自为纬,谶自为谶,不得以谶病纬也。自贾公彦《周官疏》造为汉时禁纬之说,后儒不察,并为一谭,以为古人纬、谶同讳,此缪论也。……侯官赵君在翰,以长沙射策之年,兼江夏无双之目,慨大道之就湮,悼流俗之失据,于是因武英殿《易纬》八书之外,复博综群书,缀辑成帙,而六纬之遗文赖以不坠。书成,其兄在田太史为余已未所取之士,邮寄请叙。余读而嘉其裁断之卓、排纂之勤也,因叹明孙氏《古微书》,采其辞而佚其书,不可谓典据;国朝余氏《古经解钩沉》,详其书而昧其断,不可谓敏给,不可以同日语也。赵君又谓闽无《开元占经》,乞余录其古纬补入此书。余属诂经精舍高足生乌程张鉴,采录《开元占经》及新得日本隋《五行大义》中所引诸纬,以寄赵君,并示太史。太史见之,当亦有以乐乎此也。嘉庆九年九月二十日,扬州阮元叙于浙江使院。(原

注：录自赵在翰本书卷首。）

十月二日，王引之复书焦循，称许焦氏《易》学，兼以批评惠栋为学之拘执。

据焦循《焦氏遗书》卷首载《王伯申先生手札》记：

> 引之顿首理堂先生执事：日者奉手书，示以说《易》诸条，凿破混沌，扫除云雾，可谓精锐之兵矣。一一推求，皆至精至实，要其法则比例二字尽之。所谓比例者，固不在他书，而在本书也，未知先生以为何如。惠定宇先生考古虽勤，而识不高，心不细，见异于今者则从之，大都不论是非。如说《周礼》邱封之度，颠倒甚矣，他人无此谬也。来书言之，足使株守汉学而不求是者爽然自失。《经义述闻》又增刻百七十条，容俟觅便，寄请教正。

十月十五日，段玉裁有书致王念孙，告《说文解字注》获竣，且将阮元所刻之一卷寄请阅正，请念孙亦予资助。

据刘盼遂《经韵楼集补编》卷下《与王怀祖书四》记：

> 愚弟段玉裁顿首上怀祖先生执事：自上年奉书后，接令嗣手札，知天眷优渥，起居万安。迩者河道安澜，漕舟迅速，勤劳茂著，可胜翘企。玉裁老病贫三者兼之，向者耻言贫，今日乃更不能自讳也。鄙著《说文注》已竣，蒙阮公刻成一卷，一以为唱。用呈请政，并（据陈鸿森先生考，"并"字后尚有一"希"字）量力佽助，庶乎集腋成裘。……春夏则病乘之，秋冬而后稍可，年祇七十，而老耄过于八九十者，是可叹也。……玉裁再拜。外书二卷。十月望日。

十月二十日，钱大昕病逝于苏州紫阳书院，享年七十七。

据钱庆曾《竹汀居士年谱续编》嘉庆九年七十七岁条记：

> 春，到书院后仍患寒热，即归医治，阅二旬始得痊可。……病起即赴

吴门。……十二月二十日，晨起盥洗。展阅一编，饭后更衣薙发，校《养新录》刊本数叶。案头有中丞新诗属公评定者，公循诵再三，谓所作有关名教，非仅诗人能事，手书小笺报之。俄觉劳倦，命侍者扶掖登床。适有门人孙公延晤谈，见公神色异于平时，往告监院。监院遽达中丞，中丞曰："无妨也，顷接手书，精神不减，岂墨渖未干，而遽有变耶！"即命驾诣公榻前，见公闭目危坐，急命左右灌以热汤，竟不复苏，时为申正也。

又据王昶《春融堂集》卷五十五《詹事府少詹事钱君墓志铭》记：

乾隆十三年夏，昶肄业于苏州紫阳书院。时嘉定宗兄凤喈先中乙科，在院同学，因知其妹婿钱君晓徵幼慧，善读书，岁十五补博士弟子，有神童之目。及院长常熟王次山侍御询嘉定人才，凤喈则以君对。侍御转告巡抚雅公蔚文，檄召至院，试以《周礼》《文献通考》两论，君下笔千余言，悉中典要。于是院长惊异，而院中诸名宿莫不敛手敬之。……君在书院时，吴江沈冠云、元和惠定宇两君方以经术称吴中。惠君三世传经，其学必求之《十三经注疏》，暨《方言》《释名》《释文》诸书，而一衷于许氏《说文》，以洗宋元来庸熟鄙陋。君推而广之，错综贯串，更多前贤未到之处。谓："古人属辞，不外双声、叠韵，而其秘实具于《三百篇》中。双声即字母所由始，初不传自西域。"皆说经家所未尝发者。尤嗜金石文字，举生平所阅经、史、子、集，证其异同得失，说诸心而研诸虑。海内同好，如毕纕蘅、翁振三、阮伯元、黄小松、武虚谷咸有记撰。而君最熟于历代官制损益、地理沿革，以暨辽金国语、蒙古世系，故其考据精密，多有出于数君之外。所著《经史答问》《廿二史考异》《通鉴注辨正》《补元史氏族表》《补元史艺文志》《三统术衍》《四史朔闰考》《金石文跋尾》《养新录》诸书，悉流传于世。……君讳大昕，号竹汀，晓徵其字。生雍正六年正月初七日，以嘉庆九年十月二十日卒于书院，年七十有七。

十月小雪日，阮元为钱大昕《十驾斋养新录》撰序，盛推大昕兼擅众学，为集百年学术大成之鸿儒。

据《十驾斋养新录》卷首阮元《序》记：

> 学术盛衰，当于百年前后论升降焉。元初学者，不能学唐宋儒者之难，惟以空言高论，易立名者为事。其流至于明初，《五经大全》易极矣。中叶以后，学者渐务于难，然能者尚少。我朝开国，鸿儒硕学接踵而出，乃远过乎千百年以前。乾隆中，学者更习而精之，可谓难矣，可谓盛矣。国初以来，诸儒或言道德，或言经术，或言史学，或言天学，或言地理，或言文字音韵，或言金石诗文。专精者固多，兼擅者尚少，惟嘉定钱辛楣先生能兼其成。由今言之，盖有九难。先生讲学上书房，归里甚早，人伦师表，履蹈粹然，此人所难能一也。先生深于道德性情之理，持论必执其中，实事必求其是，此人所难能二也。先生潜研经学，传注疏义无不洞彻原委，此人所难能三也。先生于正史杂史无不讨寻，订千年未正之讹，此人所难能四也。先生精通天算，《三统》上下，无不推而明之，此人所难能五也。先生校正地志，于天下古今沿革分合，无不考而明之，此人所难能六也。先生于六书音韵，观其会通，得古人声音文字之本，此人所难能七也。先生于金石无不编录，于官制史事，考核尤精，此人所难能八也。先生诗古文词，及其早岁，久已主盟坛坫，冠冕馆阁，此人所难能九也。合此九难，求之百载，归于嘉定，孰不云然！元尝服膺《曾子》十篇矣，曾子曰："难者弗辟，易者弗从。"故圣贤所能，必为至难。若立一说，标一旨，即名为大儒，恐古圣贤不若是之易也。先生所著书，若《廿二史考异》《通鉴注辨证》《元史艺文志》《三统术衍》《金石跋尾》《潜研堂文集》，久为海内学者所读矣。别有《十驾斋养新录》廿卷，乃随笔劄记经史诸义之书，学者必欲得而读之，乞刻于版。凡此所著，皆精确中正之论，即琐言剩义，非贯通原本者不能，譬之折仗一枚，非邓林之大者不能有也。噫嘻难矣！元于先生之学，为能少测崖岸，仅就所自见者，于百年前后，约举九难之义，为后之史官传大儒者略述之。嘉庆九年岁次甲子小雪日，扬州后学阮元谨序。

凌廷堪致书许鸿磐，赞其历史地理之专精。

据《校礼堂文集》卷二十五《复许云樵司马书》记：

> 窃谓近之言地理者，或古迹是求，略今时之建置；或寰中是究，遗徼外之图经。纵号专家，终非绝学。惟阁下列九州岛于掌上，包四极于胸中，东抵大兴安岭，西至两哈萨克，其间部落迁移，山川形势，不啻置碁方罫，聚米广庭，岂但京相璠释《春秋》之地名，班孟坚详随刊之水道也。伏读来札，摘《海国闻见录》舆图岐错，区宇乖迕，可谓眼如朗月，罅隙靡遗，腹有智珠，豪厘毕照者矣。

凌廷堪致书弟子张其锦，谈著述计划，并及一时学风，于江藩经史之学颇有赞许。

据《校礼堂文集》卷二十五《与张生其锦书》记：

> 至若史学，则所关者甚巨。向所立《资治通鉴》课程，不可间断。诚以此书乃史家之绝业，治乱成败，了如指掌。读之则眼界日扩，识见日超，读一次则有一次之益，二次、三次则有二次、三次之益。不特免王充陆沉之讥，由此而措之，且可成为有用之学。胡梅磵之注，亦精博相称，间有误略，要不伤其大体。余拟撰《通鉴翼胡》《后魏书音义》二书，俟《礼经释例》终定稿之后，摈弃一切，以卒其业，庶几史学之一斑乎？近日学者风尚，多留心经学，于辞章则卑视之，而于史事，又或畏其繁密。辞章之学，相识中犹有讲求之者。而史学惟钱辛楣先生用功最深。江君郑堂亦融洽条贯，相与纵谈今古，同时朋好，莫与为敌，盖不仅经学专门也。辛酉与今科在江宁，子聆其言论气概，当更有以感奋兴起矣。

十一月，史梦蛟刊刻全祖望遗著《鲒埼亭集》三十八卷。

据蒋天枢《全祖望集汇校集注序》记：

> 世传《鲒埼亭集》三十八卷，清嘉庆间余姚史梦蛟刊。前无序，目录

后有梦蛟识语，末署嘉庆甲子（嘉庆九年，一八〇四）十一月。

十二月二十二日，段玉裁有书致王念孙，告前寄《说文注》一卷，并钱大昕仙逝事。

据刘盼遂《经韵楼集补编》卷下《与王怀祖第二书》记：

制愚弟段玉裁顿首上怀祖大兄先生坐右：邸抄中每阅恩命，深为忭喜，年来想勤劳茂著，道体佳胜。弟鹿鹿如常耳。前月乍闻尊嫂夫人仙逝之信，吾兄当此，能勿哀伤？况老嫂之才贤，健持门户，内助之美，畴能过之？令嗣大兄想已南奔尽礼。吾兄慎勿因此过伤，宜斟酌于庄生、荀令之间为祷。弟春夏多病，秋冬稍可，欲读书而欠精力。数年以文章而兼通财之友，唯阮公一人。拙著《说文》，阮公为刻一卷，曾由邗江寄呈，未知已达否？能助刻一二否？竹汀已仙逝，十月事也。易田八十，常有书来，尚康健。端临消息乃绝少。便中乞示新著并德音为望。敬候升安，诸惟雅鉴，不戬。玉裁再拜，嘉平廿二。

嘉庆十年乙丑　1805年

正月十九日，段玉裁有书致刘台拱，告为阮元审定《十三经注疏校勘记》已毕。

据陈鸿森《段玉裁年谱订补》嘉庆十年七十一岁条记：

> 春，有与刘端临书。按东京上野博物馆藏段氏致刘端临书原墨，其一函《段集补编》阙收，今录次：
>
> 前接大兄大人，备知往岁所处。目下除旧生新，想福亨嘉，合潭康泰。弟一门叨庇平安，惟愚夫妇衰老之极。弟冬间稍可，至春乃入病境耳。去冬于阮公书毕，乃料《说文》，未注之五卷，不识能成否。春夏间但能阁笔而已。是否南来，尚可相晤。三哥嘱以尊意致贵亲家，其复书附呈。草草敬复，顺候迩安，不一一。端临大兄大人，制愚弟段玉裁顿首，十九。（据阿迮氏《札记》移录。）

孟春，臧庸为唐释湛然《辅行记》撰序。

据《拜经堂文集》卷二《录唐释湛然辅行记序》记：

> 庸来京师，主王庶子引之，以《字林考逸》属校，删马部"驯，性行调顺"五字。庶子曰："此唐释湛然书也。君昔录慧苑书矣，盍踵为之，以益艺林。"手持《释藏》至，大半虫蠹鼠耗，泥委沙积，参他本始可读。……孙观察星衍辑《苍颉篇》，惠徵君栋、章孝廉宗源辑《尸子》，钱少詹大昕辑《风俗通》，及庸辑《尔雅注》等，皆未见此书，故所征逸文，阙而未载。惟任侍御大椿《字林》采此书，然勘"性行调顺"语近时俗，非晋人解字之文，且本作"调驯"，任改为"顺"。湛然三引《字书》，辞

多浅薄，此引《字林》，盖《字书》之讹。……唐以前名释，多闳博之流。湛公为庸同邑之先觉，余嘉其志，掇录二卷，浃旬而成。去取之例，视诸《华严》，称《辅行记》者，依原叙也。……去夏录成，王庶子属余撰序，仓猝未应。惜今以母忧去官，不及就质之。

二月十四日，纪昀病逝于协办大学士任。

据朱珪《知足斋文集》卷五《经筵讲官太子少保协办大学士礼部尚书管国子监事谥文达纪公墓志铭》记：

公纪姓，讳昀，字晓岚，一字春帆，晚号石云，行四，世为河间著姓。……年二十四，乾隆丁卯科遂发解。……甲戌，乃与先兄竹君同榜，廷试二甲第二人，赐进士出身，改庶吉士。……三十八年，擢侍读。时开《四库全书》馆，命为总纂官。……公绾书局，笔削考核，一手删定，为《全书总目》，襃然巨观，奔之七阁，真本朝大手笔也。……嘉庆元年丙辰，充会试正考官，授兵部尚书。……乙丑正月，奉旨调礼部尚书，协办大学士，加太子少保，管国子监事。……公生于雍正甲辰六月十五日午时，终于嘉庆乙丑二月十四日酉时，寿八十有二。

三月，顾广圻在扬州识秦恩复，为秦氏《石研斋书目》撰序。

据赵诒琛编《顾千里先生年谱》嘉庆十年四十岁条记：

三月，先生往扬州张古余处。……先生在扬州识秦敦夫，入石研斋观所藏秘笈，即撰《石研斋书目序》。时彭甘亭亦在扬州。

又据顾广圻《思适斋集》卷十二《石研斋书目序乙丑三月》记：

广圻今年获识敦夫先生，入石研斋观所藏秘笈，并示以新编书目上、下二卷。寻览既周，叹其体制之善也。盖由宋以降，板刻众矣，同是一书，用较异本，无弗夐若径庭者。每见藏书家目录，经某书、史某书云云，而某书之何本，漫尔不可别识。然则，某书果为某书与否？且或有所未确，又乌从论其精觕美恶耶？今先生此目，创为一格，各以入录之本，详注于下，既使读者于开卷间目憭心通，而据以考信，遂不啻烛照数计。于是，知先生深究录略，得其变通，随事立例，惟精惟当也。特拈出之书于后，为将来撰目录之模范焉。若夫收储之勤，鉴裁之审，以及丹铅甲乙之妙，江君藩之序悉之矣。

江藩撰《石研斋书目序》未详年月，因顾广圻序涉及，姑一并系之于此。

据江藩《炳烛室杂文》不分卷之《石研斋书目序》记：

藏书家之有目录，始于宋之晁公武《郡斋读书志》、尤袤《遂初堂书目》、陈振孙《书录解题》。自此以后，海内藏书家，无不有目录矣。吾乡收藏之富，如马半查、蒋西浦，皆甲于大江南北，而独无目录，不数十年，宋椠元刻，秘本精抄，散失无存，良可慨已。江都秦敦夫太史，乐志铅黄，栖神典籍，蓄书数万卷，日夕检校，一字之误，必求善本是正。窃怪近日士大夫，藏书以多为贵，不论坊刻恶抄，皆束以金绳，管以玉轴，终身不寓目焉。夫欲读书，所以蓄书，蓄而不读，虽珍若骊珠，何异空谈龙肉哉！若太史之兀兀穷年，盖亦鲜矣。太史有鉴于马、蒋两家，谓予曰："有聚必有散，吾子孙焉能世守勿替？暇日编《石研斋书目》上下二卷，以志云烟之过眼云尔。"藩昔年聚书，与太史相埒，乾隆乙巳、丙子间，频遭丧荒，以之易米，书仓一空。自我得之，自我失之，夫复何恨。然师丹未老，强半遗忘，所弆秘笈，至有不能举其名者，惜未编目录以志之也。有感于太史之言而为之序。

四月十八日，仁宗颁谕，"严禁西洋人刻书传教"。

据《仁宗实录》卷一四二嘉庆十年四月辛未条记：

谕内阁：御史蔡维钰奏，严禁西洋人刻书传教一折。京师设立西洋堂，原因推算天文，参用西法，凡西洋人等情愿来京学艺者，均得在堂栖止。

乃各堂西洋人，每与内地民人往来讲习，并有刊刻书籍，私自流传之事。在该国习俗相沿，信奉天主教，伊等自行讲论，立说成书，原所不禁。至在内地刊刻书籍，所与民人传习，向来未定有例禁。今奉行日久，未免懈弛。其中一二好事之徒，创其异说，妄思传播，而愚民无知，往往易为所惑。不可不申明旧例，以杜歧趋。嗣后，着管理西洋堂务大臣，留心稽察，如有西洋人私刻书籍，即行查出锁毁。并随时谕知在京之西洋人等，务当安分学艺，不得与内地民人往来交结。

四月，阮元刻铁保辑《熙朝雅颂集》成。
据《雷塘庵主弟子记》嘉庆十年四十二岁条记：

四月……，刻《熙朝雅颂集》成，并奉敕恭撰跋语。

又据《揅经室二集》卷八《奉敕撰熙朝雅颂集跋》记：

我皇上御极之九年，山东巡抚臣铁保采辑八旗诗，进呈乙览。蒙皇上锡名《熙朝雅颂集》，制序以弁其首，诚圣代之大文，艺林之盛事也。随经铁保奏请，命臣刊刻，并恭撰跋语于后。……兹铁保所辑，自崇德辛巳后，莫不详加甄录，格取其正，词取其真，百数十年间，得书一百三十四卷。……是书于嘉庆九年九月开雕，四阅月而工竣。

孟夏，黄丕烈刊刻《季沧苇藏书目》。
据《荛圃刻书题识》之《季沧苇藏书目跋》记：

余喜蓄书，于目录尤所留意。晁、陈两家之外，近惟《读书敏求记》叙述原委最为详悉。……今春闲居无聊，检敝箧中有《季沧苇藏书目》一册。……今沧苇之书已散失殆尽，而每从他处得之，证诸此目，若合符节。方信藏书不可无目，且书目不可不详载何代之刻，何时之钞，俾后人有所征信也。……时嘉庆十年，岁在乙丑，孟夏月，荛翁黄丕烈识。

五月二十二日，刘台拱在扬州病逝。

据阮元《揅经室二集》卷二《刘端临先生墓表》记：

> 刘先生讳台拱，字端临。其先世由江南苏州迁扬州宝应。……年十五，从同里王君雒师学，及见王予中、朱止泉两先生书，遂笃志程、朱之学。十六，补县学生。二十一，中式举人。试礼部，……以次艺偶疵被放。……是时，朝廷开《四库》馆，海内方闻缀学之士云集。先生所交游，自大兴朱学士筠、歙程编修晋芳外，休宁戴庶常震、余姚邵学士晋涵、同郡任御史大椿、王给事念孙并为昆弟交。稽经考古，旦夕讲论，先生齿最少，每发一议，诸老先生莫不折服。先生之学，自天文、律吕、六书、九数、声韵等事，靡不贯洽。诸经中于"三礼"尤精研之，不为虚词穿凿，故能发先儒所未发，当世儒者撰书，多采其说。乾隆五十年，授丹徒县训导。……生平无嗜好，唯聚书数万卷及金石文字而已。……嘉庆十年五月廿二日，以疾卒，距生于乾隆十六年闰五月初二日，年五十有五。……所著文集及《论语骈枝》《荀子补注》《汉学拾遗》《仪礼补注》《经传小记》，惟稿多零落，厪辑成七卷。《淮南子定本》诸书，亦未卒业。

五月，阮元子常生整理刊刻钱大昕遗著《恒言录》。

据《恒言录》卷首阮常生《序》记：

> 嘉定钱竹汀先生，负高世之学，为天下所景慕。卒之日，士大夫莫不悼老成之凋谢焉。家君知其遗稿尚有未刊者，书以询之。既而先生仲子东塾携数篇至。其《疑年录》等书，率皆手迹编录，恐尚未经写定。惟《恒言录》首尾完善，家君因以授常生，其诲曰："学者实事求是，一物不知，当引为己耻。"常生谨受卒业。……爰偕诂经精舍友人乌程张君鉴，各补注一二，用刊诸家塾，以贻同志焉。嘉庆十年夏五月，扬州阮常生谨序。

六月，刘逢禄张大何休经说，著《春秋公羊释例》成。

据《刘礼部集》卷三《春秋公羊释例序》记：

叙曰：昔孔子有言："吾志在《春秋》。"又曰："知我者，其唯《春秋》乎！罪我者，其唯《春秋》乎！"盖孟子所谓行天下之事，继王者之迹也。传《春秋》者，言人人殊，唯公羊氏五传，当汉景时，乃与弟子胡母子都等记于竹帛。是时大儒董生下帷三年，讲明而达其用，而学大兴，故其对武帝曰："非六艺之科、孔子之术皆绝之，弗使复进。"汉之吏治经术，彬彬乎近古者，董生治《春秋》倡之也。胡母生虽著《条例》，而弟子遂者绝少，故其名不及董生，而其书之显亦不及《繁露》。绵延迄于东汉之季，郑众、贾逵之徒，曲学阿世，扇国师之毒焰，鼓图谶之妖氛，几使羲辔重昏，昆仑绝纽。赖有任城何劭公氏修学卓识，审决白黑而定，寻董、胡之绪，补庄、颜之缺，断陈元、范升之讼，针明、赤之疾，研精覃思，十有七年，密若禽、墨之守御，义胜桓、文之节制，五经之师，罕能及之。天不祐汉，晋戎乱德，儒风不振，异学争鸣，杜预、范宁吹死灰，期复然，溉朽壤，使树艺，时无戴、宏，莫与辨惑。唐统中外，并立学官，自时厥后，陆淳、啖助之流，或以弃置师说，解弦更张，开无知之妄；或以和合传义，断根取节，生歧出之途。支室错迕，千喙一沸，而圣人之微言大义盖尽晦矣。清之有天下百年，开献书之路，招文学之士，以表章"六经"为首。于是人耻乡壁虚造，竞守汉师家法，若元和惠栋氏、武进张惠言氏之于《易》，歙程易畴氏之于《礼》，其善学者也。禄束发受经，善董生、何氏之书，若合符节，则尝以为，学者莫不求知圣人，圣人之道，备乎五经，而《春秋》者，五经之筦钥也。先汉师儒略皆亡阙，唯《诗》毛氏、《礼》郑氏、《易》虞氏有义例可说，而拨乱反正，莫近《春秋》。董、何之言，受命如向，然则求观圣人之志，七十子之所传，舍是奚适焉？故寻其条贯，正其统纪，为《释例》三十篇，又析其凝滞，强其守卫，为《答难》二卷，又博征诸史刑礼之不中者，为《礼议决狱》二卷，又推原左氏、榖梁氏之失，为《申何难郑》二卷，用冀持世之志，鲔有折衷。若乃经宜权变，损益制作，则聪明圣知，达天德之事，概乎其未之闻也已。

案：此序又见阮元《皇清经解》，序末署"嘉庆十年六月，兰陵刘逢禄，撰于东鲁讲舍"。

同月，陈鳣撰《吴山雅集图记》，追忆七年前与钱大昭、胡虔、程瑶田诸友交游事。

据《简庄文钞》卷五《吴山雅集图记》记：

> 嘉庆三年夏六月，鳣与嘉定钱晦之大昭、桐城胡雒君虔、鄞袁秉穀钧、仁和邵怀粹志纯、慈溪郑书常勋，同在杭州。时歙程易畴瑶田适至，遂相约游吴山之上。……自时厥后，良会难再。迄今吴山风景宛在目前，而怀粹、雒君已不可作矣。……嘉庆十年夏六月，陈鳣记。

自是年四月起，姚鼐应两江总督铁保之请，至南京，主持钟山书院讲席。迄于二十年，达十一年之久。是夏，有书复姚春。

据郑福照《姚惜抱先生年谱》嘉庆十年七十五岁条记：

> 移主讲钟山书院。先生已至皖矣。四月，铁冶亭制军遣人固邀至金陵。……自乙丑至乙亥，主讲钟山书院十一年。

又据《惜抱轩文后集》卷三《复姚春木书》记：

> 姚鼐顿首春木足下：鼐今世一庸才耳，足下乃以宋、元以来学问、文章之统相属，见推崇重，甚愧甚愧。素无交游之缘，不远千里，遗书求益，谦怀乐善。……足下所欲为纪载之编，此一代史学也，所志甚大。……足下姑亦为之，以听天意可耳。鼐旧作《九经说》，已有刻本，今寄上。其有增益及他书未刻者，则未能写寄。赐寄《湖海诗传》乃未至，不知于何处浮沉。述庵先生想尚健，其《文传》成书未耶？先伯姜坞先生无成书，平生读书，好以所得细书记于简端。鼐欲为集成笔记，然以其太碎细难辑，故不能就，私心所最憾。仅采数条，以意次叙入鼐《九经说》而已。……鼐顷自皖移来金陵，主钟山书院，衰老绝不能作大字。所命为楹对字，又犯鼐家讳，故不可为也。胡雒君所欲为书皆未成，而于去年已病丧矣，甚

可伤。敝邑如此子者,亦未易多得也。

闰六月二十六日,江西彭泽县生员欧阳正朗,因"编造逆诗",遭处死。

据《仁宗实录》卷一四六嘉庆十年闰六月丁未条记:

> 谕内阁:据秦承恩奏,彭泽县逆犯欧阳恕全,即欧阳正朗,编造逆诗,请照大逆律凌迟处死,并将该犯逆诗进呈。阅其所编诗句,实属悖逆不法,例应凌迟处死。姑念其尚无肆逆实迹,着改为斩决,即行正法。

闰六月二十八日,臧庸弟礼堂病逝。

据陈寿祺《左海文集》卷九《孝节处士臧君墓表》记:

> 君讳礼堂,字和贵,常州武进人也。高祖琳,明经通古学,为太原阎若璩所重,学者宗之。……仪征阮侍郎聘君纂辑经诂,又著《古今孝子孝妇传》《说文解字经考》《南宋石经考》《爱日居笔记》,总数百卷。……春秋三十,以嘉庆十年闰六月己酉,病卒。庸闻丧京师,涕泗酷恸,旁采儒议,私谥之曰孝节。

七月一日,姚鼐有书复汪中子喜孙,不允收为弟子,且有抨击汉学之激烈文词。

据《惜抱文集后集》卷三《复汪孟慈书》记:

> 七月朔,姚鼐顿首孟慈孝廉足下:惠书知旧疴新愈,欣喜欣喜。云欲就受业,闻之愧悚不宁。谢陋何足师,况以加高明卓绝如足下者哉!……今世天下相率为汉学者,搜求琐屑,征引猥杂,无研寻义理之味,多矜高自满之气。愚鄙窃不以为安。自顾行能无所称,年过学落,不能导率英少。第有相望之意,不敢不忠。尝以是语人,今故亦举为足下告也。或蒙采纳否?

七月十六日,瞿中溶为钱大昕遗著《潜研堂金石文字目录》作跋刊行。

据《潜研堂金石文字目录》卷末瞿中溶《跋》记：

> 外舅少詹钱先生，博采金石文字，以考正经史之学，多欧、赵前贤所未逮。中溶随侍甥馆十三四年，亲蒙先生指授。间尝撰仗从游，所过山崖水畔，黉宫梵宇，得一断碑残刻，必剔藓拂尘，摩挲审读而后去。其好殆至老而益笃云。家藏拓本二千余种，著有《跋尾》八百余篇。每积二百余篇，辄为门弟子转写付梓，故先后共成四集。其《目录》八卷，因时有增补，尚未登诸梨枣。今叹先生已归道山，而海内未获读此书，无以见先生搜罗之富与记载之勤，犹为阙事。原与僚婿许君荫堂急谋剞劂，用广其传，庶几无负先生津梁后学之意欤。嘉庆十年，岁次乙丑，秋七月既望，子婿瞿中溶谨识。

七月末，陈寿祺、臧庸屡有书札往复，讨论《礼》《诗》音韵及《尚书》古今文。

据《拜经堂文集》卷三《答陈恭甫编修论冠昏辞韵书》记：

> 手书示之详而辨之力，古人论学，不肯为苟同之论，如其相合，则信之不疑。斯真三代直道之风，足以辨黑白而定是非者，感甚感甚。特庸尚有所疑，敢敬质之。《冠礼》字辞本七句，伯申庶子斥"宜之于假，永受保之"为末二句无韵，则以"曰伯某甫"以下十一字为记者之词，故下"曰"字，以著更端。若以"曰伯某甫"句为字辞，则"甫"之韵"假"，前人言之已详，伯申岂有不知？……阁下向善鄙集中论韵之文，此所言较前更密，故再悉心献疑，以呈审定。如以为可采，幸甚幸甚。七月廿九日。

又据《左海文集》卷四《答臧拜经论礼辞韵》记：

> 顷见执事《孟子齐伐燕考》，钩稽精谛，破数千载胶辕之疑，悦服无已。既以一二请质，过辱嘉纳，有若江海之善下。复示《仪礼冠辞昏辞

说》，教所不逮，非所谓矜其蒙而欲彪之以文者耶？敬谢敬谢。……寿祺黯浅，不足以窥经训之奥窔。狂夫之言，敢谓可择？惟执事终教之，幸甚。

又据《拜经堂文集》卷三《再答陈恭甫编修论韵书》记：

顷再接来示，谓"三百篇"皆句首与句首韵，中末与中末协。此仍是以常法言之耳，若论其变，则法不能拘，亦非例之所能尽。……不揆梼昧，率凭《礼》《诗》二经复来教，倘不以为不足诲而匡正之，幸甚。庸再拜，七月晦日。

又据《左海文集》卷四《与臧拜经辨皋陶谟增句疏证书》记：

拜经执事：承示《皋陶谟增句疏证》，谓"挞以记之"以下，至"敢不敬应"七十四字，《史记》不载，马、郑注不见，断为《尚书》本无，出魏晋人伪撰。条举件系，自信不诬。异哉！执事之果于疑经也。寿祺考之，七十四字可证者十有一，而执事之说所不解者十有五。请毕其言而执事裁焉。……方今经术昌明，海内敦尚古学，然师虑尊经之过，翻以亡经，耆古之愚，变而背古。强执一二文字差互踳驳之端，横改数千载以来诸儒传受之旧，蹈宋元学者移剟经传、芟削《诗》《书》之妄，而启天下以非圣破道之萌，恐阎百诗、惠定宇诸先达不肯出此者也。执事殆未之深思与？寿祺蒙昧，固滞鲜通，缪进刍荛，罔顾忌讳，惟执事幸察之。

秋，黄丕烈注顾广圻撰《百宋一廛赋》成。

据顾广圻《思适斋集》卷一《百宋一廛赋》黄丕烈注记：

予以嘉庆壬戌迁居县桥，构专室贮所有宋椠本书，名之曰百宋一廛，请居士撰此赋。既成，辄为之下注，多陈宋椠之源流，遂略鸿文之诂训，博雅君子，幸无讥焉。……始予请居士撰藏书赋，在己未、庚申间，许而未为也。后以今名重请，迨甲子冬杪，此赋方就。时居士教读于庐州府晋江张太守所。又明年乙丑春，手书其稿见寄。及秋，居士以将往山东，应孙渊如先生之招，而归家省母，然后行。适余注赋竟，遂仍相商榷，定之如右也。

十一月，王昶辑刻《金石萃编》成。

据《春融堂集》卷三十六《金石萃编自序》记：

余弱冠即有志于古学，及壮游京师，始嗜金石。朋好所赢，无不丐也，蛮陬海澨，度可致无不索也。两仕江西，一仕秦，三年在滇，五年在蜀，六出兴桓而北，以至往来青、徐、兖、豫、吴、楚、燕、赵之境，无不访求也，盖得之之难如此。然方其从军于西南徼也，留书簏于京师，往往为人取去。又游宦辄数千百里，携以行，间有失者，失则复搜罗以补之，其聚之之难又如此。而后自三代至宋末辽金，始有一千五百余通之存。夫旧物难聚而易散也，后人能守者少，而不守者多也。使瑰伟怪丽之文销沈不见于世，不足以备通儒之采，而经史之异同详略无以参稽其得失，岂细故哉？于是因吏牍之暇，尽取而甄录之，缺其漫漶剥不可辨识者，其文间见于他书则为旁注以记其全。秦汉三国六朝篆隶之书多有古文别体，摹其点画，加以训释。自唐以后，隶体无足异者，仍以楷书写定。凡额之题字，阴之题名，两侧之题识，胥详载而不敢以遗。碑制之长短宽博，则取汉建初虑俿尺度其分寸，并志其行字之数，使读者一展卷而宛见古物焉。至题跋见于金石诸书及文集所载，删其繁复，悉著于编。前贤所未及，始援据故籍，益以鄙见，各为按语。总成书一百六十卷，名《金石萃编》。呜呼！余之为此，前后垂五十年矣。海内博学多闻之彦，相与摩挲参订者不下二十余人，咸以为欲论金石，取足于此，不烦他索也。然天下之宝日出不穷，其藏于嗜古博物之家，余固无由尽睹；而丛祠破冢，继自今为田父野老所获者又何限？是在同志之士为我续之已矣。

顾广圻旅居扬州，跋影元椠钞本《元朝秘史》。

据顾广圻《思适斋集》卷十四《影元椠钞本元朝秘史乙丑》记：

《元朝秘史》载《永乐大典》中,钱竹汀少詹所有,即从之出,凡首尾十五卷。后少詹事闻桐乡金主事德舆有残元椠本,分卷不同,嘱彼记出,据以著录于《元史·艺文志》者是也。残本,主事尝携至吴门,予首见之,率率未得写就,近不知归何处,颇用为憾!去年,授徒庐州府晋江张太守许,见所收影元椠旧钞本,通体完善。今年至扬州,遂怂恩古馀先生借来覆影此部,仍见命校勘。乃知异于钱少詹本者,不特分《元朝秘史》十卷、《续集》二卷一事也,即如首卷标题下分注二行右"忙豁仑纽察"五字,左"脱察安"三字,必是所署撰书人名衔,而少詹本无之,当依次补正。其余字句行段,亦往往较胜,可称佳本矣。校勘毕,记其颠末如此。若夫所以订明修《元史》之疏略,少詹题跋泊《考异》中见其大概,引而伸之,唯善读之君子,兹不及详论云。

是年,阮元、王引之皆居丧在乡。冬,阮元接引之赠《经义述闻》并手书,有书答谢,并送所著《曾子注释》及《诂经精舍文集》一部。据陈鸿森《阮元揅经室遗文辑存》卷下《与王伯申书一》记:

两接手书,具蒙关爱,谢何可言。生治理葬事略毕,惟封树、碑石之事,须俟来年次第料理。蒙示《经义述闻》,略为翻阅,并皆洽心,好在条条新奇,而无语不确耳。见索拙论曾子"一贯"之意,详在《诂经精舍文集》内,今以一部奉寄。其言"邮表畷",似亦有可采者。拙撰《曾子注释》,出京后又有改动。因今年正月鸠工刻《雅颂集》,工已集而书未校写,不能众工闲居,因即以此稿付刻,其实不能算定本。其中讲"博学""一贯"等事,或可少挽禅悟之横流。至于训诂,多所未安。顷翻《经义述闻》"勿虑"等训,尚当采用尊府之说,将板挖改也。《注释》一本呈览,初印不过三十本,概未送人,乞秘之,勿示外人,缘将来改者尚多也。宅兆想已卜定?冬寒,嗽疾闻常举发,尚望珍重。肃此,奉问孝履,不具。伯申官庶年兄阁下,生制阮元稽首。

十二月，段玉裁致书王念孙，嘱念孙为其《说文解字注》撰序，以明学术真相。

据刘盼遂《经韵楼文集补编》卷下《与王怀祖书三》记：

> 寂寥中得手书及《经义述闻》，快读一过，何减麻姑蚌处搔也，桥梓何啻汉之向、歆乎！迩来兴居大佳。弟落魄无似，时观理学之书。《说文注》近日可成，乞为作一序。近来后进无知，咸以谓弟之学窃取诸执事者，非大序不足以著鄙人所得也，引领望之。竹汀、端临皆逝，竹汀近年相益最多，今乃无友矣。易田今岁未得其书，执事不得一晤，我劳如何！舍弟玉立，蒙爱最久，今贫而入京，乞推分助其资斧，则弟同身受矣。敬候怀祖观察大兄大人升安，弟玉裁顿首。

是年，桂馥病卒于云南永平知县任。

据《晚学集》附录蒋祥墀撰《桂君未谷传》记：

> 曲阜桂君未谷，与余同举乾隆庚戌进士，出宰滇南，卒于官。……君讳馥，字冬卉，未谷其号也。……未谷承其家学，于书无不览，尤邃于金石、六书之学。戊子，以优行贡成均，得交北平翁覃溪先生，所学益精。其相与考订之功，具载先生《复初斋集》中。已而以教习期满，补长山司训。复与济南周书昌先生振兴文教，出两家所藏书，置借书园，以资来学，并祠汉经师其中。其诱掖后进甚笃。己酉，举于乡，越明年，成进士，时年五十有五。后为永平令。……尝谓："士不通经，不足致用，而训诂不明，不足以通经。"故自诸生以至通籍，四十年间，日取许氏《说文》与诸经之义相疏证，为《说文义证》五十卷。又绘许祭酒以下，至二徐、张有、吾邱衍之属，为《说文统系图》。因题其书室曰十二篆师精舍，盖未谷之精力萃于是矣。其他有《札朴》十卷、《缪篆分韵》五卷、《晚学集》八卷、《诗集》四卷。以嘉庆十年卒，年七十。

嘉庆十一年丙寅　1806 年

正月，钱大昕遗著《元史氏族表》，由其弟子黄钟等校订刊行。
据《元史氏族表》卷末黄钟《跋》记：

> 《元史氏族表》三卷，我师钱竹汀先生所作也。明初诸臣修纂《元史》，开局未及匝岁，草率蒇事。其中纰缪颇多，如速不台即雪不台，完者拔都，石抹也先即石抹阿辛，皆一人两传。阿剌赤、忽剌出、昂吉儿、重喜、阿术鲁、谭澄六人，皆附传之外，别有专传，为后来读史者所讥。先生当欲别为编次，以成一代信史，稿已数易而尚未卒业。其《艺文志》及此表，皆旧史所未备，先生特创补之。则以元之蒙古、色目人命名多溷，非以氏族晰之，读者茫乎莫辨，几如瞽者之无相，往往废书而叹矣。故此表尤为是史不可少之子目。先生属稿始于乾隆癸酉七月，成于庚子五月，几及三十年，其用力可谓勤已。昔魏伯起以魏人作《魏书》，《官氏志》祇叙九十九姓，某人后改某氏，胪列成篇，而于世系源流犹弗能详悉，况异代乎！先生广搜博采，正史、杂史之外，兼及碑刻、文集、题名录等书，考其得失，审其异同，一一表而出之，而后昭然如白黑分矣。《艺文志》已刻于吴郡，今与同学诸君续将此表校正授梓，俾世之学者读此二编可以窥见崖略。倘取先生全稿共付枣梨，我知评史者必以为有过于唐之新书、五代之新史而无弗及也。宁不快与！嘉庆十一年，岁次丙寅，春正月，弟子黄钟谨识。

二月七日，朝鲜使臣返国述职，有专文述及清廷重臣学术好尚。
据《朝鲜李朝实录中的中国史料》下编卷十三纯宗六年二月乙酉条记：

书状官尹尚圭进闻见别单：一、近来汉人之稍有文学者，各立门户。有所谓考据之学，诋斥宋儒，专主《注疏》之说，礼部尚书纪昀为首，而阁老刘权之等从之。有所谓尊朱学者，专主朱子之训，大学士彭元瑞为首，而阁老朱珪、尚书王懿修等从之，便成一种党论。乾隆季年，纪昀、刘权之等相继登庸。今皇帝御极之后，朱珪、王懿修等一时进用云。

孟春，臧庸撰《子夏易传序》，以子夏非卜商，而系汉韩婴。
据《拜经堂文集》卷二《子夏易传序》记：

《释文·序录》：《子夏易传》，卜商，字子夏，孔子弟子。《七略》云，汉兴，韩婴传。《中经簿录》云，丁宽所作。张璠云，或馯臂子弓所作，薛虞记，虞不详何人。《唐会要》：开元七年，刘子玄议曰，《汉书·艺文志》《易》有十二家，而无《子夏传》。至梁阮氏《七录》，始有《子夏易》六卷，或云韩婴作，或云丁宽作。然据《汉书·艺文志》，《韩易》有十二篇，《丁易》有八篇，求其符会，则事殊乖剌。司马贞议曰，王俭《七志》引刘向《七略》云，《易传》子夏，韩氏婴也。今题不称韩氏，而载薛虞记。今秘阁有《子夏传》薛虞记。庸以子夏之为韩婴，当以《七略》《七志》《七录》为据，汉晋六朝人所言不谬也。……庸留意此学几二十年。甲子顺天乡试，策问首及，庸大言子夏非卜商，乃汉韩婴，而考官深摈之。乙丑季冬，承德孙凤卿观察，以辑本见示。庸方悼哲弟云亡，又嘉同志之有人也，废业三月，复理旧事，举向所知者质之，漫记卷端云。

春，凌廷堪著《后魏书音义》成，洪亮吉应请撰序。
据《校礼堂文集》卷二十七《后魏书音义序》记：

魏收撰《后魏书》，凡一百十四篇，其文丰腴，其体详慎。……乃末学肤受，信一人之偏词，随群嚣而交响。举司马、欧阳之篇目，则攘臂叹其长；闻休文、伯起之姓名，则抚掌笑其短。夫束其书而未观，置其人于弗道，则优劣得失何自而知，本末始终何由而贯。每聆斯议，蒙窃惑焉。……廷堪情非矫枉，志在阐幽。夫马昭申郑，岂有成见；刘炫规杜，不无詾闻。于是不揣谫陋，为之音义。踵事折衷，愿俟君子。世之抗坠，所不计也。

又据《更生斋文甲集》卷三《后魏书音义叙》记：

今春，以事过宣城，值同年生凌君廷堪以名儒教授此地，坐次出近所撰《魏书音义》四卷见示。余受而读之，而以为实获我心也。顾此书音义，亦有数难：一则代北复姓及命名等类字，或半出六书；一则《地形志》真君以后所改，西北诸郡县名，义例亦难概悉；一则释老等《志》，俗字极多，又多引浮屠氏等书，非精通彼教者，不足紬绎其义。君则经史之外，于道、释二藏，本所素谙，凡诸训义，证以中经，参之内典，又自《方言》《说文》《释名》《广雅》以降，凡训诂之在唐以前者，无不旁搜毕采，偏旁字昼之正俗，亦一一抉摘其原。盖数阅寒暑乃成，且能以其暇为伯起辨诬，洵属史家所不可少之书矣。夫唐沙门玄应等注《一切经音义》，既半引儒家。而君注此书，又旁资二氏，又可谓不拘一法，及无碍著书之例者也。余虽衰陋，然《宋书音义》亦粗有类例，他日当付儿子饴孙足成之，或可附君此书以传耳。

二月，祁韵士在伊犁戍所整理西行诗篇，编为《濛池行稿》。
据《濛池行稿》卷首祁韵士《濛池行稿自序》记：

余少喜读史，讨论古今，未尝少倦。顾独不好为诗，通籍后始稍稍为之。然酬唱嫌其近谀，赋物又苦难肖，操觚率尔，急就为章，已辄削弃之，不复置意。当在史局时，承纂《藩部表传》，历八年而成书。嗣总纂史藁，日惟搜辑掌故，自喜得其性之所近，益不乐为诗。厥后迁秩郎曹，劳形案牍，牵率益剧，其于诗更无暇为之。以故备员京毂垂三十年，吟咏之作仅《珥笔》《覆瓿》两集，及《筠渌山房诗草》寥寥数卷而已。岁乙丑，以事谪赴伊江，长途万里，一车辘辘，无可与话，乃不得不以诗自遣。客游日久，诗料滋多，虽不能如古人得江山之助，然无日不作诗，目览神移，若弗能已。忆曩者纂传时，尝念国家版图式廓，西北尤广袤，为古所未有。戎索所至，部别区分，其山河幕落，传闻异辞，窃慕康熙间图侍读理琛奉使绝域之事，思亦躬履边徼，详志所见，以广所闻。讵知此念一动，早为今日谶乎？愿藉是得以孳孳于诗，补平生所未逮，亦未始非幸矣。辞都之日，时维仲春，越保阳，渡滹沱，由井陉口西上，便道出家县，辞墓而行。……又数月，始抵戍所，已徂秋矣。自念此行若非得诗以为伴侣，吾何以至此。重五之年，羸弱之躯，幸未僵仆于道，皆诗力也。即所谓诗间有哀音促节，不免近于蝉嘶蛩吟。然以余所见山川城堡之雄阔，风土物产之瑰奇，云烟寒暑之变幻，一切可骇可愕之状，有所触于外，辄有所感于中。悱恻忠爱，肠回日久，无一不寄之于诗。吟啸偶成，吮笔书之，长短惟意所适。其所不能尽，则又为《行程记》以纪之。是役也，余始信诗之不可以已。向者独不好此，乃余陋也。发行箧中所存，得百数十首，汇录之，题曰《濛池行稿》，志不忘，且待删定也。别有《西陲竹枝词》百首，兹不复录。嘉庆丙寅如月寒食日，寿阳祁韵士鹤皋甫，自识于伊江静虚书室。

三月，臧庸客游扬州，寄居阮元寓。四月，为汪莱《北湖访焦君图》撰题记，既喜结识"谈天三友"，又服膺焦循治经之通达。

据《拜经堂文集》卷四《题汪孝婴北湖访焦君图》记：

> 庸心质鲁钝，不能通九九。吾友元和李尚之极精斯学。后获交江都焦君里堂，窃幸谈天三友已得其二，尤恨不得一见歙县汪孝婴也。今年三月来扬，寓阮云台侍郎家。焦君枉顾，匆遽欲出，叩之，曰汪孝婴在外。庸闻而心喜，亟出见之，并约异日偕里堂相访。逾月，庸造焦君，焦君已在孝婴学舍矣。……汪君以《衡斋算学》见诒，并出《北湖访焦君图》属题。……焦君之言曰："两汉经生守一家之言，通人鄙其固焉。郑康成氏注《礼经》，虽子夏之言犹驳之，盖非深入其室者不能难。古人立言，固乐夫人之深入而难我，不乐人之略观大意而谄附我也。"焦君出入秦、李之书，

会观孝婴、尚之之论，而所言如此，乃治经之要，不特为畸人子弟痛下针砭而已。……嘉庆十一年夏四月，武进臧镛堂题于扬州淮海楼。

四月，洪亮吉著《六书转注录》八卷成。

据《六书转注录》卷首《自叙》记：

> 叙曰：六书自谐声外，转注最多。惟转注，斯可通训诂之穷。转注又半皆谐声，即以《易》言之。象及《说卦》云：乾为天，天行健；乾，天也；乾，健也。系辞云：易者，象也，象也者，像也。盛德大业至矣哉。富有之谓大业，日新之谓盛德。以及《序卦》一篇，皆转注也。其余各散见《九经》与诸子传，下迄汉以来儒者注释笺疏中。如宫谓之室，室谓之宫；罗谓之离，离谓之罗；明明扃扃，扃扃明明；迹迹屑屑，屑屑迹迹；呜呼，吁嗟也，吁嗟，乌呼也；游亦豫也，豫亦游也之类，特其显著者耳。自罗离以下，又皆谐声，是转注又通乎谐声矣。唐宋以来，学者不明转注之理，遂横生异说，而转注益晦。暇日偶剌经传中转注之字，以《尔雅》《说文》《小尔雅》《方言》《释名》《广雅》为纲，已共得八卷。止于《释名》《广雅》者，以汉儒训诂之书已尽于此也。旁采则迄于周、隋者，以非此不足尽转注之变。又录及《释文》者，以陆元朗此书卒业于隋代也。嘉庆十一年岁丙寅，四月，洪亮吉叙。

六月七日，孙星衍为洪颐煊《文钞》撰序，对洪氏兄弟"阐扬古学"深寄厚望。

据《平津馆文稿》卷下《洪筠轩文钞序》记：

> 临海洪氏兄弟多才俊，先是有坤煊者，以诸生负文名，朱宫傅石君师视学时，生拟《成公绥啸赋》，赏异之，拔为选士，至都馆于家。以壬子科得第，不永年而卒。其弟曰颐煊、震煊。颐煊字筠轩，震煊字楙堂，最好学，亦为石君师所识拔。阮云台中丞《笔记》称临海两生，精研经训，或过齐次风侍郎者也。予主讲浙中，与中丞及王兰泉少寇以古学课诂经精舍

诸生，见两洪生撰著古书尤多。越数年，而筠轩亦贡成均，授经于藁城。以所刊文钞见寄。阅其文多证明经史之作，与世之浮华佻巧，学无所得者殊。予尝惜郑康成《六艺论》不传，欲辑十七史志议礼之文，及天文地理异同之说。合之汉魏六朝人文之足证佐经学者，为一集，题曰《六艺通论》，未及成书，而世人方见予《问字堂集》，有訾以为不合唐宋八家体格者。盖明季以来，以八比课士，其选唐宋人文集，多取近于时文，习见者疑为古文定格，不知古人当日亦自行胸怀，随其学之所得。司马迁《报任少卿书》、嵇康《与山巨源绝交书》，率意成文，不肯修饰边幅，亦如真英雄之视井底蛙耳。八家中，韩退之学识最高，无背圣哲之论。柳子厚则多出入，所见僻隘，略如其人。欧阳永叔不惑二氏之学，持论甚正，然《濮议》不合于经。苏子瞻经学典礼甚疏，其文实天下之才也。予尝恨学不深，苦文不逮意，每与筠轩诸人同志者言之，又不肯为违经无益之言。今观筠轩所作，先得我心，宜其兄弟见赏于石君、云台两先生。筠轩进犹未也，近馆于安德平津馆，与予商撰《尚书今古文义疏》，及校订古书，将为《五经异义补证》。櫆堂从邵楚帆学使游，亦将以《夏小正注疏》寄予刊刻，而予早衰，辄有假年学《易》之叹。倘因仕学余间，拥古书销永日，有所成就，以遂阐扬古学之志，固宿昔之愿。否则幸同志者继成其事，无一字背先圣之言，无一言为欺世之学，筠轩兄弟其人也。嘉庆十一年六月七日，撰于安德使署，孙星衍。

约先于上文，孙星衍为杭州诂经精舍撰题名碑记，述精舍缘起甚详。据《平津馆文稿》卷下《诂经精舍题名碑记》记：

阮云台先生，先以阁部督学两浙，试士兼用经古学，识拔高才生，令其分撰《经籍纂诂》一书，以观唐已前经诂之会通。及为大司农来开府，遂于西湖之阳，立诂经精舍，祠祀汉儒许叔重、郑康成。廪给诸生于上舍，延王少寇及星衍为之主讲，佐中丞授学于精舍焉。其课士月一番，三人者迭为命题评文之主。问以十三经、三史疑义，旁及小学、天部、地里、算

嘉庆十一年丙寅　1806年

法、词章，各听搜讨书传条对，以观其识。不用扃试糊名之法，暇日聚徒讲议服物典章，辩难同异，以附古人教学藏修息游之旨。简其艺之佳者，刊为《诂经精舍文集》，既行于世，不十年间，上舍之士，多致位通显，入玉堂，进枢密，出建节而试士。其余登甲科，举成均，牧民有善政，及撰述成一家言者，不可胜数。东南人材之盛，莫与为比。……抚部方扬历中外，建树不止此。少寇老矣，星衍又早衰，将屈指同舍生立功立言之效，不独拭目登科之录也。……今作题名记，书上舍生，因及抚部督学识拔之士，并纂述经诂之友与焉。后世必有思抚部好贤之政，而信吾言之不空作者。

汪家禧（杭府）、范景福（杭府）、陈文述（杭府，原名文杰。）、陈鸿寿（杭府）、汤锡蕃（杭府）、殳文耀（杭府）、陆尧春（杭府）、钱林（杭府，原名福林。）、方观旭（杭府）、朱壬（杭府）、童人杰（杭府）、胡敬（仁和）、赵春沂（仁和）、金廷栋（仁和）、孙同元（仁和）、赵坦（仁和）、蒋炯（仁和）、李方湛（仁和）、王述曾（仁和）、吴成勋（仁和）、周云炽（仁和）、宋咸熙（仁和）、陈嵩庆（钱塘，原名复亨。）、吴文健（钱塘）、王仁（钱塘）、周诰（钱塘）、冯廷华（钱塘）、严杰（钱塘）、吴引年（钱塘，原名邺。）、梁祖恩（钱塘）、诸嘉乐（钱塘）、吴克勤（钱塘）、潘学敏（钱塘）、姜遂登（钱塘）、查揆（海宁）、钟大源（海宁）、朱轼之（海宁）、陈鱣（海宁）、倪绶（海宁）、谢江（嘉府）、金衍绪（嘉府）、丁子复（嘉府）、胡金题（嘉府）、李富孙（嘉兴）、李遇孙（嘉兴）、孙凤起（嘉兴）、沈尔振（嘉兴）、吴东发（海盐）、崔应榴（海盐）、王纯（海盐）、吴曾贯（石门）、方廷瑚（石门）、朱为弼（平湖）、邵保初（湖府）、周中孚（湖府）、张鉴（乌程）、胡缙（乌程）、沈宸（乌程）、周联奎（乌程）、施国祁（乌程）、孙曾美（乌程）、丁授经（归安）、丁传经（归安）、杨凤苞（归安）、杨知新（归安）、邵保和（归安）、姚樟（归安）、严元照（归安）、徐养灏（德清）、徐养原（德清）、徐熊飞（德清）、张慧（鄞县）、陶定山（绍府）、纪珩（绍府）、何兰汀（山阴）、童璜（山阴）、顾廷纶（会稽）、何起瀛（会稽）、王衍梅（会稽）、周师濂（会稽）、刘九华（会稽）、汪继培（萧山）、王端履（萧山）、徐鲲（萧山）、傅学灏（萧山）、周治平（台府）、洪颐煊（临海）、洪震煊（临海）、金鹗（临海）、沈河斗（临海）、施彬（黄岩）、张立本（开化）。

以上诂经精舍讲学之士九十二人。……以上古学识拔之士六十四人。

王瑜（江苏镇洋）、臧镛堂（江苏武进）、臧礼堂（江苏武进）、方起谦（安徽歙县）、何元锡（钱塘）、汤燧（仁和）。

以上纂述经诂之友六人。

六月七日，王昶在青浦故里病逝，享年八十三。

据阮元《揅经室二集》卷三《诰授光禄大夫刑部右侍郎述庵王公神道碑》记：

公姓王，讳昶，字德甫，号述庵，以居兰泉书屋，学者称兰泉先生。先世居浙江兰溪县，高祖懋忠，迁江南青浦县，……以雍正二年十一月二十二日生……。乾隆癸酉，举于乡。甲戌，成进士，归选班。二十二年，南巡召试一等第一，赐内阁中书，协办侍读，直军机房，洊升刑部主事、员外郎、郎中。……五十四年，擢刑部右侍郎。五十八年，……冬，还京，以病乞休。……嘉庆元年，以授受大典至京，与千叟宴。……十一年，八十有三。五月，病疟。六月初六日，病甚，口授谢恩表，自定丧礼，属元撰神道碑文。初七日，鸡初鸣，公曰时至矣，遂卒。……公之为学也，无所不通。……治经与惠栋同，深汉儒之学，《诗》《礼》宗毛、郑，《易》学荀、虞，言性道则尊朱子，下及薛河津、王阳明诸家。……公所著书，《春融堂诗文》两集，宏博渊雅，有关于经史文献。《金石萃编》《青浦诗传》《湖海诗传》《琴画楼词》《续词综》等书皆刊成，余若《天下书院志》《征缅纪闻》《属车杂志》《朝闻录》等书四十余种，尚待次第校刊之。

九月，段玉裁为钱大昕遗著《潜研堂文集》撰序，尊大昕为古今未有之通儒。

据《经韵楼集》卷八《潜研堂文集序》记：

古之以别集自见者，多矣而多不传，传矣而不能久，传且久矣而或不著。其传而久，久而著者，数十家而已。其故何哉？盖学有纯驳浅深，而文又有工拙之不等也。古之神圣贤人作为"六经"之文，垂万世之教，非有意于为文也，而文之工侔于造化。诸子百家皆窃取一端以有言，而言之有用者固多，言之偏致为流弊者亦多矣。自辞章之学盛，士乃有志于文章，顾不知文所以明道，而徒求工于文，工之甚适所以为拙也。虽然，有见于道矣，有见于经矣，谓不必求工于文而率意言之，则又孔子所谓"言之无文，行之不远"者。盖圣门言语、文学必分二科，以是衡量古今，其能兼擅者鲜矣。乃若少詹事晓徵先生，庶几无愧于古之能兼文学、言语者乎！

先生始以辞章鸣一时，既乃研精经史，因文见道，于经文之舛误，经义之聚讼而难决者，皆能剖析源流。凡文字、音韵、训诂之精微，地理之沿革，历代官制之体例，氏族之流派，古人姓字、里居、官爵、事实、年齿之纷繁，古金石刻画、篆隶，可订六书故实，可裨史传者，以及古《九章算术》，自汉迄今中西历法，无不了然如指掌。至于累朝人物之贤奸，行事之是非，疑似难明者，大典章制度，昔人不能明断其当否者，皆确有定见。盖先生致知格物之功，可谓深矣。夫自古儒林，能以一艺成名者，罕合众艺而精之，殆未之有也。若先生，于儒者应有之艺，无弗习，无弗精。其学固一轨于正，不参以老佛、功利之言，其文尤非好为古文，以自雄坛坫者比也。中有所见，随意抒写，而皆经史之精液。其理明，故语无鹘突；其气和，故貌不矜张；其书味深，故条鬯而无好尽之失，法古而无摹仿之痕，辨论而无叫嚣攘袂之习。淳古澹泊，非必求工，非必不求工，而知言者必以为工，俾学者可由是以渐通经史，以津逮唐、宋以来诸大家之文。其传而能久，久而愈著者，固可必也。

玉裁侨居姑苏者十余年，先生方主讲紫阳书院，幸得时时过从请教。而天不慭遗，捐馆已三年矣。所著书多刊行于世。生平于《元史》用功最深，惜全书手稿未定。文集尤士林所仰望，今同志梓成，瞿子镜涛请序于余。追念畴昔，感伤宿草，累欷言之，愧无以发先生之蕴也。集凡五十卷，分为十四类者，先生所手定也。嘉庆十一年，岁次丙寅，九月，金坛后学段玉裁拜撰。

秋，段玉裁有书致王念孙，叹老成凋谢，寄厚望于王氏父子，再恳撰《说文注序》。

据刘盼遂《经韵楼文集补编》卷下《与王怀祖书五》记：

> 愚弟段玉裁顿首怀祖大兄先生执事：去冬得大著并手书，业经雒诵，布陈倾倒之怀。嗣频接手函，近者又惠以四十金，俾得刻资，此种高谊，不胜感泐。弟夏天体中极不适，冬日稍可，当汲汲补竣。依大徐三十卷，尚有未成者二卷也。（原注：十二之下，十三之下。）今冬明春，必欲完之。已刻者仅三卷耳，精力衰甚，能成而死则幸矣。所赐当即刻之。弟以《说文》转写未必皆本字，如恖，愁也；愁，恖也，为转注。而今本恖作忧，行和之貌，与愁何涉乎？他书可用假借字，许书说解中，用假借多窒碍而不可通，曾举数十事发明之。今拟将此等字不下数百通举出，为《释列》以附于其后，就正有道焉。子田《钩沉》蒙补刻，幸甚，而端临遗书，恐碎简不成片段，非执事精心，恐不能成书也。《经义述闻》，桥梓之学俱精诣造极，将来更有《读书杂志》，如竹汀《养新录》最妙。令郎南归，未得晤，曾作札布候，并自陈笔误，恐未达。……易田二年来未得其消息，近日正拟作札问之，今八十二矣。兰泉少寇六月仙逝，海内又少一个。竹汀已宿草矣。肃比（当为"此"字之讹。——引者），述阔怀，并陈谢悃。伏惟近安，临纸不胜瞻想。玉裁顿首。《经义述闻》已抄一部与张涵虚。令郎先生均此候安。求序出于至诚，前函已详。

十月十六日，钱东塾刊刻其父大昕遗稿《十驾斋养新余录》。

据《十驾斋养新余录》卷末钱东塾《跋》记：

先君子毕生著述，咸赖友朋、门弟子传写刊行。《养新录》二十卷，成书最后，甫脱稿，即为阮中丞芸台先生携去，醵金开雕。以后续有所得，别记一编，名曰《养新余录》。逮甲子冬捐馆，共得若干条。不肖兄弟谨谨藏弆箧中，未忍轻启。今夏，偕妹倩瞿君镜涛校修先君子诗文集告成，适嘉兴李许斋太守书来，索《经典文字考异》《唐五代学士年表》《王深宁年谱》《三史》《诸史拾遗》等遗稿，将代谋剞劂。因启旧箧检寻，念及《养新余录》未刊，终为全书缺事。爰取手稿缮录清本，分为三卷，以授梓人，俾四方好学之士喜读我先人书者，无或有遗珠之憾焉。嘉庆丙寅冬十月既望，男东塾百拜谨识。

案：据陈鸿森先生《钱大昕年谱别记》嘉庆八年七十六岁条考证："《余录》盖先生编定《养新录》时所删剩者，其家人不察，或由宝爱先人遗泽之私，故掇拾丛残，录以锓板耳，非必如东塾等所言，为《养新录》付刻后所续撰也。"

阮元主持纂刊《十三经注疏校勘记》二百四十三卷成。

据《雷塘庵主弟子记》嘉庆十一年四十三岁条记：

冬十月，……纂刊《十三经校勘记》二百四十三卷成。先是，先生弱冠时，以汲古阁本《十三经注疏》多讹谬，曾以《释文》、唐石经等书手自校改。督学以后，始以宋十行本为主，参以开成石经及元明旧刻、叶林宗影宋抄本、陆氏《释文》等书，属友人、门弟子分编。而自下铅黄，定其同异，得《易》十卷、《书》二十二卷、《诗》十卷、《礼记》七十一卷、《仪礼》十八卷、《周礼》十四卷、《左传》四十二卷、《公羊》十二卷、《穀梁》十三卷、《尔雅》五卷、《论语》十一卷、《孝经》四卷、《孟子》十五卷。至是刊板始成，先生当曰："此我大清朝之《经典释文》也。"

案：据《揅经室一集》卷十一《十三经注疏校勘记序》所述，诸经校勘人依次为：《易》"元和生员李锐"，《书》"德清贡生徐养原"，《诗》"元和生员顾广圻"，《周礼》"武进监生臧庸"，《仪礼》"德清贡生徐养原"，《礼记》"临海生员洪震煊",《左传》"钱塘监生严杰",《公羊》"武进监生臧庸",《穀梁》"元和生员李锐",《论语》"仁和生员孙同元",《孝经》"钱塘监生严杰",《尔雅》"武进监生臧庸",《孟子》"元和生员李锐"。

凌廷堪、程瑶田书札往复,讨论《仪礼》中所记饮酒之礼。
据《校礼堂文集》卷二十五《与程易畴先生书》记:

> 先生去后,即检大著《述爵》读之。乡衡之解,疏证先郑古义,其精密固不在《释磬折》《九谷》之下也。惟篇中"饮酒之礼,必立而饮之"二语,似乎可商。考《乡饮酒》献宾、献介,《燕礼》献宾、献卿,皆坐卒爵。《乡饮酒》献众宾,《燕礼》献大夫、献士,乃立饮。盖礼盛者坐卒爵,礼杀者立卒爵也。《燕礼》献公立卒爵者,杀于宾也。献工坐卒爵、献笙立卒爵者,礼相变也。旅酬立饮,则以觯不以爵矣。一得之愚,敢献诸左右,以备采择。

又据该书同卷附程瑶田答书云:

> 昨得手书,言立饮之误,如闻棒喝,幸甚。曩因乡衡之义,自矜创获,又触《贾子容经》言经立之容,固颐正视,是谓立容头直,不许昂首,恰合乡衡不昂首而得尽其实之容。且以令人环坐群饮,古人则立而行事,遂贪经立二字以为言。不知饮必至卒爵,乃得尽其实,经文屡见坐卒爵字,则不得以立饮概饮酒也。此一时粗心不检之失,益见大著《仪礼释例》之作不容已也。

顾广圻为张敦仁校刻《仪礼注疏》,并代张氏撰序。
据顾广圻《思适斋集》卷七《重刻仪礼注疏序代张古馀》记:

> 《仪礼经》郑注贾疏,前辈每言其文字多误者,予因偏搜各本而参稽之。知经文尚存唐开成石刻,可以取正注文,则明嘉靖时所刻颇完善。其疏文之误,自陈凤梧本以下,约略相同。比从元和顾千里行箧所见所用宋

景德官本手校疏，凡正讹补脱，去衍乙错，无虑数千百处，神明焕然，为之改观。千里又用宋严州本校经及注，视嘉靖本尤胜，皆据吴门黄氏家之所藏也。夫二本之在天壤间，为功于此经非浅，而获见者罕，不亦惜哉！遂与千里商榷，合而编之，重刻以行世。其列卷依景德为五十者，以尚是贾氏所分也；自卅二至卅七损失六卷，校以魏鹤山《要义》而循其次第者，魏所用即景德本也；余卷有缺叶，不得不取明以来本足之，而必记其数者，传信也；经注之文，间有与疏违互者，以其元非一本，不可强同也；严州本之经，较诸唐石刻或有一二不合，今犹仍之者，著异本之所自出也；注与疏两宋本非必全无小小转写之讹，不欲用意见更易者，所以留其真，慎之至也。至于经也注也疏也，于各本孰为同，孰为异，祛数百年来承讹袭舛，以还唐宋相传之旧，则厘然具在，不难覆案也。若夫近日从事校雠者，不止一家，核其论说，或取诸《经传通解》等，或直凭胸臆而已，莫不犹治丝而棼之，手虽繁而丝益乱。唯执此订彼，其是非得失，庶可决定也。自今卓绝之士，如张蒿庵、顾亭林其人，以为依据，乃无当时残缺之嘅。而由是修明通儒之业，则圣之经，贤之传，其精微且于斯，焉在文字云乎哉？

案：据赵诒琛编《顾千里先生年谱》嘉庆十一年四十一岁条称："为张古余合刻《仪礼注疏》，取宋景德官刊单疏本，及宋严州单注本合编之。疏文有阙者，补以魏了翁《仪礼要义》即向严九能所借手钞本。刊成，代古余作序，先生自跋之。"故将是文系于此。

十二月五日，朱珪病逝于大学士任。

据阮元《揅经室二集》卷三《太傅体仁阁大学士大兴朱文正公神道碑》记：

> 公讳珪，字石君，号南崖，晚号盘陀老人。……父文炳，陕西盩厔县知县，始迁籍于顺天大兴。……公以雍正九年正月十二日生于盩厔县。有兄三，堂、垣、筠。……年十七，科试第一，举于乡，与叔兄齐名，震都下，公卿争延之。次年，会试中式。……乾隆十六年，散馆第一，授编

修。……五十九年，调广东巡抚。六十年，兼署两广总督。……嘉庆……十年正月，宣制拜体仁阁大学士，管理工部事。……十二月乙亥，……上亲临公第。丁卯，复命户部尚书戴公来。夜逾子，痰盛气微，遽薨，是五日戊寅也。

钱坫卒于是年。
据《清史列传》卷六十八《钱坫传》记：

坫，字献之。副贡生。游京师，朱筠引为上客。以直隶州州判官于陕，与洪亮吉、孙星衍讨论训诂、舆地之学。论者谓坫沉博不及大昕，而精当过之。嘉庆二年，……署华州。……三年，……以积劳得末疾，引归。著《史记补注》百三十卷，详于音训及郡县沿革、山川所在。陕甘总督松筠重其品学，亲至卧榻问疾，索未刊著述，坫取付之，曰："三十年精力尽于此书矣。"十一年卒，年六十六。又有《诗音表》一卷、《车制考》一卷、《论语后录》五卷、《尔雅释义》十卷、《释地以下四篇注》四卷、《十经文字通正书》十四卷、《说文斠诠》十四卷、《新斠注地理志》十六卷、《汉书十表注》十卷、《圣贤冢墓志》十二卷。

嘉庆十二年丁卯　1807年

二月，宁波府学教授丁杰卒。

据翁方纲《复初斋文集》卷十三《丁小雅传》记：

丁杰，字升衢，号小山，又号小雅，浙江归安人。乾隆辛卯举人，辛丑进士，官宁波府学教授。嘉庆十二年二月卒，年七十。……乾隆戊戌、己亥数年间，无日不相过从，共几展卷，审正鲁漏，如对古人。尝相约补正秀水朱氏《经义考》序尾年月。竹垞此书，纲领闳富，有资援据。顾所载序跋，多删去末行年月，此钞胥意在省便，致使作者先后次序无所按据。予时在《四库》馆，日钞数条，归以语君。君亦博采闻见，以相证合，惜其后未能竟功。竹垞所见之书，今或有未见者，而其每书下载某人曰，不明著出于某卷，尤失考订之宜。君亦慨然与予同志补正之。今予所刻《补正》，卷内虽间有述君语者，特其字句小异处，尚未足尽发君之笃志也。丙午秋，予视学江西，不相见者二年余矣。至己酉九月，予自南昌役竣，将登舟而君适来相访。是日，送行者皆出，惟新城鲁生嗣光在侧，犹及与君相质郑义数事。巡抚何公裕城，已待于河干，予临别谓何公曰："吾此行极恋恋者，惟一研经老友丁君，适来在此，公幸以讲席延之。"于是君应聘主吉安鹭洲书院，而此后讫未得见矣。

又据《清史列传》卷六十八《丁杰传》记：

丁杰，原名锦鸿。……初至都，适《四库》馆开，任事者延之佐校，遂与朱筠、戴震、卢文弨、金榜、程瑶田等相讲习。于《大戴礼》用功尤深，著有《大戴礼记绎》。又《易郑注》久佚，宋王应麟裒辑成书，国朝惠栋复有增入。杰审视两本,以为多羼入郑氏《易乾凿度注》;又《汉书注》所云郑氏,乃即注《汉书》之人,非康成。乃刊其讹,定其是,复摘补其未备,著《周易郑注后定》,凡十二卷。……所著有《小酉山房文集》。

三月二十四日,汪辉祖病逝萧山,享年七十八。
据汪继培等《梦痕余录续编》嘉庆十二年七十八岁条记:

> 谓继壕曰:"吾久病,早晚不可知。设有不测,孙辈幼,不可使无母。既聘,当即娶,吾亦庶无心事。"因手取《时宪书》,选吉日,曰:"三月二十四日最佳,勿更缓也。"呜呼!孰知壕妇于归之日,即府君弃养之辰!

又据阮元《揅经室二集》卷三《循吏汪辉祖传》记:

> 君讳汪,名辉祖,字焕曾,号龙庄,晚号归庐,浙江萧山人。……年十七,补县学生员。练习吏事,前后入诸州县幕,佐人为治。……年三十九,举于乡,又七年,成进士。需次谒选,得湖南永州府宁远县知县。……官宁远未及四年,以足疾自劾免,……竟坐是夺职。……所著书有《元史本证》五十卷、《读史掌录》十二卷、《史姓韵篇》六十四卷、《九史同姓名略》七十二卷、《二十四史同姓名录》一百六十卷、《二十四史希姓录》四卷、《辽金元三史同名录》四十卷、《龙庄四六稿》二卷、《纪年草》一卷、《独吟草》一卷、《题衫集》三卷、《辛辛草》四卷、《岫云初笔》二卷、《楚中杂咏》四卷、《归庐晚稿》六卷、《汪氏追远录》八卷、《越女表微录》七卷、《善俗书》一卷、《庸训》六卷、《过眼录》二卷、《诒穀燕谈》三卷。其尤著者,有《学治臆说》四卷、《佐治药言》二卷。嘉庆十二年,年七十有八卒。

夏初,洪亮吉著《春秋左传诂》成。
据洪亮吉《更生斋文续集》卷一《春秋左传诂序》记:

> 余少从师受《春秋左氏传》,即觉杜元凯于训诂、地理之学殊疏。及

长，博览汉儒说经诸书，而益觉元凯之注，其望文生义、不臻古训者，十居五六。未尝不叹汉专家之学，至孙炎、薛夏、韦昭、唐固之后，法已尽亡。自魏受禅，至晋平吴之岁，不及百年，戎马倥偬，著书者渐少。辅嗣既启空疏之习，子雍复开饰伪之门，而孔门之弟子门人一线相承不绝如缕者，至此始断而不克续矣。然又窃怪元凯虽无师承，然其时精舆地之学者，裴秀、京相璠、司马彪之俦，尚布列中外，即以训诂论，《左氏》一经，陈元、郑众、贾逵、马融、延笃、服虔、彭汪、许淑、颖容诸人之说俱在，倘精心搜采，参酌得中，何至师心自用若此！岂平吴之后，位望既显，心迹较粗，又一时诸儒，学浅位下，不能复驳难故耶？自此书盛行，千六百年，虽有刘炫等《规过》之书，不能敌也。况今日去刘炫等又复千载，其敢明目张胆起而与之争乎？然以后人证前人之失，人或不信之，以前人正前人之失，则庶可厘然复矣。

于是冥心搜录，以他经证此经，以别传校此传，寒暑不辍者又十年。分经为四卷，传为一十六卷，遵《汉艺文志》例也。训诂则以贾、许、郑、服为主，以三家固专门，许则亲问业于贾者也。掇及《通俗文》者，服子慎之所注与李虔所续者，徐坚《初学记》等所引可证也。地理则以班固、应劭、京相璠、司马彪等为主，辅而晋以前舆地图经可信者，亦酌取焉。又旧经多古字、古音，半亡于杜氏，而俗字之无从钩校者，又半出此书。因一一依本经与二传，暨汉唐《石经》、陆氏《释文》与先儒之说信而可征者，逐件校正，疑者阙之。大旨则以前古之人正中古之说。虽旁证曲引，惟求申古人之恉，而己无预焉者也。书成，合为二十卷，臧诸家塾，以教子弟焉。名为《春秋左传诂》者，"诂"、"故"古字同，欲以存《春秋》之古学耳。时嘉庆十二年，岁在丁卯，立夏日也。

四月，段玉裁为陈鳣《简庄缀文》撰序，述二人交往，叹老成凋零。据《简庄文钞》卷首段玉裁《叙》记：

> 吾友徵士陈君仲鱼，汇刻所为文七十余篇，分为六卷，皆可诵可传也。

往余于乾隆己酉至都门，时邵二云、王怀祖皆在焉。余之识仲鱼也，实因怀祖。时仲鱼年方壮，学甚精进，余甚敬之。既而壬子、癸丑间，余始侨居苏之阊门外，钱辛楣詹事主讲紫阳书院，得时时过从讨论。而仲鱼十余年间，为人作计，常往来扬、镇、常、苏数郡间，每岁亦必相见数四。见则各言所学，互相赏奇析疑，朋友之至乐也。仲鱼所为《孝经集郑注》、《论语古训》《六艺论拾遗》《郑君年谱》及《对策》诸编，余既一一雒诵，叹其精核。今复出此《缀文》，命余叙之。余以为君之学邃矣，君之文不懈而及千古矣。或研经训，或记雠校，或考索故事，或发阐幽光，或抒写兄弟朋友情挚之语，非所谓函雅故，通古今，正文字，惟学林者乎！而首卷论九篇，议论确不可易，真无愧立言也。兹者故老雕零，辛楣与卢抱经、王西庄、兰泉诸先生，皆相继谢世，二云及刘端临亦逝。计惟程易田、姚姬传二老及怀祖在耳。易田今年八十三，姬传及余少于易田，怀祖少于余，君又少于怀祖。古人云，昼短苦夜长，何不秉烛游？殆以况迟暮之年，好学不倦，好礼不厌也乎！仲鱼才五十许，所进盖未可量也。嘉庆十有二年，太岁在丁卯，夏四月，金坛段玉裁叙。

四月，钱大昕弟子李赓芸将其遗作《王深宁先生年谱》《弇州山人年谱》与先前所刊《洪文惠公年谱》《洪文敏公年谱》《陆放翁先生年谱》合刻并为五种。

据《弇州山人年谱》卷末李赓芸《跋》记：

昔从先师游，第知有二洪及放翁年谱而已。癸亥之春，刊三谱毕，以印本邮呈，先生复书，亦不言尚有它种也。先师既归道山，行状中载所著书目录，方知又有王伯厚、王元美两先生年谱，亟索诸先生之家，仅得元美谱，其伯厚谱久之始检得寄来，乃续刊之，合为五种。元美为吾州人，与王文肃公元驭同姓同时而异望，一为郎邪，一为太原。两家世泽绵远，代有闻人。先师又尝作二王氏世系表，当别入《养新录》也。嘉庆十有二年，岁次丁卯，夏四月，受业弟子李赓芸谨跋。

五月，祁韵士在伊犁戍所著《西陲要略》四卷成。

据《西陲要略》卷首祁韵士《西陲要略自序》记：

近年士大夫于役西陲，率携《琐谈闻见录》等书为枕中秘，惜所载不免附会失实，有好奇志怪之癖。山川沿革，按之历代史乘，皆无考据。又于开辟新疆之始末，仅就传闻耳食，为之演叙，讹舛尤多。夫记载地理之书，体裁近史，贵乎简要。倘不足以信今而证古，是无益之书，可以不作。赤奋若之岁，余奉谪濛池，橐笔自效，缅思新疆周二万余里，为高宗纯皇帝神武独辟之区，千古未有。余既得亲履其地，多所周历，得自目睹，而昔年备员史职，又尝伏读御制文集、诗集，及平定准噶尔、回部方略二书，故于新疆旧事知之最详，颇堪自信。适松湘浦先生驻节边庭，以伊江为总统南北两路之地，亲事丹铅，创为《事略》十二卷。已又奉有续辑《同文志》之命，将汇送各城故实事迹，余获总司校核，参证见闻，益觉信而有据。爰就要者考而录之，备存其略，凡四卷。并掇《闻见录》诸书中之可信者，证以所见，纂为二篇，附载书后，俾后之人知所折衷云。嘉庆丁卯夏五月，寿阳祁韵士鹤皋甫自识。

又据《鹤皋年谱》嘉庆十二年五十七岁条记：

创纂《伊犁总统事略》十二卷，别摘山川疆域为《西域释地》二卷。

六月，黄丕烈为王子兴刻《九子》撰序。

据《荛圃刻书题识》之《王刻九子序》记：

"六经"皆载道之书，而所以辅经而行者，则有诸子。如《曾子》《子思子》《孟子》，以子而升为经者，家弦户诵，若日月之经天，江河之纬地，固亘古不废矣。其余或隐或显，若存若亡，苟非有表章是书者，恐日久磨灭，即欲读其书而不可得。则子书之不可无传本也，其信然哉。……余素喜藏书，于子书尤多善本，与一二嗜古之友相商，举宋本之善者次第刊行。

苦无其赀，有志未逮，心窃伤之。今得王君子兴，有《九子》之刻。……倘世有好事者，由是书以求宋时雕本，纤悉影摹，俾人人得其真本，岂不善欤。虽谓王君之刻有以导夫先路也可。时嘉庆岁在丁卯，夏六月，读未见书斋主人黄丕烈。

八月十三日，洪梧为其弟子凌曙著《四书典故核》撰序，勉励有加。
据《四书典故核》卷首洪梧《序》记：

予昨岁主讲梅花，则欲与诸生为通经之学，首令纂《公羊通礼》《周官六联表说》及《论孟水地通释》《仪礼十七篇节目详考》《左传五十凡论》《诗经通礼》，皆日有程，月有课，洒洒乎可观矣。凌生曙执所业进，予览其书，于"四子书"制度典物，能博采经说传疏及古今人论议之谛当者，皆明之于心，而后注之于手，与径书经文疏义者迥辨，非通明各经及本书，安能如是之烛照而数计也。……我朝经学昌明，若阎氏、毛氏、惠氏，于"四书"多所考定。近时之江氏、戴氏、金氏、阮氏所著书，皆足补紫阳之不逮。曩尝欲为《论孟笺》，如毛、郑《诗》，固不相妨。以生心力，当可成此。吾又重生以屡空之家，无师之学，不啻昔人之牧豕听经，偷光照字者。其学有条贯如此，则其所至固未可量也。吾乡慎修先生，幼时家贫无书，借人《周礼注疏》一帙，由此寻诵，遂成大儒。东原先生尝一月断炊，注《离骚》成，乃得食。贫者士之常也，生勉矣。……嘉度丁卯，中秋前二日，新安洪梧，力疾书于讲院西偏之群玉堂。

九月，严可均在济南整理亡友王保训辑《京氏易》成。
据《铁桥漫稿》卷五《京氏易叙》记：

《京氏易》八卷，无锡王氏保训辑本也。《汉魏丛书》有《京氏易传》三卷，王氏于三卷外，采录遗文，得四万许言，寻以病卒于都下。其同年友严可均理而董之，正其讹，补其阙，仍分八卷，缮写而为之叙。……《易》道至大，无所不该，王弼以道家言解《易》，杨简以佛家言解《易》，尚得名家，况京氏为汉《易》之宗，听其废绝，不可惜哉！……余生也晚，所为望古而怅然者也。嘉庆十二年秋九月，严可均釟于历下寓斋。

十月一日，贵徵为其弟子凌曙著《四书典故核》撰序，主张"义理、典章两无遗阙"，据《四书典故核》卷首贵徵《序》记：

"四子书"列在学官，与"五经"并重，以之发题试士，固当发明圣贤意指。然典章名物，古圣人所以治天下之具，但言义理，不论典章，则治天下之具荡焉泯焉。故汉儒专从事于此，典章备而古圣人治天下之理亦备矣。……今之读"四子书"者，亦当以经解经，征引训诂，借以羽翼程朱，庶几义理、典章两无遗阙。曩为诸生时，操此从事，属稿未就，旋以薄宦辍业。今返初服，日与桐生先生相过从。春间，于讲堂见有《四书考典》一书，桐生先生曰："此凌生晓楼所纂集也。"未几，晓楼以此书来见，不数日读竟，深惭向日之有志未成，而喜吾郡读书明经之士日益多也。晓楼虽贫苦，而积学不倦如古人，其为文俱有经术。至此书之善，则桐生先生言之详矣，兹不具言，特言义理、典章不可偏废，以间执世之轻视掌故者之口。嘉庆十有二年，十月朔日，仪真贵徵。

十月八日，严元照自序《娱亲雅言》，缅怀故老，不忘所自。
据严元照《悔庵学文》卷二《娱亲雅言自序》记：

乾隆癸丑，始得觐余姚学士卢先生，先生不惜教诲，示之轨则。元照微有知于古人训故之学，实居于此。……嘉庆丙辰，端居多暇，仿古人掌录之意，掇拾所闻，得书四五十番，……缮稿寄钱先生求正定之。先生为之指瑕纠谬，且畀之以序。……自时厥后，时从事于兹，每咸一卷，辄走使传观，冀闻阙失。积累既多，浸芟浸改，稿凡数易，如是者五年。……卢先生始发元照之蒙，……甲寅之秋，亲扶病来石冢，留连数日而去，时年七十有八。先生殁后，元照通书于金坛段君，段君答书曰："自与抱经游，耳吾兄名。"知先生生前游扬贱名如此。钱先生不苟称许人，独于元照不惜假借再三。元照于两先生，虽未尝侍函丈，称弟子，然而推原求委，不敢忘所自也。

孟冬，江永遗著《礼书纲目》在婺源刊刻，阮元应请撰序。

据陈鸿森《阮元揅经室遗文辑存》卷上《礼书纲目序》记：

此编向已录入《四库全书》，然其卷帙繁重，人间转钞希少。顾世所传刻先生著作，如《群经补义》《乡党图考》之类，皆吉光片羽，非其绝诣。先生生平所著，略见于刘君海峰所撰《传》，而此编又举世所愿读而不可得见者，是可慨也。先生没后，高第弟子如金修撰辅之、程孝廉易田，屡谋剞劂而中辍，最后得婺源俞君鸣玉、荆玉昆季乐任其事，遂鸠工开雕。既而其孙锦波以易田孝廉与之（森按："之"疑当作"元"）友善，书来属序。余因思其学既为绝学，而其书又为古今所不可少之书，非独嘉惠来兹，亦以卒朱子未竟之功，其事可不谓伟欤！夫《仪礼》为古今所难读之书，昔嘉兴冯氏尝刻秀水盛君庸三《仪礼集编》，余既序而行之矣。今复得是编，益叹我国家运际昌明，经学之盛，莫之比并。明人于此经无一字，而巨制若斯之多，学者苟因两家之说，以沿而上之，其蕲至于三代之制度不难矣。嘉庆十有二年孟冬月，扬州后学阮元序。

十一月十六日，陈鱣为吴骞《愚谷文存》撰序，推尊槎客先生学行，缅怀乡邦先贤遗德。

据陈鱣《简庄文钞续编》卷一《愚谷文存叙》记：

吾乡以儒林著者，晋则有干令升，梁则有咸公文，陈则有顾允南，唐则有褚宏度，宋则有张子韶，明则有董硕甫、朱康流、谈孺木、祝开美诸先生，及先五世从祖乾初府君。后百余年，而有吴槎客先生焉。先生品甚高，谊甚古，而学甚富，著述等身。顾不屑为流俗之文，夙共当世贤士大夫相往还，与之上下其议论。晚年益深造自得，远近学者宗之。筑拜经楼，聚书数十万卷，丹黄甲乙，排列几筵。又有图绘碑铭、鼎彝剑戟、币布圭璧、印章之属，丹漆陶旒、象犀竹木之器，充牣其中。皆辨其名物制度，稽其时代款识，著之谱录。暇则驾扁舟，泛江湖，历山谷，探奇吊古，吮墨含毫，于遗文坠简，广为搜访，遇孝忠节烈之大端，尤必竭力阐扬。殆得于古者深，积于中者厚，而粹然为儒林之望也乎！鱣幸得从先生游有年矣，渊渊乎如临秋水，而心鉴其清焉，蔼蔼乎如披春风，而身受其和焉。观其家雍睦一堂，竞尚儒雅，令子若从子，相继登贤书，欣欣向荣。先生夷然视之，惟沉酣典籍，谈艺论文。年七十余，耳目聪明，行不须杖，咸称为寿者相云。先生既刻《拜经楼诗集》十二卷，钱辛楣詹事叙之。今又刻《愚谷文存》十四卷，属鱣为弁言。以鱣之固陋，何敢叙先生之文！然数十年交情之笃，则莫如鱣，故不自掩其短，而识其生平大略如此。若夫文笔之高坚，词旨之敦厚，固世之有目共赏者，无庸鄙人插齿牙于其间也。嘉庆十有二年，冬十一月既望。

十一月，段玉裁撰《释拜》在南京刊刻，段氏有跋，顾广圻有序。据段玉裁《经韵楼集》卷六《自跋释拜后》记：

古拜仪，今学者茫然。辛酉、壬戌之间，闲居多暇，取各经疏通证明之，乃大白于天下。可以正今人书帖吉用顿首、凶用稽首之悖古，抑亦可以知凡考古，每事必贯穿经史为之，非可卤莽立说也。……古礼之亡，由重牲觗缪，积非成是，往往如此。今制于上前免冠，头触地有声请罪，曰碰头，尚合古意。惟免冠起于汉耳。嘉庆丁卯十一月，玉裁识。

又据顾广圻《思适斋集》卷十一《刻释拜序》记：

凡学须名其家，金坛段君，学之名其家者也。所著已刻有《六书音均表》等，未刻有《说文注》等，共若干种。忆始相识，在乾隆壬子，即见谓曰："《音均表》解人，向为王怀祖，今乃得足下耳。"此言固未必然，而其所以厚广圻者，诚可谓至矣。《释拜》一篇，在文集亦单行，旧得其副。今以嘉庆丁卯，刻之于江宁，非欲用是酬知也，为后世求段氏学者，将有涉于此也。

王聘珍著《大戴礼记解诂》初成，阮元撰序，予以推荐。据《大戴礼记解诂》卷首《自叙》云：

夫以大戴之书，同是圣贤绪余，自古未立学官，两汉经师不为传注，陆德明不为音义，迄无定本。后周卢辩虽为之注，然而隋、唐、宋志并不著录，则其书传者盖寡，是以阙佚过半，其存者亦讹变以能卒读。……忆垂髫受书，家父口授此经，聘珍年才幼学，迄今诵习三十余年矣。

又据阮元《揅经室集一集》卷十一《王实斋大戴礼记解诂序》云：

南城王君实斋聘珍，著《大戴礼记解诂》十三卷、《目录》一卷。其言曰："大戴与小戴同受业于后仓，各取孔壁《古文记》，非小戴删大戴，马融足小戴也。《礼察》《保傅》语及秦亡，乃孔襄等所合藏，是贾谊有取于古记，非古记采及《新书》也。《三朝记》《曾子》，乃刘氏分属九流，非大戴所裒集也。"其校经文也，专守古本家法，有惩于近日诸儒妄据他书径改经文之失。其为解诂也，义精语洁，恪守汉法，多所发明，为孔扐约诸家所未及。能使三千年孔壁古文无隐滞之义，无虚造之文，用力勤而为功巨矣。元从北平翁覃溪先生得识王君。王君厚重诚笃，先大夫敬之，以为有古人风，无南人浮竞之习，延教家塾子弟者有年。王君书成，属序于元。元更出元素校大戴本付王君。王君或以己所校者衡量之，加以弃取，别为《大戴记》作释文数卷，不更善乎！

案：阮元此序又载王书卷首，末署"嘉庆十二年，扬州阮元叙于揅经室"。十二月一日，严可均著《说文翼》成。

据《铁桥漫稿》卷五《说文翼叙》记：

国朝崇尚经术，鸿儒硕彦先后挺生，家谭汉学，户蓄许书。晦冥千年，霩然昭朗。然求其淹贯故训，仅或一二人，余皆沾滞缪固，狃于成说，未能观其会通，虽各有所得，难可谓之通才也。夫《说文》者，经典之总龟也，孔子写六经，河间得先秦古书，皆古文，经师不尽识，故属读不同，误解亦不少。诸儒渐次是正，其绪论具见于《说文》，而非观其会通不得也。何者？《说文》皆本字，经典多假借，且以隶写古籀，而古籀相沿，又多疑文惑体，轶出《说文》外，十常二三，浅儒昧于形声，未极古籀之变，泥守本字，失其假借。以此治经，扦格抵牾，在所不免。然此轶出《说文》外十常二三者，以形声求之，《说文》无不有，非遗漏也，即所假借，亦不离本字远也。唯不知形声，故不知假借也。夫六书象形、指事、会意、转注，厥谊明了。形声者，据形为谊，依声为读，左形右声，右形左声，上形下声，下形上声，随势移易，正反向背，唯变所适。或声兼谊，或但取其声，或省或不省，或取同类为行，或取声近为声，往往一字而十数异体。《说文》仅收其一，一可包十数也。假借者，或取形近，或取声近，或取偏旁半字，望文改读，声随谊转。《说文》列字十数，十数可贯于一也。故会而通之，然后能治经，然后能极古籀之变，而见《说文》之所择者精，所赅者广也。然而古籀废绝二千年于兹，又孰从而极其变也！《说文》所载重文，后人或有增加，真伪参半。郭忠恕《汗简》六篇所辑，皆汉、魏、六朝、唐人手笔，点画失真，诠释寡当。夏竦《四声韵》尤讹谬。于二书中，求所为商周遗迹，未有也，有亦未审信也。《说文》言郡国，亦往往于山川得鼎彝，其铭即前代之古文，皆自相似。知许君记字，参稽金刻为多。自宋以来，三代法物日出而不穷，其文字禼皇淳茂，倜傥离奇，《说文》不尽有，以形声求之，都可识也。古时字少，以假借通之，不胜用也。今厶泉、刀、布、币、钟、鼎、鐾、匜、戈、戟等铭，皆手拓本，有不足，则取诸《考古图》、《博古图》、《啸堂集古录》、薛氏《钟鼎款识法帖》、阮氏《积古斋编录》及《坛山石鼓》等石刻，而以秦篆终焉。不收汉篆，唯魏三体石经之古文，或原出竹简，亦附采入，辄依《说文》部居，始一终亥，以类相从，有条不紊，援据出处，信而有征。淯说其文，详解其字，抉索幽渺，剖析疑似，函盖万有，闾豁众蔽，语许君所未尽语，通经典所不易通，庶几羽翼《说文》，俾后之君子知形声假借之方焉。自春徂冬，而稿初竟。罣漏失误，傥所难辞，许君可作，将许我乎？

又据同书同卷《说文翼后叙》记：

此十四篇……凡五万二百八十九字，其匯辑者皆金石文，尚稽殷周，下逮嬴秦，古大小篆，错落具陈，形经声纬，类聚群分，贯穿异互，联属棼纇，通以假借，数物一名，变化出入，察核讨论，疑以传疑，信以传信，神而明之，存乎其人。于时大清行乾体坤，圣圣继述，久道化成，风教覃被，文质份份，学集外内，言归雅驯。粤在嘉庆单阏之年，斗建于丑朔日戊辰。

段玉裁致书顾广圻，就上年顾氏代张敦仁撰《礼记考异》，以孙志祖《读书脞录》释《王制》"虞庠在国之西郊"，"西"当作"四"为不然，提出商榷。

据《经韵楼集》卷十一《与顾千里书》记：

孙颐谷志祖，据《北史·刘芳传》，证《王制》"虞庠在国之西郊"，"西"当作"四"。尊校以为不然。《祭义》"天子设四学，当入学而大子齿"，注云："四学，谓周四郊之虞庠也。"尊意谓此"四"当作"西"，以合《王制》。……《祭义》无讹字，《王制》经注皆有讹字，郑本必然作"四"。刘芳、崔灵恩、杜佑所据《王制》、《祭义》，经注作"四"。皇侃云"四郊皆有虞庠"，皆不误。孔颖达于《王制》，据误本，不解郑意，西序在西郊，周立小学于西郊，不成文理。于《祭义》，又不用郑注本义，援引四代之学，而入学为入西郊虞庠。皆未妥协。先师东原云："凡考一事，勿以人之说蔽我，勿以我之说自蔽。"故不敢闷而不言。暇即面谈为属。

顾广圻接段玉裁书，曾有复书一通，段亦再有一札，惟两家文集及续编均失收，未得其详。段氏接顾氏复书，撰《礼记四郊小学疏证》，旁征博引，证成己说。

据《经韵楼集》卷十一《礼记四郊小学疏证》记：

> 近者，孙侍御颐谷《读书脞录》，引《刘芳传》以证今本《王制》误字，其说确然可信。而顾秀才千里必云，西是四非，谓四郊为王肃说，谓某侍御模糊乱道。夫崔、皇、杜皆云，郑注《祭义》云，四学，周四郊之虞庠，并未及肃本、肃说。刘芳《表》末，虽及肃说，而援引者亦凿然郑注，非肃说也。佞孔之讹误，而以肃为归恶之下流，岂解经之道乎？

十二月一日，顾广圻致书段玉裁，就段氏《礼记四郊小学疏证》进行驳诘。

据王大隆辑《思适斋集补遗》卷上《与段茂堂第二书》记：

> 广圻顿首顿首，死罪死罪。前得来札，知翻然采纳，不意又著大说一册，变本加厉，此甚非所望于大君子也。何则？大说于经之明文凿凿者，抹杀之曰讹，不计其为一见再见若合符节也。于注之明文凿凿一见再见亦若合符节者，又悉抹杀之曰讹。于《正义》之累累见，贾也、孔也无不若合符节，不能谓之讹者，则又换一法，悉抹杀之曰误。然后烦称博引他经他注之非有明文者，为之自立一说，以就所欲说。然细案所立之说，绝非其经其注之本旨。又假借于他家之异义者以断章取证，而不计其为牵合。此等种种，于大说所谓解经之道，岂可云当如是？浅学且知之，高明谅非不知也。乃锐意为之，诚所未谕。夫凡经说之有不同，而不容轻用彼改此者，何胜一二？鄙人之指，在《思适斋笔记》，不过以西郊还之自古相传，至唐贾、孔所受之经与注而已，不过以四郊还之刘芳、皇侃、崔灵恩而已。至于芳引肃注，即在表中。皇氏时乖郑义，久经论定，皆非鄙人所能空造，不过据此欲听其不同，而不容轻用彼以改此而已，有何必不是者？亦诚所未谕。况不改贾、孔所受之经与注，实于他经他注之本旨，苟非自立一说，罔不四达而不悖，有何必不可者？亦诚所未谕。且某侍御之初说，祇及

《王制》经,彼看《刘芳传》时,模糊于西、四不同之故,又未详考诸经、注、《正义》,而信口谈道,不出近来辄依他书以乱本书之陋习耳。虽无足深论,但其祸渐涉于紊经,故《笔记》附订于考《祭义》注之后,亦不加显斥,以为使其知尚有《内则》经、《王制》注、《祭义》注,贾孔二疏,明文累累,重规叠矩,不逾于此,或未遽贸贸下笔也。今大说反将凡所举出者,遇一经改一经,遇一注改一注,遇一《正义》掊击一《正义》。其余于《祭义》经西学等,又用六经注我之故智,以就所欲说,连篇累牍,期于灭西立四而后止。此实并非某侍御所及料也。鄙人之期期不可者,爱护经、注、《正义》,亦即所以爱护阁下。方冀仍然开悟,将大说拙辨,拉杂摧烧,归诸太虚,则盛德未失为日月之更,而经、注、《正义》与阁下咸受其福。若竟锐意不解,鄙人惧矣,不敢面从,亦不敢更谏。正恐明文自在,断不因欲抹杀而便抹杀也。天下后世,必皆知经注非如是其讹者,必皆知《正义》非如是其误者,必有知鄙人非漫然佞孔者,必有能详观他经与注而知其本旨云何者,必有能剖白异义而知其非可假借者。愿垂三思,无任祷切。广圻顿首顿首,死罪死罪。十二月一日。

案:顾氏此札,赵诒琛编《顾千里先生年谱》,系于嘉庆十三年。有误,故不从。

段玉裁接顾广圻十二月一日书,旋即作答,两家分歧益深。

据《经韵楼集》卷十一《答顾千里书》记:

足下为张古余作《礼记考异》,仆见立说多乖谬,偶举《祭义》"天子设四学"注一条札示,亦朋友规谏之义也。足下札复乃云:"某侍御模糊乱道,今大雅之言为一时宗信,不当扬其波。"夫颐谷仆非有深交也,况学问之事,正惟深交愈当相切切丁丁也。即颐谷而在,其说苟非,必以相告也。……足下隐其姓名者何居?……其故由于骄傲性成。且仆在杭州时,知足下为颐谷所疏忽,故以此报之。一见《上阮云台书》,再见为古余所作《考异》,三见答仆书,是以讲经为修怨之快捷径也,如此居心,尚有人品否？如此校经，尚可信从否？……足下从仆讲学有年，所得者剿其粗迹而已，其精者不欲闻也。然子昔所事师艮庭先生，其注《尚书》，改字当几许，足下其亦见而知之否耶？今足下乃云援他书改经为陋习，为紊经，足下当年何以师此紊经陋习之师，师死而后背之也？足下向语苏州诸友袁又凯、黄荛圃辈云："吾学得诸茂堂先生。"但仆从来治经如是，不知足下所得我者何也。……谓仆有意改经，……又用六经注我之故智。足下读书至三十岁，乃尚不解六经注我四字、故智二字耶？……今仆七十三矣，何尝宗象山，何尝有此故我耶？……顾泾阳诲钱牧翁曰："汝自谓读书多，我有书二本，汝却未读，乃《小学》也。"未有无人品而能工文章者，足下姑读《小学》，何必一再言死罪死罪，以相谢哉？玉裁白。

案：此札篇题下有"己巳"二字，意即嘉庆十四年，似误。文中云"今仆七十三矣"，当为嘉庆十二年。

嘉庆十三年戊辰　1808年

正月十日，顾广圻撰《学制备忘之记》，以答段玉裁《礼记四郊小学疏证》。

据王大隆辑《思适斋集补遗》卷上《学制备忘之记》记：

《王制》"不变移之郊，如初礼"，郑注末有"郊学"二字，金坛段氏茂堂《四郊小学疏证》遂据为立说之根本，以申虞庠在国之西郊，必当改经之西作四。愚谓此二经真乃如风马牛之不相及，不意遭此附会纽合也。试终言之。《王制》此经之文云："命乡简不帅教者以告，耆老皆朝于庠。元日，习射上功，习乡上齿，大司徒帅国之俊士与执事焉。不变，命国之右乡简不帅教者移之左，命国之左乡简不帅教者移之右，如初礼。"下即接云："不变，移之郊，如初礼。"下又接云："不变，移之遂，如初礼。"经四番习礼，下三番言如初礼者，皆如第一番之习射上功、习乡上齿也。郑注云："此庠，谓乡学也。乡，谓饮酒也。乡礼春秋射，国蜡而饮酒养老。"注第二番之如初礼云："亦复习礼于乡学。"注第三番之如初礼云："又为之习礼于郊学。"注第四番之如初礼云："又为习礼于遂之学。"然则射也者，固乡射礼也；乡也者，固乡饮酒礼也。合《仪礼》《周礼》《礼记》观之，乡射在州序，乡饮酒之正齿位在党序，而二者亦可就乡学行之而已，从未尝有乡射、乡饮酒而行之于虞庠小学者也。周之学制，天子大学一，在王宫之东；小学一，在西郊；乡学，每乡有一；州序，每州有一；党序，每党有一；遂与乡同。诸侯大学一，在西郊；小学一，在公宫南之左，与天子相变，而其有乡学以下则同。"三礼"明文，厘然具在。大学、小学者，学之一类也，天子诸侯主之者也。乡学、州序、党序、遂学者，学之又一类也，乡大夫、州长、党正、遂大夫主之者也。凡此二类，划然分别，非可杂糅也。……今段乃将此射乡二事本来只得行之于乡学以下者，忽跻而习之于虞庠小学，解经如此，不亦异乎？试问此说在"三礼"曾有之否？即群经中曾有之否？且使郑之注经四番习礼累累如贯珠者，割其前二番、后一番属之乡遂之学，割其中之此一番属之小学，衔橛错戾，如斯已极。郑何至方注移郊如初礼时，便忘却上文为射礼、乡礼耶？何至竟忘却射乡与虞庠小学无相牵涉耶？解注如此，不亦异乎？夫《周礼》之百里内为六乡者，地居四同，并国中及郊，共为六乡也。国中为乡界之内者，郊为乡界之外者，皆有乡学、州序、党序。郑注此一经，首云："郊，乡界之外者也。"末云："又为之习礼于郊学。"一气贯下。此郊学者，是乡界之外者之学，明为乡学、州序、党序之在郊者也。前两番乡学是乡界之内者之学，孔氏《正义》言其为国中之乡学、州序、党序，确不可易。通前后四番，皆是习射乡于乡学以下一类之学也。如是而此注与上下注累累如贯珠，如是而此经与上下经累累如贯珠，何可诬郑而武断之？一则曰："所谓郊学者，盖即此四郊之虞庠。"再则曰："不云西郊，则郑谓四郊皆有学也。"以为周小学在四郊乎？何可因此又诬经而武断之？以移之郊与虞庠在国之西郊，二经之划然两类者，搅成一类，冒乡学、州序、党序之在郊者以虞庠之名，而证其不止在西郊一处，不知此乃每乡有一，每州有一，每党有一，并非每郊有一，洵不止西郊一处，又岂止四郊四处？即极其附会纽合，终不可通也。何可因此又创为虞庠小学在远郊百里之说，凭空诬郑，而曰"然则郑谓郊学在远郊百里，在六乡乡学之外，六遂遂学之内"云云。吾见自有郑注以来，从无谓虞庠有四，各在远郊百里者。即郑君以外，亦从无谓虞庠在远郊百里乡学外、遂学内者。较王肃去都五十里之说，不可通尤甚。是仅当称段谓，而竟称郑谓，武断极矣！恐经之与郑，于此诸端，正当如《疏证》所言不能俯首受诬也。贾、孔撰《疏》及《正义》，大学、小学所在，以及乡学以下所在，条理秩秩，无少淆溷，可谓精于治经者矣！可谓深于郑学者矣！可谓洞究周家学校之大典者矣！段因其不便于己说，乃恣意掊击，其所大书深刻，甚至云薙孔、贾之谬说。呜呼！二家论定，不谋同词，全书肖然，海内岂乏目验心通者，吾不知其孰为谬说也？仆自问所学未及贾、孔，但夙载潜心，粗涉"三礼"，亦复详稽载籍，参会群言，识大学、小学之自为类，乡学、州序、党序、遂学之自为类，而各有其所在之处；识射乡二事，不容与虞庠小学相牵涉。以为论学制者，必先明乎此，然后问途有所。始见《疏证》初稿时，即用此意规止段，段且距且怒。今仍下笔记之者，取备他日遗忘耳，不欲与《疏证》喧争于务为相反以后息胜也。故《疏证》一切之说，虽有如所云上东上西乃注家之言，非经有明文，乃段之诬郑，而且公然掊击郑者；与夫割裁《大戴礼》而破其义，几谓举世可绐，莫知覆捡者，俱不复加以辨正。其余枝叶，尤不欲词费。而西之不可改四，先详《思适斋笔记》及答段书两通中，惟天下之志在明经者，倘值互相剖析，则必发箧陈书，手画口讲，逐一无隐矣。戊辰正月初十日，元和顾广圻书于枫江僦舍。

二月下旬，凌曙著《四书典故核》刊刻。曙撰《自叙》，言其为学渊源甚详。

据《四书典故核》卷首《自叙》记：

> 曙幼小就塾，五载即改习贾。性拙于治生，居市十年，不能裨其家，乃复理旧业。然苦无师友课程，读经五六年，稍熟其本文，始求汉宋诸儒论说，披阅之略尽。然不能贯串意旨，旁见侧出，以通其不备，即句读之浅，音训之粗，时多舛误，无所质正。又以训蒙就食他氏，不能慭习。至甲子之秋，曙齿且及壮，得识安吴包君慎伯，过从请益，极承劝诱，尝言："吾人为学自治经始，治经自'三礼'始。'三礼'书甚完具，二郑、孔、贾，发明其义甚明且密，推人情之所安，以求当于古先圣王制作之源，则莫不有合焉者。然其文深出，其说散见，非细心沉虑，则莫能总其条理，要其指归。制义一事，于学甚微末，然能使人束其心，静其气，锐其思，审其识，故欲治'三礼'者，当先精制义之法。制义依'四子书'以立言，

而四子之说有涉于制度文物者，非详考而慎择之，则不能以措词。武进故编修张皋文先生，儒宗也，其事举子业时，尝辨'四子书'中汉说之当从者数十事，手书成帙。今以授吾子，吾子反复之，以得读书之法，而增扩之，则为学之术莫近于此矣。"曙谨受之，不敢忘，不敢怠。少间，时自书所得者以质于包君，其所指摘，若振槁发翳。又为论制礼之源，约谓："礼本人情以即于安，故礼者治人之律，而《春秋》则其例也。《春秋》之旨，仅存于《公羊》，得何氏阐其说，然后知礼之不可顷刻使离于吾身。故不通郑氏者，不知何氏之平允，不通何氏书者，不知郑氏之精当也。武进庶常李申耆先生，吾党之冠也。吾子能相从至常州，当介于庶常，以别其绪，疏其流，不似吾荒落，仅举大略而已。"丙寅春，曙遂随包君至申耆先生家，亲承指授，笔记其略。归按之于籍，始知其言之有旨，辨之非夸。紬绎既久，渐能错综推广其意，乃就"四子书"之旧次，编辑为《典故核》若干卷。丁卯春，申耆先生入都过扬州，曙以稿本呈阅，重荷奖借，以为能卒编修之业。为留数日，加以删正。是夏，曙录出清本，以质于吾师洪桐生、贵仲符两先生，咸蒙许可。友人时有假钞者，为出赀以板行之。曙不敢辞，故书其始末，以告观者。嘉庆十三年，岁在戊辰，春二月下旬，江都凌曙晓楼氏谨记。

针对《学制备忘之记》，段玉裁数度致书顾广圻，逐一商榷，文繁不录，均见《经韵楼集》卷十二。三月七日，顾广圻有书答段玉裁，表示如无必要，将不再作答。

据王大隆辑《思适斋集补遗》卷上《与段茂堂第三书》记：

茂堂大令阁下：旬日中作书四通，数千余言，得无劳乎？侧闻阁下以仆不答为罪。夫去冬答阁下之两书，阁下既以为罪矣，今又云然。然则进退罪也，为阁下之朋友亦难矣哉。……自今以后，愿阁下于仆一切之说，仍日日移书相贬，倘贬之而当也，仆必立刻作答，以谢阁下之赐教而志吾过。贬之而皆若前三不解者耶，仆唯有不答而已。……广圻肶，三月初七日。

三月二十五日，凌廷堪著《礼经释例》五易其稿而后成。

据《礼经释例》卷末《后序》记：

> 右《礼经释例》十三卷，乾隆丁未岁创始，嘉庆戊辰岁卒业，五易稿而后成。用力既久，未忍弃置，录存于笥，俟就正于有道。并以旧作《七戒》一篇缀诸简末，以当后序。是年谷雨日，凌廷堪记。

五月，王念孙为段玉裁《说文解字读》撰序，重申"训诂明而小学明，小学明而经学明"。

据《王石臞先生遗文》卷二《段若膺说文解字读叙》记：

> 《说文》之为书，以文字而兼声音训诂者也。凡许氏形声读若，皆与古音相准，或为古之正音，或为古之合音，方以类聚，物以群分，循而考之，各有条理。不得其远近分合之故，则或执今音以疑古音，或执古之正音，以疑古之合音，而声音之学晦矣。《说文》之训，首列制字之本意，而亦不废假借。凡言一曰，及所引经类多有之，盖以广异闻，备多识而不限于一隅也。不明乎假借之指，则或据《说文》本字，以改书传假借之字，或据《说文》引经假借之字，以改经之本字，而训诂之学晦矣。吾友段氏若膺，于古音之条理，察之精，剖之密，尝为《六书音均表》，立十七部以综核之。因是为《说文解字读》一书，形声读若，一以十七部之远近分合求之，而声音之道大明。于许氏之说正义借义，知其典要，观其会通，而引经与今本异者，不以本字废借字，不以借字易本字，揆诸经义，例以本书，有相合无相害也。而训诂之道大明，训诂声音明而小学明，小学明而经学明，盖千七百年来无此作矣。则若膺之书之为功也大矣。若夫辩点画之正俗，察篆隶之繁省，沾沾自谓得之，而于形声读若，转注假借之通训，茫乎未之有闻，是知有文字而不知有声音训诂也，其视若膺之学，浅深相去为何如耶？余交若膺久，知若膺深，而又皆从事于小学，故敢举其荦荦大者，以告缀学之士云。

案：此文又载段玉裁《说文解字注》卷首，文末署："嘉庆戊辰五月，高邮王念孙序。"文中《说文解字读》，改作《说文注》。

六月，臧庸受阮元嘱，校勘《刘端临先生遗书》。校毕，为文以记知遇之恩。

据《拜经堂文集》卷二《书刘端临先生遗书目录后》记：

> 庸于己酉、庚戌间，从故翰林学士卢召弓游，始知端临先生。时学士校《礼经》，尝就正焉，先生亦于友朋间见庸说经之文，相与读而善之。初见于江宁，后往来镇江，靡不抠衣请教。试质以心得，则为之击节叹赏，或有不合，必反覆引喻，明其义而后已。且恤其穷途，赒其困境，饮食教诲，十七年如一日也。甲寅秋，庸将往武昌，先生曰："毕制府已巡抚山东矣，子行或先后不相值。詹事府学使阮公，吾乡人，且学友也，子其谒之。"庸之辱知于云台先生，自先生之书介绍始。甲子三月，庸应顺天乡试，舟过宝应。先生居继母钟太安人忧，谓曰："粮船催趱，上流堵截，至济宁，舟益难行，贻书河道王怀祖先生，为子谋车马，甫可达。"因馈以赆，偕弟建临虞部步送河干，距先生家五里许，意若甚惜此行者。再拜而后分袂，孰知此行竟成永诀乎！乙丑冬，都中得段若膺先生书，惊闻先生忽下世，哭之哀。盖庸先一日，犹寓书先生，以亡弟和贵之孝行、学业，乞言于先生也。庸纂辑汉儒经注若干种，先生尤善《郑氏论语》，谓精核过宋王伯厚，许为撰序，久而未成。先生告庸，欲作《仪礼补疏》。今《遗书》中言《仪礼》者不盈卷，必未成之书。虞部言，当先生时已毁于火，岂无别本抑又中失耶？今云台先生续得先生《经传小记》《文集》，编定《遗书》凡八卷，属庸校字。庸自都中归已三年，客夏又丧母，虽受知于先生最深且久，有不能已于一言者，而亦未暇成，负疚孰甚焉！虞部言，先生事继母至孝，尝客他所，忽心痛骤归，而母病危甚，乃悉心奉汤药，病旋愈。其诚感无间所生如是。今读《文集》中《蓼野先生行状》，知先生之德盛礼恭，夫固禀受于所生也。呜呼至矣！因缀叙获益之由于目录后。

六月，严元照自序《尔雅匡名》，力主"《尔雅》之文字正，而后可以治经"。

据《尔雅匡名》卷首严元照《自序》记：

> 岁在辛酉，读礼之暇，整比校语，写成稿本，命之曰《尔雅匡名》。名，文字也，匡之为言正也。吾于《尔雅》，为之正其文字而已。《尔雅》之文字正，而后可以治经。……自宋以降，小学日微，《尔雅》一经，久为学者所不道。是以说经之儒，新义臆说，日烦月滋，脱略诂训，成书甚易。书益多而经义益汩，则不读《尔雅》之弊也。晦冥既深，久而当复。本朝儒者务申古义，国初诸老开其端，至乾隆中而特盛。余姚邵氏乃为此经作正义，义例精，识解当，较邢叔明之书，过之不翅倍蓰。惜其于文字之异同，亦未能详也，吾是以作此书以备之。……缮写既定，乃自为之序。其详别有例言与金坛段先生之序在，可勿赘也。皇清嘉庆十三年，岁在祝雍执徐，夏六月，归安严元照书于余不溪馆，时析居德清之第三年也。

凌廷堪致书阮元，讨论阮著《论语论仁论》，并评毛奇龄《四书改错》。

据《校礼堂文集》卷二十五《与阮中丞论克己书》记：

> 前在甬上，闻阁下谈及《论语》"克己"之己字，不当作私欲解，当时即深以为然。顷又出新著《论语论仁论》一篇，并以萧山《四书改错》见示，其扶翼遗经，觉悟来世，皆国家稽古之瑞，曷胜抃跃。伏读篇中论仁，以《中庸》"仁者人也"，郑氏注读为"相人偶"之人为主，而以《曾子制言篇》诸书证成其义，可谓不刊之识。……窃以马氏之注申之，克己即修身也。故"修己以敬""修己以安人""修己以安百姓"，直云修，不云克也。《中庸》云："非礼不动，所以修身也。"动实兼视、听、言三者，与下文答颜渊"请问其目"正相合，词意尤明显也。今萧山《改错》，独取马氏约身之训，而力辟刘光伯谬说，则所谓错者诚错，所谓改者必不可不改也，

其有功于圣经为何如邪！萧山之著述等身，惟此书最为简要可宝也。尝谓萧山之书如医家之大黄，实有立起沉疴之效，为斯世不可无者。其他可勿论矣。

八月，凌廷堪、王聘珍会晤浙西，凌氏应请为《大戴礼记解诂》撰跋。

据《校礼堂文集》卷三十《大戴礼记解诂跋》记：

同年南城王实斋先生，著《大戴礼记解诂》十三卷，研求古训，理精义密，足矫以臆说经之弊。其言曰："近代以来，人事校雠，或据王肃私定《家语》，改易经文，是犹听信盗贼，研审事主也。又或据唐宋类书所引，增删字句，是犹舍当官案牍，而求情实于风闻也。"故其所释，惟据相承旧本，不敢以他书增删改易。用力之勤，凡二十余年。其于太傅礼，可谓有功矣。嘉庆戊辰岁八月，晤先生于浙西，先生不以为鄙，发箧见示。廷堪于是书所得甚浅，既无以益之，于是举其卓绝之识，书诸简末，以告世之好学深思者。

八月，段玉裁为阮元主持之《十三经注疏校勘记》撰序。

据《经韵楼集》卷一《十三经注疏释文校勘记序》记：

我国家列圣相承，尊崇经术，远迈前古。恭逢皇上修明备至，其间鸿生巨儒，往往讲明，有过唐、宋者。臣玉裁窃见臣阮元自诸生时，校误有年，病有明南北雍及常熟毛晋《十三经注疏》本，纰缪百出。前巡抚浙中，遂取在馆时奉敕校石经《仪礼》之例，衡之群经，广搜江东故家所储各善本，集诸名士，授简西湖诂经精舍中，令详其异同，钞撮会萃之。而以官事之暇，乙夜燃烛，定其是非。会家居，读礼数年，乃后卒业，分肌擘理，犁然悉当。其学赡，其识精，成《十三经注疏校勘记》二百十七卷，附《释文校勘记》二十六卷，俾好古之士，以是鳞次栉比，详勘而丹黄之。家可具宋、元本，人可由是寻真古本、汉本，其在今兹有是书，较陆德明

《释文》之在唐初，为无让矣。抑校雠经注之书，亦犹步算之于日月星辰也。千百年而步算有差焉，则随时修正之。千百年而经注之讹又或滋蔓焉，亦随时整饬之。又乌知今日之不讹者，异日不且讹哉，所望步算日月星辰者，有如此日而已矣。嘉庆戊辰岁酉月，金坛贡士，前巫山县知县臣段玉裁记。

十月七日，仁宗颁谕，令钞录内府弆藏《全唐文》，补辑编校，刊行天下，以示"崇文讲学，嘉惠士林"。

据《仁宗实录》卷二〇二嘉庆十三年十月己亥条记：

谕内阁：内府旧藏《全唐文》，卷帙闳富，于有唐一代，帝王以迄士庶，所著各体文，采辑大备，洵为艺苑巨观。……弆藏中秘，外间承学之士，无由与窥美备。允宜颁示寰瀛，以昭盛轨。着将此书交文颖馆通行钞录，并详稽载籍，有应补入者，一体编辑，校勘完善，进呈乙览后，刊刻颁行。用副朕崇文讲学，嘉惠士林至意。

十一月五日，臧庸撰文题凌廷堪《校礼图》，赞成凌氏"复礼"主张，抨击"弃礼而言理"。

据《拜经堂文集》卷四《题凌次仲教授校礼图》记：

庸闻次仲教授之名久矣，戊辰仲冬始相见于浙抚署斋。其容睟穆，与谈学问，则娓娓不倦。不鄙庸为媆鄙不足道也，示《校礼堂文稿》，并属题《校礼图》。启卷则余师卢召弓学士为图引，又撰文稿序，庸更何以益君？尝反复君书《复礼》三篇，而知为粹然杰出之儒也。……然则姬公制礼，孔子定礼，自周初迄春秋末，《大学》《中庸》《论语》之微旨，孔子、七十子之大义，均不外此经十七篇，古礼之仅存者。然舍是无以见姬、孔之心，立圣贤之极。后之儒者，弃礼而言理，遂潜入于二氏之室，而有违于姬、孔之教矣。君之乡先达戴东原氏，著《原善》《孟子字义疏证》等，大声疾呼，以言理义之学。庸鲁钝，不通其意。而于教授之文，则攸然有当也。

举此见君之精意卓识，能贯通全经之旨，而未始不由校雠文字间渐入其阃奥。是图之作，所系岂浅鲜哉！武进臧庸拜题，时长至前一日。

十一月十六日，清廷暂缓续选《四书文》，号召"力崇实学""振兴文教"。

据《仁宗实录》卷二〇三嘉庆十三年十一月丁丑条记：

又谕：据御史黄任万奏，请续选《钦定四书文》，……此则尚可从缓。试思近时能文之士，求其经术湛深，言皆有物者，未必能轶过前人。即广征博采，亦恐有名无实。是惟在典司文衡之臣，悉心甄别，一以清真雅正为宗，而于引用艰僻，以文其固陋，专尚机巧，以流入浅浮者，概屏置弗录。则海内士子自各知所趋向，力崇实学，风会日见转移，用副国家振兴文教至意。

黄丕烈刻《焦氏易林》，顾广圻撰序，述刻事始末。

据《思适斋集》卷九《刻易林序》记：

广圻十六七岁时，从游于长洲张白华师，假馆程子念鞠家。鄙性不耽尚时艺，每问师读古书之法，师指诲靡倦。念鞠既同门，而颇蓄书，甚相得也。先是，念鞠有陆敕先手校本《易林》在师所，枚弇漫士吴君借而失去。广圻后闻其事，恨不一见。多方搜访，久之，遂获袁君绶阶以枚弇所临及余姚卢抱经学士所临等本相示。最后，陆本归黄君荛圃，取勘一过，良多是正。乙丑冬，客江宁，荛圃以札来告，将谋付刊。去冬返及里门，则厘然在目焉，而属序其简首。回忆初知有是书之日，倏忽二十五六寒暑，曾不一瞬。唯师颐德弗营，精神岿然，而念鞠以薄宦遽化于外，广圻亦复行年四十有三，久见二毛矣。方思悉数吾吴人物渊源，典籍流派，所闻所见，加以笔记，存诸敝筐，示我儿曹，稍传文献之信。而荛圃刻是书颠末，乃可为其中一事者也，敢即举而书之。

阮元嘱编《宁波范氏天一阁书目》刻竣。

据阮元《揅经室二集》卷七《宁波范氏天一阁书目序》记：

> 海内藏书之家最久者，今惟宁波范氏天一阁岿然独存。其藏书在阁之上，阁通六间为一，而以书厨间之，其下乃分六间，取"天一生水，地六成之"之义。乾隆间，诏建七阁，参用其式，且多写其书入《四库》，赐以《图书集成》，亦至显荣矣。余自督学至今，数至阁中，翻所藏书，其金石搨本，当钱辛楣先生修《鄞县志》时，即编之为目，惜书目未编。余于嘉庆八九年间，命范氏后人登阁，分厨写编之，成目录一十卷。十三年，以督水师复来，宁绍台道陈君廷杰言及之。陈君请观其目，遂属府学汪教授本校其书目、金石目，并刻之。刻既成，请序焉。

十二月二十七日，严可均重编《司马长卿集》二卷成。

据《铁桥漫稿》卷六《司马长卿集叙》记：

> 《司马长卿集》，《隋志》《唐志》皆二卷。……今汇集群书所载，重加编次，仍为二卷。《凡将》篇专行久亡，仅存五事，亦附集末。校雠初定而为之叙录。……蜀地经师，长卿为鼻祖，而《史》《汉》叙儒林授受，不一及之，以词赋掩其名耳。古之振奇人，文章必从经出，故援《蜀志》以发其端。嘉庆戊辰岁，除夕前三日，严可均谨叙。

十二月二十八日，阮元有书致陈寿祺，称赞寿祺编纂《经郛》之功，拟他日成书，即视为陈氏所著。

据陈鸿森《阮元揅经室遗文辑存》卷下《与陈恭甫书二》记：

> 宁波行馆接奉冬至前五日惠书，具知近履安吉，外疡已愈，慰慰。蒙示近作及《鲁诗》一说，甚是，容当回省暇时校之。《十三经校勘记》似曾相赠，抑尚未耶？容乘便再寄。《经郛》之业，生意本甚粗率，今年兄所业极为精审，凡二字以上，零玑断璧，皆已采而发之，令人叹得未曾有，此

有功于经者不浅。生所著刻之书已多，此种竟专属年兄，以为尊著，不必定以己巳之夏，即再迟亦可，总须随时辑录，勿弃为望。闽中馆事，事权在人，殊难与力，计春夏间生再寄项奉助可也。栖霞郝通家所学甚精，今始恨刮目之迟。顷阅京抄，觉生补经筵，何缘膺此旷典耶！向言己未掌录之说，曾留意否？生又因督缉蔡逆，来住甬东，计四月到浙以来，住此已百日矣。长鲸难掣，忧悚奚如。肃此奉覆，并候即安，不具。恭甫年兄，生阮元顿首，十二月廿八日。（原注：……据北京荣宝斋拍卖公司二〇〇〇年中国书画秋拍阮氏原墨适写。）

段玉裁有书复王念孙，谢念孙为其《说文注》撰序，并以"剿说汉学"与"河患"共提，喟叹"理学不可不讲"。
据陈鸿森《段玉裁经韵楼遗文辑存》之《与王怀祖书》记：

> 愚弟段玉裁顿首启怀祖大兄先生阁下：今岁接手札二、大序一，感谢之甚。拙著得此序，如皇甫之序《三都》，声价倍增。奖借处能见其大，行文尚于鄙意有未惬处，容小更易，再呈大教。……执事去年有折子而部驳，未见尊稿，乞示之。河事日非，伊于胡底，可胜杞忧。执事尚能出所见一言否？裁《说文注》已成，而无大力者为主。所赐四十金，曾命工刻之，而刻甚劣。目下裁惟读书、做古文，精神尚好。薪水之资，有太仓书院为助，委心任去留而已。执事倘解组南归，倘羊至苏杭，犹可联床风雨，共谈所得也。今日之弊，在不尚品行政事，而尚剿说汉学，亦与河患相同。然则理学不可不讲也，执事其有意乎？顺候升安，玉裁载拜。

案：此札系陈先生自罗继祖《段懋堂先生年谱》嘉庆十三、十五两年引文缀合移录。罗先生释读为不同时间之两札，陈先生考订为同年之一札，甚确。

十二月二十九日，严可均重编《扬子云集》四卷成。
据《铁桥漫稿》卷六《重编扬子云集叙》记：

> 《扬子云集》，……亡于唐末。宋谭愈辑得四十余篇，为三卷，或作五

卷，余未之见。明万历中，郑璞补辑为六卷，即《四库》所收也。余又重编为四卷，凡六十一篇，卷视隋唐差少，篇视郑璞增多。拾遗订误，皆注明出处，以便覆查。疑者阙之。……将欲复隋唐本之旧断断不能，视郑璞本则后来者居上矣。缮写而为之叙录，曰：自古言儒术者，曰孟、荀，曰荀、扬，而桓谭、陆绩推扬为圣人，未免过当，要是荀子后第一人。……嘉庆戊辰岁，除夕前一日，严可均谨叙。

嘉庆十四年己巳　1809 年

正月二十四日，段玉裁为严元照《娱亲雅言》撰序，主张学者将"身心性命、伦理族类"之考核，与"读书之考核"合为一体，既讲"宋之理学"，又讲"汉之气节"。

据《经韵楼集》卷八《娱亲雅言序》记：

> 以说部为体，不取冗散无用之言，取古经史子集，类分而枚举其所知以为书，在宋莫著于《困学纪闻》，当代莫著于《日知录》。近日好学之士，多有效之者，而莫著于偃师武大令虚谷《群经义证》，次则吾友严君久能《娱亲雅言》。……《困学纪闻》一书，近儒何义门、阎百诗、全谢山、钱晓徵，皆为补阙纠缪。《日知录》，亦多有经近人是正者。伯厚、亭林捉笔时，岂不知有此乎？岂不叹惜其不可见乎？今久能之书，有同志诸友梁耀北、徐心田、许周生、臧在东辈，皆为之斠摩商榷，力争铢黍，夹注于行间。此又不俟后之人为之。伯厚、亭林知此，必恨当日之未能集思广益有如是也。抑余又以为，考核者学问之全体，学者所以学为人也。故考核在身心性命、伦理族类之间，而以读书之考核辅之。今之言学者，身心、伦理不之务，谓宋之理学不足言，谓汉之气节不足尚，别为异说，簧鼓后生。此又吾辈所当大为之防者。然则余之所望于久能者，勿以此自隘，有志于考核之大而已矣。

二月，凌廷堪至杭州，有书致阮元，以《论语》为证，重申"圣人所谓学，即指礼而言"。

据张其锦《凌次仲先生年谱》嘉庆十四年五十三岁条记：

春二月，到杭州节署，与阮抚军书有曰："某向谓圣人所谓学，即指礼而言。苦无显证，后读《论语》而得之。子曰：'恭而无礼则劳，慎而无礼则葸，勇而无礼则乱，直而无礼则绞。'四者独不云学而无礼之蔽。又曰：'好仁不好学，其蔽也愚；好知不好学，其蔽也荡；好信不好学，其蔽也贼；好直不好学，其蔽也绞；好勇不好学，其蔽也乱；好刚不好学，其蔽也狂。'六者亦不云好礼不好学之蔽。又勇而无礼与好勇不好学同谓之乱，而无礼与好直不好学同谓之绞，其义甚明，何疑乎？此人所共见之书，惜予之而不能读也。由此观之，鄙说不戾于孔子可知矣。又严厚民上舍杰赠宋张玉田《词源》二卷，取而读之，与愚昔所著《燕乐考原》若符节之不爽。其书世无传本，心窃已喜，此皆独抒心得，非剿说雷同者可比。然则仆与阁下定交，尚非贸然互相标榜，尊己卑人之恶习也。"

同月，江苏布政使胡克家得顾广圻、彭兆荪助，校勘重刻宋淳熙本《文选》，并撰成《文选考异》十卷。

据顾广圻《思适斋集》卷十代胡克家撰《重刻宋淳熙本文选序》记：

《文选》于孟蜀时，毋昭裔已为镂板，载《五代史补》，然其所刻何本，不可考也。宋代大都盛行五臣，又并善为六臣，而善注反微矣。淳熙中，尤延之在贵池仓使，取善注雠校锓木。厥后单行之本，咸从是出，经数百年转展之手，讹舛日滋，将不可读。恭逢国家文运昭回，圣学高深，苞函艺府，受书之士，均思熟精《选》理，以润色鸿业，而往往罕观，诵习为难，宁非缺事欤？往岁，顾千里、彭甘亭见语，以吴下有得尤椠者，因即属两君手遴影摹，校刊行世。逾年功成，雕造精致，勘对严密，虽尤氏真本，殆不是过焉。从此读者开卷快然，非敢云是举即崇贤功臣，抑亦学海文林之一助已。其善注之并合五臣者，与尤殊别，凡资参订，既所不废，又寻究尤本，辄有所疑，钩稽探索，颇具要领，宜谂来者。撰次为《考异》十卷，详著义例附列于后，而别为之序云。

又据同书同卷代胡克家撰《文选考异序》记：

《文选考异》起于五臣，然使有五臣而不与善注合并，若合并矣而未经合并者具在，即任其异而勿考，当无不可也。今世间所存，仅有袁本、有茶陵本，及此次重刻之淳熙辛丑尤延之本。夫袁本、茶陵本固合并者，而尤本仍非未经合并也。何以言之？观其正文，则善与五臣已相羼杂，或沿前而有讹，或改旧而仍误，悉心推究，莫不显然也。观其注，则题下篇中，各经阑入吕向、刘良，颇得指名，非特意主增加，他多误取也。观其音，则当句每未刊五臣，注内间两存善读，割裂既时有之，删削殊复不少，崇贤旧观，失之弥远也。然则数百年来，徒据后出单行之本，便云显庆勒成，已为如此，岂非大误！即何义门、陈少章，断断于片言只字，不能挈其纲维，皆繇有异而弗知考也。余凤昔钻研，近始有悟，参而会之，征验不爽。又访于知交之通此学者，元和顾君广圻、镇洋彭君兆荪，深相剖判，佥谓无疑，遂乃条举件系，编成十卷。诸凡义例，反复详论，几于二十万言，苟非体要，均在所略。不敢秘诸筐衍，用贻海内好学深思之士，庶其有取于斯。

三月，段玉裁为江沅《说文解字音均表》撰序，赞沅用力之勤。

据刘盼遂《经韵楼集补编》卷上《江沅说文解字音均表序》记：

余撰《六书音均表》，析古音为十七部。其第二表既以《说文》九千余字之形声，分隶十七矣。东原师既殁，乃得其答余论韵书，后附一条云："谐声字，半主义，半主声。《说文》九千余字，以篆相统。今作《谐声表》，若尽取而列之，使以声相统，条贯而下如谱系，则亦必传之绝作也。"余频年欲为之而未果，岁乙丑，乃属江子子兰谱之。略以第二表之列某声某声者为纲而件系之，声复生声，则依其次第。三代音韵之书不可见，读是可识其梗概焉。其有此彼可两入，疑不能明者，略笺其异趣，使学者不以小异阂大同。江子用力甚勤，惜不令吾师一见也。己巳三月，段玉裁。

同月，段玉裁为家藏朱子《小学》作跋，以"喜言训诂考核，寻其枝叶，略其本根"而自悔。

据《经韵楼集》卷八《博野尹师所赐朱子小学恭跋》记：

> 呜呼！此《小学》二本，乃我师博野吏部侍郎尹公元孚之所赐也。……少壮之时，好习辞章，坐耗岁月。三十六乃出为县令，不学而仕者十年，政事无可纪。四十六，因先君子已年过七十，请终养，未合例，遂引疾归，趋侍二十余年。癸亥，先君子见背，今又七年所矣。归里而后，人事纷糅，所读之书，又喜言训故考核，寻其枝叶，略其本根，老大无成，追悔已晚。盖自乡无善俗，世乏良材，利欲纷拏，异言谊愿。而朱子集旧闻，觉来裔，本之以立教，实之以明伦敬身，广之以嘉言善行，二千年贤圣之可法者，胥于是乎在。或以为所言有非童蒙所得与者。夫立教明伦敬身之大义，自蒙养时导之，及其长也，则以圣贤之学为分外事，我所与知与能者，时义辞章科第而已矣。呜呼！此天下所以无人材也。或又谓汉人之言小学，谓六书耳，非朱子所云也。此言尤悖。夫言各有当，汉人之小学，一艺也。朱子之小学，蒙养之全功也。子曰："弟子入则孝，出则弟，谨而信，泛爱众，而亲仁。行有余力，则以学文。"此非教弟子之法乎？岂专学文是务乎？朱子之教童蒙者，本末兼赅，未尝异孔子教弟子之法也。玉裁自入都，至黔，至蜀，久不见此本，在巫山曾作家书上先君子，请检寄之。先君子寄以他本，而梦寐间追忆在是。五年前，乃于四弟玉立架上得之，喜极继以悲泣。盖痛吾师及吾母吾父之皆徂，吾父所以训我，吾师所以郑重付我者，委之蛛丝煤尾间，不克如赵襄子之简探诸怀中，愧恨何极。幸吾师之编尚存，吾父之题字如新。年垂老耄，敬谨翻阅，绎其旨趣，以省平生之过，以求晚节末路之自全。以训吾子孙，敬观熟读，习为孝弟恭敬。以告天下之教子孙者，必培其根，而后可达其支，勿使以时义辞章科第自画也。此则小子之微意也夫。嘉庆己巳三月，段玉裁谨书于姑苏阊门外朝山墩之七叶衍祥堂，时年七十有五。

春，阮元在杭州立"灵隐书藏"。

据《揅经室三集》卷二《杭州灵隐书藏记》记：

《周官》诸府，"掌官契以治藏"，《史记》老子为"周守藏室之史"，藏书曰"藏"，古矣。古人韵缓，不烦改字，"收藏"之与"藏室"，无二音也。汉以后曰观，曰阁，曰库，而不名藏。隋唐释典大备，乃有《开元释藏》之目。释道之名藏，盖亦摭儒家之古名也。明侯官曹学佺谓，释道有藏，儒何独无？欲聚书鼎立。其意甚善，而数典未详。嘉庆十四年，杭州刻朱文正公、翁覃溪先生、法时帆先生诸集将成，覃溪先生寓书于紫阳院长石琢堂状元，曰："《复初斋集》刻成，为我置一部于灵隐。"仲春十九日，元与顾星桥、陈桂堂两院长，暨琢堂状元，郭频伽、何梦华上舍，刘春桥、顾简塘、赵晋斋文学，同过灵隐食蔬笋，语及藏《复初斋集》事。诸君子复申其议曰："史迁之书，藏之名山，副在京师，白少傅分藏其集于东林诸寺，孙洙得《古文苑》于佛龛，皆因宽闲远僻之地可传久也。今《复初斋》一集尚未成箱箧，盍使凡愿以其所著、所刊、所写、所藏之书藏灵隐者，皆裒之，其为藏也大矣。"元曰："诺。"乃于大悲佛阁后造木厨，以唐人鹫、岭、郁、岧、峣诗字编为号，选云林寺玉峰、偶然二僧簿录管钥之。别订条例，使可永守，复刻一铜章，遍印其书，而大书其阁扁曰"灵隐书藏"。盖缘始于《复初》诸集，而成诸君子立藏之议也，遂记之。

又据阮常生续编《雷塘庵主弟子记》嘉庆十四年四十六岁条记：

三月，……立书藏于灵隐云林寺大殿东大悲阁后。

四月，段玉裁为戴震遗著《声类表》撰序，掇述清前期古音离析之大要。

据《经韵楼集》卷六《声类表序》记：

始余乾隆癸未请业戴东原师，师方与秦文恭公论韵，言江慎修先生有

《古韵标准》，据《毛诗》用韵为书，真至仙十四韵，宋郑庠谓汉魏杜、韩合为一者，《毛诗》实分为二。余闻而异之，顾未得见江氏书也。丁亥自都门归里，取《毛诗》韵字比类书之，诚画然分别。因又知萧、侯、尤之为三，真、文之为二，支、脂、之之必为三。二百六韵之书，总之为十七部，其入声总为八部，皆因《毛诗》之本然。已乃得昆山顾氏《音学五书》、婺源江氏《古韵标准》读之，叹两先生之勤至矣，后进所得，未敢自以为是也。己丑就正吾师于都门，师谓支、脂、之分为三者，恐其不然。是年随师至山西，明年作吏入黔，又二年入蜀。癸巳师来札云："大著辨别五支、六脂、七之，如清、真、蒸三韵之不相通，能发自唐以来讲韵者所未发。今春将古韵考订一番，断从此说为确。"盖吾师详审数年，而后许可也，有如是夫！……丁酉之五月，师又自著书曰《声类表》，以九类者谱之为九卷。……距易箦之期仅二十日，未及为例言。孔蒱伯户部刻之，取师丙申与余札六千言弁首，师作书之意既大著矣。蒱伯又与余札云："得足下序，自当言之详谛。"余自丁酉至今，三十有三年，蹉跎未及染翰，而师与蒱伯墓木拱者久矣。披阅手翰如新，愧无以对师友地下。且师与余论韵，先后十五年，学与俱进，顾、江及余所未憭者，皆补其缺，诣其微，庶此事考核称无憾。余既未能依九类之说成书，吾师制作之大，亦奚忍不述其原委耶？

抑蒱伯之犹子执约太史，又成《诗声类》一书。……其书精心神解，又与师及余说不同。东、冬为二，以配侯、幽，尤征妙悟。傥师得见之，不知以为何如也。今执约又殁矣。余以为后之人，合五家之书观之，古音今音之秘尽于是矣。遂敬书诸简端，以复吾亡友，亦以质诸先师。嘉庆己巳四月，弟子段玉裁撰于苏州阊门外之枝园。

夏，张惠言遗著《茗柯文编》刊刻，阮元应请撰序。
据《茗柯文编》卷末阮元《序》记：

武进张皋文编修，以经术为古文，于是求天地阴阳消息于《易》虞氏，求古先圣王礼乐制度于《礼》郑氏，岂托于古以自尊其文欤？又岂迂回其学而好为难欤？圣人之道在"六经"，而《易》究其原，《礼》穷其变。……近时《易》学推惠氏栋，《礼》学推江氏永，而二家之文无传。……编修所著书，元为刊其《周易虞氏义》《虞氏消息》《仪礼图》。今其友李生甫、张云藻又为刊其编年文集为四卷，而属序于元。……嘉庆十四年夏，阮元序。

五月十二日，洪亮吉病逝常州故里。

据《洪亮吉集》卷末法式善撰《皇清奉直大夫翰林院编修洪稚存先生行状》记：

先生姓洪氏，初名莲，改名礼吉，后又改名亮吉，字君直，一字稚存，号北江，晚自伊江归，乃自号更生，然人皆称为稚存先生云。先世居歙，祖迁于常州，乃居常为阳湖人。……以嘉庆十四年五月十二日卒于家，年六十有四。

又据同书吴锡麒撰《清故奉直大夫翰林院编修洪君墓碑》记：

所著有《左传诂》二十卷，《公羊穀梁古义》二卷，《汉魏音》四卷，《六书转注录》八卷，《比雅》十二卷，《史记等四史谬误》十二卷，《三国疆域志》二卷，《东晋疆域志》四卷，《十六国疆域志》十六卷，《西夏国志》十六卷，《乾隆府厅州县志》五十卷，《贵州水道志》三卷，《天山客话》二卷，《纪程》二卷，《外家纪闻》二卷，《附结轩诗》八卷，《卷施阁文甲集》八卷、《乙集》八卷、《诗集》十六卷、《词》二卷，《更生斋文甲集》八卷、《乙集》四卷、《诗集》十六卷。

六月二日，凌廷堪病逝于歙县故里。

据张其锦《凌次仲先生年谱》嘉庆十四年五十三岁条记：

六月初一日，晚膳，席间偶一倾跌，扶起遂不能语。夜半后，痰渐涌而逝，值初二日丑时也。

又据阮元,《揅经室二集》卷四《次仲凌君传》记:

> 凌君讳廷堪,字次仲,安徽歙县人。……君之学,博览强记,识力精卓,贯通群经,而尤深于《礼经》,著《礼经释例》十三卷。……君又著《燕乐考源》《元遗山年谱》《校礼堂集》。又著《魏书音义》,未成。君雄于文,……其尤卓然可传者,则有《复礼》三篇,唐、宋以来儒者所未有也。……嘉庆十一年,君以母丧去官,兄嫂相继殁,哀且病。十三年,元复任浙江巡抚,君免丧来游杭州,出所著各书相示。元命子常生从君学。明年,归歙,病卒,年五十有五。

案:阮元所记凌氏得年五十五,误,应为五十三。详见林存阳博士《凌廷堪生年考》,《清史研究》2002 年第 1 期,第 100—101 页。

七月初,阮元有书致石韫玉,议及《复初斋集》入"灵隐书藏"事。据陈鸿森《阮元揅经室遗文辑存》卷下《与石琢堂书》记:

> 秋暑久未走晤,为念。接读手书并覃溪年伯字,一切已悉。弟中秋前动身,旱路不能多带人,吴厚生若刻《化度寺碑》,何不乘弟贡船入京?弟贡船七月初十内一定起身,中秋后准可到京,一路不必花盘川,岂不更为妙速?至于《书藏记》,俟苏斋写得后,或俟吴厚生出京再刻,或令吴雪锋刻皆可。雪锋书法本佳,其刀法尚在厚生之上也。《书藏记》不必定写楷书,即带行亦可。经册弟出京亦可带也。书藏中无所不收,譬如大海中珠珊蛎蚌无所不有,岂《复初斋集》尚须憾悔耶?昨有一二家集中有绮语者,亦已入藏,此界限实难分别,然只好听之,究系书藏,非经藏也。覃溪年伯处,竟如来谢不覆矣。秋末到京,总须求一面也。并候即安,不具。琢堂殿撰仁兄大人,愚弟阮元顿首。(原注:录自《浙江图书馆藏名人手札选》页一一七。)

阮元为凌廷堪刊《礼经释例》葳事,七月十六日,阮常生为其师遗著撰序。

据《礼经释例》卷首阮常生《序》记：

《礼经》一书，韩文公尚苦其难读，人多束阁不观。不知冠昏丧祭，以及饮射朝聘之仪法度数，士大夫日用所不可阙者，悉具于是。吾师凌次仲先生，从事是经，不辍寒暑昏晓者二十余载。探索既深，遂仿杜徵南之于《春秋》，分通例、饮食之例、宾客之例、射例、变例、祭例、器服之例、杂例，为八类。又撰《复礼》三篇，弁诸其首。间有旁涉他经，如《周官九拜解》《九祭解》《释牲上下》等篇，各以其类相附。五易其稿而后成，名曰《礼经释例》，共一十四卷。凡经中同异详略之文，多抒特见，务使条理秩然，非向壁虚造，凭臆断以争胜于前人。其功不在后苍、大小戴、庆普诸人之下，海内学人，当不苦其难读矣。……今夏，家君在杭州，为师开雕是书，常生与校雠之役。刊刻既竣，吾师归归禄。伏读遗编，不禁感泣也。嘉庆十四年，岁在己巳，七月既望，受业扬州阮常生谨序。

阮元为郝懿行刊刻《山海经笺疏》。

据《揅经室三集》卷五《郝户部山海经笺疏序》记：

《左传》称禹铸鼎象物，使民知神奸。禹鼎不可见，今《山海经》或其遗象欤？……郭景纯注，于训诂地理未甚精彻，然晋人之言，已为近古。吴氏广注，征引虽博，而失之芜杂。毕氏校本，于山川考校甚精，而订正文字尚多疏略。今郝氏究心是经，加以笺疏，精而不凿，博而不滥，灿然毕著，斐然成章。余览而嘉之，为之刊板以传。郝氏名懿行，字兰皋，山东栖霞人，户部主事，余己未总裁会试，从经义中识拔实学士也。家贫行修，为学益力，所著尚有《尔雅疏》诸书。兰皋妻王安人，字瑞玉，亦治经史，与兰皋共著书于车马春虎之间，所著有《诗经小记》《列女传注》诸书，于此经疏并多校正之力，亦可尚异之也。

九月十二日，光禄寺卿张鹏展上奏，请令翰林、科道日进经义奏议。仁宗颁谕批驳，斥为"迂拘"，以示"敦崇实政，不尚虚文"。

据《仁宗实录》卷二一八嘉庆十四年九月己巳条记：

谕内阁：张鹏展奏，民风、士习、吏治，相为表里，其要在首正人心，并请令翰林、科道日进经义奏议一折。所奏固系经生家言，惟意欲务实而转无实际。……若使翰林、科道日进讲义，其所撰述，不过摭拾陈言，敷衍入告。……行之日久，又生弊端，仍复视为具文，于事毫无裨益，又岂务实之道乎！……即使翰、詹、科道日进经义，连篇累牍，究属纸上空谈，亦岂能遂臻上理乎？张鹏展所言近于迂拘，于政体未能通达。特将朕敦崇实政，不尚虚文之处，通谕知之。

十月四日，王念孙致书段玉裁，议刻戴震遗著《直隶河渠书》事。据陈鸿森《段玉裁年谱订补》嘉庆十四年七十五岁条记：

愚弟王念孙顿首启，若膺大兄先生阁下：前奉手书，碌碌未暇作答，为歉。拙序本不惬意，得蒙教训，幸甚感甚。弟前在运河，不过循分供职，于地方事宜，不敢妄为陈说。即河务敝坏，所患亦在大江以南，尤不便越俎创议。以此并无折子上闻，经部驳饬。来札所云，以告者过也。弟今秋仰荷谕旨，调任永定。以衰惫之年，重临获咎之地，事繁且险，悚惧不可言状。弟每观宦海风涛之险，非不欲引疾求退，而无如家乡历被淹浸，三径久荒，欲归不得耳。恋栈之讥，无由自解，抱愧极矣。顷戴信堂世兄携东原师《河渠书》稿本，并将先生寄信堂原札见示，足征尊崇师谊，日久不渝，实深叹服。弟检阅戴世兄所携之稿，当日却为方官保代作。今王通判所呈之本，是否即系原本，抑已被改头换面，未见其书，难以悬断。如欲伸理，则方氏现有贵显后裔，尚须伺伊动静。且戴世兄又无力与人争胜，亦只可隐忍有待而已。刻下戴世兄与弟相商，意欲付梓，以别真伪，拟即请先生校雠，嘱弟作序。弟本不胜任，且于师弟名分又不敢称序，可否恳先生校定，添加一跋语，以传千秋。将来刊刻时，卷帙繁多，必得同门相好十数人，共襄斯举。弟名下若干，当无不尽力也。微有商者，此书虽出自东原师手笔，究系方官保出名，将来若不易名，则为方氏刻书，同人亦断不肯助力。倘竟换东原师之名，未免与当日草创本意有违。且东原师所著之书精且简，未有卷帙浩繁若此者，是不可不斟酌尽善也。弟识见浅陋，不敢臆断，还祈先生有以教之。专函奉布，敬候台安，诸希朗鉴。念孙载拜，十月初四日。（原注：录自《罗谱》页二十四、二十五。）

十一月二日，张聪咸著《左传杜注辨证》成。

据《左传杜注辨证》卷首张氏《自序》记：

汉季左氏之学，郑、贾最著。盖其原同出于刘歆，服虔继之，由是章句训诂于古义为备。其书皆行于魏，乱于晋，而衰于隋，绝于唐矣。故《隋书·经籍志》犹载贾逵《左氏传解诂》三十卷、《左氏传条例》九卷、服虔《左氏传解谊》三十一卷。自杜氏《集解》出，而晋、宋以下，服、杜遂并立国学，此《北史》所以称河洛《左传》则服子慎，江左《左传》则杜元凯也。然《隋志》犹谓其先通左氏者，唯传服义。及于隋，而杜氏盛行，服无师说。然杜既行，而刘炫、卫冀、陆周、乐逊辈，即有规难、发达诸作。至于唐，作《正义》，复专成杜氏一家之学。而其时如权德舆及宋晁公武，又议其错传分经矣。窃以为杜解之乖于义者，大端有四：长历非历也。抉其谬者，发端于《通鉴外纪·目录》，而郑渔仲以为杜氏通星历，则浅识矣。论丧短丧也。详列于顾栋高《杜注正讹表》。而是时，博士殷畅犹为强相证会，则乱礼矣。释军制则车法、徒法不分，释田赋则丘赋、甸赋莫辨。东吴惠氏栋始博采侍中、太守之解谊，京氏相璠之土地名，证以秦汉子书，为《补注》六卷，洵足以延不传之绪，其功为巨。然子慎解传，历用太极上元，姜岌已驳其失。惠虽未及详，亦终无以闲执信杜者之口。惟婺源江氏永，独能据唐一行历及姜岌大衍、授时三家，以正长历之缪，据《周礼》郑君车有卒伍注，以辩军制之讹。予犹惜其说散见于经义中，未有专帙也。今参以末学之见，更证之群经诸子及《汉志》载子骏说之可证会者，悉搜辑之。其辞繁而不杀，诚欲使刘、郑、贾、服之古义，今时犹得其绪余，亦知杜解多本之旧说，而删逸其精详，更易其义例，转不若韦叔嗣之注外传，犹存贾侍中、唐尚书之旧也。至训诂之小误，地理之参差，别有顾亭林补正，江慎修考实，与夫惠君之补注，皆各详其说。马一丈器之，又广援《郡国志》《水经注》，以补松崖之未备。然杜氏地理之大乖者，莫若以汉水之名，不逾江夏，而《伪书传》及后之言地学者，皆沿其误，竟无有起而正之者，此予之急欲明辨也。岁嘉庆己巳，十一月二日，录于钱唐寓斋。

十一月，段玉裁有书致孙星衍，商讨孙氏著《郑康成年谱》。据《经韵楼集》卷五《与孙渊如书》记：

玉裁拜白：上年得手书后，悬悬至今，想侍奉多吉，起居万安。陈仲鱼以大著《郑康成年谱》相赠，读之，探赜索隐，可谓勤矣。抑搜采有未备者，愚得其一焉。《文苑英华》七百六十六卷载，刘知幾《孝经老子注周易传议》，在唐初，为唐宋人语所本。引郑《自序》云："遭党锢之事，逃难注《礼》。党锢事解，注《古文尚书》《毛诗》《论语》。为袁谭所逼，来至元城，乃注《周易》。"数语为年谱大奥主，后来《唐会要》及《孝经正义》皆袭用之。执事何以引《唐会要》，引《孝经正义》，不及刘议？是逐钞而忘本，泳沫而忘源也。……元行冲、邢昺《孝经正义》，钞刘议而不著其名。板本"逃难"下，夺"注《礼》"二字，昔年愚为阮梁伯修《十三经校勘记》，据《英华》补之。

同月，段玉裁有书致梁玉绳，论赵一清、戴震校勘《水经注》之真相。据《经韵楼集》卷七《与梁耀北书论戴赵二家水经注》记：

玉裁拜白耀北大兄足下：迩者想侍奉万安，尊体佳胜。《水经注》一书，为言水道、言地理者所必资，顾自宋以来，踳驳几不可读。惟吾师东原氏，治之最勤，整齐其讹乱钩棘，引归文从字顺。……戴书上于甲午，奉命刊版。越十有三年丙午，杭郡赵诚夫先生《水经注释》一书始出。……丙午、丁未间，卢召弓先生为予言："梁氏耀北、处素昆仲，校刊赵氏《水经注》，参取东原氏书为之。"……令弟不可作矣，足下及今为后序，刊于赵书之末，洞陈原委，破天下后世之疑，俾两先生皆不被窃美之谤于地下。仆实企望焉，愿明以教我。

十一月二十七日，臧庸致书庄述祖，颇以其论韵而自负，称精密过于钱大昕、王念孙。

据《拜经堂文集》卷三《与庄葆琛明府书》记：

> 周生驾部取《论语》三"不亦乎"字，以讽庸之言韵。……三"不亦"字，三"乎"字，实句句韵也。古人文韵必由深思得之，学者童而习之，口头滑过，遂相沿而不觉耳。……昔金坛段氏受业于戴吉士，而与东原言韵书云："抽绎遗经雅记，差可自信其非妄，不敢为苟用（疑为"同"字之误。——引者）之论，惟求研审音韵之真而已。"庸之于先生，亦由是也。……又学问之道，贵在虚己受益，亦贵独断不疑。庸之言韵，往往与嘉定钱詹事（原作"士"，误，径改。——引者）高邮王观察暗合，而精密实过于二家。若云有意于从王、从段也，则非所敢闻矣。先生之诲庸读书也，庸方弱冠，知之最深且久，故不觉一吐狂言，幸恕其罔。顺问道安，不一。庸再拜，十一月廿七日。

安徽重修安庆府学成，姚鼐代巡抚董教增撰文纪念，力倡学"遵程、朱之法"，以汉学为"今日之患"。

据姚鼐《惜抱轩文集后集》卷十《安庆府重修儒学记》记：

> 昔当朱子时，有象山、永嘉之学，杂出而争鸣。至明，而阳明之说本乎象山。其人皆有卓出超绝之姿，而不免贤智者之过。及其徒沿而甚之，乃有猖狂妄行，为世道之大患者。夫乃知朱子之教之为善也。近时阳明之焰熄，而异道又兴。学者稍有志于勤学法古之美，则相率而竞于考证训诂之涂，自名汉学，穿凿琐屑，驳难猥杂。其行曾不能望见象山、阳明之伦，

其识解更卑于永嘉,而辄敢上诋程、朱,岂非今日之患哉!……愿诸生入是学者,一遵程、朱之法,以是为学,毋迁异说。

焦循预修《扬州府志》,以所获酬金筑雕菰楼。循撰《读书三十二赞》,或成于是年。

据《雕菰集》卷二十《半九书塾记》记:

嘉庆己巳,纂修郡志,得修脯金五百。以少半买地五亩,在雕菰淘中,其形盘曲若瀛,以为生圹。其大半于书塾之乙方,起小楼方丈许。四旁置窗,面柳背竹。黄珏桥在东北半里许,桥外即白茆湖。行人往来趋市,帆樯出没,远近渔灯牧唱,春秋耕获,尽纳于牖。楼下置椟,以生平著述草稿贮之,以为殁后神智所栖托。圹以藏骨,楼以息魂,取淘之名以名楼,曰雕菰楼。

又据《雕菰集》卷六《读书三十二赞》记:

本朝文学之盛,一洗元明之陋。仆读诸君子著述,心向往之。意有所契,随赞其末,集之良久,具三十有二首。仅就耳目所及,容再续之。

案:焦诗三十二首,所涉著述及作者,按循自记依次为:

《晓庵遗书》(原注:王寅旭,名锡阐,吴江人);《学春秋随笔》(原注:万充宗,名斯大,鄞人)、《春秋说》(原注:惠半农,名士奇,元和人);《音学五书》(原注:顾亭林,名炎武,昆山人);《古文尚书疏证》(原注:阎百诗,名若璩,太原人,居山阳)、《尚书后案》(原注:王西祉,名鸣盛,嘉定人)、《古文尚书集注音疏》(原注:江艮庭,名声,元和人);《历算全书》(原注:梅定九,名文鼎,宣城人)、《赤水遗珍》(原注:循斋,名縠成);《圣门释非录》(原注:毛大可,名奇龄,萧山人);《仪礼句读》(原注:张稷若,名尔岐,济阳人)、《仪礼章句》(原注:吴中林,名廷华,仁和人)、《仪礼正讹》(原注:金璞园,名曰追,嘉定人);《禹贡锥指》、《易图明辨》(原注：胡朏明，名渭，德清人)；《周官禄田考》(原注：沈冠云，名彤，吴江人)；《乡党图考》(原注：江慎修，名永，婺源人)；《孟子字义疏证》(原注：戴东原，名震，休宁人)；《易例》、《易汉学》、《左传补注》(原注：惠定宇，名栋，元和人)；《通艺录》(原注：程易畴，名瑶田，一字易田，歙人)；《溉堂述古录》、《史记释疑》(原注：钱岳原，名塘，嘉定人)；《礼笺》(金辅之，名榜，歙人)；《深衣释例》、《弁服释例》(原注：任子田，名大椿，兴化人)；《尔雅正义》(原注：邵二云，名晋涵，余姚人)；《经读考异》(原注：武虚谷，名亿，偃师人)；《文史通义》(原注：章实斋，名学诚，山阴人)；《六书音均表》、《说文注》、《诗经小学》(原注：段懋堂，名玉裁，金坛人)；《诗声类》(原注：孔巽轩，名广森，曲阜人)；《经籍纂诂》、《十三经校勘记》(原注：阮伯元，名元，仪征人)；《二十一史考异》(原注：钱竹汀，名大昕，字晓徵，嘉定人)、《广雅疏证》(原注：王怀祖，名念孙，高邮人)、《经义述闻》(原注：伯申，名引之)；《说文声系》(原注：姚秋农，名文田，归安人)；《述学》(原注：汪容甫，名中，江都人)；《燕乐考原》(原注：凌次仲，名廷堪，歙人，居海州)；《衡斋算学》(原注：汪孝婴，名莱，歙人)；《句股细草》(原注：李尚之，名锐，元和人)；《大戴礼记解诂》(原注：王实斋，名聘珍，南城人)；《琴旨》(原注：王吉途，名坦，南通州人)、《黄钟通韵》(原注：都四德，文乾氏，长白人)。

是年，刘逢禄著《春秋公羊解诂笺》成。
据《刘礼部集》卷三《春秋公羊解诂笺序》记：

余尝以为，经之可以条例求者，惟《礼·丧服》及《春秋》而已；经之有师传者，惟《礼·丧服》有子夏氏、《春秋》有公羊氏而已。汉人治经，首辨家法，然《易》施、孟、梁邱，《书》欧阳、大小夏侯，《诗》齐、鲁、韩师说，今皆散佚，十亡二三。世之言经者，于先汉则古《诗》毛氏，于后汉则今《易》虞氏，文辞稍为完具。然毛公详训诂而略微言，虞翻精象变而罕大义，求其知类通达，微显阐幽，则公羊氏在先汉有董仲舒氏，后汉有何劭公氏，子夏传有郑康成氏而已。先汉之学，务乎大体，故董生所传，非章句训诂之学也。后汉条理精密，要以何劭公、郑康成二氏为宗。丧服之于五礼，一端而已；《春秋》始元终麟，天道浃，人事备，以之网罗众经，若数一二辨白黑也。故董生下帷讲诵三年，何君闭户十有七年，自来治经，孰有如二君之专且久哉！余自童子时癖嗜二君之书，若出天性，以为一话一言，非精微眇通伦类，未易窥其蕴奥。何君生古文盛行之日，廓开众说，整齐传义，传经之功，时罕其匹。余宝持笃信，谓晋、唐以来之非何氏者，皆不得其门，不升其堂者也。康成兼治三传，故于经不精，今所存《发墨守》，可指说者惟一条，然多牵引左氏，其于董生、胡母生之书，研之未深，概可想见。而何君称为入室操矛，宏奖之风，斯异于专己党同者哉！余初为何氏《释例》，专明墨守之学，今更析其条例，以申何氏之未著及他说之可兼者，非敢云弥缝匡棫，营卫益谨，庶几于公羊绳墨少所出入云尔。康成《六艺论》曰："注《诗》宗毛为主，毛义若隐略，则更表明；如有不同，即下己意，使可识别。"余匡弼何氏，窃取斯旨，以俟好古求是君子董理焉。

案：此序又见阮元《皇清经解》，序末署"嘉庆十四年，武进刘逢禄撰"。

嘉庆十五年庚午　1810 年

正月，段玉裁为李尧栋写本《十三经》作跋。
据《经韵楼集》卷一《李松云写十三经跋》记：

  古人经书必手写，故能熟，自刊版盛而写经者稀矣。松云先生二十登翰苑，历典江南、山东、福建诸大郡，政事之余，写"十三经"，十二年而卒业。……吾乡蒋拙存先生，以唐《开成石经》字迹不足观，年将六十，奋笔写十余年而成，献之册府，卒邀高庙鉴赏泐石，昭国朝盛典。今松云之勤，何减拙存，且小楷得法于舅氏梁文定公，尤可宝贵。吾知藏之名山，即同西河石室，传之子孙，亦媲王氏《万岁通天帖》焉。

四月，张焘八十寿辰，段玉裁撰文祝贺，述硕果仅存之儒林老友。
据《经韵楼集》卷八《张涵斋侍读八十寿序》记：

  翰林侍读宣城张涵斋先生，长余四岁。……好学不倦，晚益专精。虽余所著《尚书撰异》《毛诗传小注》《说文解字注》，亦有嗜痂之癖，手抄而严课程，日诵几许，不自谓疲，盖入今年已八十矣。余尝谓，好学者以书卷自养，往往多寿，所见卢召弓学士、王兰泉侍郎、王凤喈光禄、钱晓徵少詹事、赵瞰江文学，皆是也。至今岿然存者，有梁山舟学士，年八十有八，程易田方正，八十有六，赵云松观察，八十有四，翁正三阁学、姚姬传比部，均八十。……因四月降生之辰，叙欣慕诸老之意。……同年弟七十有六段玉裁再拜撰。

同月，徐松著《唐两京城坊考》成。
据《唐两京城坊考》卷首徐松《唐两京城坊考序》记：

古之为学者，左图右史，图必与史相因也。余嗜读《旧唐书》及唐人小说，每于言宫苑曲折，里巷岐错，取《长安志》证之，往往得其舛误，而东都盖阙如也。己巳之岁，奉诏纂辑唐文，于《永乐大典》中得《河南志图》，证以《玉海》所引，《禁扁》所载，灼是次道旧帙，其源亦出于韦述《两京记》而加详焉。亟为摹钞，爱同球璧。校书之暇，采集金石传记，合以程大昌、李好问之《长安图》，作《唐两京城坊考》，以为吟咏唐贤篇什之助。昔宋皇祐中欲行合仪，而莫知故实，后仁宗得《唐长安图》，其仪始定。元丰时，都官员外郎蒙安国得《唐都省图》，献于朝，遂迁旧七寺监如唐制。政和四年，宋昇奏端门桥制，考《唐洛阳图》之四桥；而胡身之注《通鉴》，亦引《阁本太极宫图》、《阁本大明宫图》。是唐宫省之图在宋时已珍重如斯，况于今又数百年后哉！嘉庆苍龙上章敦牂孟夏之月，北平徐松，书于文颖馆直庐。

五月，臧庸有书致孙星衍，论校勘《管子》事，推尊王念孙之所得。
据《拜经堂文集》卷三《与孙渊如观察论校管子书》记：

《管子》多三代遗文，然错误难读，仅成绝学。怀祖先生所校，颇析窔奥，深中窾要，悦服之至。余校亦多善者。庸久欲为此未果，今既在此竚候旌节，因取手校原书，句栉字比。宋本之善者既为一一补注，其似是而非者兼订正之。……校勘此书将已卒业，约签记六七百则，如得付梓，与《晏子音义》并传，甚善甚善。内亦有后人浅俗之言，非《管子》本文者，拟分内外篇目以区别之。庸不召不敢至，暑气渐逼，入都之念颇切，盼望荣旋后即起身。而犹缕缕于《管子》者，庸虽处困阨，不敢废业耳。

同月，臧庸致书姚鼐，忧虑世道人心，喟叹风气浇薄。
据《拜经堂文集》卷三《与姚姬传郎中书》记：

自辛酉乡试抠谒，迄今十载矣。乙丑在都，遭舍弟之变，惠书垂问，撰赐墓表。肃函致谢，未审达否。每晤江宁友朋，询知精力尚健，慰慰。

文教日昌，诸先正提倡于前，后起之士精诣独到者，间有其人，而浮薄之徒逞其臆说，轻诋前辈，入室操戈。更有剽窃肤浅之流，亦肆口雌黄，谩骂一切，甚至诃朱子为不值几文钱者。掩耳弗忍闻。此等风气，开自近日，不知伊于胡底。二三十年前，讲学者虽不及今日之盛，而浇薄之风，亦不至是。殆盛极必衰，不可不为人心世道忧也。耆儒硕学，渐次凋谢，今东南大老负海内重望者，惟先生及若膺大令、易田徵君数人而已。而蓄道德，能文章，清风亮节被拂海内几四五十年者，于先生最也。庸有志于学，处境困陋，旧业将落，不克时领诲言。昨于友人处见大集刊成，中论《左传》一条，尤为精绝，以未读全书为憾。今年应顺天乡试，道出德州，小住逾月，与高足管君异之昕夕聚首，持论颇合。其学识超迈流辈，所交门下士，如鲍学士、陈编修、郭频伽诸君，皆所不及。扩以见闻，宽以岁月，必成通儒，决为先生传道之徒，窃欣幸焉。管君南还乡试，肃书致侯。庸再拜。

六月八日，清廷重申严禁坊刻小说。
据《仁宗实录》卷二三○嘉庆十五年六月辛卯条记：

谕内阁，御史伯依保奏，请禁小说一折。坊本小说，无非好勇斗很，秽亵不端之事，在稍知自爱者，尚不为其所惑，而无知之徒，一经入目，往往被其牵诱，于风俗人心，殊有关系，本干例禁。但日久奉行不力，而市贾又以此刊刻取利，其名目尚不止如该御史所奏数种。著五城御史出示晓谕禁止，如有此等刻本，即营销毁。

同月，顾广圻为鲍廷博《知不足斋丛书》撰序。
据顾广圻《思适斋集》卷十二《知不足斋丛书序庚午六月》记：

尝论刻书之难有三：所据必善本而后可，一难也；所费必多赀而后可，二难也；所校必得人而后可，三难也。此三者不具，终无足与刻书之数，岂非难乎？今之具此三难，而以之刻者，其莫如吾友鲍君以文也。君收储特富，鉴裁甚精。壮岁多获两浙故藏书家旧物，偶闻他处有奇文秘册，或不能得，则勤勤假钞厥副，数十年无懈倦。其称说一书，辄举见刻本若钞本、校本凡几，及某刻本如何，某抄本如何，某校本如何，不爽一二也。其于本有如此者。梨枣之材，剞劂之匠，遴选其良，费而勿靳，生产斥弃，继以将伯。千百锱铢，咸归削氏。犹复节衣减食，裨补不足。视世间所谓荣名厚实、快意怡情者，一切无堪暂恋，只有流传古人著述。急于性命，乃能黔范其所处，朱顿乎斯事也。其于赀有如此者。并涉四部，旁综九流，奥篇隐事，心识口诵，元元本本，有经丹黄甲乙者，如凤庭之扫叶。又况先达闻人，泊二三雅素，往复扬榷，集思广益。外此，即土壤细流，咸不让择，大要期诸求是。每定一书，或再勘三勘，或屡勘数四勘。祁寒毒暑，舟行旅舍，未尝造次铅椠去手也。其于校有如此者。是故生平前后所刻，不下数百种，独汇而为丛书者，已至二十五集。人徒见知不足斋板片满家，印本遍天下，几等齐夫寻常刻书之易易也，而亦知君之为其难者有如是乎？他日见语曰："相知二十年余，且于书有同嗜焉，子何可无丛书之序？"夫丛书向有序矣，将奚以序之？亦唯有论刻书之难而已，亦唯有论君刻书之难而已。抑吾闻知其难而以难者为难，则其易也将至矣；不知其难而以难者为易，则其难也将至矣。事诚有之，书亦宜然。吾愿今而序丛书也，后有刻书者得因以奉教于知不足斋，毋专守兔园册子，毋计较锥刀钱物，毋贻笑造磨弱仗，先其难，后其易，留刻书种子于不绝，则君之有功于书，岂仅在所刻数百种哉？遂不辞而序之如此。

同月，臧庸致书孙星衍，鼓励续著《尚书义疏》，并推荐诂经精舍高材生汪家禧。

据《拜经堂文集》卷三《与孙渊如观察书》记：

> 途次谒王怀祖先生，诲之甚殷，书函中希道及感谢之忱。前在安德，承谕五帝为五行生旺之气，先王祀典不可轻废，……说极精善。庸谓太史公作《孔子世家》，亦后王褒崇之意。此等议论，须著文以发明其旨，俾可

考而行之。《尚书义疏》发明古今文之学，有前人所未言者，闻将续著《尧典》《微子》等篇。此事固非一人之能尽，然必先尽夫我力之所能为，余俟后人补之，不可一意委之来学，致彼此蹉跎也。汪君家禧，为门下诂经精舍高足弟子，所业精进，实两浙诸生中第一。阮侍郎、戴金溪、陈恭甫、许周生诸君并以为然，非庸一人私言。且谊笃师友，历久不渝，远非浮薄哗嚣辈所可同年而语。

臧庸致书王念孙，述敬仰之忱，推念孙"学问、人品、政事三者，同条共贯"之说为"至论"。

据《拜经堂文集》卷三《与王怀祖观察书》记：

> 庸私心敬仰已二十余年，一旦获亲承提命，幸何如之。且奖所已能，勉其未至，饮食教诲，感何可言。先生清德著于海内，承谕学问、人品、政事三者，同条共贯，尤为至论。即先圣微言，不外乎是。先生盖真能以实学、实心而行实政者，虽不合乎流俗，而至诚所感，动契主知，盖以此。庸当终身佩之。于学问一涂，粗涉津涯，或能黾勉万一。至举业荒落，科名或有辜雅望也。

陈寿祺自上年任国史馆总纂，创编《儒林》《文苑》二传。是年七月五日，其父逝，居忧去职。

据陈寿祺《左海文集》卷五《与方彦闻令君书》记：

> 寿祺先于嘉庆十有四年，充国史馆总纂，专创《儒林》《文苑》两传。寻以忧归。明年，宫保仪征公适在京师，当事延之，独纂《儒林传》。

又据阮元《揅经室二集》卷五《诰封奉直大夫翰林院编修陈君墓志铭》记：

> 君讳鹤书，字东麓。……嘉庆十五年七月干支（据《左海文集》卷十《先考行实》，寿祺父卒于七月五日。——引者），年六十有五。以子寿祺官

得封。……寿祺幼被父教，文藻博丽，规尽扬、马，通达经传，精究小学。康熙己未、乾隆初年，皆有鸿博科，儒术为盛。嘉庆己未虽非制科，然如张惠言、王引之、寿祺等，拟之前人，似无让也。……寿祺为元门生，在都闻讣，星奔归葬，来请铭其墓。

九月九日，姚鼐为方苞遗著《集外文》撰序。
据《惜抱轩文集后集》卷一《望溪先生集外文序》记：

> 望溪先生之古文，为我朝百余年文章之冠，天下论文者无异说也。鼐为先生邑弟子，诵其文盖尤慕之。计鼐少时，亦与先生之老年相接。然先生居江宁，鼐居桐城，惟乾隆庚午乡试，一至江宁，未及谒先生。其后遂入都，又数年先生没，遂至今以不见先生为恨矣。嘉庆庚午，鼐在江宁，去始至江宁之年六十矣。先生之曾孙传贵（传贵二字原作空缺，据方传贵《集外文跋》补。——引者），乃以先生《集外文》见示。先生立言必本义法，而文气高古深厚，非他人所能伪。今此编凡囗十首，读之诚皆先生文无疑也。然先生《望溪集》乃手自定，此皆其芟去不欲存者。……至其所以芟之之理，鼐浅学也，恐妄度未必当先生之意，故亦不敢遽有论，将以待后有读者自得之焉。嘉庆庚午重阳日，同里后学姚鼐序。

十月，阮元以翰林院侍讲入国史馆，辑《儒林传》。
据阮常生续编《雷塘庵主弟子记》嘉庆十五年四十七岁条记：

> 四月二十六日，奉旨补授翰林院侍讲。九月二十日，奉旨充署日讲起居注官。……十月，大人自愿兼国史馆总辑，辑《儒林传》。

冬，雷学淇著《竹书纪年义证》成。
据《清儒学案》卷一九五录雷学淇《竹书纪年义证自序》记：

> 淇幼读《孟子书》，至"西丧地于秦，南辱于楚"，疑《集注》与《史记》不合。……既长，读司马贞《史记索隐》引《纪年》。……更后读嘉

禾徐圃臣《天元历理》。……由是余之信《纪年》也愈笃,苦《纪年》之无善本,而欲为之厘订也亦愈诚。辛酉仲秋后,取载籍中凡称引《纪年》者汇而录之,以校世之传本,正其讹,补其缺。周宣王后,仍纪晋、魏之年,考订者凡三百余事,依世分次,厘为六卷。又为《辨误》一卷,《考证》一卷,《唐虞以来及战国年表》一卷,周末之事,乃灿然略备。阅五年书成,以之推验古事,凡书在秦火以前者,无不符合。于是更作《义证》四十卷,《天象》《地形图》各一卷,《系谱》二卷,凡正经史之疑义、旧说之违误者,又五百余事。由是观之,《纪年》岂非信史哉!其所纪甲子、事实,有关于人世者甚重,有益于学术者甚宏,盖不惟于《孟子书》有合已也。而即以合于《孟子》论,《纪年》亦岂非信史哉!嘉庆十五年冬,通州雷学淇述。

十二月十八日,姚鼐为程廷祚遗著《青溪集》撰序,诋戴震、程廷祚"为论之僻"。

据《惜抱轩文集后集》卷一《程绵庄文集序》记:

> 鼐往昔在京师,闻江宁有程绵庄先生,今世一学者也。乾隆庚戌,余来主钟山书院,则绵庄已死,求所著书,亦不得见。今岁,杨存斋令君乃持绵庄集见示,遂获卒读。……今观绵庄之立言,可谓好学深思、博闻强识者矣,而顾惜其好非议程、朱。……近世如休宁戴东原,其才本超越乎流俗,而及其为论之僻,则更有甚于流俗者。绵庄所见,大抵有似东原。……嘉庆十五年十二月十八日,姚鼐序。

案:此序又载《青溪集》卷首,惟文字差异甚多,文末署"庚午嘉平月,后学桐城姚鼐姬传拜书"。

季冬,臧庸有书致刑部侍郎秦瀛,答谢秦氏枉顾,并言"虽布衣,颇自爱自重",且告正为吴炯著《中州文献考》。

据《拜经堂文集》卷三《与秦小岘少司寇书》记:

> 走候未得见,目已愈否?念念。……庸虽布衣,颇自爱重。……昨

蒙执事惠然枉顾，此非庸之所敢望者也。近为吴鉴庵通政使纂《中州文献考》，逾月未出，每夜必至漏三四下，饥寒不恤，孜孜于此，殆天性然也。

秦瀛接臧庸书，复书致歉，言因病告退已获允准。庸再度致书，颇及一时世风之日下。

据《拜经堂文集》卷三《答秦小岘少司寇书》后附《秦小岘少司寇原书》记：

> 日前奉书，鹿鹿未报，而枉临又为阍人所误，怅怅。弟以衰病乞休，蒙恩仅准告病。仆于进退之义，自审有素，容日当面谈也。李习之有言："近代以来，为学者以钞集为科第之资，入仕者以容和为贵富之路。"足下布衣短褐，躬学古知道，其人其文，俱以古人为师，宜不屑趋谒达官。然今之所谓达官者，不特无道德可重，亦并无势利可趋，足下尚不免重视今之达官耳。

又据同书同卷《答秦小岘少司寇书》记：

> 晚近软罢废弛，一切偷且苟简，聊以度日，所见所闻，莫不尽然，不知伊于胡底。此正人君子所刻不能忍者。大抵根于人心之不古，虽孔、孟复生，恐亦难措手。庸有志于古，惜鹿鹿谋衣食，志气销沮，不克遂其素守，可伤矣。

臧庸复书翁方纲，叹老成凋谢，述在京交友，且及翁氏批评段玉裁《周礼汉读考》事。

据《拜经堂文集》卷三《答翁覃溪鸿胪卿书》记：

> 苏斋老人阁下：前接手示，知冬至后尊体不适，许静定数日，有以见教。近已愈否？念念。长至前数日，尝趋谒未得见。庸为卢抱经学士弟子，神交已久，甲子在都，相待甚厚。海内大儒，如大兴朱文正、嘉定钱詹事、青浦王司寇等，皆渐次凋谢，惟存先生，彼此所愿亟见而不可得者。现为

吴鉴庵通政纂辑《中州文献考》，此绝大著作，以一人总之，本狌狌无暇。而所与往还讲论、书问不绝者，惟吾乡秦少司寇、高邮王观察父子、仪征阮侍郎、栖霞郝农部，数人皆古君子，非特学问优也。……段君《周礼汉读考》，大致精善，间有一二过于自信处，然非深于学者不能道。未识阁下所欲辨正者何事。是非黑白，自有定见，后生小子安敢轻启辨难之端？

翁方纲撰文訾议段玉裁《周礼汉读考》，主张为学当"一以勿畔程、朱为职志"。原文未详年月，因臧庸札述及，故姑系于此，俟考。

据《复初斋文集》卷十六《书金坛段氏汉读考》记：

治经之道，其最宜慎者阙疑也，其最不宜蹈者改字也。……郑君注释时，间或有所订正，实亦出于不得已也。今金坛段氏，乃为之发例，一曰读若，二曰读为、读曰，三曰当为。不知郑君昔时果森然起例若斯？抑郑未有例而段氏代为举例欤？……段君试思今何时乎？今之时，非犹郑康成所际师承杂出之时也。士生今日，上承钦定诸经义疏，炳焉如日中天，又下承程、朱大儒经义明析之后。即或宋诸儒不甚留意古训诂之书，偶有未及详核者，惟当博综汉学以融合之，岂宜复举郑君改字之弊，以著为例乎？……愚意奉劝善为学者，当博考古今诸家，而一以勿畔程、朱为职志。于此等同异审正处，随事随文，权其轻重，而平心酌之。且莫一意高谈复古，戒嗜异而务阙疑，庶稍免于罪悔乎！

段玉裁有书复王念孙，议戴震遗著《直隶河渠书》《孟子字义疏证》刊刻事。

据刘盼遂《经韵楼文集补编》卷下《与王怀祖书六》记：

愚弟段玉裁顿首启怀祖大兄先生阁下：《直隶河渠书》一事，诚如尊谕。但鸠同志辑赀刻之，此事恐难，安得此等同志也？故命孙辈抄一部藏之而已。方保岩制府进京，已托其清理改正，不知彼能办否。吾兄眠食无恙，令郎任满入都，可以就其禄养，似无庸尽疲于衰耄也。弟今年七十有六，心脉甚虚，既不能读书，又不喜闲坐，甚有暇日，幸有以教之。东坡云："疾病连年，人皆相传已死。"柳州《与王粲元书》："因人南来，致书访死生。"《说文注》未能刻，吾兄之助者他用矣。东原师著作皆简严，此书详赡，亦各有体也。谨候近安，诸惟珍摄自重，不宣。玉裁再拜。

东原师曾与弟书云："仆生平著述，以《孟子字义疏证》为第一，所以正人心也。"今详味其书，实实见得宋儒说理学，其流弊甚大。阁下可曾熟之覆之？弟拟刻此书，以广其传，俾言义理者有所折衷。又拜。

江藩年届五十，改字节甫，始撰《国朝汉学师承记》，"以备国史之采择"。

据江藩《炳烛室杂文》之《节甫字说》记：

藩弱冠时，受《易》汉学于元和通儒艮庭徵君，始知六日七分、消息升降之卦，变互爻辰、纳甲之说。迄今三十年矣。藩生于乾隆二十六年三月二十二日，至嘉庆十五年，符大衍之十、辰十二、星二十八之数。……嗟呼！今世之人，举孝廉，第甲科，紫其绶而丹其毂者，岂尽赡知之人哉？亦时之通塞而已。通则可为，塞则不可为，知塞而为不可为，不知止也。扬子曰："为可为于可为之时则从，为不可为于不可为之时则凶。"知言哉！此扬子之所以守玄而不尚白也。藩窃比扬子之玄，守先师所传之经，为章句之徒，抱一艺以终老于家，可谓居而安、乐而玩者夫。因自号节甫，泊如也。

又据江藩《国朝汉学师承记》卷二《余古农先生》记：

藩为先生受业弟子，……自心丧之后，遭家多故，奔走四方，雨雪载涂，饥寒切体，不能专志一心，从事编辑。今年已五十，忽忽老矣。叹治生之难，蹈不习之罪，有负师训，能不悲哉！

又据同书卷一《序》记：

藩绾发读书，授经于吴郡通儒余古农、同宗艮庭二先生，明象数制度之原，声音训诂之学，乃知经术一坏于东、西晋之清谈，再坏于南、北宋之道学，元明以来，此道益晦。至本朝，三惠之学盛于吴中，江永、戴震诸君继起于歙，从此汉学昌明，千载沉霾一朝复旦。暇日诠次本朝诸儒为汉学者，成《汉学师承记》一编，以备国史之采择。嗟乎！三代之时，弼谐庶续，必举德于鸿儒，魏晋以后，左右邦家，咸取才于科目。经明行修之士，命偶时来，得策名廊庙，若数乖运舛，纵学穷书圃，思极人文，未有不委弃草泽，终老邱园者也。甚至饥寒切体，毒螫惨肤，筮仕无门，赍恨入冥。虽千载以下哀其不遇，岂知当时绝无过而问之者哉！是记于轩冕则略记学行，山林则兼志高风。非任情轩轾，肆志抑扬，盖悲其友麋鹿以共处，候草木以同凋也。

嘉庆十六年辛未　1811 年

二月，周锡瓒七十寿辰，段玉裁撰文祝贺，述吴中聚书掌故及一时儒林状况。

据《经韵楼集》卷八《周漪塘七十寿序》记：

> 余之侨居吴门也，因钱竹汀先生以定交于明经漪塘周子。乾隆、嘉庆以来，吴中之能聚书者，未有过于周子者也。始吴中文献甲东南，好书之士，难以枚数，若钱求赤、钱遵王、陆敕先、叶林宗、叶石君、赵凡夫、毛子晋及其子斧季，皆雄于明季。入本朝，义门何氏屺瞻暨弟小山，爬搜古本，闭户丹黄，尤称博洽。乾隆初，朱丈文游颇搜辑精好，见称于惠定宇、戴东原两先生。自余于壬子居吴，借书以读，所恃惟周子。……余始识周子才五十余，而今则七十矣。嘉庆十六年二月廿一日，是为诞辰，同志皆举觞以贺。黄子荛圃谓余曰："先生盍一言乎？"荛圃者，能继周子而聚书，读书之后劲也。余应之曰："好书者多寿。今吾老友有梁氏山舟、程氏易田、赵氏瓯北、翁氏覃溪、姚氏姬传、张氏涵斋，皆年八十以上。竹汀考古文士之寿，作《疑年录》，惟曹宪至百五岁。今周子于诸君年最少，亦尚少于余。愿诸君子及周子，皆德日益邵，登曹宪之年，而余得执鞭追逐其间也。"

三月，臧庸致书王引之，谈任大椿遗著《小学钩沉》校勘事。

据《拜经堂文集》卷三《与王伯申学士论校小学钩沉书》记：

> 承询《钩沉》事，原约月杪可竣，庸于此事，刻不敢忘者也。去腊天寒日短，且事冗，新正甫校起。然《中州文献考》写者三人，俟看出发抄。

又为汪礼部编校遗书并著行状，从事小学三分之一。后汪礼部事竣，写者或为他事，故迩日寝食不遑，谢绝人事，唯《钩沉》之是务也。……至录清付梓，恐非钞胥所能。尊处有明小学者，为誊录甚善，否则仍付来给以纸笔，庸为手写何如？每谓此等皆学者公事，不当分彼此。承委无不尽心，特终不敢苟简从事，聊草塞责，当为乔梓两先生览之也。

时阮元兼职国史馆，总辑《儒林传》，臧庸连致二书，询入传人选，并为其高祖遗著事辩诬。

据《拜经堂文集》卷三《上阮芸台侍讲书》记：

接谕，知欲览孙夏峰、汤文正书，谨奉上《洛学编》《潜庵遗稿》二种。闻先生近人已录张皋文矣，如卢学士、王光禄、钱少詹事、江叔澐、钱学源、刘端临、凌次仲、汪容甫诸君，亦得著录否？庸未得见邵学士、任侍御、孔检讨，其学孔为最。今为侍御校《小学钩沉》九卷将竣，怀祖先生欲为付梓。微末之人，学识谫陋，固不足以语及此，而故老典型时形心目，亦不知何故也。

又据同书同卷《上阮芸台侍讲书》记：

先高祖当入《国史儒林传》，此陈编修充纂修官时自言之，有手书可据。《尚书集解案》亦编修由舍间索取，郎君为邮寄，意欲采其精者入列传，不幸传未成而编修遭大故。犹幸大人续为总纂，其相知之深，有过之无不及也。乃客冬忽述外人"子孙润色"之言，阁下岂为之惑耶？夫此书在当时，有阎徵君序，丁教授辑录遗文，并见徵君手稿，在康熙丁丑。卢学士修《常州府志》，采入《儒林传》，及校勘《经典释文》，撰入《考证》，在乾隆己酉、庚戌间。时庸年二十有三，亡弟年始十四五，谁能为润色？且此书先为学者流传已久矣。此必有嫉怨之士，诬以不根之谈。虽小学诂训，在今日为极盛，然国初诸老已启其端。如阎氏《古文尚书疏证》《四书释地》等，有言小学者，再前则顾氏《音学五书》《金石文字记》中，亦有之。且定宇之前，已有天牧，祖孙著述，刊布海内，亦岂后人之润色耶？庸至不孝，马齿四十有五，困于布衣，学行无一可称。以光大前人之业，觍颜宇内，死有余憾。尚幸不诬之攘窃先人之书，掩为己有，以获罪于天地祖宗。此阁下犹可平心原恕也。然如阎、惠二徵君，卢学士、钱詹事、段大令，并海内耆德，当世通儒，皆尊信此书。又阁下手撰先考《家传》《定香亭笔谈》《经义杂记题辞》，均有奖励之言。即辱知于庸，未始非因其儒者之后，故与之晋接，久而不衰。今一旦过听细人之言，而致疑之，将前辈之尊信，先生之爱重，数十年来均为所欺。今操著作之柄，欲以明正学，黜伪儒，遽改其从前之所见耶？

四月，阮元编《经郛》稿成。

据阮常生续编《雷塘庵主弟子记》嘉庆十六年四十八岁条记：

> 四月，《经郛》编录既成，计一百余卷。（原注：是书采择未周，艰于补遗，是以未刻。）

臧庸致书王念孙，就《小学钩沉》校勘提出处理意见。据《拜经堂文集》卷三《与王怀祖观察论校小学钩沉书》记：

> 凡《一切经音义》所云字体作某者，谓字之形体如此，或言正体当如此，非别有字体之书也。……《钩沉》采《音义》，所引字体五十则，其叙录亦言"史志及书目俱不载"，似不当承讹袭谬，拟尽删之。又《华严经音义》每引《珠丛》《韵圃》二书，《钩沉》有《韵圃》而无《珠丛》。其实《唐书·艺文志》《儒林传》皆有《桂苑珠丛》；《玉篇》及《太平御览》引《桂苑》，《晋书音义》引《珠丛》；《华严经》卷上引《珠丛》三十四则，卷下引十八则，皆即此书，拟补其阙。又《隋志》有《说文音隐》，《唐志》但称为《音隐》，《经训堂丛书》有《说文旧音》一卷，殊嫌疏略。乃《钩沉》载《音隐》，仅《一切经》卷四一则，将删之，抑仍其旧，或博考群籍以补之？以上三事，均祈示夺。粗校一过，恐舛漏百出，贻误后人，若逐

条细勘，又未能仓猝了事。庸笃学不倦，但精力不如前耳。

王念孙复书臧庸，完全赞成处理《小学钩沉》校勘之意见。

据《拜经堂文集》卷三《与王怀祖观察论校小学钩沉书》附录《王石渠先生答书》记：

> 接读来示，考订精详，佩服之至。字体可删，《珠丛》可补，其《说文音隐》，若博考群书以补之，实有功于许氏。此书不知亡于何时，《系传》所称此反切，皆后人所加者，疑即是也。乃小徐易以新音，而大徐则专用唐韵，于是《说文》之旧反切遂亡。今采群书补之，实一快事也。专此羽覆，不一。念孙顿首用中先生执事。

六月十五日，王念孙为臧庸《拜经日记》撰序，推服其治经所得，不可与拘泥汉学者并观。

据《王石臞先生遗文》卷二《拜经日记叙》记：

> 臧子用中，常州武进笃学士也。余曩官京师时，已闻用中而未识其面。岁在甲子，余官山东运河道，用中过余廨舍，而余他往不获见。去年余官直隶永定河道，用中又过余，相见甚欢，及余罢官养疴都下，与用中所居相去数武，晨夕过从，而益以知其人之朴厚，学之精审也。用中绍其先玉林先生之学，撰《拜经日记》十二卷，考订汉世经师流传之分合，字句之异同，后人传写之脱误，改窜之踪迹，擘肌分理，剖毫析芒，其可谓辩矣。《日记》所研究者，一曰诸经今古文，二曰王肃改经，三曰四家诗同异，四曰《释文》《义疏》所据旧本，五曰南北学者音读不同，六曰今人以《说文》改经之非，七曰《说文》讹脱之字，而于孔孟事实考之尤详。若其说经所旁及者，叔孙《礼记》南斗文昌之类，皆确有根据，而补前人所未及。夫世之言汉学者，但见其异于今者，则宝贵之，而于古人之传授，文字之变迁，多不暇致辩，或以为细而忽之。得好学如用中者，详考以复古人之旧，岂非读经之大幸哉！读《日记》毕，爰举其荦荦大者，以为之叙。至

于逐条分见有补于经者甚众,盖不暇一二数云。岁在辛未六月望日序。

七月十二日,臧庸为郝懿行妻王照圆著《列女传补注》撰序,颇及游学京城之乐。

据《拜经堂文集》卷二《列女传补注序》记:

> 岁庚午,庸再游学京师,一时师友之盛,日以经史古义相研究,乐此不疲,兀坐成疾,不以为困也。时有父子著述,一家两先生者,王石渠观察暨令嗣曼卿学士也,有夫妇著述,一家两先生者,郝兰皋户部暨德配王婉佺安人也。庸寓吴鉴庵通政家,距石渠先生之居仅数廛,因得朝夕请益。而慕安人之学之名特至,尝以《孝节录》,从户部乞言于安人。撰《读孝节录》一首以应,性情真挚,文辞高旷,得六朝文法,书法亦遒劲,唐人欧、褚遗范也。既而户部以安人所著《列女传补注》八卷、《叙录》一卷,属庸校定,并索序言。时庸久病,束装南归有日矣,凡京师名卿大夫与庸交好者,无不诏庸以读书为戒,谓当心如槁木死灰,以资静养。虽庸亦以为然,然感户部相待之雅,安人诿诿之意,又不能辞也。力疾开卷,一再勘之,诠释名理,词简义洽,校正文字,精确不磨,贯串经传,尤多心得,不觉肃然起敬,以为当代女师一人而已矣。……窃以三代治乱之原,多本女德,士大夫兴衰之兆,亦由妇人。考之于古,验之于今,昭昭然若黑白之分矣。中垒斯传,为垂世立教之大经,士人既多所不习,女子又鲜能通此,古道之不兴,盖由是矣。幸得如安人者,为之疏通疑义,诠补旧说,而大旨灼然。宜家置一编,为人伦之始,王化之端,海内之治,将骎骎日上。庸经生也,不敢为大言,姑摭微文末义,平日所诵习者,应安人之属,并以质之户部云尔。嘉庆十六年秋七月戊子日,武进臧庸序。

同月,段玉裁为张聪咸著《左传杜》撰序,指朱子"改窜古经""屏弃古序"。

据《经韵楼集》卷四《左传杜序》记:

凡著书者，将以求其是而已，非将以求胜于前人而要名也。……天下之真是不易知，不必真是之说转易晓。使浅人自满其量之能容受，悦目厌心而不自知，以至举世尊之，功令尊之，如朱子改窜古经之《大学》，屏弃古序之《毛诗》是也。然虽举世尊之，功令尊之，而读者未安，诋议者未尝绝于世，以为诬圣人，以为误学术，则亦岂得为著书者之幸乎哉！今所谓"十三经"者，《左传》用杜元凯《经传集解》，自唐人作《正义》而然，前此之著皆亡矣。其书说天子、诸侯丧服，最为非圣，其他训诂、名物、地理、历法，时多疵颣。要其尊传以释经，非有若改窜古经、屏弃古序之大谬也。……今张君阮林有《左》癖，蕴积既久，乃取自汉以来，及于国朝诸儒说异杜者，汇集其成，参以己说，为《刊杜》若干卷。夫亦将求其是以禆《左氏》，而非欲求胜于前人以要名者。……阮林之学，其可限量也哉！嘉庆辛未七月，金坛段玉裁撰。

七月二十七日，臧庸在北京病逝，年仅四十五岁。
据《拜经堂文集》卷首宋翔凤撰《亡友臧君诔》记：

武进臧君殁于京师，余方游冀州，逾月知耗，念自交契，星回历七。君以学问益我，以手足爱我，非寻常之相与，能不痛哉！今夏四月，君方病肿，余往问之。当在床笫编校未休，因出少时所校《月令》《乐记》二篇，属余审视。余以二篇之意劝之，……君得余书，时已沉困，答以难愈，遂以嘉庆十六年七月癸卯，卒于京师之逆旅。……君名庸，字西成，原名镛堂，以县学生为国子监生，年四十五。

又据阮元《揅经室二集》卷六《臧拜经别传》记：

拜经姓臧名庸，字西成，又字拜经，本名镛堂，武进县人。父继宏，业贾。康熙间，有与阎百诗同时老儒玉林先生名琳者，拜经之高祖也。乾隆五十四年，余姚卢学士文弨主常州书院，拜经往受经学，抱玉林先生所著《经义杂记》质于学士，学士惊异之，于校《经典释文》中，多引其说。

五十八年，在苏州从嘉定钱少詹大昕、青浦王侍郎昶、金坛段县令玉裁讲学术。钱公、王公荐拜经于湖广总督毕公沅，授其孙兰庆经。嘉庆元年归，丁父艰。二年，元督浙江学政，延拜经至西湖，助辑《经籍纂诂》。三年，《纂诂》成，拜经至广东南海县校刊于板，而臧氏《经义杂记》诸书，亦以是时刊成之。五年，元巡抚浙江，新辟诂经精舍于西湖，复延拜经至精舍，补订《纂诂》，校勘《注疏》。七年，归常州。九年，入京应顺天甲子乡试。……十一年，南归，过扬州，伊墨卿太守秉绶延修《广陵图经》。十二年，复应元招，至杭州，读书于北关署中。十四年，归里，病。十五年，复应顺天府庚午乡试，不中式，吴编修延之修《中州文献书》。十六年，复病，七月，卒于吴氏馆，年四十有五。……其为学根据经传，剖析精微，德清许周生兵部宗彦谓其好学深造，如皇侃、熊安生，当求之唐以上也。所著之书，拟《经义杂记》为《拜经日记》八卷，高邮王怀祖先生念孙亟称之，用笔圈识其精确不磨者十之六七。其叙《孟子年谱》，辨齐宣王、潜王之讹，闽县陈恭甫编修寿祺叹为绝识。又著《拜经堂文集》四卷，《月令杂说》一卷，《乐记二十三篇注》一卷，《孝经考异》一卷，《臧氏文献考》六卷。

又其生平考辑古义甚勤，故辑古之书甚多。《子夏易传》一卷，以《子夏传》为汉韩婴所撰，非卜子夏，惟采《释文》《正义》《集解》《古易音训》《大衍议》五家，不取宋以后说。《诗考异》四卷，大旨如王伯厚，但逐条必自考辑，绝不依循王本。《韩诗遗说》二卷、《订讹》一卷，顾千里广圻以为辑《韩诗》者众矣，此为最精。

八月一日，段玉裁辑《春秋左氏古经》成。
据段玉裁《春秋左氏古经》卷首《题辞》记：

玉裁九岁时，先子命读胡氏安国《春秋经传》，其时功令所用也。十一岁，乃读《左氏》，专读传而已。既长，乃知胡氏之经杂取左、公羊、穀梁三家之经，为书不衷于一。盖三家各自为经，《汉志》言《古经》十二篇者，左氏之经也。又言《经》十一卷，自注云"公羊、穀梁二家"者，谓二家之经皆十一卷，与古经不同也。自转写合二条为一行，而罕知其解矣。《古经》因十二公为十二篇，公羊、穀梁合闵公于庄公同卷，则为十一卷，说见何氏《公羊解诂》。古曰篇，今曰卷，竹木曰篇，缣素曰卷。三家经卷数不同，而皆经传各为书。杜氏预乃取左经分年冠于某年传首，二家则汉以后学者析经文冠某事之首，而无传者依次附焉，于是三家之专经均不可得见。宋时有《春秋正经》十二卷，眉山李焘仁甫又令潼川谢畴元锡成《春秋古经》十二篇，今皆亡矣。玉裁侨居姑苏多暇，庚午年已七十有六，深痛先君子郑重授《春秋左传》，而未能尽心此经，又悯今之学者，但知稍稍读《左传》，于经文少有能成诵者也。乃恭录《左氏》经文，取郑公注礼，《周礼》存古文、今文故书之例，附见《公羊》《穀梁》经文之异，以小字双行注各条下，为十二篇。又以二家卷数之不同，附注《左氏》各篇之末，每条时出订正之语，而不敢蔓衍其辞。仍依《汉志》，署曰《春秋左氏古经》，俾家塾子孙读经以寻传，读传以释经，纲举而目张矣。其诸学者，同有乐于此乎？《史记》曰"《春秋》文成数万"，张晏云"万八千字"，李氏仁甫云"细数之，尚减一千四百二十八字"，与王氏学林云万六千五百余字者合，马氏端临疑三家或妄有增益者，非也。嘉庆辛未八月朔日，段玉裁敬题。

十月十六日，江藩继《汉学师承记》之后，又撰《国朝经师经义目录》。其子钧缮录书稿，并撰跋以明义例。

据《国朝经师经义目录》卷末江钧《跋》记：

家大人既为《汉学师承记》之后，复以传中所载诸家撰述有不尽关经传者，有虽关经术而不醇者，乃取其专论经术而一本汉学之书，放唐陆元朗《经典释文》传注姓氏之例，作《经师经义目录》一卷，附于记后，俾治实学者得所取资，寻其宗旨，庶不致混莠于苗，以砆为玉也。著录之意，大凡有四：一，言不关乎经义小学，意不纯乎汉儒古训者，不著录；一，书虽存其名而实未成者不著录;一,书已行于世而未及见者不著录;一,其人尚存,著述仅附见于前人传后者不著录。凡在此例,不欲滥登,固非以意为弃取也。次列既,钧承命缮录,因不揣梼昧,著其义例于末。嘉庆辛未良月既望,男钧谨识。

同月,汪喜孙自序《礼堂授经图》,追忆早年随其父中读经,父没,节母茹苦含辛之境况。

据汪喜孙《孤儿编》卷三《礼堂授经图自序》记:

礼堂授经者,喜孙哀述少小过庭之训,故作是图。喜孙年六岁,先君写定皇象本《急就篇》《管子·弟子职》,教授于礼堂。明年,更写郑康成《易注》,卫包未改本《尚书》、顾炎武《诗本音》《仪礼·丧服子夏传》,以次授读。其时,喜孙蒙穉无识,不获承先人之教。先君《自叙》以谓:"商瞿生子,一经可遗。"又尝与尤山人书以谓:"儿子聪慧,惜旦莫入地,不及见其成立。"是则先君悼岁月之不居,大惧喜孙之弗克负荷耳。皓天不吊,行年九岁,先君即世。母氏朱太孺人,亲操井臼,每日疏食一盂,治修脯以佐先生,加之一饭,损之一饭,悉称先生之意所欲出。先生嗜牛醢,就门人子妇学焉。先生故贫,束修之问不以时,时或典衣称贷以偿之。今年,喜孙二十有六,楹书哀然,匆匆未能卒业。回思先君授经礼堂,已历十有八载,孤露余生,家获再造,老屋故在,庭诰不闻,哀写此图,以当一哭。先君所居礼堂,在甘泉治新城玉井之西偏,屋止三楹,杂莳枇杷梅竹,门前有柳,高五六十尺,深巷暎蔚,造庐问字者,指大树以为记。先君自署楹帖云:"草长郑公堂下,柳垂陶令门前。"是其地也。喜孙既嘱屠大令绘图以志其事,大令画意深远,宅前林岑垒嵂,耸若树屏,倪亦取藏书名山之义,为吾家踵此胜境,与附志简端,以谂后之读是书者。嘉庆十六年十月,孤子喜孙谨识。

嘉庆十七年壬申　　1812年

五月七日，汪喜孙跋《汉学师承记》。

据《国朝汉学师承记》卷末汪喜孙《跋》记：

古者国家有巡守、封禅、朝聘、燕飨、明堂、宗庙、辟雍之仪，天子广集众儒，讲议典礼，损益古今之宜，推所学以合于世用，根底"六经"，宪章四代，先王制作之精义，可考而知焉。自后儒以读书为玩物丧志，义理典章区而为二，度数文为，弃若弁髦，笺传注疏，束之高阁。又其甚者，肆其创获之见，著为一家之言，缀王肃之卮词，弃郑君之奥论。末学肤受，后世滋惑，经学浸微，盖七百年矣。国朝汉学昌明，超轶前古，阎百诗驳伪孔，梅定九定历算，胡朏明辨《易》图，惠定宇述汉《易》，戴东原集诸儒之大成，袅然著述，显于当代。颛门之学，于斯为盛。至若经史、词章、金石之学，贯穿勃穴，靡不通擅，则顾宁人导之于前，钱晓徵及先君子继之于后，可谓千古一时也。若夫矫诬之学，震惊耳目，举世沿习，罔识其非。如汪钝翁私造典故，其他古文词支离抵牾，体例破坏；方灵皋以时文为古文"三礼"之学，等之自郐以下；毛西河肆意讥弹，譬如秦楚之无道；王白田根据汉宋，比诸春秋之调人。恶莠乱苗，似是而非，自非大儒，孰有能辨之者！吾乡江先生博览群籍，通知作者之意，闻见日广，义据斯严，汇论经生授受之旨，辑为《汉学师承记》一书。异时采之柱下，传之其人，先生名山之业固当坿此不朽。或如司马子长《史记》、班孟坚《汉书》之例，撰次《叙传》一篇列于卷后，亦足屏后儒拟议窥测之见，尤可与顾宁人、钱晓徵及先君子后先辉映者也。喜孙奉手受教，服膺有年，被命跋尾，不获固辞，谨以所闻质诸坐右，未识先生以为知言不也。嘉庆十有七年五月七日，后学汪喜孙识。

七月，段玉裁有书答江有诰，讨论古音韵学。

据《经韵楼集》卷六《答江晋三论韵》记：

晋三兄足下：四月接手书，以所得于韵者赐教，愿为仆之诤友。彼时仆抱疴，随手答书，与令亲往，未尝深味尊札也。近日体略佳，然不能用心，又于六月十六日得手书，不胜忭喜。并取前札读之，用复于足下。……本朝言古韵者五人，曰顾氏，曰江氏，曰戴氏，曰段氏，曰孔氏，而足下殿之。江氏之为《古韵标准》也，戴氏实赞襄之。戴氏言韵在仆之前，而成书在仆之后。岁己丑，仆以《毛诗》支、脂、之分为三，侯、尤分为二，真、文分为二，稿本就正于师，师未之信。洎乎癸巳，乃寓书于蜀，谓分为三者为确论。丙申，仆书刻成于蜀，乃接师论韵长篇，不及改正。顾氏之功，在药、铎为二；江氏之功，在真文、元寒为二；段氏之功，在支、脂、之为三，尤、侯为二；真、文为二；戴氏之功，在脂、微去入之分配，真文、元寒为二；孔氏之功，在屋、沃为二，东、冬为二，皆以分配侯、尤。足下继起之功，实有见于屋、沃之当为二，术、物与月、末之当为二，虽怃他人我先，而考古不谓不深也。……仆《音均表》未尝有二刻，《说文注》甚繁，其稿现在贵郡太守处，尚非定本。戴氏韵书，足下何不向让堂先生借之。孔氏书，恐坊间无有，今附往，祈见还。仆之来否尚未定，因足下好学，故举所见，尽陈之左右。老耄不能用心，此稿时作时辍，久而后成，文理荒疏，可胜惭悚。玉裁再拜。

八月十六日，阮元改任漕运总督。二十日，以《儒林传》稿本留国史馆，所拟序言，力倡"崇宋学之性道，而以汉儒经义实之"。

据阮常生续编《雷塘庵主弟子记》嘉庆十七年四十九岁条记：

八月十六日，奉上谕："……漕运总督员缺，着阮元补授。……钦此。"二十日，将纂办粗毕之《儒林传》稿本，交付国史馆。其《文苑传》，创稿未就。

又据阮元《揅经室一集》卷二《拟国史儒林传序》记：

> 昔周公制礼，太宰九两系邦国，三曰师，四曰儒。复于司徒本俗，联以师、儒。师以德行教民，儒以六艺教民，分合同异，周初已然矣。……终明之世，学案百出，而经训家法，寂然无闻。揆之《周礼》，有师无儒，空疏甚矣。然其间台阁风厉，持正扶危，学士名流，知能激发，虽多私议，或伤国体，然其正道，实极世心。是故两汉名教，得儒经之功，宋、明讲学，得师道之益，皆于周、孔之道得其分合，未可偏识而互诮也。我朝列圣，道德纯备，包涵前古，崇宋学之性道，而以汉儒经义实之。圣学所指，海内向风。御纂诸经，兼收历代之说，《四库》馆开，风气益精博矣。国初讲学，如孙奇逢、李容（容当作颙，系因避讳而改。——引者）等，沿前明王、薛之派，陆陇其、王懋竑等始专守朱子，辨伪得真，高愈、应扝谦等，坚苦自持，不愧实践。阎若璩、胡渭等，卓然不惑，求是辨诬。惠栋、戴震等，精发古义，诂释圣言。近时孔广森之于《公羊春秋》，张惠言之于孟、虞《易》说，亦专家孤学也。且我朝诸儒，好古敏求，各造其域，不立门户，不相党伐，束身践行，暗然自修。呜呼！周鲁师儒之道，我皇上继列圣而昌明之，可谓兼古昔所不能兼者矣。
>
> 综而论之，圣人之道譬若宫墙，文字训诂其门径也，门径苟误，跬步皆歧，安能升堂入室乎？学人求道太高，卑视章句，譬犹天际之翔，出于丰屋之上，高则高矣，户奥之间未实窥也。或者但求名物，不论圣道，又若终年寝馈于门庑之间，无复知有堂室矣。

又据《揅经室续二集》卷二《拟儒林传稿凡例》记：

> 一、《史》《汉》始记《儒林》，《宋史》别出《道学》。其实讲经者岂可不立品行，讲学者岂可不治经史，强为分别，殊为褊狭。国朝修《明史》，混而一之，总名《儒林》，诚为盛轨。故今理学各家，与经学并重，一并同

列，不必分歧，致有轩轾。……壬申八月，漕运总督阮元，交出前在翰林院侍讲任内撰稿。

八月，翁方纲撰《自题校勘诸经图后》，主张为学不可"自外于程朱"。

据《复初斋文集》卷六《自题校勘诸经图后》记：

> 考订之学，何以专系之经也？曰：考订者为义理也。其不涉义理者，亦有时入考订，要之以义理为主也。学者束发受书，则由程、朱以仰窥圣籍。及其后见闻稍广，而渐欲自外于程、朱者，皆背本而骛末者也。是亦因宋后诸家，专务析理，反置《说文》《尔雅》诸书不省，有以激成之。吾今既知朴学之有益博综考订，勿蹈宋后诸家之弊则得之矣，而岂敢转执考订以畔正路乎！嘉兴王惺斋曰："学莫陋于厌薄韩、欧习用之字，而嗜讲《说文》内不常用之字。"吾每敬佩斯言，以为切中今日学者之痼疾。

在结撰上文前后，翁方纲又成《考订论》上中下八篇，集中讨论考订与义理的关系，颇涉一时学林状况。

据《复初斋文集》卷七《考订论上之一》记：

> 考订之学，以衷于义理为主，其嗜博、嗜琐者非也，其嗜异者非也，其矜己者非也。不矜己，不嗜异，不嗜博、嗜琐，而专力于考订，斯可以言考订矣。考订者，对空谈义理之学而言之也，凡所为考订者，欲以资义理之求是也。而其究也，惟博辨之是炫，而于义理之本然反置不问者，是即畔道之渐所由启也。

据《考订论中之一》记：

> 考订之学，未有盛于我国朝者也。宋人之推欧阳子也，曰以通经学古为高。乃欧阳氏之于考订，尚有待焉者，则通经学古之事，必于考订先之。虽沿有明之制艺，而实承宋儒之传义，萃汉唐之注疏，则未有过于今日者

也。学者幸际斯时，其勿区汉学、宋学而二之矣。然而划汉学、宋学之界者固非也，其必欲通汉学、宋学之邮者亦非也。

据《考订论中之二》记：

若就吾见闻最近者，无锡顾氏之于《春秋》，元和惠氏之于诸经，婺源江氏之于"三礼"，吾皆未及见其人，而粗得其绪矣。吾所目及见者，则休宁戴震、歙县金榜、金坛段玉裁，是皆惠、江之后出者。然吾虽皆略知其人，而未与之友也。就吾所与辨析往复者，则如余姚卢文弨、嘉定钱大昕、大昭也。此诸子之书具在，抑又不必从而轩轾之。吾门从游者，则若宝应刘台拱，海州凌廷堪，曲阜孔广森，南城王聘珍，亦其亚已。高邮王念孙与其子引之，皆推服金坛段氏《说文》之学，引之亦谓刘台拱深于《论语》。昨阮侍郎元以所锓台拱之书来示，其《论语》卷中，有精审者，亦有偏执者。而凌廷堪之《仪礼释例》，虽不为害，而究亦无所益。盖此事原不能求其备善者也，故执己所长以议人之短者，可偶举其一二，而不可绳其全也。惟诗文家竟有不事考订者，此固无害其为专长。秀水钱载，诗人也，不必善考订也，而与戴震每相遇，辄持论龃龉，亦有时戴过于激之，然而钱不敢斥言考订家之失也。惟铅山蒋士铨诗集有《题焦山瘗鹤铭》一诗，其言曰："注疏流弊事考订，鼷鼠入角成蹊径。"此则大不可者。

翁方纲所撰《与陈石士论考订书》《理说驳戴震作》《读李穆堂原学论》《原学论》《姚江学致良知论》等，皆不详年月，姑系于是年，俟考。

据《复初斋文集》卷十一《与陈石士论考订书》记：

昨见尊集有王君芑孙红字识语，因言义理而斥考订，遂比之于邪说。此不特不知考订，抑且不知义理也。夫考订之学，何为而必欲考订乎？欲以明义理而已矣。其舍义理而泛言考订者，乃近名者耳，嗜异者耳。然若以其矜言博涉目为邪说，则言义理者独无涉偏、涉空者，亦得目之以邪说乎？义理至南宋而益加密，用心至南宋而益加深切。是以杨信斋之《礼图》，陈北溪之《字义》，黄东发之《日钞》，皆本于朱门也；马贵与、王伯厚之博闻多识，皆南宋之善学者也。故考订之学必推南宋，虽朱子不专以考订名，而精义入微，所必衷之于此者也。惟其考之也确，是以信之也笃。是考订乃义理所必资，而岂得外之乎！……吾同年蒋心余，有诗笔者也，而其诗有云，"注疏流弊事考订"。此转以考订为流弊，且归咎于读注疏，适以自白其未尝读注疏而已。今见王芑孙之言，至于比考订于邪说，则其害理伤道，视心余为尤甚矣，将使学者株守兔园讲章，不敢涉目注疏而后止耳。芑孙者，吾同年王世琪孙也。昔来吾斋，知吾欲理《尚书》诸条，问曰："先生必专治今文也？"予应之曰："古文岂可废乎！"盖彼习闻阎氏说，妄以此疑我耳。而今见其评文之谬又若此，其亦进退无据耳矣。闻此人在南方颇有能文之誉，恐其偏谬之论致误学者，故不得不著之。

据《复初斋集》卷七《理说驳戴震作》记：

近日休宁戴震，一生毕力于名物、象数之学，博且勤矣，实亦考订之一端耳。乃其人不甘以考订为事，而欲谈性道，以立异于程、朱。就其大要，则言理力诋宋儒，以谓理者是密察条析之谓，非性道统挈之谓。反目朱子"性即理也"之训，谓入于释、老"真宰""真空"之说，竟敢刊入文集，说理字至一卷之多。……夫理者，彻上彻下之谓。性道统挈之理，即密察条析之理，无二义也；义理之理，即文理、肌理、腠理之理，无二义也。其见于事，治玉、治骨角之理，即理官、理狱之理，无二义也；事理之理，即析理、整理之理，无二义也。假如专以在事在物之条析名曰理，而性道统挈处无此理之名，则《易·系辞传》"易简而天下之理得矣"，《乐记》"天理灭矣"，即此二文先不可通矣。吾故曰戴震文理未通也。《乐记》此段下，愚既略《附记》矣，《易传》首章下，则不敢也。是以别录此篇，题以"驳戴震"，岂得已哉！

据《复初斋文集》卷七《读李穆堂原学论》记：

临川李穆堂，盖宗阳明之学者。阳明以良知为说，故不遵朱子《大学》定本。……穆堂之言学，专于行，不事乎知。且如国学之六堂，不程以经书典籍，而惟日课其起念公私、诚伪，以为甲乙，此其事可行乎？

据《复初斋文集》卷七《原学论》记：

愚既论穆堂之《原学》，而又自为《原学论》者，深见学之无事于原也。原学者，则欲废学而已。

据《复初斋文集》卷七《姚江学致良知论上》记：

姚江之学与朱子异，人皆知之，然所以谓致良知之学与朱子异者，正以其不当以此诘《大学》之格致耳。阳明以致良知诘《大学》之格致，故必欲从旧本，以诚意居先。是则《大学》"欲诚其意者，先致其知，致知在格物"，皆紊其次矣，紊《大学》之次，则失古人所以为学之实矣。……幸至今日经学昌明，学者皆知奉朱子为正路之导，其承姚江之说者，固当化去门户之见，平心虚衷，以适于经传之训义。而又有由汉荀、虞、马、郑，博涉群言，以为朴学。此则考证之学，又往往与朱子异者，是皆不探其本而逐其末者也。考证之学，则与良知之学正相反对。以愚区区之见，则良知既不必自名其学，而考证诸家，精心研讨，以汉儒为名乎？岂汉学果能究悉乎？则吾谓考证之学，实自马端临、王应麟、黄震之徒而后浚发之，其用意深粹，仍自朱子门人之绪得之。孟子固曰，"夫道一而已"。然则学一而已矣，考证之学仍皆圣贤之学也，良知之学则无此学也。

九月，阮元为纪昀遗集撰序，表彰其学术贡献，称"主持风会，非公不能"。

据《揅经室三集》卷五《纪文达公集序》记：

> 我朝贤俊蔚兴，人文郁茂，鸿才硕学，肩比踵接。至于贯彻儒籍，旁通百家，修率情性，津逮后学，则河间纪文达公足以当之。……高宗纯皇帝命辑《四库全书》，公总其成，……厥功尤茂焉。……请试士子《春秋》文以《左氏传》立论，辅以《公羊》《穀梁》二传，而废胡氏传，尤为有功经学。……公著述甚富，不自裒集，故多散佚。公之孙香林员外，勤为搜辑者数年，得诗文集十六卷，梓以行世，属序于元。元以科名出公门生门下，初入都，公见元所撰书，称许之，自入词馆，闻公议论益详。盖公之学在于辨汉、宋儒术之是非，析诗文流派之正伪，主持风会，非公不能。至于此集，虽非公所自勒，然亦足以觇全量矣。

案：阮序又载纪氏文集，末署"嘉庆十七年九月，扬州阮元，序于德州督漕舟次"。

十月一日，段玉裁游徽州将归，应请为吴小巘《说文引经异字》撰序。

据刘盼遂《经韵楼文集补编》卷上《为吴小巘作说文引经异字序》记：

> 取郝氏之书所称经文，与今经文异者，撷而汇之成书，系以笺释，疏通证明，靡不条贯。使通经者开卷即能融会经旨，知小学之指归，实能左右《六经》，不可不由此问津也。新安为经学渊薮，小巘能世其家学，潜心如是，则其他所发明者，必更可观，勉乎哉！余将归矣，因书数语于简端。壬申十月朔，茂堂老人段玉裁，识于新安郡斋。

> 盼遂按：此文见丁福保《说文解字诂林》卷首《叙录》。壬申为嘉庆十七年，时先生在其婿龚暗斋徽州府知府署中也。

十月，吴骞应鲍廷博之请，为卢文弨遗集撰序，推尊文弨之人品、学术。

据吴骞《愚谷文存续编》卷一《抱经堂集序》记：

抱经卢先生之归道山，屈指十八载矣。方先生之殁也，骞走哭诸寝门，葬往视其窆，毕封乃去。及同人汇刻遗集，得之为独先。他日，鲍君以文过溪上之敝庐，而言："《抱经堂集》梓成久矣，未有序，环顾先生平昔交游，太半零谢，子其可无一言乎？"骞深谢不敏。既而伏念辱先生之知垂数十年，每抠趋请业，无少厌倦，谬以直谅多闻之友见许，晚至有愿言与夫子永结为弟昆之语。且先君子碣墓之文，实出先生手笔，呜呼！是虽欲以不文辞，得乎？先生教人，首重伦品而次学术。……尝谓士不可顷刻离书，譬鱼不可须臾离水。时以为名言。……先生著书满家，已足垂诸不朽，矧擘摩经传，起废钩沉，尤有裨于圣贤。……爰不揣固陋，聊抒梗概以谂于鲍君云尔。壬申冬十月。

同月，段玉裁为江有诰《江氏音学》撰序，述一代古音学源流，称道江氏"集音学之成"。

据《经韵楼集》卷六《江氏音学序》记：

歙江君晋三，今年春，寓书于余论音。余知其未见戴、孔之书也，而有适合戴、孔者，欣喜，伟其所学之精。九月，谒余枝园，以《江氏音学》请序。余谛观其书，别为十种。盖顾氏及余皆考古功多，审音功浅，江氏、戴氏二者皆深，而晋三于二者尤深。……余不及见顾氏、江氏，孔氏又早亡，每有彼此不相见之恨。幸得见吾师戴氏，戴氏既没粤三十六年，又幸得见吾晋三，皆有知我之乐焉，皆有彼此互相挹注之益焉。假令天不假我以年，余即获亲戴氏，而不获见吾晋三，安能知晋三集音学之成，于前此五人皆有匡补之功哉！晋三不见我，有不叹得一知己，可以不恨者哉！晋三富于春秋，精进未有艾。余耄矣，不获见其所到，而能知其异日苟有所学于经焉，必皆能深造自得也。嘉庆壬申十月，金坛段玉裁，撰于姑苏白莲泾枝园。

十一月一日，段玉裁为弟子沈涛书斋撰文，推尊戴震《原善》《孟子字义疏证》,主张将十三经扩为二十一经,且认为宋儒"言心、言理、言性、言道,皆与《六经》、孔、孟之言大异"。

据《经韵楼集》卷九《十经斋记》记:

> 余自幼时读"四子书"注中语,信之惟恐不笃也。既壮,乃疑焉。既而熟读"六经"、孔、孟之言,以核之"四子书"注中之言,乃知其言心、言理、言性、言道,皆与"六经"、孔、孟之言大异。……言之愈精,而愈难持循,致使人执意见以为理,碍于政事。此东原先生《原善》一书及《孟子字义疏证》,不得已于作也。余谓言学,但求诸经而足矣。……昔人并《左氏》于经,合集为十三经,其意善矣。愚谓当广之为二十一经。《礼》益以《大戴礼》;《春秋》益以《国语》《史记》《汉书》《资治通鉴》;《周礼》六艺之书数,《尔雅》未足当之也,取《说文解字》《九章算经》《周髀算经》以益之。庶学者诵习佩服既久,于训诂、名物、制度之昭显,民情、物理之隐微,无不憭然,无道学之名而有其实。余持此论久矣,未敢以闻于人。嘉兴沈君涛,久从余游,今年八月书来,请作《十经斋记》。十经者,有取于《南史》周赓之(原注:赓,似足切。)"'五经''五纬',号曰十经"也。纬亦经之辅,此亦五经广为十三、二十一之意欤?……余耄矣,不足以测君之所到。近者亦闭户一室中,以二十一经及吾师《原善》《孟子字义疏证》恭安几上,手披口读,务欲训诂、制度、名物、民情、物理,稍有所见,不敢以老自懈其勤,犹沈君也。惟沈君知我,我虽无沈君高文,顾请沈君为我作《二十一经堂记》以酬吾,以勉吾好学不倦,好礼不变,耄期称道不乱。岂非以敝帚易千金也哉?是为记。嘉庆玄默涒滩,长至月朔日,金坛段玉裁撰,年七十有八。

案:文中周赓之,《南史》作周续之。

十一月十六日,孔广廉刊刻其兄广森遗著《公羊春秋通义》蒇事。

据《𪉦轩孔氏所著书》卷首孔广廉《校刊公羊春秋通义叙略》记:

《公羊春秋通义》并自叙，凡十有二卷，前翰林检讨仲兄羿轩先生所纂，广廉手校录付梨人，以岁在壬申夏五月鸠工，冬十一月蒇事。盖至是而夙愿始克偿矣。先生杜门却埽，循陔著书，是编写定，最为惬心。犹忆丙午冬，将返道山之前数夕，语广廉曰："余生平所述，诟逮古人，《公羊》一编，差堪自信，藐孤成立，尚不可知，千秋之托，将在吾弟。"乌虖！人之云徂，言犹在耳，岁序流易，身世浮沉。计向昔已版行者，则有《大戴礼记》《诗声类》二书，而属意之作翻在所后。良以永矢弗告，久要不忘，矜严审固，非敢缓也。先生幼负异禀，长号多闻。先夫子之志，故在《春秋》，旧史氏之风，斐然述作。虽使贾逵奋笔，隙无可缘，较胜何休覃思，裁而不俗，后有学者，此其枓耶。嘉庆十七年仲冬既望，弟广廉静吾氏识。

十一月十九日，刘逢禄董理何休《论语注》，成《论语述何篇》。
据《刘礼部集》卷二《论语述何篇自序》记：

《后汉·儒林传》言，何劭公精研"六经"，世儒莫及，作《春秋公羊解诂》，覃思不窥门十有七年。又注训《孝经》《论语》，皆经纬典谟，不与守文同说。梁阮孝绪《七录》《隋经籍志》不载其目，则亡佚久矣。惟虞世南《北堂书钞》有何休《论语》女为君子儒一条，大类董生正谊明道之旨。史称董生造次必于儒者，又称何君进退必以礼，二君者游于圣门，游、夏之徒也。《论语》总"六经"之大义，阐《春秋》之微言，固非安国、康成治古文者所能尽。何君既不为守文之学，其本依于《齐》《鲁》《古论》，张侯所定，又不可知。若使其书尚存，张于六艺岂少也哉。今追述何氏《解诂》之义，参以董子之说，拾遗补阙，冀以存其大凡。孔、郑诸家所著，区盖不言。其不敢苟同者，如鲁僭禘，妾母不称夫人，当亦引而不发之旨。九京可作，其不以入室操矛为诮让乎。

案：此序又见阮元《皇清经解》，序末署"嘉庆十有七年冬至日，兰陵刘逢禄撰"。

同月，刘逢禄、董理、何休《春秋左氏膏肓》说，成《左氏膏肓》。据《刘礼部集》卷三《左氏膏肓序》记：

《隋·经籍志》有何氏《春秋左氏膏肓》十卷，又有服虔《膏肓释疴》十卷。今郑氏所《箴》，尚存百分之一二，而服氏之书亡，无由尽见何邵公申李育之意，甚可惜也。然何君于《左氏》，未能深著其原，于刘歆等之附会，本在议而勿辨之科，则以东汉之季，古文盛行，《左氏》虽未列学官，而并列于经传久矣。左氏以良史之材，博闻多识，本未尝求附于《春秋》之义，后人增设条例，推衍事迹，强以为传《春秋》，冀以夺《公羊》博士之师法。名为尊之，实则诬之，《左氏》不任咎也。观其文章赡逸，史笔森严，才如迁、固有所不逮，则以所据者多春秋国史及名卿大夫之文，固非后人所能附会。故审其离合，辨其真伪，其真者事虽不合于经，益可以见经之义例，如宋之盟，楚实以裹甲先晋，而《春秋》不予楚是也。其伪者文虽似比于经，断不足以乱经之义例，如展无骇卒而赐氏，单伯为王朝卿，子叔姬为齐侯舍之母，鄫世子巫为鲁属是也。事固有离之则双美，合之则两伤者，余欲以《春秋》归之《春秋》，《左氏》归之《左氏》，而删其书法、凡例及论断之谬于大义（如君子曰之类），孤章断句之依附经文者，冀以存《左氏》之本真。幸《国语》、《太史公书》时有以导余先路，而深惜范辨卿（升）、李元春（育）、何劭公诸老先生之书多佚，无能为《左氏》功臣者。今援群书所引何、郑之论三十余篇评之，更推其未及者证之，以质后之知言君子。

案：此序又见阮元《皇清经解》，序末署"嘉庆十七年十一月日，武进刘逢禄纂"。

同月，凌廷堪弟子张其锦辑廷堪遗文为《校礼堂文集》三十六卷，江藩应约撰序。

据《校礼堂文集》卷首江藩《校礼堂文集序》记：

《校礼堂文集》三十六卷，亡友凌君次仲之文也。次仲殁于歙，受业弟子宣城张文学裻伯南走歙，北走海州，捃拾次仲之著述及诗古文词，编次雠校。先刊《燕乐考原》六卷，又手写文集，渡江至淮，就正于阮侍郎。返棹过邗江，因藩与次仲有缟纻之雅，属藩为序。……君学贯天人，博综丘索，继本朝大儒顾、胡之后，集惠、戴之成。精于"三礼"，专治十七篇，著《礼经释例》一书，上绍康成，下接公彦。而《复礼》三篇，则由礼而推之于德性，辟蹈空之蔽，探天命之原，岂非一代之礼宗乎！……近日之为古文者，规仿韩、柳，模拟欧、曾，徒事空言，不本经术。污潦之水不盈，弱条之花先萎，背中而走，岂能与君之文相提并论哉！

同月，方传贵刊刻其曾祖方苞《望溪外集》。
据《方苞集》附录三《传贵刻外集跋》记：

先曾祖侍郎公《望溪文钞》数十卷，实出门人王兆符、程崟所编集。其书之行于海内，固已久矣。传贵幼时，则见家藏遗文十余篇，不载于集。及长，游历四方，见有先公手迹遗篇，必鬻产质物，期购得乃已。今所收者，盖数十篇矣，恐久而散失，谨问序于当世名人而雕板行世。……嘉庆十七年冬十一月，曾孙传贵谨跋。

冬，陈奂师从段玉裁问学，校《说文解字注》，宿段氏枝园二年。
据《王石臞先生遗文》卷首陈奂咸丰七年撰《王石臞先生遗文编次序》记：

奂忆嘉庆十七年壬申冬，金坛段若膺先生令校《说文注》十五卷，馆宿枝园，愿留而受业于门。段先生曰："余之治《说文》也，以字考经，以经考字，大指本徽郡戴氏。高邮王石臞先生，渊源同出乎戴，故论学若合符节。"其时王先生已罢官，键户京邸，日以著述自娱。盖两先生之所学合，而其出处略同，邮筒往复中，奂之名蚤闻之王先生矣。奂宿枝园二年。

姚莹编订其曾祖姚范《援鹑堂集》成。

据姚莹《东溟文集》卷二《援鹑堂集后叙》记：

右《援鹑堂集》，诗七卷，文六卷，笔记三十四卷，都四十七卷。先曾祖编修公之遗业也。公之殁于今，四十二年矣，先德暗然不章，渺焉滋惧。矧兹区区篇帙，仅为当时占毕论著之遗者，又多所放失，若复不能搜罗缀辑，以著于篇，余小子之咎，将何逭耶！……公讳某，字某，号姜坞先生，几蓬老人，晚所号也。乾隆七年进士，由庶吉士改授编修，充三礼纂修官。九年，充顺天乡试同考官，未几归里，往来天津、维扬间，主讲书院，以乾隆三十六年卒。公生而渊静，笃于行谊，勤于问学。……病近代诸公，或竞谈考据，以攻讦宋儒为能也。谓此人心之弊，充其说，将使天下不复知有身心伦纪之事，常慨然欲有所论著，以明其义，不果就。方三礼馆之开也，总裁为高安朱相国轼、临川李尚书绂、吾乡方侍郎苞，咸诵法先儒，为人伦师表，故说经虽不专主宋儒，尚平心以折中其义，所咨获于公者尤多。公所为诗古文辞，皆力追古人，而得其渊诣。尝与同人约，十年不下楼，成举世不好之文。其谈艺精深，多前人所未发，今散见所著笔记中，不缀缀。其持论之大者如此。先是，公所考论经史子集，盖尝万余卷矣，皆细书条记，未自撰述，世颇有窃之以为说者，殁后益散亡。于是先王父率府君群从辈收录其余，成若干册。既以贫游四方，未卒业，而从祖惜抱先生藏之，尝有意论集之矣，复未果，然颇载其说于惜抱轩《经说》及《笔记》中，意欲以引其端，冀后人或能成之也。至嘉庆十三年，莹成进士，自京师归，乃举以援莹，而命之曰："此编修公一世之业也，不幸未成而殁，吾欲成之，而又不果。今老矣，夫道不终晦，意者成之，将有在乎！然是即著书，非其人莫属，则宁藏之耳。昔人问顾亭林《日知录》复增几，顾嗤其妄，不可不审也。"莹悚然受之以退。自维暗陋，不足以成先业，然及是而不成滋惧，乃就所已成录及诸奇零纷散者，所在搜罗，凡五载，端绪略具。谨区其条例，详其目次，第为《诗集》《文集》《笔记》

各若干卷，冀及惜抱先生从祖之存，有以论定云尔。

是年，段玉裁为其外孙龚自珍《怀人馆词》撰序，告诫自珍勿以诗词而误经史。

据《经韵楼集》卷九《怀人馆词序》记：

仁和龚自珍者，余女之子也。嘉庆壬申，其父由京师出守新安，自珍见余吴中，年才弱冠。余索观其所业，诗文甚夥，间有治经史之作，风发云逝，有不可一世之概。尤喜为长短句，其曰《怀人馆词》者三卷，其曰《红禅词》者又二卷，造意造言，几如韩、李之于文章。……予少时慕为词，词不逮自珍之工，先君子诲之曰："是有害于治经史之性情，为之愈工，去道且愈远。"予谨受教，辄勿为。……余耄矣，重援昔所闻于趋庭者，以相赠也。茂堂老人序，时年七十有八。

嘉庆十八年癸酉　　1813年

元旦，姚鼐为钱大昕遗著《疑年录》撰序，故旧凋亡，悲怀凄怆。
据《惜抱轩文集后集》卷一《疑年录序》记：

> 嘉定钱辛楣少詹事，尝考求古今名人生卒之年，核其寿数，取《左氏传》"有与疑年"之意，作《疑年录》四卷。詹事亡后，秀水吴君思亭得其书，颇增易所阙失，又推广为《续录》四卷。……相知者多请思亭雕板以行，维余固亦乐之。独是余平生获知于海内贤士君子，游从之情未厌，而睽离之后，继以凋亡，其生卒俱入此录。而余猥以昏耄仅存，孑然四顾，展读是编，悲怀凄怆，其亦何能已也！嘉庆十八年，姚鼐年八十三，元旦雪中，为《疑年录序》。

正月，陈寿祺著《五经异义疏证》在福州刊行。
据《五经异义疏证》卷首陈寿祺《自序》记：

> 《五经异议》，汉许慎撰，郑玄驳。隋、唐《经籍志》著录十卷，宋时已佚。近人编辑，仅百有余篇，聚珍板外，有秀水王复本，阳湖庄葆琛本，嘉定钱大昭本，曲阜孔广森本。大抵捃拾丛残，以意分合。孔本条理差优，而强立区类，欲还十卷之旧，非所敢从也。嘉庆戊辰夏，余养疴京邸，取而参订之，每举所征录尤详者，若文多差互，仍两载之。其篇题可见者二十五事，第五田税，第六天号，第八罍制三事，篇次尚存。其它以类相从，略具梗概。复刺取诸经义疏，诸史志传，《说文》《通典》，及近儒著述与许、郑相发者，以资稽核。间附蒙案，疏通证明，厘为上中下卷。逾五年，侍太宜人里第，暇日，质之吾友瓯宁万世美，而及门倦游王捷南为

锓诸板。……今许、郑之学流布天下，此编虽略，然典礼之闳达，名物之章明，学者循是而讨论焉，其于昔人所讥，国家将立辟雍、巡守之仪，幽冥而莫知其原者，庶乎可免也。嘉庆十有八年癸酉，春正月，福州陈寿祺自序。

三月二十二日，孙星衍与顾广圻、钮树玉雠校梅鷟《尚书考异》，在扬州刊行。

据《尚书考异》卷首孙星衍《序》记：

今阎氏《疏证》及惠氏、宋氏之书，皆有刊本。惟梅氏《考异》在前，反不行于世，予尝憾焉。扬州鲍君均耆古敦素，属为开雕，嘉惠后学。因与顾君广圻及钮君树玉，悉心雠校，按各本卷数字句繁简殊异，或梅氏成书时又有更定，兹得旧写本，合取其长，录为定本，共成六卷。至梅氏以真《泰誓》为伪作，则承马氏融之误，以孔壁真古文十六篇为即张霸书，则承孔氏颖达之误，虽非己说，亦千虑之失。后人已觉其非，不复删除条辨，呜呼！伪为二十五篇者，晋之梅氏，指驳二十五篇者，明之梅氏，乱经之罪，即梅一家发之。悖出悖入，岂非天道好还。圣人所以言，敌诬之祸，甚于杀人也。明人性灵，为举业所汩，一代通经之士甚少，惟以词章传世，如梅氏之守经据古，有功圣学，足称一代儒，不可使后学不见其书。……嘉庆癸酉岁三月二十二日。

又据顾广圻《思适斋集》卷七《校定尚书考异序》记：

《尚书》二十五篇之古文，东晋方出经，唐时以列于《五经正义》，先后数百年间，儒者罔觉为伪。自南宋吴氏棫昌言攻之，下逮今日，而著书抉剔其罅漏者辈出，明旌德梅氏鷟，其一也。予尝求得鷟所撰《考异》读之，叹其绝有佳者。……其书不甚显于世，故著录家有五卷、四卷、一卷之不同，而书名或称《考异》，或称《谱》，文字亦彼此多寡，分合互异。近孙伯渊先生搜访善本，详加校正，将以刊布，固其宜哉。

春，阮元在焦山立书藏，规制一如先前之杭州灵隐。

据《揅经室三集》卷二《焦山书藏记》记：

> 嘉庆十四年，元在杭州立书藏于灵隐寺，且为之记。盖谓汉以后藏书之地，曰观，曰阁，而不名藏。藏者，本于《周礼》宰夫所治，《史记》老子所守，至于《开元释藏》，乃释家取儒家所未用之字以示异也。又因史迁之书藏之名山，白少傅藏集于东林诸寺，孙洙得《古文苑》于佛龛闲僻之地，能传久远，故仿之也。继欲再置焦山书藏，未克成。十八年春，元转漕于扬子江口，焦山诗僧借庵、巨超、翠屏洲诗人王君柳村豫，来瓜洲，舟次论诗之暇，及藏书事，遂议于焦山亦立书藏。以《瘗鹤铭》相、此、胎、禽等七十四字编号，属借庵簿录管钥之，复刻铜章，书楼扁，订条例，一如灵隐。观察丁公百川淮，为治此藏事而蕆之。此藏立，则凡愿以其所著所刊所写所录之书藏此藏者，皆裒之。且即以元昔所捐置焦山之宋、元镇江二志，为相字第一、二号，以志缘起。千百年后，当与灵隐并存矣。

五月，阮元为陈启源遗稿《毛诗稽古编》撰序刊行，推陈书及惠士奇《诗说》创始之功。

据陈鸿森《阮元揅经室遗文辑存》卷上《毛诗稽古编序》记：

> 汉平帝世，《毛诗》始立于学，高密郑君为《故训》作《笺》，先儒无异说。魏王肃注《诗》，始难郑《笺》，而《诗序》《诗传》，未有妄肆讥评者。至宋，欧阳文忠公作《诗本义》，乃尽弃毛、郑。而郑渔仲之徒，遂逞其意见，废序谭经，周孚驳之，不遗余力，其书不行于世。朱子作《集传》，参用其说，然作《白鹿洞赋》，仍从古义。又答门人问，曰："旧说亦不可废。"盖朱子作《集传》时，本用小序，因与东莱论《诗》相争，改从渔仲，此乃一时之意见，非尽出本旨也。辅广、刘瑾不达斯旨，曲护《集解》。元时又以《集传》取士，承用至今，不但废序，而《传》《笺》亦废矣。国初，吴江见桃陈氏，与其友朱长孺同治《毛诗》，慨古义云亡，厄言

杂出，著《稽古编》三十卷。篇义宗小序，释经宗毛、郑，故训本之《尔雅》，字体正以《说文》。志在复古，力排芜义，所以于《诗童子问》《诗传通释》二书，掊击尤甚，岂非实事求是之学哉！近世学者不知此书，惟惠定宇徵君亟称之，于是海内好学之士，始知转抄藏弆，咸谓长孺《通义》，虽广搜博采，不及是书之谨严精核焉。同时元和惠君研溪著《诗说》，发明古义，与陈氏不谋自合。盖我朝稽古右文，儒者崇尚实学，二君实启之。是书惜无刊本，手稿藏庞生黼廷家。今照依原本，悉心校雠，付之剞劂，嘉惠艺林，俾自谓涵泳本文，以意逆志者读之，必废然自反矣。庞生诚好古敏求之士哉！嘉庆十八年夏五月，扬州阮元序。（原注：录自陈启源本书卷首，原刊本。）

六月一日，凌廷堪《校礼堂文集》在安徽宣城刊成。廷堪弟子张其锦撰《跋》一篇，详记成书始末。

据《校礼堂文集》卷首张其锦《跋》记：

先师凌次仲先生之文，旧名《校礼堂初稿》。其手录者有二大册，余则零碎杂钞而已。锦于庚午冬，特往海洲搜辑，得其遗稿及丛残杂草归。戴子容茂才前在歙，曾于吾师箧衍携杂文一本来宣，学博斗源先生亦命畀锦。于是并以旧所钞藏者，互相参考。如《复礼》诸篇，已刻入《礼经释例》者，则以刻本为定。说乐诸篇，则采自《燕乐考原》。并录入与锦之书者，师训不敢忘也。共得文一百九十篇，谨分类为三十，成卷三十有六，颜之曰《校礼堂文集》。……恭逢皇上敦崇实学，编纂儒林。大中丞仪征阮公时在史馆，辛未冬，寓书安徽学使顾筠岩先生，采访吾师遗书，下问及锦。当将已刻之《燕乐考原》，由学使顾公转上。旋又编录各种，于去岁九月初，特赍之北行，拟献诸史馆，以备儒林传之采择。涂中适值云台先生荣膺简命，督漕南来，因即谒呈淮上。……旌德江郑堂先生曰，凌君乃一代礼宗也。如阮公，则真所谓知己矣。为之详审，赠以序言。锦腊底回宣，即禀命家君，假馆于郡城吴许国公读书旧塾。今春，工人咸集，篝灯校勘，日不暇给。吾友陈纲甫纪亦解囊相助,乃先刊成文集一种。……嘉庆癸酉六月朔日,受业宣城张其锦谨识。

六月二十日,仁宗谕内阁,令仿《唐鉴》体例,编纂《明鉴》,以"鉴观得失"。

据《仁宗实录》卷二七〇嘉庆十八年六月乙卯条记:

> 谕内阁:朕敕几余暇,披览往籍,见宋范祖禹所著《唐鉴》一书,胪叙一代事迹,考镜得失,其议论颇有裨于治道。宋平五代之乱,近接有唐,其政教风俗,历历可稽,故以唐为殷鉴。我朝绍膺大统,道揆治法,远述百王。至有明三百年,时代相承,其一朝政治,亦鉴观得失之林也。宜仿《唐鉴》体例,辑为《明鉴》一书,胪举大纲,搜采编次。其论断即令派出编纂诸臣,轮流撰拟,进呈后经朕裁定,勒为成书,刊刻颁行,用昭法戒。

六月二十五日,仁宗颁谕,褒奖浙江藏书家鲍廷博。

据《仁宗实录》卷二七〇嘉庆十八年六月庚申条记:

> 谕内阁:生员鲍廷博,于乾隆年间恭进书籍。其藏书之知不足斋,仰蒙高宗纯皇帝宠以诗章,朕于几暇,亦曾加题咏。兹复据浙江巡抚方受畴代进所刻《知不足斋丛书》第二十六集。鲍廷博年逾八旬,好古积学,老而不倦。着加恩赏给举人,俾其世衍书香,广刊秘籍,亦艺林之胜事也。

七月十五日,桂馥遗著《札朴》刊行,段玉裁撰序表彰,推为"训诂家断不可少之书"。

据《札朴》卷首段玉裁《序》记:

> 友有相慕而终不可见者,未始非神交也。余自蜀归,晤钱少詹晓徵、王侍郎怀祖、卢学士绍弓,因知曲阜有桂君未谷者,学问该博,作汉隶尤精,而不得见,觊其南来,或可见之。已而未谷由山左长山校官成进士,出宰云南永平,以为是恐难见矣。余侨居姑苏久,壬申,薄游新安而归,

得晤山阴李君柯溪，刻未谷所撰《札朴》十卷方成，属余序之。余甚喜，以为未谷虽不可见，而犹得见其遗书也。未谷深于小学，故经史子集古言古字，有前人言之未能了了，而一旦焘然理解者，岂非训诂家断不可少之书耶！况其考核精审，有资于博物者，不可枚数。柯溪亦官滇，与未谷时多商榷论定。柯溪之告归也，未谷以此书授之，俾刻之江左。未谷是年没于官，而柯溪乃于十年后解囊刻之，不负郑重相托之意，是真古人之友谊，可以风示末俗者矣。抑柯溪言未谷尚有《说文正义》六十卷，为一生精力所聚。今其稿藏于家，吾知海内必有好事者取而刻之，持赠后学，庶不见未谷者可以见未谷之全也哉！嘉庆十八年七月中元日，金坛段玉裁，书于阊门外枝园。

八月，祁韵士自订《鹤皋年谱》成。
据祁韵士《鹤皋年谱》卷首《自题》记：

余族祁氏，为晋著姓。其占籍于寿阳也，自始祖河东公始，十五传至余，世居平舒村。余初名庶翘，应试改名韵士，字谐庭，一字鹤皋，以所居山房额别号筠渌。村东北四十里有方山，往时爱其风景，尝有卜筑山中之志。顾宦学无成，忽忽六十余年，兹老矣，获赋遂初，而买山无资，竟成画饼。惭对山灵，得毋腾诮。因复改号访山，以志夙约。暇日偻计，生平家居之日不过十载，追维往事，一一在心。既为按年编述出处之概，重复省览，不胜日月逾迈之感矣。嘉庆癸酉八月自题。

十一月二十日，汪莱病逝于石埭儒学训导任。
据胡培翚《研六室文钞》卷九《石埭训导汪先生行略》记：

先生姓汪氏，讳莱，字孝婴，号衡斋，歙之瞻淇人。……年三十余，客江淮间，又与焦君里堂、江君郑堂、李君尚之论算法，诸君皆折服。同邑程徵君易畴，尝以《磬折古义》属考定焉。嘉庆……十八年，应江南乡试，得疾回署，遂以是年十一月二十日卒。生于乾隆三十三年七月初七日，年四十六。

又据《行略》后附焦循撰《汪孝婴先生别传》记：

孝婴讳莱，姓汪氏，号衡斋，徽州歙县人。徽州之学，自婺源江文学永倡其先，休宁戴庶常震，歙县金殿撰榜、程孝廉方正瑶田，踵而兴焉。江氏精西人法，戴氏饰以古《九章》割圆，故天文术算与宣城梅氏相伯仲。东吴钱少詹事大昕、教授塘，遥相应和。然孝婴生于歙，其学实自得，不由师授。弱冠后，读书于吴蓉门外，数年苦心冥索，尽得中西之秘。……所著《衡斋算学》七卷行于世。论曰：今世精九数之学者，推孝婴及李尚之锐。尚之善言古人所已言，而阐发得其真，孝婴善言古人所未言，而引申得其间；尚之精实，如诗之有少陵也，孝婴超异，如诗之有太白也。

十一月，焦循著《易通释》《易图略》成。
据《雕菰集》卷十六《易图略自序》记：

余学《易》，所悟得者有三，一曰旁通，二曰相错，三曰时行。此三者皆孔子之言也，孔子所以赞伏羲、文王、周公者也。夫《易》犹天也，天不可以知，以实测而知。七政恒星，错综不齐，而不出乎三百六十度之经纬；山泽水火，错综不齐，而不出乎三百六十四爻之变化。本行度而实测之，天以渐而明；本经文而实测之，《易》亦以渐而明。非可以虚理尽，非可以外心衡也。……十数年来，以测天之法测《易》，而此三者乃从全《易》中自然契合。既撰为《通释》三十卷，复提其要为《图略》。凡图五篇，原八篇，发明旁通、相错、时行之义，论十篇，破旧说之非，共二十三篇。编为八卷，次《通释》后。

又据同卷《易通释自序》记：

循既学洞渊九容之术，乃以数之比例求《易》之比例，向来所疑，渐能理解。初有所得，即就正于高邮王君伯申，伯申以为精锐，凿破混沌。

用是愤勉，遂成《通释》一书。丙寅，以质歙县汪君孝婴、南城王君实斋，均蒙许可。然自以全《易》衡之，未敢信也。丁卯春三月，遘寒疾，垂绝者七日，昏瞀无所知，惟《杂卦传》一篇往来胸中。既苏，遂一意于《易》。明年，以讼事伺候对簿，改订一度。己巳，佐归安姚先生秋农、通州白先生小山修葺郡志，稍辍业。庚午，又改订一度，终有所格而未通。身苦善病，恐不克终竟其事。辛未春正月，誓于先圣先师，尽屏他务，专理此经。日坐一室，终夜不寐，又易稿者两度。癸酉二月，自立一簿，以稽考其业。历夏迄今，庶有所就，订为二十卷。皆举经传中互相发明者，会而通之也。

同月，江沅游闽，携段玉裁书札一通致陈寿祺。

据陈寿祺《左海文集》卷四《答段懋堂先生书》后《附懋堂先生书三通》之第二札记：

辛年握手匆匆，以为大兄先生即出就维扬之馆，相晤不难也。既而知兰陔色养，讲席即在桑梓，无任驰溯。海内治经有法之儒，为吾兄首屈一指，《礼记郑读考》等书尚未拜诵，即为弟解纷之作亦未得一见，两年来著述想甚富。弟明年八十，老至而眊及之，不能覃精，殊可叹也，未审尚能相见剧谈否。在东已作古人，厚民饥驱鹿鹿，兹因江子兰沅游闽中，肃候侍奉近安。子茧与顾千里，苏之二俊也。侨吴弟段玉裁顿首。

案：此札又见陈氏《左海经辨》卷首，篇题下署"癸酉十一月"。段氏所言"为弟解纷之作"，当为《左海文集》卷四《答翁覃溪学士书》，陈鸿森先生《段玉裁年谱订补》言之甚确。因寿祺致翁方纲札未署年月，姑一并系之于此。

据《左海文集》卷四《答翁覃溪学士书》记：

寿祺谨复覃溪先生阁下：比数蒙手教，甚感荷。去春以来，先后示所订阮氏《释文校勘记》、段氏《周礼汉读考》，精心果力，神明不衰，每对友朋，以为钦叹。其中，有欲献疑而久未请谒者。缘其辩甚长，性既疏懒，复念先生耆德宿望，而末学小生一孔之知，未必有裨于高大。且君子于所尊，弗敢质。尝闻先生性执，恐论难锋起，万一以笔舌为长者罪，尤非所以事左右之道也，故逾岁忍不发。既而闻先生遍语人，极訾《校勘记》轻付他手，缪误纷出。则恐承学之士不揣本末，不顾是非，随声訾諆，不悉是书之体，而遂以儒为戏，非讲学者之所以厚风教也。故前日因启问之，间聊以《毛诗》卷中三事质。三事者，皆先生掊击不遗余力，以为校者不读《尔雅》，不读《说文》，荒缪不通者也。……夫经义高深，诂训繁赜，一家之言，孰无千虑之失。即此三事无失者，先生亦以为无关义要。然盛气相凌，所訾非其理，儒者之言殆不若是忿戾也。……段氏于《说文》，用功最深，海内无匹，破滞发蒙，精埒贾、郑。此天下之公言，虽有一二抵牾，于其大体无伤也。而如左右所诃，得为平心论事乎？……治经之道，当实事求是，不可党同妒真。汉儒学近古，其家法出七十子之徒，宋后学者好非古，其臆断在千百载之下，故不能不舍彼而取此，而亦非尽废之也。其有存古可资者，何尝不兼收参订。以为薄宋后之书，辄并其善者而不旁涉，又岂通儒之见哉？夫说经以义理为主，固也。然未有形声训故不明，名物象数不究，而谓能尽通义理者也。何则？义理寓于形声训故与名物象数而不遗者也。言形声训故与名物象数，舍汉学何由？然非心知其意，博综源流，未足以与此。寿祺闻道恨晚，经术寡浅，岂敢妄以卤莽胶滞之见，岸然摇擘笔札，欺世盗名于一时？且与段君虽相知，岂至阿其所好？即阮侍郎师所为《校勘记》，寿祺固未尝与其役，其中分校诸人，亦不尽相识，皆无所庸曲护。抑心所不安，则不敢不伸其直道也。

陈寿祺接段玉裁札，复书论学，以一时世道人心为忧虑。
据《左海文集》卷四《答段懋堂先生》记：

懋堂先生执事：往读先生所考定《尚书》《毛诗》《仪礼》《周礼》《说文》音韵诸部，惊叹悦服，以为贾、郑复出，所以发人神智，扶掖来学无穷。今天下治经，殚研小学，具有汉儒师法，非执事孰为先启其钥邪？曩有浅人，自负雠校，而不通声音文字之元，妄下雌黄，诋諆尊著，寿祺尝争之。要之，浅人固不足辨也。古之经师，伏生、申、辕之伦，多名德期颐之寿。执事大耋遐年，好学不倦，非其人邪！昔过吴门，重奉教迪，行旅忽忽，恨未能执经侍侧，朝夕讲益。比由江君子兰转奉手示，存问拳拳，过辱奖借，循循善诱，感与愧并。寿祺生质驽钝，闻道已晚。少为科举词章之业，蚕窃科名，既觉其非，乃从事于经，而乡党渊源，罕言许、郑之学。再上公车，然后见当世大雅宏达所讨论，而得其门。屈指海内通儒，发聋振聩之功，莫过于执事与钱竹汀詹事、王怀祖河使、程易畴孝廉数君子。然寿祺于数君子，虽咸从捧手，而腐芥曲针，不以为不屑教诲，而勤勤然拾引而进之者，则于执事尤蒙淑艾之私，而当尽师事之义者也。寿祺性狷直，不能为世俗龌龊脂韦之习。窃怪近日学者，文藻日兴而经术日浅，才华益茂而气节益衰，固倡率者稀，亦由所处日麐，无以安其身。此人心世道之忧也。自维迂拙，苟终身朴学之中少有心得，贤于博弈而已。承询著述，惭无以应。曩在京师，编《五经异义疏证》三卷，粗备检览，谨并《书》《礼》经说数篇，录寄就正。望赐匡捄，而勿麾之门墙，幸甚幸甚。

段玉裁有害勉励龚自珍，嘱研读经史，"努力为名儒、为名臣，勿愿为名士"。

据《经韵楼集》卷九《与外孙龚自珍札》记：

久欲作一札，勉外孙读书，老懒遂中止。徽州有可师之程易田先生，其可友者不知凡几也。如此好师友、好资质，而不锐意读古书，岂有待耶？负此时光，秃翁如我者，终日读尚有济耶？万季野之诚方灵皋曰："勿读无益之书，勿作无用之文。"呜呼！尽之矣。博闻强记，多识蓄德，努力为名儒、为名臣，勿愿为名士。何谓有用之书？经史是也。茂堂泐，时年七十有九。

钱大昭、吴骞皆卒于是年。

据《清史列传》卷六十八《钱大昭传》记：

> 钱大昭，字晦之，江苏嘉定人。太学生，大昕弟也。大昕深于经史，一门群从，皆治古学，能文章。大昭少于大昕者二十年，事兄如严师，得其指授，时有两苏之比。壮岁游京师，尝代友人校录《四库全书》，人间未见之秘，皆得纵观，由是学益浩博。又善于决择，其说经及小学之书，能直入汉儒阃奥。尝欲从事《尔雅》，大昕与书谓："'六经'皆以明道，未有不通训诂而能知道者。欲穷'六经'之旨，必自《尔雅》始。"大昭乃著《尔雅释文补》三卷，及《广雅疏义》二十卷。又著《说文统释》六十卷。……大昭于正史尤精《两汉》，尝谓："注史与注经不同，注经以明理为宗，理寓于训诂，训诂明而理自见。注史以达事为主，事不明，训诂虽精，无益也。"……乃著《两汉书辨疑》四十卷，……《三国志辨疑》三卷，……《后汉书补表》八卷。……他著有《诗古训》十二卷、《经说》十卷、《补续汉书艺文志》二卷、《后汉郡国令长考》一卷、《迩言》二卷、《嘉定金石文字记》四卷。生平不嗜荣利，名其读书之所曰可庐，欲蕲至于古之随遇自足者。嘉庆元年，诏举孝廉方正之士，江南大吏以大昭应征，赐六品顶戴。十八年卒，年七十。

又据《清史列传》卷七十二《吴骞传》记：

> 吴骞，字槎客，浙江海宁人。诸生。生负异禀，过目成诵。笃嗜典籍，遇善本倾囊购之，校勘精审，所得不下五万卷，筑拜经楼藏之。钱大昕为之序，谓所藏百氏皆具，独言经者统于尊也。尤喜搜罗宋、元刻本，如陶渊明、谢元晖诸集，皆取而重梓之，学者珍为秘宝。尝得宋本咸淳《临安志》，刻一印曰"临安志百卷人家"。其风致如此。兼好金石，以所藏商鸟篆戈、吴季子剑等，作《拜经楼十铜器诗》。少与陈鳣讲训诂之学，所为诗文，词旨浑厚，气韵萧远。晚益深造，不屑为流俗之作。……著有《国山

碑考》一卷、《桃溪客语》五卷、《小桐吴氏家乘》八卷、《苏祠从祀议》一卷、《拜经楼诗话》四卷、《论印绝句》二卷。又有《愚谷文存》、《拜经楼诗集》。嘉庆十八年卒，年八十一。

嘉庆十九年甲戌　1814年

正月十二日，庄述祖修订《夏小正经传考释》。
据《夏小正经传考释》卷首《序二》记：

　　述祖少失学，长习进士业，及举于礼部，退归后，乃求所以窥古人之学。莫得其阶，不能自已，始从事于汉人所谓小学家者。先治许氏《说文解字》，稍稍识所附古文，以为此李斯未改三代之制之前，仓籀遗文，留什一于千百者也，欲究心焉。偶忆《夏小正》纳卵、蒜，卵字与古文民字相近，蒜即《说文》秝，数字之讹，由以知纳民秝，即《周官礼·司民》之献民数是也。周正建子，故以孟冬，夏正建寅，故以季冬，其事正合。然亦未敢质诸人也。于是尽取《夏小正》中经文，重厘正之，以为《夏时明堂阴阳经》，又为之《说义》。数易寒暑，犹未竟其学。嗣以吏部选人，为吏山左，日从事簿书，然车中枕上固未尝少置也，亦时有所增益。迄终养归，复为修改，至嘉庆十四年之冬，始以所录《夏时明堂阴阳经》，及《夏小正》诸本异同，并所为《说义》，先刻三卷。他若《夏小正音读考》四卷，《夏小正等例》一卷，《注补夏小正等例附》二卷，《夏时杂议》□卷，皆未卒业，以纂集《古文甲乙篇》中辍。今遭大故，草土余生，仅留残喘，恐旦莫填沟壑，乃取所未刻各种更加芟并，益以近日所见，与前所刻三卷，往往多不合者。然今之所见未必尽是，昔之所见未必尽非，即一人之管窥蠡测，犹复岐出不伦如此，况敢质诸人而自信以为必然者耶？言之不文，略举前后之所以不相顾者以示儿曹云。嘉庆十九年正月十二日，棘人庄述祖谨识。

姚莹有书致张聪咸，商榷张氏著《左传辨杜》书名，详论姚氏家学，并及一时学术风气。

据姚莹《东溟文集》卷三《与张阮林论家学书》记：

> 阮林足下：春间得书，知近治经史甚锐，著述宏富，为之企羡。足下以英辨之才，沉研古学，又处京师久，与名公时贤相砥砺，见闻广而采获勤，书成，必有宏赡精确大过人者。仆倦游岭外，少师友之助，悄然块处，又得书甚艰，莫由稽考，辗转六年，无所成就。昔虞仲翔处广州穷愁，竟成《易传》，附圣经以自显。如仆者，远愧古人，近惭足下矣。大著《左传辨杜》刻否？亟欲见之，惟于命名之义，窃有未安者。……《左传》补注之作，发端于元人赵汸，盖以杜为主，有不足以陈傅良之说通之，非纠杜也。国朝顾宁人作《杜解补正》三卷，朱鹤龄作《读左日钞》十二卷、《补录》二卷，始有意正其阙误，而曰"补"，曰"钞"，不居攻辨之名。近世惠定宇以古义名家，特搜辑服、贾之说，为《左传补注》。吾乡马器之前辈慕惠氏之风，援光伯之说，亦有补注之作，意乃颇攻杜氏，向尝疑之。若惜抱先生亦尝撰《三传补注》在马氏之先，则又不过随所考证，其有未安，间为之说，并无意于长短之见。今足下书命名乃尔，无乃过乎？愿更详之。说经硁硁，贵渊通，不在攻击也。仆承家业，治经史，为诗古文之学，三世矣。从祖惜抱先生以诗古文鸣海内，学者多宗之。独先曾祖之学，久晦不章，一二巨公颇以不见遗书为憾。……得足下书，始知惜抱先生有请附海峰入《文苑传》之语，此或别有微意。而足下以为先曾祖校论诸书，今时诸君子多未能窥见涯涘者，若仅以诗文入传，是以精深之学转为辞章掩矣，责仆于阐扬先人之大，舍本而存末。足下之言，岂不诚然哉！……足下又云，先生之学可差肩于阎、惠诸君，窃以为骇。夫阎君龂龂博辩，以摘发前人自喜，惠君訚訚训诂，以搜求古义专门，二君精博，均不可及。然其于圣人之道也，曾未望其藩离。乃与宋儒为难，欲以寸莛破巨钟。若先曾祖，则以考博佐其义理，于程朱之学，见之真而守之笃，固与二君大异。今谓如此，毋乃非所敢安乎？宋人有好学者，千里寻师而遗其母，母

使人谓之曰,子之学则成矣,如岁日荒,吾冻馁将死何?夫学成而母死,不如其弗学也。今之学人,不死其母者鲜矣,此先曾祖之所大惧也。惜抱先生尝语莹,编辑《援鹑堂笔记》,宜宽岁月为之,但取精,不取速,不取多也。先生手钞经部、史部、集部各一卷,授莹以为式。今所编纂,不惟表先曾祖已坠之书,亦以竟惜抱先生未成之志云尔。即惜抱先生,孤立于世,与世所称汉学诸贤异趋,而海内学者徒以诗古文相推,于其说经论学,罕有从者,风气使然,不能以一人挽也。三十年后,当有达者振兴,一辟榛芜,而开之大道,莹与足下勉为其是。书成,以待后人之论定而已。足下戒之哉!毋夺于众咻,毋暗于正见,亦仆之所以望同志也。

二月十九日,庄述祖修订《夏小正音读考》。

据《夏小正经传考释》卷首《序三》记:

《夏小正音读考》四卷。往者考《夏时》经文,为之说义,颇以隶古校定,恐滋后来者之疑,复以世所传韩元吉本《大戴礼记·夏小正》附于其后,备载傅崧卿所引集贤本《大戴礼》及关浍本《夏小正》异同。盖以古书之仅存,屡为后人所乱,校书者又别以其意定之,是其所是而非其所非,迄无所取正而乱益甚。于是伏而思之,《春秋》之义,以"三传"而明,而"三传"之中,又以《公羊》家法为可说。其所以可得而说者,实以董大中综其大义,胡母生析其条例,后进遵守,不失家法。至何邵公作《解诂》,悉隐括就绳墨,而后《春秋》非常异义、可怪之论皆得其正。凡学《春秋》者,莫不知《公羊》家诚非《穀梁》所能及,况《左氏》本不传《春秋》者哉?假设无诸儒之句剖字析,冥心孤诣,以求圣人笔削之旨,则缘隙奋笔者皆纷纷籍籍,以为《左氏》可兴,《公羊》可夺矣。《夏时》亦孔子所正,《夏时》之取夏四时之书,犹《春秋》之取鲁史也,圣人之旨于是乎在。其以大正、小正、王事科为三等,盖出于游、夏之徒,高、赤之等,两汉时犹有能言之者,故蔡中郎以为有阴阳生物之候,王事之次。然吕不韦造《月令》,乱《夏时》之等,并灭其书,其藏于民间者,简断字脱,不可句度。时各以意读之,丹鸟玄驹,菽蘼卵蒜,琐类农家,碎同小说,且改传文前后以傅会之。又曰《小正》者以小著名也,岂不谬哉。述祖病此久矣,欲疏通而证明之,而以一人之力欲兼儒者数十辈之勤,亦不自谅之甚也。但不能默默而已,故先列其等次,求其例有不通者,寻绎其次序,解剥其句读,剔抉其古字古音,然后古圣王所以省躬,所以授时,所以敷政,皆可得而说,庶几或附任城之后尘。如曰不然,以俟来哲。嘉庆十九年二月十九日,棘人庄述祖谨序。

闰二月,程瀚拟刊其父晋芳遗著,赵怀玉因之撰《勉行堂五经说序引》,述是举缘起。

据《勉行堂诗文集》卷首赵怀玉《勉行堂五经说序引》记:

古歙程鱼门先生,先君子执友也,于学无所不通,早岁穷经,为诗古文不傍门户,卓然必轨于中正。乾隆乙酉,怀玉年十九,应试京兆。时先生官中书舍人,与先君子同寓于宣武坊南之一经斋,每有所作,辄以相质。……是秋落举南还,先生以诗送行,慰勉备至。至今五十年,此景依依犹在目也。……嘉庆癸酉,余主关中讲席之二年,时已久婴末疾,忽有款门通刺者,则先生嗣子瀚也。坐定问讯,则以县丞需次陕西。……自此数数过从,每以家贫无力,不能裒刻遗稿为疚。……乃告瀚曰:"表彰先人,意固甚善,然羸弱之子,欲与贲育斗勇,势有不能,……故与其刻诗,莫如刻文,与其刻文,莫如刻说经之书。说经之书多,则请先刻说经之书之序。使世有同志见之,安知他日不争助剞劂,由经及文,由文及诗,以复大观而成先生之志乎?"瀚曰:"善。"遂述其言于前简,且记夙昔见知于先生者,以志没存之感焉。嘉庆十九年闰月,武进后学赵怀玉拜序。

夏,陈鱣著《续唐书》七十卷成。

据陈鸿森《清儒陈鱣年谱》嘉庆十九年六十二岁条记:

夏,撰《续唐书》七十卷成。自叙云:"唐受命二百九十年而后唐兴,历三十年，后唐废而南唐兴，又历三十年而亡。此六十九年，唐之统固未绝也。后唐系出朱邪，然本于懿宗，赐姓为李。庄宗既奉天祐年号，至二十年始改元同光，立庙太原，合高祖、太宗、懿宗、昭宗为七庙，唐亡而实存焉。……蒙窃不自揆，更审其顺逆，著其正偏，上黜朱梁，下摈石晋及汉、周，而以宋继唐，庶几复唐六十九年之祚。……斯编稿经累易，力殚穷年，因叙兹原委于简端，明非出鄙人之私见云。"

又据陈鳣《简庄文钞续编》卷二《与黄主事丕烈》记：

鳣纂辑新旧《五代史》，黜朱梁诸伪，以李氏为正统，此昔人续修《季汉书》例也。引书至七百余种，十年心力，半耗于斯。近将脱稿，当呈阁下一纠其谬。

四月十七日，赵翼在江苏故里病逝。

据佚名《瓯北先生年谱》嘉庆十九年八十八岁条记：

先生年八十八。……先是，先生每患脾泄，至三月间，食饮渐衰，乃示微疾，然犹起坐观书，未尝竟日卧也。四月既望，益惫，十七日晨，起沐浴更衣，端坐床上，以酉刻卒。

又据《碑传集》卷八十六姚鼐撰《贵西兵备道赵先生翼家传》记：

先生姓赵氏，讳翼，字耘松，号瓯北，常州府阳湖人也。……先生固善诗，自少游京邸，历馆阁，与诸贤士大夫相酬唱。归田后，朋游故旧，杯酒相过从，日赋诗为笑乐。其诗与同时袁简斋、蒋心余齐名，世所传《瓯北集》也。其他著述凡余种，而《陔余丛考》《廿二史劄记》，尤为人所称道云。先生与鼐俱以乾隆庚午得举，越六十年而为嘉庆庚午，先生八十有四，而鼐亦年八十，循例重赴鹿鸣，赐三品衔，而鼐亦得四品衔。乃相与会于钟山，屈指知交零落殆尽。……今岁四月，先生卒于家。其子以状讣，乃按其事而传之。

案：《清史列传》、《清史稿》之《赵翼传》，记传主卒年皆为八十六，误。

是年二月，张聪咸病逝京城，胡培翚校读其遗著《左传杜注辨证》。七月十六日，培翚为该书作跋，以纪念故友。

据《左传杜注辨证》卷末胡培翚《跋》记：

嘉庆十有九年甲戌二月，桐城阮林张君卒于都城旅次。其卒之前数日，出所著《左傳杜注辨证》授家墨庄太史，属为删订其说。太史为写副存焉，而原书仍归其家，属余校其字。余因卒读是书。夫左氏自当阳《集解》出，而贾、服诸家之注遂佚。先王父朴斋先生撰《左传翼服》，凡古义之异于杜者，一一引申其说，宋以前诸书引古注，有与今杜注无殊者，亦俱录出。盖《集解》多承用旧说，其自出新意，则往往纰缪难通。张君是编，愤杜氏之袭旧而不著其名，又如长历非法，短丧诬礼，皆乖经义之大。乃博采众说，参证其失，征引繁富，诚足为治是经者考订之资也。君锐于著述，博闻多识，六经子史罔不寻览，于诗独学少陵，遗貌求神，追摹甚力。卒以为学太勤，不自节省，撄疾以终，深可愧已。君所著书，其已刻者，有《经史质疑录》一册。其未刻者，是编外，有《汉晋各家逸史》、谢承《后汉书》及王隐《晋书》，已辑有成本，其遗稿俱存姚幼楷孝廉处。又有《诗集》八卷，存徐檃亭农部处。君之疾也，姚孝廉与偕卧处，躬候汤药者月余。其卒也，徐农部及姚孝廉经纪其丧，殡敛尽诚，不辞劳瘁。夫《礼》："朋友皆在他邦，袒免。"良以远出在外，而死无为之主，悲悯尤深，故有袒免之服。今徐、姚二君之笃于友谊如是，庶古人重友之义复明，以视世之酒食征逐，诩诩笑语，反眼若不相识者，其相去何如哉！君讳聪咸，字阮林，庚午岁，与余同举于乡，在京师，以力学相切劘，每辨论经义，精悍之色，见于眉宇，虽互相诘难，而终无忤容。今读是书，所谓音徽未沫，而其人已亡，青简尚新，宿草将列，孝标之悲，恶能已也！七月既望，年愚弟绩溪胡培翚跋。

七月五日，胡培翚、胡承珙等，集京师万柳堂，纪念郑玄诞辰。

据胡培翚《研六室文钞》卷八《汉北海郑公生日祀于万柳堂记》记：

> 培翚春闱报罢，将出都门，墨庄宗兄邀宿斋中度夏。闲暇无事，遂搜取各书与《后汉书》本传参考，补其缺略，成《郑公传考证》一卷。于《太平广记》中得《别传》，云康成永建二年七月戊寅生。墨庄以《顺帝纪》是年七月书甲戌朔推之，知戊寅为七月五日。余因谓墨庄曰："昔臧荣绪以庚子陈经，遂有生日之祝。近人多为欧阳、二苏作生日，若郑公之有功圣经，讵出欧、苏下？念国家表彰绝学，改革前典，既已复祀郑公两庑，吾侪于其生日，私致芹藻之敬，不亦可乎？"墨庄曰："然。"遂作启，相与征同志十余人，祀之于万柳堂。（原注：堂为元廉希宪别墅，后舍为寺，国初，鸿博诸君曾寓此。）是日也，宿雨初霁，天高景澄，而兹堂又僻处都城之东南隅，车辙罕至，尘嚣远隔。同人再拜礼成，登楼凝眺，怀古思旧，酌蔬赋诗，尽欢而退，属余记之。时嘉庆甲戌岁也。同祀者，栖霞郝兰皋懿行、泾朱兰坡珔、胡墨庄承珙、玉樵世琦，文登毕九水亨，阳湖洪孟慈饴孙，桐城马元伯瑞辰、徐樗亭璈、胡小东方朔，祁门陈警园士瀛，钱塘叶小辀朝采，及培翚也。

七月十六日，清廷以周敦颐后裔袭五经博士。

据《仁宗实录》卷二九三嘉庆十九年七月甲辰条记：

> 以宋儒周敦颐后裔承宗袭五经博士。

龚自珍撰成《明良论》四篇，针砭时弊，疾呼"更法"。秋，段玉裁大加赞赏，称："犹见此才而死，吾不恨矣。"

据《龚自珍全集》第一辑《明良论四》记：

> 仿古法以行之，正以救今日束缚之病。矫之而不过，且无病，奈之何不思更法，琐琐焉，屑屑焉，惟此之是行，而不虞其陊也？……外祖金坛

段公评曰："四论皆古方也,而中今病,岂必别制一新方哉?耄矣,犹见此才而死,吾不恨矣。甲戌秋日。"

八月,江沅为段玉裁《说文解字注》撰后叙,时段书刊刻已然过半。据《说文解字注》卷末江沅《后叙》记:

> 段先生作《说文解字注》,沅时为之校雠,且悠悠其速成,既成,又日望其刻以行也。癸酉之冬,刻事甫就,而沅适游闽。至是刻将过半矣,先生以书告,且属为后叙。沅谓世之名许氏之学者夥矣,究其所得,未有过于先生者也。许氏著书之例,以及所以作书之旨,皆详于先生所为注中,先生亦自信,以为于许氏之志,什得其八矣,沅更何所言哉?先生命序之意,盖谓沅研诵其中,十有余年矣,作篆以正其体,编音均十七部以谐其声,必有能以约而说详者。沅于是即所见而陈之,曰:许书之要,在明文字之本义而已。先生发明许书之要,在善推许书每字之本义而已矣。经史百家,字多假借,许书以说解名,不得不专言本义者也。本义明而后余义明,引申之义亦明,假借之义亦明,形以经之,声之纬之。凡引古以证者,于本义、于余义、于引申、于假借、于形、于声,各指所之,罔不就理。……沅先大父艮庭徵君,生平服膺许氏,著《尚书注疏》既毕,复从事于《说文解字》,及见先生作而辍业焉。沅之有事于校雠也,先徵君之意也。今先徵君音容既杳,而先生独神明不衰,灵光岿然,书亦将传布四方。而沅学殖荒陋,莫罄高深,瞻前型之邈然,幸后学之多赖,愉快无极,感慨从之。至于许书之例,有正文附见于说解者,有重文附见于说解者,此沅之私见,而先生或当以为然者也。附于此,以更质诸先生。时嘉庆十有九年秋八月,亲炙学者江沅,谨拜叙于闽浙节署。

同月,体仁阁大学士、国史馆总裁曹振镛,寄史馆所拟《儒林传目》予翁方纲。翁方纲答书,主张"博综马、郑而勿畔程、朱,乃今日士林之大闲"。

据《复初斋文集》卷十一《与曹中堂论儒林传目书》记:

> 承示史馆所拟《儒林传目》,衰朽之余,得闻著作之目,虽昏耄善忘,然以此事敬承商订,不敢忽也。惟我朝经学之盛,迈东汉、跨南宋者,以业富而理醇也。往古诸儒,至南宋洛、闽之徒,义理日精,其理醇矣,而学未富。东汉马、郑诸家,师承之富,而理未醇。至我朝圣圣相承,稽古阐道,钦定诸经义疏,集条理之大成,实前古所未有。士生其间,研精正业,勿敢蹈于岐趋。是以今日《儒林》之目,必以笃守程、朱为定矩也。……今日际会圣人在上,实学光照,乃得萃汉儒之博赡,与宋儒之精微,一以贯之。学者束发受书,皆从朱子《章句集注》始。及其后见闻渐广,必从事于考证焉。则博综汉唐注疏,以旁及诸家递述之所得,皆所以资辨订而畅原委也。顾其间师友所问难,名义所剖析,渐多渐衍,绪言日出,则考证之途,又虑其旁涉。必以衷于义理者为准,则博综马、郑,而勿畔程、朱,乃今日士林之大闲也。

九月二日,清廷以朱熹后裔袭五经博士。

据《仁宗实录》卷二九六嘉庆十九年九月己丑条记:

> 以宋儒朱子后裔云铎袭五经博士。

同月,段玉裁有书复陈寿祺,与陈氏论一时学风病痛桴鼓相应,认为"今日大病在弃洛、闽、关中之学不讲",喟叹"专言汉学,不治宋学,乃真人心世道之忧"。

据《左海文集》卷四《答段懋堂先生书》附录《懋堂先生书三通》之第三通记:

> 恭甫大兄先生执事:伏惟侍奉万安,兴居多吉。今岁三奉手书,见赐《五经异义疏证》《尚书》《仪礼》诸经说,一一盥手雒诵,既博既精,无语不确。如执事者,弟当铸金事之。以近日言学者浅尝剿说,骋骛猎名而已,

不求自得于中也。善乎执事之言曰："文藻日兴而经术日浅，才华益茂而气节益衰，固倡率者稀，亦由所处日蹙，无以安其身，此人心世道之忧也。"愚谓今日大病在弃洛、闽、关中之学不讲，谓之庸腐，而立身苟简，气节败，政事芜。天下皆君子而无真君子，未必非表率之过也。故专言汉学，不治宋学，乃真人心世道之忧，而况所谓汉学者，如同画饼乎！贵乡如雷翠庭先生，今尚有嗣音否？万舍人乞为致候。江子兰札云，邵武有高澍然亦良。执事主讲，宜与诸生讲求正学、气节，以培真才，以翼气运。大著尚当细读，以求请益。弟今年八秩，终日饱食而已，记一忘十，甚可笑也，安足以当执事之推许？玉裁再拜。

案：据《左海经辨》卷首录此札，篇题下署"甲戌九月"。

秋，鲍廷博在杭州病逝。

据阮元《揅经室二集》卷五《知不足斋鲍君传》记：

　　嘉庆十八年，方公受畴巡抚浙江，奉上问鲍氏丛书续刊何种。方公以续刊之第二十六集进奉。上谕："生员鲍廷博，……年逾八旬，好古绩学，老而不倦，著加恩赏给举人，俾其世衍书香，广刊秘籍，亦艺林之胜事也。"元按：君字以文，号渌饮，世为歙人。……君父携家居杭州，……以父性嗜读书，乃力购前人书以为欢。既久，而所得书益多且精，遂蔚然为大藏书家。……君以进书受知，名闻当世，谓诸生无可报称，乃多刻所藏古书善本，公诸海内。至嘉庆十八年，年八十有六，所刻书至二十七集。未竣，而君以十九年秋卒，遗命子士恭继志续刊，无负天语之褒。

十一月，陈鳣增订钱大昕遗著《恒言录》，撰为《恒言广证》六卷。

据《简庄文钞续编》卷一《恒言广证叙》记：

　　自扬雄作《方言》，而后则有若服虔《通俗文》，厥后刘霁有《释俗语》，沈约有《俗说》，无名氏有《释常谈》，龚颐正有《续常谈》，其书或存或亡。近时翟晴江教授著《通俗编》，盛推繁富，然细案之，多未精当。

及读钱竹汀詹事《恒言录》，叹其实事求是，考证精明，自非经传洽熟，旁通百家，何能至此。詹事著书满家，俱已风行于世。《恒言录》为仪征阮公子长生校刊，又偕乌程张明经鉴补注，亦属详审。鳣于披阅时，间有管见出于原录之外及二家所未补者，疏记上下，积而成帙，目曰《恒言广证》，仍分为六卷。非若买菜求增，足征开卷有益，博雅君子，幸无哂焉。嘉庆十有九年冬十一月，书于紫微讲舍。

十一月二十日，汪喜孙整理其父遗文三卷成。

据汪喜孙《孤儿编》卷二《先君遗文书后》记：

右先君《遗文》三卷。乾隆间，先君以生平读书所得，及所撰著之文，凡三十三篇，叙次《述学》内、外篇，刊行于世。先君文不苟作，著述之旨，在精不在多，故手订《述学》仅三十三篇。当先君之世，古学大兴，先君博极群书，于经学、史学、词章、碑版，无不综核。少时为经世之学，长苦奔走，晚苦疾疢，所著书多未就。乾隆五十九年，先君厌世。刘先生端临校理遗书，于旧刻《述学》外得二十篇，未及梓，而先生遽殁。喜孙检阅藁本，复得数十篇，并先君子写《述学》目录，有《释冕服之用》《江都县榜驳义》《汉雁足镫释文》《江淹墓辨》《冯君妻三李氏不合葬议》，为《述学》初刻本所未载。寻绎原书，首尾完具，或先君初欲写存，后更刊定？喜孙不获奉手受教，不敢以意更正，谨据手写目录所载之文，为《述学补遗》。凡刘先生所选，暨喜孙续编者，次为《别录》一卷，附《述学》后。其余应酬之作，如《兰韵轩诗序》《听雨斋诗序》，及它文词，先君不欲存藁，不敢有加焉。喜孙校录遗文，深觇究论，综其大略，具有四难：有条列件系，前后不属，随手劄记，未列书目者；有综甄四部，镕式百家，旁行细书，墨沈漫漶，不能句读者；有点窜数过，未经写定，寻阅初藁，自具精谊，节录之则割爱，并存之则不词，研究数过，隔阂难通者；有旁注之字，似是衍文，及博考先秦古籍，乃知后世累字累句，古人初不以为嫌，先君文不可以欧、曾法律绳之者。凡此数端，记问宜博，抉择宜严，非学识过人，不能辨别。重以先君文醇茂渊雅，古字古义，往往具在，若以臆见武断，贻误先人，为罪滋大。粤自庚午、辛未以后，更历五年之久，三写草藁，始克成书。昔先君与镇洋毕尚书书云："某少日问学，实私淑顾宁人处士。故尝推六经之旨，以合于世用。及为考古之学，实事求是，不尚墨守。所为文恒患意不称物，文不逮意，不专一体。"又刘先生叙录先君遗诗，称道先君之学术云："博闻强记，通知古今，才学识皆有以过人。为文钩贯经史，镕铸汉唐，典雅闳丽，卓然成一家言。"喜孙学识弇陋，所论说不足以传先人，谨以先君自道其得力之处，并刘先生所述，附著于篇，以质诸当世知言者。

嘉庆十九年十一月二十日，孤喜孙谨述。

十二月二日，段玉裁辑《戴东原先生年谱》及《札册》成，有长文记师弟深情。

据《经韵楼集》卷七《东原先生札册跋》记：

辑先生手迹十五汇为一册，时时览观。呜呼！哲人其萎，失声之哭，于兹三十有八年矣。思先生而不可见，于是修先生《年谱》一卷付刻。又裒先生札得十四付装潢，末附与渔卿家信并函封。渔卿者名霖，先生之弟也。呜呼！余与先生乡举，皆出青田韩介屏先生讳锡胙之门。时先生宰金匮，余于庚辰，东原于壬午。介屏先生学问渊博，有《滑疑集》行世。当时谓此二科得此二人，洵乎伯乐之能空马群也。余辛巳不第，旅食都门。癸未，东原先生至，心慕其学，屡请正师弟之称，不许。先生不第归，遂致书称弟子。丙戌相见，遽言尊柬久欲奉还，朋友自可取益，奚必此也？今册中犹存三札，缴还称谓，于以知先生德盛礼恭，远出昌黎氏抗颜之上。其言《寿阳志》一札，寿阳令龚君导江，以《寿阳志稿》请订正之答书也。……其言"非从事于字义、制度、名物，无由以通'六经'"之语；言"非知天理之不外于人欲，则以意见误名之曰理而祸斯民，仆生平论述最大者为《孟子字义疏证》一书，此正人心之要"。此二札者，圣人之道在是，殆以玉裁为可语此而传之也。……乌呼！师弟之道不讲，故世无学问。玉裁年八十矣，距与先生在都门周旋讲学已四十余年。……向往之诚，有不容已。亦以传示子孙，俾知世有剽窃师门一二，遽勇于树帜，欲为逢蒙者之为可耻，而当以为大戒也。册之背，为故友孔荭谷书，为先生令嗣中立札。嘉庆甲戌十二月二日，段玉裁记。

程瑶田于是年在故里病逝，享年九十。

据《清史列传》卷六十八《程瑶田传》记：

程瑶田，字易畴，安徽歙县人。乾隆三十五年举人，选嘉定教谕。嘉庆元年，举孝廉方正。十九年卒，年九十。瑶田少师淳安方粹然，又与戴震、金榜同学于江永，笃志治经，震自言逊其精密。其学长于涵泳经文，得其真解，不屑屑依傍传注。……著《仪礼丧服文足征记》十卷，……《磬折古义》一卷，……《九谷考》四卷。又《宗法小记》《释宫小记》《考工创物小记》《沟洫疆理小记》《水地小记》《解字小记》《声律小记》、《释草小记》《释虫小记》各一卷，皆考证精确，为学者所宗。又《论学小记》一卷、《外篇》一卷。……他著又有《禹贡三江考》《读书求解》《数度小记》《九势碎事》《修辞余钞》各一卷。统名《通艺录》。瑶田性退让，初效郑康成为礼堂，继念非让无以明礼。官嘉定时，以身率教，复以让名堂。及告归，邑人购忠烈名流手迹赠之，不肯受，曰："先生不取吾邑一钱，岂破纸亦不受耶？"王鸣盛赠诗云："官惟当湖陆，师则新安程，一百五十载，卓然两先生。"其推重如此。浙抚阮元尝聘修杭州府学乐器，多所参订。善鼓琴，年老失明，犹口授其孙，成《琴音记》三卷，诗为桐城刘大櫆所称，有集十八卷。

是年，严可均为孙星衍校订《孔子集语》，并撰叙在南京刊行。

据《铁桥漫稿》卷五《孙氏孔子集语叙》记：

《孔子集语》者，阳湖孙观察星衍字伯渊所撰也。孔子修百王之道以诏来者，"六经"而外，传记百家所载微言大义，足以羽仪经业，导扬儒风者，往往而有。其纂辑成书者，梁武帝《孔子正言》二十卷，王勃《次论语》十卷，皆不存。见存杨简《先圣大训》十卷，薛据《孔子集语》二卷，潘士达《论语外篇》二十卷，而薛书最显，不免挂漏。近人曹廷栋《孔子逸语》十卷，援稽失实不足论。嘉庆辛未岁，观察引疾归田，惜儒书之阙失，乃博搜群籍，综核异同，增多薛书六七倍，而仍名之为《孔子集语》者，识所缘起也。……逾年，初稿成，又二年，属其友人乌程严可均略仿《说苑》体裁理而董之，复检群书，是正讹字，更移次第，增益阙遗，为十四篇。《劝学》第一，《孝本》第二，《五性》第三，《六艺》第四，《主德》第五，《臣术》第六，《交道》第七，《论人》第八，《论政》第九，《博物》第十，《事谱》第十一，《杂事》第十二，《遗谶》第十三，《寓言》第十四。篇各为卷，《六艺》《事谱》《寓言》卷大，分为上下，凡十七篇，为十七卷。《劝学》等篇，与正经相表里，《遗谶》不醇，《寓言》盖依托。乃雕版于金陵，公诸后世，而严可均为之叙。

嘉庆二十年乙亥　1815 年

正月七日，王念孙为汪中遗著《述学》撰序，于汪氏学行多所表彰。据《述学》卷首王念孙《序》记：

《述学》者，亡友汪容甫中之所作也。余与容甫交，垂四十年，以古学相砥砺。余为训诂文字、声音之学，而容甫讨论经史，榷然疏发，挈其纲维。余拙于文词，而容甫澹雅之才，跨越近代，每自愧所学不若容甫之大也。宦游京师，索居多感，屡欲南归，与故人讲习，志未及遂，而容甫以病殁矣。常忆容甫才卓识高，片言只字，皆当为世宝之，欲求其遗书而未果。岁在甲戌，其子喜孙应礼部试，以其父所撰《述学》已刻、未刻者，凡厶十厶篇，索叙于余。余曰：此我之志也。自元明以来，说经者多病凿空，而矫其失者又蹈株守之陋。为文者虑袭欧、曾、王、苏之迹，而志乎古者又貌为奇傀，而愈失其真。今读《述学》内、外篇，可谓卓尔不群矣。其有功经义者，则有若《释三九》《妇人无主答问》《女子许嫁而婿死从死及守志议》《居丧释服解义》《春秋述义》，使后之治经者，振烦祛惑，而得其会通。其表章经传及先儒者，则有若《周官征文》《左氏春秋释疑》《荀卿子通论》《贾谊新书叙》，使学者笃信古人，而息其畔嚓之习。其它考证之文，皆确有依据，可以传之将来。至其为文，则合汉、魏、晋、宋作者，而铸成一家之言，渊雅醇茂，无意摩放而神与之合，盖宋以后无此作手矣！当世所最称颂者，《哀盐船文》《广陵对》《黄鹤楼铭》，而它篇亦皆称此。盖其贯穿于经史诸子之书，而流衍于豪素，揆厥所元，抑亦酝酿者厚矣。若其为人，孝于亲，笃于朋友，疾恶如风，而乐道人善，盖出于天性使然。视世之习孰时务，而依阿淟涊者，何如也？直谅多闻，古之益友，其容甫之谓与？余因容甫之子之求，而辄述容甫之学，与其文之绝世、人之天性过人者，缀于卷末，以俟后之为儒林传者有所稽而采焉。嘉庆二十年岁在乙亥，正月之七日，高邮王念孙叙，时年七十有二。

一月初一，俞正燮撰文，评传教士所译《人身图说》，认为"信天主教者，必中国藏府不全之人"。

据《癸巳类稿》卷十四《书人身图说后》记：

  西洋罗雅谷、龙华民、邓玉函所译其国《人身图说》二卷，……又论人知觉在脑。其人南怀仁于康熙时上《穷理学书》云，一切知识记忆，不在于心，而在头脑之内。亦不出此书之旨。惜藏府、经络事非众晓，藏府不同，故立教不同。其人好传教，欲中土人学之，不知中国人自有藏府、经络，其能信天主教者，必中国藏府不全之人。得此等千百，于西洋教何益？西洋人倘知此，亦当殷然自惜，掉首芟舍，决然舍去者欤！嘉度乙亥二月初吉，书于休宁北门江氏书馆。

二月，孙星衍著《尚书今古文注疏》成。

据《尚书今古文注疏》卷首孙星衍《自序》记：

  《书》有孔氏颖达《正义》，复又作疏者，以孔氏用梅赜书，杂于廿九篇，析乱《书序》，以冠各篇之首，又作《伪传》而舍古说。钦奉高宗纯皇帝鉴定四库书，采梅鷟、阎若璩之议，以梅氏书为非真古文，则《书》疏之不能已于复作也。兼疏今古文者，放《诗》疏之例，毛、郑异义，各如其说以疏之。史迁所说则孔安国故，《书大传》则夏侯、欧阳说，马、郑注则本卫宏、贾逵孔壁古文说，皆有师法，不可遗也。今古文说之不能合一，犹《三家诗》及"三传"难以折衷。即郑注"三礼"，亦引今古文异字，及郑司农、杜子春之说。至晋已后，乃用李斯别黑白而定一尊之学，独申己见，自杜预之注《左传》，王弼之注《易》，郭璞之注《尔雅》滥觞也。经二十九篇，并序为三十卷者，伏生出自壁藏，授之晁错，教于齐、鲁，立于学官。大小夏侯、欧阳为之句解，传述有本。后人疑为口授经文，说为略以其意属读者，误也。孔壁所出古文，献自安国，汉人谓之逸十六篇。后汉卫宏、杜林、贾逵、许氏慎等，皆为其学，未有注释。而经文并亡于晋永嘉之代，不可复见也。《书大传》孔子谓颜渊曰："《尧典》可以观美，《禹贡》可以观事，《咎繇谟》可以观治，《洪范》可以观度，《六誓》可以观义，《五诰》可以观仁，《甫刑》可以观诫。"凡此七观之书，皆在二十九篇中，故汉儒以《尚书》为备。又以为法斗、七宿，四七二十八宿，其一斗也。又云孔子更选二十九篇，二十九篇独有法也。寻此诸说，即非正论，可证汉儒之笃守二十九篇，无异辞也。二十九篇析为三十四篇者，伏、郑本分合之不同。《大誓》后得，然见于《史记》《书大传》，似止上下二篇，至唐已后并失之，其词见于传记，犹可征也。《书大传》存本亦为后人删节，马、郑注至宋散佚，王应麟及近代诸儒，或从《书传》辑存之，故可附经而为之疏也。文有今古之分者，孔壁《书》科斗文字，安国以今文读之。盖秦已来改篆为隶，或以今文写《书》，安国据以读古文，其字则异，其辞不异也。司马氏用安国故，夏侯、欧阳用伏生说，马、郑用卫、贾说，其说与文字虽异，而经文不异也。古文篆籀之学绝于秦、汉，声音训诂之学绝于魏晋，典章制度之学绝于隋唐。《尚书》为唐虞三代之文，字迹奇古，诂训与后世方言不同，制度或在《礼经》之先，后人不考时代，率为之注解，致训故乖违，句读舛误，谓之佶屈聱牙，殊可叹也。孔氏之为《书正义》序云：据蔡大宝、巢猗、费甝、顾彪、刘焯、刘炫等。又云览古人之传记，质近代之异同，存其是而去其非，削其烦而增其简。是孔氏之疏不专出于己。今依其例，遍采古文传记之涉《书》义者，自汉魏迄于隋唐。不取宋已来诸人注者，以其时文籍散亡，较今代无异闻，又无师传，恐滋臆说也。又采近代王光禄鸣盛、江徵君声、段大令玉裁诸君《书》说，皆有古书证据。而王氏念孙父子尤精训诂。但王光禄用郑注，兼存《伪传》，不载《史记》《大传》异说。江氏篆写经文，又依《说文》改字，所注《禹贡》，仅有古地名，不便学者循诵。段氏《撰异》一书，亦仅分别今古文字，及惠氏栋、宋氏鉴、唐氏焕，俱能辨证《伪传》。庄进士述祖、毕孝廉以田，解经又多有心得。合其所长，亦孔氏云质近代之异同，存其是而削烦增简者也。为书始自乾隆五十九年，迄于嘉庆二十年。既有厥逆之疾，不能夕食，恐寿命之不长，亟以数十年中条记《书》义，编纂成书，必多疏漏谬误之处。然人之精神自有止境，经学渊深，亦非一人所能究极，聊存梗概，以俟后贤。或炳烛余光，更有所得，尚当改授梓人，不至话讥来哲也。嘉庆二十年太岁乙亥二月中旬，序于金陵冶城山馆。

又据该书卷首《凡例》之第十条记：

此书创始于乾隆甲寅年，至嘉庆乙亥年迄功付刊。中间历官中外，牵于人事，虽手不释卷，惧有遗忘，多藉同人之助。台州洪明经颐煊、文登毕孝廉以田、上元管秀才同，助其搜讨；同里臧上舍镛堂、从弟星海，助其校雠，应行附录。

仲春，秦瀛为臧庸遗著《拜经堂文集》撰序，批评"目未睹程朱之书，厌薄宋儒，指摘其瑕疵，以相毁谤"的风气。
据《拜经堂文集》卷首秦瀛《序》记：

武进有玉林臧先生者，通经学古，著书甚富。越今百余年，而得在东。在东承其家学，屏去俗好，不屑蹈常袭故，以合于时，而独与其弟礼堂潜心为汉儒之学。礼堂殁，在东泫然心伤，丐余为文传之。逾数年，在东来京，为今侍郎吴君烜纂《中州文献考》。余方约其归江南，同修《无锡金匮县志》，而在东亦寻殁，可悲也。学者去圣既远，百家众说，纷然具陈，苟择焉不精，则说经而经愈亡。近世承学之士，多宗汉学，往往目未睹程朱之书，厌薄宋儒，指摘其瑕疵，以相毁谤。当亦汉儒之所不与也。在东之学，师余姚卢绍弓先生，因主张许叔重、郑康成诸儒。而其《与阮侍郎云台书》云："程朱于圣门躬行之学为近。"是其言于宋儒不为无见。余官京师，在东偕其乡人恽子居集余邸，其议论有合、有不合，而要以古人为归。

盖子居为郑清如之甥，而在东尝学于清如，又皆与张皋文为友，殆其师友之授受切劘，有相类者。犹忆绍弓先生老居杭州，余尝与往还，无何出游阻之不获，而先生竟没于毗陵，身后寥落，生平所手定古本书及其著作，皆鬻于他氏，为之慨然。今在东朁，而其子相持《拜经堂文集》乞余序，余故序其文而及之。时嘉庆二十年仲春，无锡秦瀛序。

三月，陈寿祺为其师孟超然遗著《孟氏八录》撰跋，颇及一时世风学风病痛。

据《左海文集》卷七《孟氏八录跋》记：

《孟氏八录》者，吾师瓶庵先生所撰也。……廊者吾乡漳浦蔡文勤，倡正学于鳌峰，学士靡然向风。高足宁化雷翠庭先生得其传，督江南学有声，以母老乞退，所著述咸可师法。福州林青圃、张惕庵先生主讲鳌峰，设教严密。惕庵著经解甚富，其后莫有继者。如先生之学，乃诚比肩文勤诸贤，无愧色也。窃慨乡国百年以来学者，始溺于科举之业，而难与道古。近则俊颖之才知好古矣，然本之不立，学与行乃离而二，其究也学其所学，弊与不学均。甚则以廉孝为奸媒，以朋徒为利饵，以诗礼为发冢，以文笔为毒矢，口谈义利，心营悖鄙，形人行鬼，不知羞耻。顷仪征阮抚部夫子、金坛段明府若膺寓书来，亦兢兢患风俗之弊。段君曰："今日大病，在弃洛、闽、关中之学，谓之庸腐，而立身苟简，气节败，政事芜，天下皆君子而无真君子。故专言汉学，不治宋学，乃真人心世道之忧，而况所谓汉学者，如同画饼乎！"抚部曰："近之言汉学者，知宋人虚妄之病，而于圣贤修身立行之大节，略而不谈，以遂其不矜细行，乃害于其心其事。"二公皆当世通儒，上绍许、郑，而其言若是。然则先生是书，恶可不流布海内，以为学者针砭也。……嘉庆二十年春三月，受业弟子陈寿祺敬跋。

同月，陈奂跋段玉裁著《说文解字注》，概述是书之成书经过。

据《说文解字注》卷末陈奂《跋》记：

奂闻诸先生曰："昔东原师之言，仆之学，不外以字考经，以经考字。余之注《说文解字》也，盖窃取此二语而已。经与字未有不相合者。经与字有不相谋者，则转注、假借为之枢也。"先生自乾隆庚子去官后，注此书，先为长编，名《说文解字读》。抱经卢氏、云椒沈氏，曾为之序。既乃简练成注，海内延颈望书之成，已三十年于兹矣。会徐直卿学士，偕其友胡竹岩明经积城，力任刊刻，江子兰师因率奂同司校雠，得朝夕诵读。而苦义蕴闳深，非浅涉所能知也，敬述先生所示著书之大要，分赠同人。窃谓小学明，而经无不可明矣。乙亥三月，受业长洲陈奂拜手敬书。

三月二十五日，祁韵士在保定莲池书院病逝。
据《鹤皋年谱》卷末韵士诸子《跋》记：

此府君《自订义年谱》也。呜呼痛哉！孰意至此遂绝笔耶！……于嘉庆二十年三月二十五日未时，终于保阳书院正寝，享年六十有五。……著有《西陲总统事略》《西域释地》《万里行程记》《己庚编》《书史辑要》《珥笔集》《袖爽轩文集》《覆瓿诗集》《筠渌山房试帖》《濛池行稿》《西陲百咏》。其余《访山随笔》《杂录》及采摘诸家纪载汇集成卷者，共十余种。

三月，恽敬《大云山房文稿》初集四卷重刻于南昌。
据《大云山房文稿》初集卷首《自序》记：

右《大云山房文稿》初集四卷目录，瑞金陈莲青云渠排次雠校，凡杂文一百六十篇。嘉庆十有六年五月，刻于京师琉璃厂。工冗杂不应尺度，且未竟，九月补刻，并修治于常州府小营。前以稿本篇自为叶，不用汉唐写书首尾相衔法，为日若干而竣。二十年三月，武宁卢宣旬幼眉改定二十篇入《外集》，复刻于南昌甲戌坊，附通例于后。恽敬子居自为序录曰：恽氏著于南宋，自方直府君十一传，而至明湖广按察司副使东麓府君巍，东麓府君三传，而至典仪正敬于府君绍曾，敬于府君入本朝四传，而至子渭府君士璜，子渭府君生先府君轮。子渭府君好读书饮酒鼓大琴，先府君无所嗜好，于世事无所阿，三十年教授穷山中。敬生四年，先府君教之四声，八年学为诗，十一学为文，十五学六朝文，学汉魏赋颂及宋元小词，十七学汉唐宋元明诸大家文。先府君始告以读书之序，穷理之要，摄心专气之验，非是不足以为文。于是，复反而治小学，治经史百家，凡先府君手录天官地志物理人事诸书，亦得次第观之，然未有所发也。时于一二日中得一解而油油然，数十日中得一解而油油然，至索之心，诵之口，书之手，仍芒芒乎，摇摇乎而已。先府君曰，此心与气之故也，不可以急治，当谨而俟之减嗜欲，畅情志。嗜欲减则不淆杂，情志畅然后能立，能立然后能久大。自是之后，敬不敢言文者十年。旋走京师，游中原，南极黔楚，与天下笃雅恭敬之士交，窃窥其言行著述，因复理先府君之言，欲有所论撰，而下笔迂回细谨，块然不能自举。呜呼！天地万物皆日变者也，而不变者在焉，不变者所以成其日变也。文者生乎人之心，天地万物之日变，气为之，心之日变，神为之。神之变速于气之变，而迂回之弊，循循然而缓，谨细之弊，切切然而急，于神皆有所阂焉，敢不力充之以求所以日变者哉？然而有不可变者，《典论》曰："学无所遗，辞无所假。"《史记》曰："择其言尤雅者著于篇，可以观矣。"云渠所录，皆嘉庆建元以后论撰，谨以年次其目录，庶得失进退，有以自考焉。其改定入《外集》者，目录皆删之，所存如左。

四月十六日，凌曙著《春秋繁露注》成，有《自序》一篇，述《公羊》学源流并是书缘起。

据《春秋繁露注》卷首《自序》记：

昔仲尼志在《春秋》，……据百国之宝书，乃九月而经立。于是以《春秋》属商，商乃传与公羊高，高传与其子平，平传与其子地，地传与其子敢，敢传与其子寿。自高至寿，五叶相承，师法不坠。寿乃一传而为胡毋生，再传而为董仲舒。太史公谓："汉兴五世之间，唯仲舒名明于《春秋》，其传公羊氏也。"观诸《艺文》所载，著述甚夥，今不概见，所存者唯《春秋繁露》十有七卷。原书亦皆失次，然就其完善者读之，识礼义之宗，达经权之用，行仁为本，正名为先，测阴阳五行之变，明制礼作乐之原，体大思精，推见至隐，可谓善发微言大义者已。……今其书流传既久，鱼鲁杂糅，篇第襮落，致难卒读。浅尝之夫，横生訾议，经心圣符，不绝如线，心窃伤之。遂乃构求善本，重加厘正。又复采列代之旧闻，集先儒之成说，为之注释。及隋唐以后诸书之引《繁露》者，莫不考其异同，校其详略，书目姓氏，咸胪列于下方。夫圣情幽远，末学难窥，赖彼先贤，以启棒昧。事迹既明，义例斯得，辅翼经传，舍此何从。曙也不敏，耽慕其书，传习有年，弗忍弃置。至于是书之善，正谊明道，贯通天人，非予肤浅之识所能推见。登堂食菽，愿以俟诸好学深思之士。嘉庆二十年，四月既望，书于蜚云阁。

五月十日，洪梧为凌曙《春秋繁露注》撰序，述凌书之编纂缘起颇详。

据《春秋繁露注》卷首洪梧《序》记：

余初主梅花讲席之年，则以《公羊通礼》《诗经通礼》课业诸子。时凌子晓楼以所著《四书典故核》进，见其好学穷经，精心求古，与言曰："子广陵人也，广陵之学，有曹宪、李善之《文选注》，唐人以为词章之学。然训诂特详博通记，此词章而兼训诂之学也。有杜佑之《通典》，衷辑八门，包罗前代，此政书之学也。有潘徽之《江都集礼》，道备五常，用兼八代，此五礼之学也。有董仲舒之《春秋繁露》，传授《公羊》，该通《经礼》，此《春秋公羊》之学也。《繁露》一书，未有笺释，不熟《公羊》者，则不能读《繁露》，而妄臆为赝作，业几废矣。子其有心于是乎？"凌子由是卒业《公羊》，并读《繁露》。由明经赴举京兆，从游阮侍郎之门，佐集经籍，亦尝诲之曰："圣经贤传，论修齐治平者备矣，大都不外河间献王一语，实事求是而已，而事之是非，孰有大于《春秋》者乎？《公羊》孤经，久成绝学，以子精力强盛，曷不尽心？先师有言，朝闻道，夕死可矣，况来日未有艾乎！武进刘君申受，于学无所不窥，尤精《公羊》，与之讲习，庶几得其体要矣。"于是所见益广，所业益进。三载归，《繁露》诸篇，皆能通究本末。复肆力于先秦、两汉诸儒之书，及诸经义疏，凡《繁露》篇义字句，皆栉梳而理解之。不但贯彻何、徐，而董氏三年下帷，根柢之蕴，正谊明道，天人之本原，靡不洞于心而抉于手。盖江都、广川之所未行，汉武之所未用者，皆悉数其家珍，觇缕其渊蓄，而后知仲舒以《公羊》之学，为王佐之才，信不虚也。卢抱经先生仅以《公羊》释《繁露》，已令读者稍见眉目。凌子乃能以诸书疏证，俾无疑义。故于注《繁露》时，并为《公羊五礼补疏》十有一卷，是凌子有功于董子，而又有功于何、徐也。由此日博于文，则曹、李训诂之《选》学在是，而约之以礼，以施于用，即潘氏五礼之学，杜氏政书之学，亦在是。广陵之学，皆在凌子矣。凌子勉乎哉！嘉庆二十年五月初十日，书于梅花书院之群玉堂。

六月七日，朱锡庚在京刊刻其父筠遗著《笥河文集》。
据《笥河文集》卷首朱锡庚《序》记：

锡庚生也晚，年二十而孤，其得闻先子之绪论盖浅，于古之所为文者，固未尝亲受指画。盖先子年甫逾艾而终，生平学业所至，多未发之蕴。又为文素不易稿，文成辄为人取去。乾隆辛丑，先子既殁，锡庚抱守遗篇，搜罗放佚，……盖于今三十年矣。癸酉之夏，客济南，爰发筐命工重写，编次校正，装订成帙。越三岁乙亥，同龙溪李畏吾威覆加校勘，镂板京师，以传于代。……嘉庆二十年，岁次旃蒙大渊献，夏六月乙卯朔，越七日辛酉，锡庚谨序。

六月十六日，严可均辑《孝经郑氏注》成。
据《铁桥漫稿》卷五《孝经郑氏注叙》记：

汉儒有功圣经，莫如郑氏。郑氏《诗笺》《三礼注》今在学官，而《易》《书》《论语》注亡，近人辑本残阙不全。独《孝经注》亡而复存，可与《诗》《礼》比并。……乾隆中，歙鲍氏廷博始得日本国所刊孔传本于海舶，编入《知不足斋丛书》。嘉庆初，我乡郑氏复于海舶得日本所刊魏徵《群书治要》，其中有《孝经十七章》，则郑氏注也。兼得彼国所刊郑氏注专行本，与《治要》同。《治要》于经注有删节，又无《丧亲章》，非全本，……余观陆德明《经典释文》，《孝经》用郑氏注本，明皇御注亦用郑氏注甚多，元行冲等《正义》逐条举出，云此依郑注。又遍观孔颖达《诗》《礼记》《正义》，贾公彦《仪礼》、《周礼》疏，失名《公羊》疏，裴骃《史记集解》，刘昭《续汉志注补》，沈约《宋书》，萧子显《齐书》，刘肃《大唐新语》，王溥《唐会要》，甄鸾《五经算术》，虞世南原本《北堂书钞》，李善《文选注》，徐坚《初学记》，释慧苑《华严音义》，《白孔六帖》，李昉《太平御览》，乐史《太平寰宇记》，王应麟《玉海》，都引《孝经》郑氏注。汇而录之，以补《治要》之阙，注明出处，以备复查，考核异同，酌加按语，不敢臆定，尚阙数十百字无从据补。盖至是而《孝经》郑氏注亡而复存，九百年来，晦极终显，非刘炫《古文》所可同日而道矣。……嘉庆乙亥岁，夏六月既望，乌程严可均谨叙。

又据同书卷四《孝经郑注考》记：

南齐陆澄疑《孝经》非郑注，与王俭书云，观其用词，不与注书相类，玄自序亦无《孝经》。严可均曰：陆澄善读书者，语非无因。然犹未考郑所注书，其时有先后，执后定之说以校初定之说，其疑为不相类宜也。……自序无者甚多，岂得《易》《书》《诗》《礼》《论语》外，皆疑依托？余故曰《孝经》为郑注，不必问自序有无也。

七月，刘凤诰续成其师彭元瑞《五代史记注》。
据《清儒学案》卷八十《献县学案》录刘凤诰《五代史记注·跋》记：

欧阳公《五代史记》，故尚书彭文勤公为之补注。公尝语凤诰，自年十九即有志注是书。……公自乾隆癸卯以后,总裁史馆者二十年,治官撰书无虚日。间以勉凤诰曰:"……愿以休沐余晷,出所诠释,为予排比而次第之。……"凤诰入翰林,从公史局,日复不给。又连以使事在外,未即践言。嘉庆辛酉,典试山左,辞公于寓园。……洎癸亥,手书谆道此事,以谓观成弗逮,行以全稿倾箧相付。……更读遗诗《留寄凤诰暨胡君长龄阮君元》曰:"少时注意欧阳史,七十三年未得成。门户虽然龛构架,庭阶尚乏细经营。飘零莫遣随残叶,饮助终当赖友生。幸有三公旧同志,为予缉业定刊行。"三复斯言,感怆无已。……癸酉至京师,重加订补。及今乙亥,三易稿乃得荟萃成书。……谨以公贻示《凡例》眉列卷端,复以阐明公之本意者缀为例述于后。嘉庆乙亥秋七月。

九月八日,段玉裁在苏州病逝。
据刘盼遂辑《王石臞文集补编》之《大清敕授文林郎四川巫山县知县段君墓志铭》记:

君讳玉裁,字若膺,金坛人。……乾隆二十五年,举江南乡试,寻充景山教习。期满,授贵州玉屏县知县,……补巫山县知县,在官引疾归。自是闭户著书,不复出。君治声音训诂之学,受业戴先生震,日益进。……成《说文解字注》三十卷,……《六书音韵十七部》,……《周礼汉读考》。又著《毛诗小学》《尚书撰异》《仪礼汉读考》《汉书地理志音释》《汲古阁说文订》。文集、诗集藏于家。以嘉庆二十年遘疾卒,春秋八十有一。

又据刘盼遂《段玉裁先生年谱》嘉庆二十年八十一岁条记:
九月八日,先生卒。
又据《清史列传》卷六十八《段玉裁传》记:

初,玉裁与念孙俱师震,故戴氏有段、王两家之学。玉裁少震四岁,谦焉执弟子礼,虽耄,或称震,必垂手拱立,朔望必庄诵震手札一通。卒后,王念孙谓其弟子长洲陈奂曰:"若膺死,天下遂无读书人矣。"玉裁弟子长洲徐颋、嘉兴沈涛及女夫仁和龚丽正,俱知名,而夃尤得其传。

九月十三日,姚鼐在钟山书院病逝。

据毛岳生《休复居文集》卷五《姚先生墓志铭》记:

> 先生桐城姚氏,讳鼐,字姬传,又字惜抱。……乾隆十五年举于乡,久之成进士。……四库馆启,诸城刘文正公、大兴朱学士筠,荐以所守官充纂修。……引疾去,……以学教授东南逾四十年。嘉庆二十年九月十三日,卒于江宁钟山书院,春秋八十五。……先生之学,不务表襮,根极性命,穷于道奥。……所著《经说》《诗文》《三传补注》《老庄章义》《古文词类纂》《书录》《题跋》《杂记》《诗钞》,共一百五十二卷,俱刊。

又据姚莹《东溟文集》卷六《朝议大夫刑部郎中加四品衔从祖惜抱先生行状》记:

> 嘉庆二十年九月,惜抱先生卒于江宁钟山书院。从孙莹在京师,闻之哀怆涕泣,戚友咸唁,乃卜日设奠于都城之西,为之主而哭之。越日,先生之门人,前江南道监察御史、翰林院编修陈君用光语莹曰:"吾师以德行文章为后学师表者四十余年所,当上之史馆。其生平出处、言行之大,缀而状之,弟子之责也。子于先生属最亲,曷条其略。"莹无似,不能有所撰述,以表先生,副侍郎之属,谨以所知对。先生名鼐,字姬传,世为桐城姚氏,先刑部尚书端恪公之玄孙也。先生少时家贫,体弱多病,而嗜学澹荣利,有超然之志。先曾祖编修姜坞府君,先生世父也,博闻强识,诵法先儒,与同里方苎川、叶华南、刘海峰诸先生友善,诸子中独爱先生,每谈必令侍。方先生论学宗朱子,先生少受业焉。尤喜亲海峰,客退辄肖其衣冠,谈笑为戏。编修公尝问其志,曰义理、考证、文章,殆阙一不可。编修公大悦,卒以经学授先生,而别受古文法于海峰。……自康熙朝,方望溪侍郎以文章称海内,上接震川为文章正轨,刘海峰继之益振,天下无异词矣。先生亲问法于海峰,海峰赠序盛许之。然先生自以所得为文,又

不尽用海峰法，故世谓望溪文质，恒以理胜；海峰以才胜，学或不及；先生乃理文兼至。方、刘皆桐城人也，故世言文章者称桐城云。……十一月，从孙莹谨状。

十二月二十日，王念孙撰《读淮南杂志叙》。
据《王石臞先生遗文》卷三《读淮南杂志叙》记：

《淮南内篇》旧有许氏、高氏注，其存于今者，则高注，非许注也，前有高氏《叙》一篇。《天文篇》注又云："钟律上下相生，诱不敏也。"则其为高注无疑。其自唐以前诸书所引许注，有与今本不同者，乃后人取许注附入，非高氏原文也（凡注内称一曰云云者多系许注，则其为后人附入可知）。宋人书中所引《淮南注》，略与今本同，而谓之许注，则考之未审也。《道藏》本题许慎记上，盖沿宋本之误。是书自北宋已有讹脱，故《尔雅疏》《埤雅》《集韵》《太平御览》诸书所引，已多与今本同误者，而南宋以后无论已。余未得见宋本，所见诸本中，唯《道藏》本为优，明刘绩本次之，其余各本，皆出二本之下。兹以《藏本》为主，参以群书所引，凡所订正，共九百余条。……嘉庆二十年岁在乙亥，季冬之二十日，高邮王念孙书，时年七十有二。

岁末，焦循著《易章句》成，《易学三书》遂告完稿。
据《雕菰楼易学》卷首《易章句叙目》记：

岁癸酉，所为《易通释》、《图略》两稿粗就。而足疾时发，意殊倦，《章句》一编，未及整理之也。甲戌夏，宫保芸台阮公自漕帅移节江西，过里中，问循所为《易》何如，因节录其大略邮寄请教。宫保今岁书来，极承过许，且言质之张古愚太守，亦诧为奇，索见完本。于是五月间，令门人子弟写《通释》《图略》，共二十八卷。既毕，因取《章句》草稿手茸之。凡五阅月始就，用为初稿，俟更审正之也。

孙星衍辑《孔子集语》于是年刊行。

据《孔子集语》卷首孙星衍《孔子集语篇目》记：

> 星衍自嘉庆辛未岁九月归田，卧疴多暇，辄理旧业。因属族弟星海、侄婿龚庆，检阅子史，采录宣圣遗言，比之宋人薛据、近人曹廷栋所辑，计且三倍。乃取刘向编列《说苑》《新序》之例，各为篇目，以类相从。又以庄、列小说近于依托之词，别为杂事、遗谶、寓言附于末卷。质之吾友顾文学广圻、严孝廉可均，颇有增改，阅六年而始成书。

嘉庆二十一年丙子　1816年

春，邵瑛著《刘炫规杜持平》六卷成。

据《清儒学案》卷八十《献县学案》录邵瑛《刘炫规杜持平自序》记：

> 《左传》自杜氏集刘子骏、贾景伯、许惠卿、颖子严之注，题曰《经传集解》，发明甚多，古今称之。然弃经从传，先儒集群矢焉。故自杜而后，南朝则崔灵恩著《左氏条议》以难杜，北朝则张冲著《春秋义略》，异于杜氏者七十余事，卫冀隆精服氏学，难杜六十三事。至刘光伯隋世大儒，《隋志》记其撰《左传述义》四十卷。孔冲远作《正义》，据以为本，见于《自叙》，今亦无从别识。独其《规过》，《唐志》作三卷者，孔氏一一标出，而概以为非，毋亦袒杜之过与？余幼承庭训，授读是经，蓄疑者久矣。壬戌之秋，将乞假旋里，谒河间纪文达公于邸第，公意若重有所托者。瑛敬进而请之，慨然曰："当日编纂《四库》，尝欲作《规杜持平》一书，以释两家之纷。今老矣，有志未逮，惟汝同志，其为我成之。"瑛谨志之不敢忘。其时方殚力于《说文》，为群经正字之学，猝猝未暇旁及。迨脱稿，而余年已七十有四矣，精力日益衰，几何不负师命也。幸天假余年，犹可力疾从事。经始于甲戌之冬，阅十有五月而书成。顾以炳烛之明，又苦索居之久，其去于负师命者又几何也。噫！是非谁折提命，如新安得起九京而执经问难也夫？

二月六日，崔述病逝。

据《崔东壁遗书》附录陈履和《敕授文林郎福建罗源县知县崔东壁先生行略》记：

先生姓崔氏，讳述，字武承，号东壁，直隶大名府魏县人。……中庚辰副榜，壬午秋，复与弟同榜中式。……嘉庆元年正月，选福建罗源县知县。……会捐例开，始得以捐主事离任。……是为六年十月事。……既归，居大名，又居安阳西山，又迁彰德府城。数值岁荒，典衣而炊，著作自娱，于是十余年中全书告成。曰《考古提要》二卷、《补上古考信录》二卷，是为《前录》。曰《唐虞考信录》四卷、《夏考信录》二卷、《商考信录》二卷、《丰镐考信录》八卷、《洙泗考信录》四卷，是为《正录》。曰《丰镐考信别录》三卷、《洙泗考信余录》三卷、《孟子事实录》二卷、《考古续说》二卷、《附录》二卷，是为《后录》。此三十六卷者，《考信录》之全篇也。……大凡先生遗书共三十四种，八十八卷。……《考信录》一书，尤为五十年精神所专注。……生于乾隆五年七月二十九日，卒于嘉庆二十一年二月初六日，寿七十有七岁。

二月，万斯同遗著《群书疑辨》在浙东刊行，浙江学政汪廷珍应请撰序。

据《群书疑辨》卷首汪廷珍《序》记：

老友国子助教旭峰陈君，自鄞邮书于杭，言其乡人将梓季野先生《群书疑辨》，而问序于仆。……是书凡十二卷。前六卷论辨诸经，皆求其理之是、心之安，而不苟为异同，一洗宋元儒者门户之习。虽其间有考之未详者，有可备一义而未敢信为必然者，有勇于自信而于古未有确证者，然皆持之有故，言之成理，视充宗先生所为《仪礼商》诸书，特为矜慎矣。……先生之书，见于全氏所作传中者甚夥。其在史局，为王尚书鸿绪作《明史稿》，又为徐尚书乾学作《读礼通考》一百六十卷，今俱传于世。其《历代史表》《庙制图考》《儒林宗派》《声韵源流考》《石经考》《昆仑河源考》六书，已著录于《四库书目》，余多未显。此书则汇平日所论辨，撮辑而成者也。吾闻四明之学，远有端绪，自攻愧、厚斋后五百年，而有先生昆弟为极盛，继此则谢山之精博为庶几焉。今其乡后进，知爱先生之遗书，刊以行之，是其好古向学之志，有非他郡所能及者。诚由先生之书，而从事于先生之学，则不独四明文献之传赖以不坠，即藏山、南雷之绪，且将有传人焉。此则仆所厚望也已。嘉庆丙子二月既望，浙江督学使者山阳后学汪廷珍。

四月，焦循著《论语补疏》成。

据《雕菰集》卷十六《群经补疏自序·论语何氏集解》记：

> 余幼时读《毛诗》讫，即读《论语》。已而学为科举文，习高头讲章，凡《存疑》、《蒙引》等，不下十数家，愈求之愈不得其要。既见注疏，遂舍去讲章旧说，仍不能豁然也。自学《易》以来，于圣人之道稍有所窥，乃知《论语》一书，所以发明伏羲、文王、周公之旨。盖《易》隐言之，《论语》显言之。……余向尝为《论语通释》一卷，以就正于吾友汪孝婴，孝婴苦其简而未备。迄今十二年，孝婴已物故，余亦老病就衰。因删次诸经补疏，订为《论语补疏》二卷，略举《通释》之义于卷中，而详言其大概如此，俟更广《通释》以求详备。或余不及详，俾吾子孙知治《论语》之途径宜若是，庶乎举一隅以三隅反也。

同月，阮元为焦循《雕菰楼易学》撰序。

据《揅经室一集》卷五《焦氏雕菰楼易学序》记：

> 《周易》为群经之首，古今治此学者独多，有列国人之《易》，有汉人之《易》，有晋唐人之《易》，有宋人之《易》。荀、虞之《易》，汉学也，所存古法尚多。自王辅嗣以老、庄言《易》，《易》全空矣。……元与焦君少同游，长同学，元以服官，愧荒所学，焦君乃独致其心与力于学。其初治《易》也，亦不图至斯，久之如有所牖，而此学竟成。元于嘉庆十九年夏，速邮过北湖，里中见君，问《易》法。君匆匆于终食间举三十证语元，元即有闻道之喜。及至江西，时时趣其写定寄读，读竟而叙其本末如此。

六月十五日，王念孙为刘台拱遗书撰序，表彰其实事求是之学，认为可与阎若璩、戴震、程瑶田相比美。

据《王石臞先生遗文》卷二《刘端临遗书序》记：

岁在壬辰，予入都应礼部试，始得交于端临，接其言貌，晏晏如也。既又因汪容甫得闻端临之学之精，与其孝友纯笃，于是益心折焉。后端临留京师教授生徒，予亦官于工部，数过从讲习，每得一义，必以相示。及端临言归觐省，邮书来往，以所得相示，如在都下时。盖端临邃于古学，自天文、律吕，至于声音、文字，靡不该贯。其于汉宋诸儒之说，不专一家，而唯是之求，精思所到，如与古作者晤言一室，而知其意指所在。比之徵君阎百诗、先师戴庶常、亡友程易畴，学识盖相伯仲。以视凿空之谈，株守之见，犹黄鹄之与壤虫也。乙亥之冬，端临次子原嶓与予书，又以端临遗书已刻者诒予。予读而怆然悲之，悲其书之存而人之亡也。虽然自古有死，而如端临之书之必传于后者盖鲜，则端临死而不朽矣。……予与端临交三十余年，故知之独深，辄表其学识之精，以告后之学者，使皆知端临读书之法，而用之以读古人之书，则古人之幸也夫。嘉庆二十一年，岁在丙子，六月望日叙，时年七十有三。六月二十三日，庄述祖病逝常州。

据《碑传集》卷一〇八宋翔凤撰《庄先生述祖行状》记：

先生姓庄氏，讳述祖，字葆琛。所居室曰珍艺宦，学者称珍艺先生。先世自金坛迁常州府武进县，遂为常州望族。……乾隆丁酉，以官卷中江南乡试。庚子，成进士。……所著有《尚书古今文授读》四卷，《尚书记章句》一卷，《尚书古今文考证》一卷，《尚书杂义》一卷，《校尚书大传》三卷，《校逸周书》十卷、《书序说义考注》二卷，《毛诗授读》三十卷，《毛诗口义》三卷，《毛诗考证》四卷，《诗纪长编》一卷，《乐记广义》一卷，《左传补注》一卷，《穀梁考异》二卷，《五经小学述》一卷，《五经疑义》一卷，《特牲馈食礼节记》一卷，《论语集解别记》二卷，《明堂阴阳夏小正经传考释》十一卷,《明堂阴阳记长编》十卷,《古文甲乙篇》四卷,《甲乙篇偏旁条例》二十五卷,《说文古籀疏证》二十五卷,《说文谐声考》一卷,《说文转注》二十卷,《钟鼎彝器释文》一卷,《石鼓然疑》一卷,《声字类苑》一卷,《弟子职集解》一卷,《校正列女传凡首》一卷,《校正白虎通别录》三卷、《史记决疑》五卷,《天官书补考》一卷,《校定孔子世家》一卷,《历代载籍足证录》一卷,《汉铙歌句解》一卷,诗集三卷,文集四卷。……先生生于乾隆十五年十二月十三日午时,卒于嘉庆二十一年六月二十三日午时,年六十有七。……外甥长洲宋翔凤谨状。

八月十六日,顾广圻为孙星衍从弟星海《广复古编》撰序,阐发《说文》六书之学,赞孙氏"于假借言之尤详"。

据顾广圻《思适斋集》卷十一《广复古编序》记:

予自辛未冬洎甲戌秋,在孙渊如观察冶城山馆者,几及三年,为渊翁校刊《续古文苑》《华阳国志》《抱朴子内篇》《古文尚书考异》《绍熙云间志》等书,兼为鄱阳胡中丞重翻元椠《通鉴注》。时渊翁从弟星海邃堂方讲求《说文》正俗字,案头草稿盈两三尺,无暇取而细读也。又二年及今丙子之夏,书成,渊翁署名曰《广复古编》。发凡起例,邃堂自序详之矣。以予粗通小学,复移书属序。乃为之序曰:《周官·保氏》书有六,其五尽见于《说文》,其一不尽见于《说文》。夫象形、指事、会意、转注、谐声,于《说文》九千余字下所载之外,后人断不容别赘一语,故谓之尽见也。九千余字之假借,其多未易数计,载于《说文》者特千百之一尔,故谓之不尽见也。然则何以独于假借不尽见也?曰:不能也。假借者,依声托事也。天下之声无穷,天下之事又无穷,则声之依、事之托,亦因之而无穷,而何能尽见也?近今好古之士,每慨叔重氏以后,小学浸失,乡壁虚造,日出不止,九千余字或相倍蓰,翻然思按始一至亥以绳之。不佞畴昔弗揆梼昧,亦尝从事。辄以为尽见之五,《说文》具在,夺而正之也易;不尽见之一,网罗放失,夺而正之也难。虽然,自唐虞至秦汉,假借字之可征信者，经典传注也，三史旧读也，诸子词赋也，碑版遗文也。其余纵有无穷之声、之事、之依且托，亦均归于无征不信矣。是故，在当年方为无限断之假借，而至今日已成有限断之假借，舍其无限断而取其有限断，独不可勒为一书，辅佐《说文》而行，使六书之道大白于天下也乎？奔走佣笔，倏乎年艾，冗杂忧苦，智虑短耗，任重道远，自分靡就。兹读是编，备列《说文》六书之字，而于假借言之尤详。博学精挈，区分类聚，庶几许书之理群类、解谬误、晓学者，视不佞曩所规为，恢恢乎兼容包并之，不亦善乎？邃堂又有与观察合撰《拟篆字石经》稿若干卷，与是编互相发明，皆世间不可少之书。曰广、曰拟，乃谦而又谦之辞。开卷题目，即无学子虚憍习气，知书之矜慎能传矣！是为序。嘉庆廿有一年，秋八月既望，时为观察分校唐文于扬州，事毕，将返吴门之次也。

秋，阮元在江西南昌主持刊刻宋本《十三经注疏》初成。
据《揅经室三集》卷二《江西校刻宋本十三经注疏后》记：

嘉庆二十年，元至江西，武宁卢氏宣旬读余《校勘记》而有摹于宋本，南昌给事中黄氏中杰亦苦毛板之朽，因以元所藏十一经至南昌学堂重刻之，且借校苏州黄氏丕烈所藏单疏二经重刻之。近盐巡道胡氏稷亦从吴中购得十一经，其中有可补元藏本中所残缺者。于是宋本注疏可以复行于世，岂独江西学中所私哉！……窃谓士人读书当从经学始，经学当从注疏始。空疏之士，高明之徒，读注疏不终卷而思卧者，是不能潜心揅索，终身不知有圣贤诸儒经传之学矣。至于注疏诸义，亦有是有非，我朝经学最盛，诸儒论之甚详，是又在好学深思、实事求是之士，由注疏而推求寻览之也。二十一年秋，刻板初成，藏其板于南昌学，使士林、书坊皆可就而印之。学中因书成，请序于元。元谓圣贤之经，如日月经天，江河行地，安敢以小言冠兹卷首？惟记刻书始末于目录之后，复敬录钦定《四库全书·十三经注疏》各提要于各注疏之前，俾束身修行之士，知我大清儒学远轶前代，由此潜心敦品，博学笃行，以求古圣贤经传之本源，不为虚浮孤陋两途所误云尔。

案：此文后有阮元子福案语云："此书尚未刻校完竣，家大人即奉命移抚河南，校书之人不能如家大人在江西时细心，其中错字甚多，有监本、毛本不错而今反错者，要在善读书人参观而得益矣。《校勘记》去取亦不尽善，故家大人颇不以此刻本为善也。"

十二月一日，焦循将所著《易学三书》稿及阮元序一并寄京，请吏部尚书英和撰序。

据《雕菰集》卷十三《上座师英尚书书》记：

> 循自壬戌归家，即留心于《易》。越十二年至乙亥，成《易学》四十卷。循以圣学深微，未容遽测，稿虽数易，未敢语人。前年，官保阮公索循稿本，并勉促撰完。今年，拟以此稿呈请教诲。五月间，亲自手写。至十月，左臂筋痛，牵掣右腕，不能速书。内中《图略》一本、《章句》第七卷以下，系雇他人写完。……疾病余生，既不能效力于簿书奔走，苟得于经学中稍有所就，以彰圣朝之化及于乡僻者。如此，是则循之志尔。谨以所作《易章句》十二卷、《易通释》二十卷、《易图略》八卷，共为《雕菰楼易学》四十卷，叩头再拜，呈于座下。伏乞诲正，指其疵谬。求赏大序一篇，冠之卷首。

十二月十一日，清廷准各地巡抚之请，以顾栋高、阎若璩等入祀乡贤祠。

据《仁宗实录》卷三二五嘉庆二十一年十二月乙酉条记：

> 予……江苏故国子监祭酒顾栋高，浙江故翰林院侍讲学士梁同书，江西苏州府同知夏家瑜，福建故顺天府丞陈桂洲、故吏部郎中孟超然，湖南前明常德府教授蒋道亨，山西故徵士阎若璩，入祀乡贤祠。从巡抚朱勋，署巡抚额特布，巡抚张师诚、阮元、王绍兰、巴哈布、衡龄等请也。

阮元将《十三经注疏校勘记》呈送清廷。

据《揅经室二集》卷八《恭进十三经注疏校勘记折子》记：

> 钦惟皇上圣德天纵，典学日新，为政本乎"六经"，教士先夫儒术，此我朝圣圣相承之极轨也。臣幼被治化，肄业诸经，校理注疏，综核经义，于诸本之异同，见相沿之舛误，每多订正，尚未成书。乾隆五十六年，奉敕分校太学石经，曾以唐石经及各宋板悉心校勘，比之幼时所校，又加详备。自后出任外省，复聚汉、唐、宋石刻暨各宋元板本，选长于校经之士，详加校勘。自唐以后，单疏分合之不同，明闽附音之有别，皆使异同毕录，得失兼明，成《十三经注疏校勘记》二百十七卷，附《孟子音义校勘记》一卷、《释文校勘记》二十五卷。昔唐国子博士源陆德明虑旧籍散失，撰《经典释文》一书，凡汉、晋以来各本之异同，师承之原委，莫不兼收并载，凡唐以前诸经旧本赖以不坠。臣撰是书，窃仿其意，连年校改方毕，敬装十部，进呈御览。臣自维末学，莫赞高深，妄渎圣聪，不胜战栗悚惶之至，谨奏。嘉庆二十一年十二月。

杨凤苞于是年病逝。

据《清史列传》卷七十三《杨凤苞传》记：

> 杨凤苞，字傅九，亦归安人。诸生。少以《西湖秋柳词》有名于时。经学、小学，皆有根柢，尤熟谙明末事，尝为《南疆逸史跋》十二篇，补温睿临之不备而订其误。阮元编《经籍籑诂》，凤苞与分籑焉。晚年，馆于郡城陈氏，其书室为郑元庆鱼计亭，人以为元庆复生。……嘉庆二十一年卒，年六十。著有《秋室集》十卷。

案：据陆心源《秋室先生集叙》，杨氏卒年为六十四。

自上年至是年间，龚自珍撰为《乙丙之际著议》二十五篇，再次疾呼"改革"。

据《龚自珍全集》第一辑《乙丙之际著议第七》记：

一祖之法无不敝,千夫之议无不靡,与其赠来者以劲改革,孰若自改革!……《易》曰:"穷则变,变则通,通则久。"非为黄帝以来六七姓括言之也,为一姓劝豫也。

恽敬《大云山房文稿》二集四卷,上年八月在广州刊刻。是年,复经增订并撰《自序》。

据《大云山房文稿二集》卷首《自序》记:

> 右《大云山房文稿》二集四卷目录,凡杂文九十六篇。嘉庆二十年八月,长洲宋扬光吉甫刻于广州西湖街,为日若干而竣。二十一年,自赣往歙,武进董士锡晋卿复为排次,增定十篇。叙录曰:昔者班孟坚因刘子政父子《七略》为《艺文志》,序六艺为九种,圣人之经,永世尊尚焉。其诸子则别为十家,论可观者九家。以为虽有蔽短,合其要归,亦六经之支与流裔。至哉此言,论古之圭臬也。敬尝通会其说,儒家体备于《礼》及《论语》《孝经》,墨家变而离其宗,道家、阴阳家支骈于《易》,法家、名家疏源于《春秋》,从横家、杂家、小说家适用于《诗》《书》。孟坚所谓"《诗》以正言,《书》以广听也"。惟《诗》之流,复别为诗赋家,而乐寓焉。农家、兵家、术数家、方技家,圣人未尝专语之,然其体亦六艺之所孕也。是故六艺要其中,百家明其际会;六艺举其大,百家尽其条流。其失者,孟坚已次第言之。而其得者,穷高极深,析事剖理,各有所属。故曰:"修六艺之文,观九家之言,可以通万方之略。"后世百家微而文集行,文集敝而经义起,经义敝而文集益漓。学者少壮至老,贫贱至贵,渐渍于圣贤之精微,阐明于儒先之疏证,而文集反日替者,何哉?盖附会六艺,屏绝百家,耳目之用不发,事物之颐不统,故性情之德不能用也。敬观之前世,贾生自名家、从横家入,故其言浩汗而断制;晁错自法家、兵家入,故其言峭实;董仲舒、刘子政自儒家、道家、阴阳家入,故其言和而多端;韩退之自儒家、法家、名家入,故其言峻而能达;曾子固、苏子由自儒家、杂家入,故其言温而定;柳子厚、欧阳永叔自儒家、杂家、词赋家入,故

其言详雅有度；杜牧之、苏明允自兵家、从横家入，故其言纵厉；苏子瞻自从横家、道家、小说家入，故其言逍遥而震动。至若黄初、甘露之间，子桓、子建气体高朗，叔夜嗣宗，情识精微，始以轻隽为适意，时俗为自然，风格相仍，渐成轨范，于是文集与百家判为二途。熙宁、宝庆之会，时师破坏经说，其失也凿，陋儒襞积经文，其失也肤。后进之士，窃圣人遗说而画之，睎而斫之，于是经义与文集并为一物。太白、乐天、梦得诸人自曹魏发情，静修、幼清、正学诸人自赵宋得理，递趋递下，卑冗日积。是故百家之敝，当折之以六艺，文集之衰，当起之以百家，其高下远近华质，是又在乎人之所性焉，不可强也已。敬一人之见，恐违大雅，惟天下好学深思之君子教正之。

嘉庆二十二年丁丑　1817年

正月，焦循手订一生所撰诗古文辞，辑为《雕菰集》，别称《雕菰楼集》，凡二十四卷。二月，再编《目录》一卷，于初九日撰跋一篇。

据《雕菰集》卷首《目录跋》云：

> 自乾隆戊戌、己亥，习为诗古文辞，迄今垂四十年，所积颇盈笥篋，屡加选订而未能定。去秋，左臂筋挛，右腕几不可笔，心甚怏怏。十月，丸乌头，日服一钱，挛处渐柔活，遂可执笔。因先取诗文草稿理之，录为二十四卷。既成，编为《目录》一卷如右。

二月十日，翁方纲为孔广森遗书《䘒轩孔氏所著书》撰序。

据《䘒轩孔氏所著书》卷首翁方纲《䘒轩孔氏所著书总序》记：

> 凡为序必于其书有所资证而后序之，予从来不欲以空言赞美作题辞也。况吾撝约相与论析非一日矣。今于其所著述，思所以阐其要而补其逸者，说经之文则《大戴记》《公羊传》其最著者也。《公羊》予所说者，皆不能以入，此惟㲄所最心切者，《小辨》以下三篇目次也。《汉志》：《三朝记》七篇。颜师古注云："孔子对鲁哀公语也。三朝见公，故曰三朝。"王应麟曰七篇，今在《大戴礼》《千乘》《四代》《虞戴德》《诰志》《小辨》《用兵》《少闲》也。今《大戴礼》《小辨》第七十四，《用兵》第七十五，《少闲》第七十六，撝约曰，此三篇当在《文王官人》之前，则《三朝记》七篇相属矣。此非他处所云错简可比，实《大戴》篇次之定论，学者所宜知也。撝约每来吾斋，有所劄记，今其手迹尚有未尽检出者，若所辑《岐鼓凡将》手篆一册，予题诗于前，屡检旧箧而未得也。又其读《汉书》一条、《地理

志》下篇，鲁国分壄之末，东平、须昌、寿良皆在济东，属鲁非宋地也。当考此句，师古亦误注。扔约曰，此十八字是后人读《汉志》者校勘之语，须昌、寿良皆属东郡，光武叔父名良，故曰寿张，今仍称寿良，知是魏以后人所校语误入正文耳。此于考订《汉志》极有益，予已笔诸《汉书》校本矣。旧学相知之益有如此者，安可不记，即书于简端，非必以序例之耳。嘉庆丁丑春二月十日，北平八十五叟翁方纲书。

二月二十二日，陈鳣在海宁病逝。
据《清国史·儒林传下卷》卷二一《陈鳣传》记：

陈鳣，字仲鱼，浙江海宁人。父璘，字昆玉，诸生，尝著《许氏说文正义》，未成而殁。鳣博学好古，强于记诵，尤专心训诂之学。时同州人吴骞拜经楼多藏书，鳣亦喜聚书，得善本互相钞藏，以故海昌藏书家推吴氏、陈氏。嘉庆元年，举孝廉方正，督学阮元称，浙中经学，鳣为最深，手摹汉隶"孝廉"二字以颜其居，复为书"士乡堂"额以赠。三年，中式举人。在公车时，与嘉定钱大昕、大兴翁方纲、金坛段玉裁质疑问难。后客吴门，与黄丕烈定交，取所藏异本，往复易校。鳣学宗许、郑，尝继其父志，取《说文》九千言，声为经，偏旁为纬，竭数十年之心力，成《说文正义》一书。又以郑康成注《孝经》，见于《范书》本传，《郑志》目录无之，《中经簿》但称"郑氏解"，而不书其名。……因缀拾遗文，为《孝经郑注》一卷。又以《六艺论》未见辑本，广为搜讨，成一卷。又著《郑康成年谱》一卷。又著《论语古训》十卷（语字原作训，误，径改。——引者），凡汉人之注及皇疏，无不采取。玉裁见所著诸书，叹其精核。晚筑讲舍烟紫薇山麓，寝处其中，一意撰述。有《石经说》六卷，《声类拾存》一卷，《埤苍拾存》一卷，《经籍跋文》一卷，《续唐书》七十卷，《恒言广证》六卷，《缀文》六卷，《对策》六卷，《诗人考》三卷，《诗集》十卷。二十二年卒，年六十五。

又据陈鸿森《清儒陈鳣年谱》嘉庆二十二年六十五岁条记：

> 二月二十二日，先生卒。(《海宁渤海陈氏宗谱》卷十三)

春，阮元为王引之重订《经义述闻》南昌刻本撰序，称高邮王氏父子之学精博，"过于惠、戴二家"。

据《揅经室一集》卷五《王伯申经义述闻序》记：

> 古书之最重者莫逾于经，经自汉、晋以及唐、宋，固全赖古儒解注之力，然其间未发明而沿旧误者尚多，皆由于声音、文字、假借、转注未能通彻之故。我朝小学训诂远迈前代，至乾隆间，惠氏定宇、戴氏东原大明之。高邮王文肃公以清正立朝，以经义教子，故哲嗣怀祖先生，家学特为精博，又过于惠、戴二家。先生经义之外，兼核诸古子史。哲嗣伯申继祖，又居鼎甲，幼奉庭训，引而申之，所解益多。著《经义述闻》一书，凡古儒所误解者，无不旁征曲喻，而得其本义之所在。使古圣贤见之，必解颐曰："吾言固如是，数千年误解之，今得明矣。"嘉庆二十年，南昌卢氏宣旬读其书而慕之，既而伯申又从京师以手订全帙寄余。余授之卢氏，卢氏于刻《十三经注疏》之暇，付之刻工，伯申亦请余言序之。昔余初入京师，尝问字于怀祖先生，先生颇有所授。既而伯申及余门，余平日说经之意，与王氏乔梓投合无间。是编之出，学者当晓然于古书之本义，庶不致为成见旧习所胶固矣。

案：此文又见《经义述闻》卷首，文末署"嘉庆廿二年春"。

四月，英和为焦循《雕菰楼易学》撰序。

据《雕菰楼易学》卷首英和《江都焦氏雕菰楼易学序》记：

> 焦子为余辛酉江南所取士，今节使阮芸台前辈，曾以书贺余得人。壬戌春，计偕来都，得遂款洽。赋别以后，爱而不见者十余年，闻其养疴北湖之滨，杜门著书，绝意进取。今春以是书见寄，且请弁言。余趋公少闲，

旧学荒落，披揽之下，益以信《易》之非可理释，必由数推。而数本自然，求诸经文，触类引伸，在在契合。无取纳甲爻辰之奥解，不袭图书河洛之伪传，使古今言理言数诸家，均心折其辞而无所置喙也。岂非不朽之盛业哉！芸台前辈之序言曰，有列国人之《易》，有汉人之《易》，有晋、唐人之《易》，有宋人之《易》。今观所学，非列国，非汉，非晋唐，非宋，发千古未发之蕴，言四圣人所同然之言，是直谓之《周易》可焉。

夏，严元照在归安病逝。
据《娱亲雅言》附劳经《跋》记：

丁丑夏，先生殁。

又据《清史列传》卷六十九《严元照传》记：

严元照，字九能，浙江归安人。诸生。治经务实学，尤熟于《尔雅》、《说文》。尝曰："《说文》古文家学，《尔雅》今文家学也。"著《尔雅匡名》八卷，旁罗异文佚训，钩稽而疏证之。又有《悔庵文钞》八卷，《诗钞》、《词钞》、《娱亲雅言》等书。嘉庆二十二年卒，年三十五。

案：元照生于乾隆三十八年，得年应为四十五。

六月，李锐在苏州病逝。
据《揅经室二集》卷四《李尚之传》记：

李锐，字尚之，一字四香，元和县学生员。……元昔在浙，延君至西湖，校《礼记正义》，予所辑《畴人传》，亦与君共商榷，君之力为多。嘉庆二十三年夏，江君子屏来岭表，谓予曰："尚之殁矣。"……君之子可久书来求作传，书中于君之世系、行事及生卒年月不具，但云终于六月而已。

又据罗士琳续补《畴人传》卷五十《李锐传》记：

李锐，字尚之，号四香，元和县学生员。幼开敏，有过人之资，从书塾中检得《算法统宗》，心通其义，遂为九章八线之学。因受经于少詹事钱大昕，得中西异同之奥。于古历尤深，自《三统》以迄《授时》，悉能洞澈本原。……锐尝谓，四时成岁，首载《虞书》，五纪明历，见于《洪范》，历学诚致治之要，为政之本。……因更网罗诸史，……著为《司天通志》，俾读史者启其扃，治历者益其智。惜仅成四分、三统、乾象、奉天、占天五术注而已，余与《开方说》，皆属稿未全。《开方说》三卷，……甫及上中二卷而卒，年四十有五。其下卷则弟子黎应南续成之。应南……所传者，惟《开方说后跋》，其略曰："……丁丑之夏，先生病且革，因应南钻仰有日，特于易篑之际，再三属为补成。"……论曰：尚之在嘉庆间，与汪君孝婴、焦君里堂齐名，时人目为谈天三友。然汪期于引申古人所未言，故所论多创，创则或失于执。焦期于阐发古人所已言，故所论多因，因则或失于平。惟尚之兼二子之长，不执不平，于实事中匪特求是，尤复求精。此所以较胜于二子也。……尚之为钱少詹事高弟，成蓝谢青，又能专志求古，不遗余力，继往开来，续残补缺，遂使二千年来沦替之绪，得大昌于世。是王、梅、江、戴诸君，不过开其先，犹不能践其实，而启钥穷源，则端自尚之始，厥功不诚伟哉！

八月十九日，焦循致书兵部主事朱为弼，阐发一己《易》学主张。据《雕菰集》卷十三《与朱椒堂兵部书》云：

迩年专力学《易》，著有《雕菰楼易学》一书。尝手写两通，一就正于阮宫保，一就正于英大冢宰，均蒙奖掖，以为可存。几思与吾仁兄商订之，以卷帙多，未及更写，姑言大略。《易》之道，大抵教人改过，，即以寡天下之过。改过全在变通，能变通即能行权。所谓使民宜之，使民不倦，穷则变，变则通，通则久。圣人格致诚正，修齐治平，全于此一以贯之。……非明九数之齐同比例，不足以知卦画之行；非明六书之假借、转注，不足以知《象辞》《爻辞》《十翼》之义。不明卦画之行，不明《象辞》《爻辞》《十翼》之义，不足以知伏羲、文王、周公、孔子之道。不知伏羲、文王、周公、孔子之道，不足以知格致、诚正、修齐、治平之学。循离群索居，独学无耦，漫以大略，请教先生，以为何如。书之不尽，聊以当一夕谈耳。嘉庆二十二年秋八月十九日。

八月二十三日，恽敬在武进病逝。据吴德旋《初月楼文钞》卷八《恽子居先生行状》记：

> 先生姓恽氏，讳敬，字子居，一字简堂，世居武进县之石桥湾。……中式乾隆四十八年癸卯科本省举人。五十二年，充咸安宫官学教习。时同州庄述祖珍艺、庄可献大久、张惠言皋文、海盐陈石麟子穆、桐城王灼悔生，先后集京师，先生与之为友，商榷经义古文，而尤所爱重者，皋文也。五十五年，教习期满，引见，以知县用。五十九年，选授浙江富阳县知县。皋文为序以送其行，其略曰："夫为令之道，六经孔孟之所述，皆子居向时之所道也。以子居为之，其可以至耶。曰：吾不为彼之所为而已，岂子居向时之所道耶？君子出其言则思实其行，思其行则务固其志，固志莫如持情，实行莫如取善，子居勉之矣。"先生曰："善，敬敢不求从良友之规。"既至富阳，锐欲以能自效，矫然不肯随群辈俯仰。大吏惮其风节，欲裁抑之，令督解黔饷。先生曰王事也，怡然就道。返自黔中，调知江山县，父丧去官，时嘉庆元年十一月也。四年，服阕，入都谒选。明年四月，选授山东平阴县知县，引见，改授江西新喻。……七年，张皋文殁于京师。先生闻之，慨然曰："古文自元明以来，渐失其传，吾向所以不多作古文者，有皋文在也。今皋文死，吾当并力为之。"先是，皋文与今礼部侍郎萧山汤公金钊讲宋儒之学。是时，先生方究心于黄宗羲《明儒学案》，有所见辄笔记之，未及与皋文辩论往复也。及皋文卒，先生为书与侍郎，其略曰："濂洛关闽之说，至明而变，至本朝康熙间而复，其变也多歧，其复也多仍。多歧之说，足以眩惑天下之耳目，姚江诸儒是也；多仍之说，足以束缚天下之耳目，平湖诸儒是也。二者如揭竿于市以奔走天下之人，故自乾隆以来多憋置之。憋置之者非也，揭竿于市者亦非也。且如彼此之相訾，

前后之相抵，益非也。夫所谓濂洛关闽者，其是耶？其揆之圣人，犹有非是者耶？其变之伪之者，是非其孰多耶！知其是非矣，何以行其是去其非耶？"盖先生尝自言其学非汉非宋，不主故常，故其说经之文，能发前人所未发。而世之论先生之文者，乃以为善于纪述，而说经非所长焉。……十五年，大吏以先生治行第一，保举卓异。十一月，至京师，明年三月引见，回任候升。是岁，刻《大云山房文稿》成。又明年，守南昌府吴城同知。十九年，以奸民诬告家人得赃失察，被劾黜官。……先生生于乾隆二十二年丁丑二月初一日，卒于嘉庆二十二年丁丑八月二十三日，春秋六十有一。

是年仲春，陈履和刻其师崔述遗著《三代考信录》，并于十月十一日撰文，述刻书始末。

据《三代考信录》卷首陈履和《序》记：

呜呼！此吾师东壁先生遗书也。履和不见先生二十五年矣。丙子夏，省吾师于彰德，未至而先生卒。家人闻叩门，曰："是石屏陈孝廉乎？"手全书及遗嘱哭授予。遗嘱曰："吾生平著书三十四种，八十八卷，俟滇南陈履和来亲授之。"手泽心精，不忍注视。谨再拜柩前，奉以如京，将次第刻焉，以永其传。是冬，出宰山西太谷县。越三月，谋授梓，时丁丑仲春也。……七月中，遽闻先母大故。时《丰镐录》仅及七卷……，而履和忽忽去官，不克竟刻书之志。……十月十一日，受业门人石屏陈履和书。

十月十五日，仁宗颁谕，重申各级官员应讲明《朱子全书》、"五经"及"四子书"，"身体力行，以为编氓倡率"。

据《仁宗实录》卷三三五嘉庆二十二年十月乙酉条记：

又谕：御史卿祖培奏，请敕各省学政，讲明《朱子全书》，以端士习一折。教化为立政之本，以正人心，以厚风俗。非特各省学政，当讲明正学，以端士习，即督抚藩臬，以至道府州县，各有治民之责，皆应随时化导，俾小民迁善远恶，力返淳风。宋儒《朱子全书》，固足以阐明经术，而"五经"及"四子书"，炳若日星。若在官者各能身体力行，以为编氓倡率，亦何不可收世道人心之益。

十一月五日，王念孙著《史记杂志》成。
据《王石臞先生遗文》卷三《史记杂志叙》记：

《太史公书》，东汉以来，注者无多，又皆亡逸，今见存者，惟裴骃《集解》、司马贞《索隐》、张守节《正义》而已。宋本有单刻《集解》本，有兼刻《索隐》本，明季毛氏有单刻《索隐》本，而《正义》则唯附见于震泽王氏本，其单行者不可得矣。是书传写或多脱误，解者亦有蹖驳，所亟宜辩正者也。近世钱少詹事大昕作《史记考异》，讨论精核，多所发明，足为司马氏功臣。后有梁明经玉绳作《志疑》一书，所说又有钱氏所未及者，而校正诸表特为细密。余向好此学，研究《集解》《索隐》《正义》三家训释，而参考经史、诸子及群书所引，以厘正讹脱，与钱氏、梁氏所说，或同或异。岁在丁丑，又从吴侍御荣光假宋本参校，因以付之剞劂。凡所说与钱、梁同者一从刊削，尚存四百六十余条。一勺之流，一卷之石，未足以言海岳之大也。嘉庆二十二年冬十一月五日，高邮王念孙叙，时年七十有四。

十一月十一日，仁宗颁谕，令"整饬学校"，"以励师儒而端教术"。
据《仁宗实录》卷三三六嘉庆二十二年十一月庚戌条记：

谕内阁：御史周鸣銮奏，请整饬学校一折。……着该督抚学政等，于所属教官时加考核，令各勤修职事，以明伦讲学为士子倡率。其书院义学，务延经明行修之士，讲习讨论。如有学品庸陋之人滥竽充数者，立即斥退，以励师儒而端教术。

十一月十五日，龚自珍致书江藩，指出《国朝汉学师承记》题名不妥，建议改题《国朝经学师承记》。

据《龚定庵全集类编》卷七《与江子屏笺》记：

> 大著读竟，其曰《国朝汉学师承记》，名目有十不安焉，改为《国朝经学师承记》，敢贡其说。夫读书者实事求是，千古同之，此虽汉人语，非汉人所能专。一不安也。本朝自有学，非汉学，有汉人稍开门径而近加邃密者，有汉人未开之门径，谓之汉学，不甚甘心。不安二也。琐碎恆钉，不可谓非学，不得为汉学。三也。汉人与汉人不同，家各一经，经各一师，孰为汉学乎？四也。若以汉与宋为对峙，尤非大方之言，汉人何尝不谈性道？五也。宋人何尝不谈名物训诂？不足概服宋儒之心。六也。近有一类人，以名物训诂为尽圣人之道，经师收之，人师摈之，不忍深论，以诬汉人，汉人不受。七也。汉人有一种风气，与经无与而附于经，谬以神灶、梓慎之言为经，因以汩陈五行、矫诬上帝为说经，《大易》《洪范》，身无完肤，虽刘向亦不免，以及东京内学，本朝何尝有此恶习？本朝人又不受矣。八也。本朝别有绝特之士，涵泳白文，创获于经，非汉非宋，亦惟其是而已矣，方且为门户之见者所摈。九也。国初之学，与乾隆初年以来之学不同，国初人即不专立汉学门户，大旨欠区别。十也。有此十者，改其名目，则浑浑圜无一切语弊矣。自珍顿首，丁丑冬至日。

十一月，汪廷珍刊刻其师任大椿遗著《小学钩沉》。

据《小学钩沉》卷首汪廷珍《跋》记：

> 右《小学钩沉》十九卷，先子任子田先生所纂辑也。前十二卷，高邮王怀祖先生手校付梓，后七卷未及校。廷珍无似，不能详稽古训，以成定本，恐其久而散失，以致湮没，非所以毕后死者之责也。谨以原本缮写，属怀祖先生令子伯申侍郎刊其讹误，授之剞劂，以质世之君子。……嘉庆二十有二年，岁在强圉赤奋若，冬十有一月，受业汪廷珍识。

十二月二十二日，翁方纲为法式善遗著《陶庐杂录》撰序。

据《陶庐杂录》卷首翁方纲《序》记：

《陶庐杂录》六卷，法式善梧门撰。梧门姓孟氏，内府包衣，蒙古世家。原名运昌，以与关帝字音相近，诏改法式善。法式善者，国语奋勉也，其承恩期望如此。自其幼时，颖异嗜学，尊人秀峰孝廉受业于苏斋，故得称门人。刻意为诗，又博稽掌故。……前数年阮芸台在浙，以其《存素斋诗集》欲属为之序，而尚未敢深论也。今得见笠帆陈中丞以是编付梓，属为一言，则其中有系乎考证，有资于典故者，视其诗更为足传也。梧门有子桂馨亦能文，早成进士，官中书舍人，必能以学业世其家，而今又已逝去。抚卷怀人，耿耿叹释，愧此序谫陋，又曷足以传之。嘉庆丁丑冬十二月廿有二日，北平八十五叟翁方纲并书。

岁末，焦循著《春秋左传集解补疏》成。
据《雕菰集》卷十六《群经补疏自序·左氏春秋传杜氏集解》云：

吾于左氏之说，信其为六国时人，为田齐、三晋等饰也。左氏为田齐、三晋等饰，与杜预为司马氏饰，前后一辙，而孔子作《春秋》之义乖矣。四明万氏充宗作《学春秋随笔》，斥左氏之颇；吴中惠氏半农作《春秋说》，正杜氏之失；无锡顾氏栋高作《春秋大事表》，特纠杜氏之误。而预撰《集传》之隐衷，则未有摘其奸而发其伏者。贾、服旧注，惜不能全见，而近世儒者补左氏注，亦徒详核乎训诂名物而已。余深怪夫预之忘父怨而事仇，悖圣经以欺世，摘其说之大纰缪者，稍疏出之，质诸深于《春秋》者。俾天下后世，共知预为司马氏之私人，杜恕之不肖子，而我孔子作《春秋》之蟊贼也。

嘉庆二十三年戊寅　1818年

正月十二日，孙星衍在南京病逝。

据阮元《揅经室二集》卷三《山东粮道渊如孙君传》记：

孙君讳星衍，字渊如，江苏阳湖人。……父勋，乾隆丙子科举人，官山西河曲县知县。君河曲长子也。……幼有异禀，读书过目成诵，河曲受以《文选》，君全诵之。及长，补学生员，与同里杨君芳灿、洪君亮吉、黄君景仁文学相齐。……君雅不欲以诗名，深究经史文字音训之学，旁及诸子百家，皆心通其义。钱少詹事大昕主钟山书院，与君讲学，又极相重。会陕西巡抚毕公沅以母忧居吴门，起复，闻君名，遂同入关。西安幕府初开，好贤礼士，一时才人名宿踵至，君誉最高。毕公撰《关中胜迹志》、《山海经注》，校正《晏子春秋》，皆属君手定。乾隆……丁未，以一甲第二赐进士及第，授翰林院编修，充三通馆校理。……嘉庆……十年……补山东督粮道。……十六年七月，君引疾归。十九年，应扬州阿盐使聘，校刊《全唐文》。二十一年，主讲钟山书院。……君尝病《古文尚书》为东晋梅赜所乱，官刑曹时，即撰集《古文尚书》马、郑、王注十卷及逸文三篇。归田后，又为《尚书今古文义疏》卅卷（卅字原缺，据孙氏书补。——引者），盖积二十余年而后成，其精专如此。其余撰集，有《周易集解》十卷，《夏小正传校正》三卷，《魏三体石经残字考》一卷，《仓颉篇》三卷，《孔子集语》若干卷，《史记天官书考证》十卷，《寰宇访碑录》十二卷，《平津馆金石萃编》二十卷，《孙氏家藏书目》内编四卷、外编三卷，《续古文苑》二十卷，《问字堂文稿》五卷，《岱南阁文稿》五卷，《五松园文稿》一卷，《平津馆文稿》二卷，古今体诗若干卷。其所校刊者，有《周易口诀义》六卷,《尚书考异》五卷,《春秋释例》十五卷,《孙子十家注》十三卷,《元和郡县志》四十卷,《景定建康志》五十卷,《唐律疏议》三十卷。……君以嘉庆二十三年正月十二日卒于江宁,距生于乾隆十八年九月初二,得年六十有六。

正月二十七日,翁方纲在京病逝。

据翁方纲《翁氏家事略记》卷末英和跋记:

> 右先生自记以诒其门人襄平蒋相国,盖以文孙尚幼故也。先生最工蝇头细书,尝用文待诏故事,四旬后,元旦用瓜仁一粒,书坡公"金殿当头紫阁重"绝句一首。六旬后,又以胡麻十粒粘于红纸帖,每粒作"天下太平"四字。至戊寅岁元旦,书至第七粒,目倦不能成书。先生叹曰:"吾其衰矣。"果以是年正月二十七日丑时归道山。

又据《清史列传》卷六十八《翁方纲传》记:

> 翁方纲,字正三,顺天大兴人。乾隆十七年进士,改翰林院庶吉士,散馆授编修。……五十五年,擢内阁学士。五十六年,督学山东。嘉庆元年,赐千叟宴及御制诗珍物。四年,左迁鸿胪寺卿。……二十三年卒,年八十六。……方纲读群经,有《书》《礼》《论语》《孟子》附记。……尝与归安丁杰及王聘珍校正朱彝尊《经义考》凡千八十八条,为《经义考补正》十二卷。又著《礼经目次》《春秋分年系传表》《十三经注疏姓氏》《通志堂经解目录》各一卷。于金石之学尤精审,尝取熹平石经一十二段残字,勒于南昌学宫。所著《两汉金石记》二十二卷,王昶谓其剖析毫芒,参以《说文正义》,几欲驾洪文惠而上之。他著有《粤东金石略》十二卷,……《复初斋诗集》七十卷、《文集》三十五卷。

四月,焦循著《尚书补疏》成。

据《雕菰集》卷十六《群经补疏自序·尚书孔氏传》记:

> 东晋晚出《尚书孔传》，至今日稍能读书者，皆知其伪。虽然，其增多之二十五篇，伪也，其《尧典》以下，至《秦誓》二十八篇，固不伪也。则试置其伪作之二十五篇，而专论其不伪之二十八篇，且置其为假托之孔安国，而论其为魏晋间人之传，则未尝不与何晏、杜预、郭璞、范宁等，先后同时，晏、预、璞、宁之传注可存而论，则此传亦何不可存而论。……其训诂章句之间，诚有未善，然三盘五诰诸奥辞，传皆一一疏通，虽或有辨难而规正之，终不能不用为蓝本。余既集录二十八篇之解为《书义丛钞》，所有私见，著为此编，与《丛钞》相表里云。

五月一日，仁宗以官修《明鉴》编纂不当，严谕斥责廷臣。
据《仁宗实录》卷三四二嘉庆二十三年五月戊戌条记：

> 谕内阁：朕前阅范祖禹《唐鉴》，见其摘取有唐事迹，论列得失，有裨治道，因命馆臣仿其义例，作为《明鉴》一书。盖以取鉴前代，其善政则因以为法，其秕政则用以为戒，亦即殷鉴夏、周鉴殷之意也。昨日馆臣进《明鉴》五册，于万历、天启间，载入我朝开创之事，后加按语颂扬，并论及前明用人不称其职，更为诞妄矣。……今以兴朝之隆业，载入胜国卷中，于体例殊为背谬。……所有该馆总裁曹振镛、戴均元、戴联奎、秀宁，俱着交部议处。总纂官朱琦，纂修易禧善、张岳崧，俱着交部严加议处。原书着发交该馆另行纂辑进呈。此数节按语系何人所撰，着军机大臣查明，先行具奏。

五月，焦循著《周易补疏》成。
据《雕菰集》卷十六《群经补疏自序·周易王氏注》云：

> 《易》之有王弼，说者以为罪浮桀纣。近之说汉《易》者，屏之不论不议者也。岁壬申，余撰《易学三书》渐有成，夏月，启书塾北窗，与一二友人看竹中红薇白菊，因言《易》。……弼之《易》，以六书通借，解经之法，尚未远于马、郑诸儒。特貌为高简，故疏者辄视为空论耳。……倘天假之

年，或由一隙贯通，未可知也。惜乎秀而不实，称道者徒饫其糠秕，讥刺者莫探其精液。然则弼之《易》，未可屏之不论不议也。于是每夕纳凉柘篱蕉影间，纵言王弼《易》，门人录之，得若干条。立秋暑退，取所录次为二卷。迄今七年，《易学三书》既成，复取此稿订之，列诸群经补疏之首。

六月，焦循著《毛诗补疏》成。
据《雕菰集》卷十六《群经补疏自序·毛诗郑氏笺》记：

西汉经师之学，惟《毛诗传》存，郑笺之，二刘疏之，孔颖达本而增损为《正义》，于诸经最为详善。然毛、郑义有异同，往往混郑于毛，比毛于郑，而声音训诂之间，疏略亦多。余幼习《毛诗》，尝为《地理释》《草木鸟兽虫鱼释》《毛郑异同释》三书，共二十余卷。嘉庆甲戌莫春，删录合为一书。戊寅夏，又加增损为五卷，次诸《易》《尚书》补疏之后。……郑生东汉，是时士大夫重气节，而温柔敦厚之教疏，故其笺多迂拙，不如毛氏。则传、笺之异，不可不分也。

七月，焦循著《礼记补疏》成。
据《雕菰集》卷十六《群经补疏自序·礼记郑氏注》记：

三礼之名，自汉有之。或以《仪礼》为经，《礼记》为传；或斥《周官》而疑《仪礼》，以为非圣人作。以余论之，《周官》《仪礼》，一代之书也，《礼记》，万世之书也，必先明乎《礼记》，而后可学《周官》、《仪礼》。《记》之言曰，礼以时为大。此一言也，以蔽千万世制礼之法可矣。……余乡读《礼记》，尝为《索隐》一书，西乡徐心仲将草稿持去，已而徐物故，莫知所在。十数年来，专力于《易》，未之计也。甲戌夏，寻得零星若干条，次为五卷。今复删为三卷，皆少作，第考究训诂名物，于大道未之能及。衰病气羸，亦不复能阐其精微而增益之。

八月二十二日，仁宗颁谕，令将乾隆初所修《皇朝通礼》分印各省

一部。

据《仁宗实录》卷三四五嘉庆二十三年八月戊子条记：

> 谕内阁：朕惟治民之道，莫善于礼。乾隆初年，皇考高宗纯皇帝，曾命臣工，萃集历代《礼书》，并本朝《会典》，将冠婚丧祭一切仪制，斟酌损益，定为《皇朝通礼》一书，实足为朝野率由之准。特是书刊刻后，弆板内府，直省士民，鲜得见闻。着武英殿按照省分，各印给一部。各该督抚派人祇领，照刊流播，俾士民共识遵循，用昭法守。

秋，陈奂入京，拜谒王念孙问学。

据《王石臞先生遗文》卷首陈奂《王石臞先生遗文编次序》记：

> 奂……二十三年戊寅春，之山东东平顾竹海外舅氏官舍。是秋入都，就谒王先生旃坛寺左侧。阍人为先生不出见也，拒不纳，强之以名通。阍人走告曰出见矣。先生时有骹瘱之疾，侍者扶以行，命无揖，且曰："余不见客十七年矣。南方学者来，固未尝不喜见学者也。"甫入坐，切问以用功之造旨与立志之趋向。奂因言大毛公生六国末，作《诗传》皆古文，与东汉群儒殊。丁叔度虽宋人，而《集韵》为音诂大总汇。此二书者终身诵之可乎？先生曰凡学者著书，必于所托者尊，或径后人不能谩正，则董理之。日定以课程，底有成而止。《集韵》具载《类篇》，始以《类篇》校《集韵》，更以《说文解字》《经典释文》《玉篇》《广韵》一一校讫，举谩内误收之字，表而出之，辨学者之惑。至于考证典籍，俟他日为之，则发端已得，而成功较易。然必读经十年，校经十年，始可与言著书也。余之欲董理《集韵》久矣，《广雅疏证》成，日月已迈。段先生亦常思修之，《说文注》刊行而获终寿考。今子闻道蚤，年力强，先治毛公《诗传》，是其所托者尊，而后治《集韵》未为晚也，吾儒之幸也。坐久之，辞而出，送及胡同口外，曰"余癃病不答拜，明日遣儿子答拜也"。

十二月二十二日，许宗彦在杭州病逝。

据阮元《揅经室二集》卷二《浙儒许君积卿传》记：

> 许君名宗彦，字积卿，又字周生，浙江德清人，《明史·儒林传》许孚远之后。……乾隆丙午，举于乡。嘉庆己未，成进士，授兵部车驾司主事。是科得人最盛，朱文正公曰："经学则有张惠言等，小学则有王引之等，词章则有吴鼒等，兼之者宗彦乎！"……君自入兵部后两月，即以亲老引病归。丁母忧，复丁父忧，……遂不复仕。居杭州，杜门以读书为事。君于学无所不通，探赜索隐，识力卓然，发千年儒者所未发，是为通儒。所著有《鉴止水斋文集》十二卷、《诗》八卷。集多说经之文，其学说能持汉、宋儒者之平。……君以嘉庆二十三年十二月二十二日卒于杭州，年五十有一。

是年夏，江藩至广州，入两广总督阮元幕。江著《国朝汉学师承记》在广州刊刻。除夕，阮元为江书撰序，表彰汉儒经说，发愿集一代经师之说为《大清经解》。

据《国朝汉学师承记》卷首阮元《序》记：

> 两汉经学所以当尊行者，为其去圣贤最近，而二氏之说尚未起也。老庄之说盛于两晋，然《道德》《庄》《列》本书具在，其义止于此而已，后人不能以己之文字饰而改之，是以晋以后鲜乐言之者。浮屠之书，语言文字非译不明，北朝渊博高明之学士，宋、齐聪颖特达之文人，以己之说傅会其意，以致后之学者绎之弥悦，改而必从，非释之乱儒，乃儒之乱释。魏收作《释老志》后，踪迹可见矣。吾固曰，两汉之学纯粹以精者，在二氏未起之前也。我朝儒学笃实，务为其难，务求其是，是以通儒硕学，束发研经，白首而不能究，岂如朝立一旨，暮即成宗者哉！
>
> 甘泉江君子屏得师传于红豆惠氏，博闻强记，无所不通，心贯群经，折衷两汉。元幼与君同里同学，窃闻论说三十余年。江君所纂《国朝汉学师承记》八卷，嘉庆二十三年元居广州节院时刻之，读此可知汉世儒林家法之承授，国朝学者经学之渊源，大义微言，不乖不绝，而二氏之说亦不

攻自破矣。元又尝思国朝诸儒说经之书甚多，以及文集说部，皆有可采，窃欲析缕分条，加以剪截，引系于群经各章句之下。譬如休宁戴氏解《尚书》"光被四表"为横被，则系之《尧典》，宝应刘氏解《论语》"哀而不伤"，即《诗》"惟以不永伤"之伤，则系之《论语·八佾篇》而互见《周南》。如此勒成一书，名曰《大清经解》。徒以学力日荒，政事无暇，而能总此事，审是非，定去取者，海内学友惟江君与顾君千里二三人。他年各家所著之书，或不尽传，奥义单辞，沦替可惜，若之何哉！岁戊寅除夕，阮元序于桂林行馆。

嘉庆二十四年己卯　1819年

正月二十日，御史唐鉴奏请恢复儒臣日讲并进呈经史讲义，为仁宗批驳不允。

据《仁宗实录》卷三五三嘉庆二十四年正月癸丑条记：

> 谕内阁：御史唐鉴奏，请复轮班日讲官员及缮进经史讲义一折。……朕图治维殷，然一切皆求之于实，所谓为政不在多言，顾力行何如耳。使但博稽古之名，而无裨实政，殊不如其已也。该御史所奏，著无庸议。

二月，陈寿祺发愿结撰《三家诗遗说考》。

据《三家诗遗说考》卷首陈寿祺《自序》记：

> 汉传《诗》者四家，鲁、齐、韩并立学官。元始之世，始置《毛诗》博士，不久旋废。后汉，贾逵尝受诏撰《齐鲁韩诗与毛氏异同》。集考三家《诗》自景伯始，惜其书不传。宋王伯厚《诗考》所辑三家遗说，止取文字别异，缺漏甚多。寿祺案：两汉《毛诗》未列于学，凡马、班、范三家所载，及汉百家著述所引，皆齐、鲁、韩《诗》。异者见异，同者见同，绪论所存，悉宜补缀，不宜取此而弃彼也。今稍增辑，以备浏览，犹有未能具载者。他日当别成一篇，使学者有所考焉。嘉庆二十有四年己卯，仲春，福州陈寿祺，识于三山之遂初楼。

三月十六日，王念孙著《读管子杂志》十一卷成。

据《王石臞先生遗文》卷三《读管子杂志叙》记：

> 《管子》书八十六篇，见存者七十六篇。中多古字古义，而流传既久，讹误滋多。自唐尹知章作注，已据讹误之本，强为解释，动辄抵牾。明刘

氏绩颇有纠正，惜其古训未闲，雠校犹略。曩余撰《广雅疏》成，则于家藏赵用贤本《管子》，详为稽核，既又博考诸书所引，每条为之订正。长子引之亦娄以所见质疑，因取其说附焉。余官山东运河兵备道时，孙氏渊如采宋本与今本不同者，录以见示，余乃就曩所订诸条，择其要者，商之渊如氏。渊如见而韪之，而又与洪氏筠轩稽合异同，广为考证，诚此书之幸也。及余《淮南子》校毕，又取《管子》书而寻绎之，所校之条差增于旧。岁在己卯，乃手录前后诸条，并载刘氏及孙、洪二君之说之最要者，凡六百四十余条，编为十二卷。学识浅陋，讨论多疏，补而正之，以俟来喆。嘉庆二十四年三月既望，高邮王念孙叙，时年七十有六。

四月上旬，凌曙著《春秋公羊礼疏》成。

据《春秋公羊礼疏》卷首《自序》记：

观夫古帝王之经理天下也，得礼治，失礼乱。得失之所关，治乱之所本也，可不慎与！……孔子以有宋之裔，生衰周之末，自卫反鲁，道瞳不行，乃退考五代之礼，修六艺之文，因《鲁史》而制《春秋》焉。……说者谓《春秋》为汉帝制法，故其制度文为，多所采择。魏晋而后，沿袭相承。元魏景明时，孙惠蔚因禘祫上言，谓今之取证，唯有《王制》一简、《公羊》一册。考此二书，以求厥旨，是以两汉渊儒，魏晋硕学，咸据斯文以为朝典。原夫《公羊》至汉始著竹帛，邹、夹无传，严、颜最盛，然是非不明，句读亦详。于是任城何君起而修之，探东国之微言，阐西河之至教，依经立注，厥功伟矣。观其《解诂》，言礼亦详。徐氏之疏，乃详于例而略于礼，未能如孔、贾之该洽也。今取徐氏之疏，而补疏之，义若隐略，则更表明，如有不同，便征他议。自郑氏《三礼注》、晋宋诸《志》、《通典》、《唐志》，苟有合于何义者，罔不甄综，凡以疏通证明，而详其论说云尔。嘉庆岁在己卯，后四月上浣，江都凌曙撰于粤东之节署。

五月五日，凌曙著《春秋公羊礼疏》成。

据《春秋公羊礼疏》卷首凌曙《自序》记：

> 戴宏不作，谁著《解疑》，刘炫难逢，讵知《规过》。况乎词异怀蛟，学同刻鹄，而欲祛老生之常谭，破迂儒之臆说，岂易言乎？然韩愈作序，甚称殷侑之书；刘兆挚经，手写何休之注。设非博士，未必倾心，傥遇解人，定当把臂。仆虽不敏，从事有年。……于是考群儒之说，综列史之文，学寻坠绪，业守颛门，撰《公羊礼说》一卷。屈彼空言，伸兹孔见，议必征诸古人，论不离于师法，要使礼归至当，不越三百三千。如或义有未安，宁惮十诘十难，匪抒毫以逞辞，惧违经而惑众。嘉庆己卯，夏五月端阳日，江都凌曙，撰于粤之羊城。

六月十三日，仁宗颁谕，整饬各地书院。
据《仁宗实录》卷三五九嘉庆二十四年六月癸卯条记：

> 又谕：御史张元模奏，请整饬书院一折。直省各府州县设立书院，延师训课，原令其讲明正学，造就人才，与学校互相表里。若如该御史所奏，各处书院，多由本省大吏推荐亲友，以充院长，祇图索取束修，并不亲身到院，甚至屋宇坍圮，栖止无所，殊失教育人材之意。着通谕各督抚，于所属书院，饬令随时修葺，务延经明行修之士，讲习讨论，毋得滥竽充数，致成旷废。

是年春夏间，龚自珍在京，问《春秋》公羊学于刘逢禄，拜谒王念孙，叹外祖段玉裁门祚不振。
据《龚自珍全集》第九辑《杂诗己卯自春徂夏在京师作得十四首》记：

> 文格渐卑庸福近，不知庸福究何如。常州庄四能怜我，劝我狂删《乙丙书》。（原注：庄君卿珊语也。）……庞眉名与段公齐，一脉东原高第题。回首外家书帙散，大儒门祚古难跻。（原注：谒高邮王先生，座主伯申侍郎之父也，八旬健在，凤与外王父段先生著述齐名。）……昨日相逢刘礼部，

高言大句快无加。从君烧尽虫鱼学，甘作东京卖饼家。（原注：就刘申受问《公羊》家言。）

七月五日，胡培翚、胡承珙等，集京师万柳堂，再度纪念郑玄诞辰。据《研六室文钞》卷八《汉北海郑公生日祀于万柳堂记》文末跋记：

> 己卯岁七月初五日，复祀于万柳堂。同祀者，元和蒋香度廷恩，新城陈石士用光，嘉兴钱衎石仪吉，桐城光栗原聪谐，长洲陈硕甫奂，崇明陈辛伯兆熊，鹤山冯晋鱼启蓁，邵阳魏默深源，武进张彦惟成孙，暨朱兰坡、胡墨庄、徐樗亭与余。向之同祀者，洪君孟慈已宦殁湖北，郝君兰皋以病不能至，余六人俱已出都。忆甲戌，海昌陈同年受笙，均为余绘图，且赋诗一章，今亦出都矣。甲戌、己卯，相距数年间，而友朋之聚散已如此，亦重可感也。培翚又记。

又据钱仪吉《衎石斋记事稿》卷一《郑君生日祀记》记：

> 先儒北海郑君，卒汉献帝建安五年，年七十四，范蔚宗之言云尔。不及其生者，史例也。惠定宇氏引《郑君别传》，谓生于永建二年七月戊寅。胡侍御承珙考是年七月甲戌朔日食，见于本纪，以是知郑君之生为七月五日。嘉庆十九年，同人为位于海岱门外之万柳堂以祀。至二十四年祀如初，仪吉与焉。归而客问所之，乃诘余曰："生日为寿，非古也。以唐后之礼奉汉儒，可乎？"曰："随时之义以申其义焉耳。孔子之生，其月或周十月，或周十一月，其日或二十一日，或二十五日，各争所闻，久不能决。然而功令以八月二十七日祀孔子于学，择一说之近是者，从之而行礼焉。崇圣也，教敬也，子何异于是？"客又曰："《别传》孤证，果可据乎？"曰："以其年信之，建安五年上距永建二年，正七十四岁，年合于正史，可信也。而日月不可信乎？且以数推得前代朔或与当时有合有不合，甲戌之朔，史文也，片言可折，何证之孤乎？"客又曰："为位于寺，礼与？"曰："是不得已焉尔。古者祭祀宾客皆有处，州序、党庠、家塾皆可祀也。今

制,凡学皆掌于有司,扃钥惟谨,而馆舍之在官者,又屏人不得入。于是公私为会,一切皆托之释子之宫。且夫儒而释之,不可也,释而儒之,其若加之巾矣,子又何病焉?"客退,遂记之。同会者新城陈用光、泾朱琦、胡承珙、桐城徐璈、光聪谐、鹤山冯启蓁、武进张成孙、益阳魏源、太仓陈奂、陈兆熊。为之主者胡培翚。

七月,焦循著《孟子正义》完稿。

据《孟子正义》卷末焦循识语记:

先曾祖考讳源,先祖考讳镜,先考讳葸,世传王氏大名先生之学。循传家教,弱冠即好孟子书,立志为正义。以学他经,辍而不为。兹越三十许年,于丙子冬,与子廷琥纂为《孟子长编》三十卷,越两岁乃完。戊寅十二月初七日,立定课程,次第为《正义》三十卷。至己卯秋七月,草稿粗毕。间有鄙见,用"谨按"字别之。廷琥有所见,亦本范氏《穀梁》之例,录而存之。

八月十六日,凌曙撰文,综论其《春秋公羊》说诸著述。

据《春秋公羊礼疏》卷首《序》记:

《公羊》之学,蔽冒久矣。……大抵空言无补,惟实事求是庶几近之,而事之切实,无有过于礼者。旧疏嫌其阙略,故撰《公羊礼疏》十有一卷,正徐氏解礼之失,破诸儒持论之偏,引据经史,疏通而证明之。复撰《礼论》三十篇,都为一卷。又有绪论未著于篇,而不尽涉乎礼者,撰《公羊问答》二卷。在昔荀爽有《公羊问答》五卷,荀爽问,魏安平太守徐钦答。今自为问答,变其例而仍袭其名。其间,有与惠定宇先生之《九经古义》、钱竹汀先生之《答问》相同者,诸如此类,一概从删,恐不知者以为似伯尊之攘善矣。……《公羊》其治经之梯航也乎!吾以为治是经者,由声音、训诂而明乎制度、典章,以进求夫微言大义。犹鲁人将有事于泰山,必先有事于类叛宫;晋人将有事于河,必先有事于恶池也。仆以阘茸之资,无摩研编削之才，亦无游博持掩之好，唯笃嗜《公羊春秋》，覃精竭思，力索有年矣。然穷其枝叶而未及宗原，是知执寸莛以撞钟，爇一炬而爨镬，其无益也明甚。不有贤哲，何足以知《春秋》？管子云老马识途，予虽驽骀，亦既为之前驱矣。士有志于《春秋》者，尚或览焉，不致惊瀇洋而悲歧道也乎？嘉庆岁在己卯，秋八月既望，江都凌曙，撰于粤东之节署。

十一月一日，阮元出资，在广东刊刻臧庸遗著《拜经日记》成。

据《拜经日记》卷末臧相《跋》记：

维先君子卒后之九年，相始抱其遗书来粤，谒见仪征阮制军。制军命采择其要者，代为付刊。因以《日记》进，制军善之，为料量刻资，授梓顺德。阅五月告竣，书成十二卷。呜呼！自我高祖玉林先生，以经学起家，著有《经义杂记》三十卷。五传而至先君子，手订其书，刊于南海。于是海内之士，尊为经师，列之儒林，迄于今二十余年矣。先君子阐扬先业，著作累累。《日记》一书，为读经之余，随笔记录，平生精力所萃，当代通儒硕彦留读者几遍。相自伤贫贱，衣食奔走，于先人之道，无所发明。至是，始得制军表彰之力，告成于后，可愧也已。其他著作，尚有三十余种。今来粤东，抚念先人游迹，历历犹在，岁月已深，而汗青未竟，有不禁歆歔欲泣也。其假馆而俾之卒业者，则汜水王竹川明府之力，附书于此，以不忘嘉惠云耳。嘉庆二十四年，岁次己卯，冬十一月朔，孤子相泣识于书后。时在顺德之凤山书院。

同日，王念孙为陈昌齐文集撰序，盛赞陈氏为学既精且博，并称已著《广雅疏证》《淮南内篇杂志》，皆"引先生之说以为楷式"。

据《王石臞先生遗文》卷二《陈观楼先生文集序》记：

陈观楼先生，粤东硕儒也。生平于书无所不读，自经史子集以及乾象坤舆之奥，六书四声、九赋五刑之属，星算医卜、百家众技之流，靡不贯穿于其胸中。故所著书，如《经典释文附录》《天学脞说》《测天约术》，及《大戴礼记》《老子》《荀子》《楚词》《吕览》《淮南》诸书考证，皆有以发前人所未发。先生为余词馆先辈，后又同值谏垣，公事之暇，屡以古义相告。语其学旁推交通之中，加以正讹纠谬，每发一论，皆得古人之意义，而动合自然。故余所著《广雅疏证》、《淮南内篇杂志》，辄引先生之说以为楷式。盖余宦游数十年，所见缀学之士，既精且博如先生者，不数人也。未几，先生与余先后出为观察，余寻罢官居京师，而先生亦归赋遂初。……今年，先生之子简以哀集先生所作诗文若干卷，索序于余。……传曰："本立而道生。"余愿读是集者，由先生之文，以求先生之学。日取先生所著书而研综之，又从而引伸之，庶几根道核艺，富有日新，将不徒以文章见。而本之以为文，又岂近今之所习见哉！嘉庆二十四年十一月朔日，高邮王念孙序。

是年，严可均为亡友杨凤苞编订遗诗，题为《秋室诗录》。
据《铁桥漫稿》卷六《杨秋室诗录叙》记：

嘉庆廿四年，乌程严可均录其亡友杨傅九之遗诗而叙之曰：吴兴之作者众矣。……国初以来，为经史诸子之学者数十家，诗文千余家，而胡朏明《禹贡锥指》、郑芷畦《行水金鉴》、沈东甫《新旧唐书合钞》，及徐方虎、沈操堂、我家石樵、海珊等诗集为最著。要而言之，足为休文继起者，曾不数见，大率浅陋空疏，守兔园新册，拾宋人残唾以自附作者之林。……学问之道难言之也，不佞有志而未逮四十年矣。足迹半天下，同时朴学之士，识面多矣。其同乡同志者，丁小雅为《大戴礼》之学，姚秋农为《说文》之学，施非熊为《金史》之学，杨傅九为《明史》之学，四子者于学无所不窥，而各有专业，用力久且勤，而小雅、傅九书未成先死，为可惜也。小雅有子能读父书，傅九无子，死后，书散亡，尤可惜也。傅九之高弟子陈抱之收拾遗稿，仅得诗百数十首，属为审定，夫傅九之可传者不必诗，诗稿旧有千二百余首而仅得此，又可惜也。……傅九名凤苞，秋室其自号也。归安廪生，居乌程之南浔。许周生为作小传。

嘉庆二十五年庚辰　1820年

正月二十一日，程晋芳遗著《勉行堂文集》在西安刊刻，西安知府邓廷桢撰序，主张合考据词章、汉宋学术为一堂。

据《勉行堂文集》卷首邓廷桢《序》记：

> 刻鱼门先生《勉行堂诗集》既竣，令嗣约泉又出先生《文集》见示。公余翻阅，见其援引精博，议论名通，益信才大者无所不可也。夫自词章、考据分为二家，别户分门，固其识歧之，抑亦其才之有所不逮耳。而近时注疏学行，又争与宋儒树旗鼓，徒使沾沾帖括之士望洋自阻。似此而欲闯古人之藩篱，难矣。惟先生独能兼而出之，酌而平之，何可令其集之勿传也。会韩城冀大令、咸阳吴大令笃雅好学，醵赀续付剞劂，公诸同人。读是编者，亦可以知先生之不仅以词章鸣世矣。嘉庆庚辰正月廿又一日，馆后学邓廷桢谨叙。

三月二日，阮元在广州建学海堂，以经古之学课士子。
据阮福续编《雷塘庵主弟子记》嘉庆二十五年五十七岁条记：

> 三月初二日，开学海堂，以经古之学课士子。手书"学海堂"三字扁，悬于城西文澜书院。（原注：按，学海堂加课，仿抚浙时所立诂经精舍之例，专课经史诗文，所有举贡生员奖给膏火一月者，折给银一两。佳卷渐多，学者奋兴，有佳文一卷而给膏火数月者。）

四月二十五日，俞正燮辑得《宋会要》五卷，有跋以记其事。
据《癸巳类稿》卷十二《宋会要辑本跋》记：

嘉庆甲子秋日，辑十神太一事，读《宋史·理宗纪》。……以志传不详，思得《宋会要》。……《宋史·艺文志》所收书至杂，独不及《会要》，疑其书元时亡矣。……徐乾学《读礼通考》书目，有《宋会要》，及《五礼通考》中，《宋会要》至多，全祖望《九经字样跋》，亦引《宋会要》，或冀今有全书。而余所辑者已五卷矣，疑信之间，或作或辍，良可叹也。……嘉庆庚辰四月二十五日，略厘次序之，因记其缘起于后。

徐松曰："《宋会要》世无传者，余于《永乐大典》中辑出，无虑五六百卷。"

是年正月起，焦循改定所著《孟子正义》，抱病手录至七月，录成十二卷。不幸于当月二十七日病逝。

据《焦氏遗书》附焦廷琥《先府君事略》记：

己卯七月十四日，《孟子正义》草稿成，次为三十卷。于是讨论群书，至庚辰正月，修改既定，乃手写清稿三卷，就正于舅父阮芸台先生。四月，令不孝校对一过，又重自手录。至七月，共手录十二卷而病作。病中，犹以未能录完为憾，语不孝曰："《孟子正义》无甚多改，惟所引书籍，仍宜逐一校对，恐传写有误耳。"

又据《揅经室二集》卷四《通儒扬州焦君传》记：

岁庚辰夏，足疾甚，且病疟，以七月二十七日卒。距生于乾隆癸未二月三日，得年五十有八。……君善读书，博闻强记，识力精卓，于学无所不通。著书数百卷，尤邃于经。于经无所不治，而于《周易》、《孟子》专勒成书。……君思深悟锐，尤精于天学、算术。……君又善属文，……手自订者，曰《雕菰集》二十四卷、《词》三卷、《诗话》一卷。……焦君与元年相若，且元族姊夫也。弱冠与元齐名，自元服官后，君学乃精深博大，远迈于元矣。

臧庸遗著《拜经日记》刻竣，阮元撰序予以表彰。

据《拜经日记》卷首阮元《序》记：

> 臧君西成，以通儒玉林先生之后，而出于卢抱经学士之门，著有《拜经日记》一十二卷。岁在辛未，君以疾卒于京师，闻者莫不叹惋。是时天下方治古经学，君以布衣短褐，躬行学古，得与钱辛楣少詹、王怀祖观察、段茂堂大令游，大江南北学者称之。以余所见于西成者，其所采辑、著述甚富，《日记》一书，为说经之士所欲先睹者也。臧君发挥经义，推见至隐，直使读者置身两汉，若亲见诸家之说者。余录存箧中，亦十载于斯矣。今岁庚辰，其子相来粤，出其家传之本相校，以授诸梓。其他著述，则有待于来者。爰书其始末而为之序，读是书者，可见其家学之渊源，师友之受授，且以求君之学与行也。阮元序。

是年，顾广圻为程家子《人寿金鉴》作序，述著书之缘起，并及自己生平遭际。

据顾广圻《思适斋集》卷十一《人寿金鉴序庚辰》记：

> 曩识金坛段茂翁，述其师戴东原之言曰："释氏之教，谓人生百年，但如泡影，必修至历劫不坏，乃为有以自立。我儒不然也，就此百年之中，求其所谓立德、立功、立言者，自足以不朽，而无俟余求矣！"予闻而韪之。因思冉冉一世，不为不暂，苟不知求自立无论也，若求自立者，则以德、以功、以言，由少至老，无一日无当为之事矣，自策励宜如何耶？推而至于一月，又推而至于一岁，自策励更宜如何耶？后闻全谢山有《年华录》一书，集古人嘉言懿行，胜事美谭。凡属有年可稽者，经史子集，兼收并取，以每年为经，以各人为纬，而分系之。意谓若此书者，人人得之，置于座右，用作观省，实及时进修之一助。惜流传绝少，予乃未获一见也。客岁在邗上，识李君练江，言及家有其书；并言其友淮城程君湘舟尤极爱之，即因练江而识程君。君名家子，敦素嗜古，多藏书而善读。自言唯嫌

全氏命意虽美，然恐出谢山绪余，故择焉不精，语焉不详，均所难免。于是博搜深考，为之补正。四部九流，期无讹漏。有似乎述而不甯作也。亦既成编，视旧倍蓰，其尽善则过之。更命新名，将付剞劂。虑读者不察，或误等诸六朝隶事才语，属予揭大旨于首，予因之有感焉。夫程君之著书，裨人进修，良所谓立言不愧儒者。吾知非仅为当世所推许，即千秋而下，定无异辞也。至若予者，昏钝疲羼，德之与功，固宜无分，而束发受学，届兹振素，不离文字。间徒以奔走佣笔，牵率迟暮，未能撰成一二短书谀说，以希表见。迩且贫病交攻，困羸莫支，转思逃禅，消磨残齿。犹复区区一序，自幸挂名简端，岂不抚景而叹，不逮程君远甚也哉！

道光元年辛巳　1821年

正月，松筠主持纂辑《新疆识略》告成，宣宗有序为记。

据《宣宗实录》卷一二道光元年正月末条记：

> 御制《钦定新疆识略序》曰：西陲僻处要荒，三代以前，阻于声教，汉唐而后，史乘传记，间及其疆围风俗，然皆以羁縻为事，未有隶入版图者。洪惟我皇祖高宗纯皇帝，化覃九月，功葳十全，一再平定准噶尔，继复平定回部。而窜徙异域之土尔扈特，旋亦向阙输诚，归命恐后。于是二万余里之新疆，自古顽梗弗率者，莫不在我户闼，列诸编氓。祎矣盛矣，诚开辟以来所未有也。我皇考仁宗睿皇帝，觐扬光烈，累洽重熙，临御二十五年，无日不以绍阐前猷、绥靖边黎为念。盖西土之惟时怙冒者，六十余年于兹，而亲贤乐利，户口繁登，视昔倍臻阜庶焉。顾其幅员之广，经理之宜，初未勒有成书，昭示来许，因面命松筠司其事，盖以其任伊犁将军有年，于彼中情事知之有素故也。兹松筠纂辑告成，缮本呈进。……爰为命名曰《新疆识略》，俾付剞劂，用资考证，庶几后之续事修辑者，得有所藉手矣。

二月，凌曙著《春秋公羊问答》成，其外甥刘文淇为之撰序，述其董理《春秋公羊》诸作甚详。

据凌曙《春秋公羊问答》卷首刘文淇《序》记：

> 舅氏晓楼先生专治《公羊》，谨守家法。尝以董子之书合乎圣人之旨，深悲其生见嫉于主父，没被诋于刘兰。又其甚者，谓《繁露》之名，取象古冕玉杯之例，殆等《连珠》。厚诬古人，贻误来学。乃注《春秋繁露》，

十有七卷。昔毛公出守北海，康成为其郡人，故其笺《诗》，不忘崇敬。此则怀蛟征梦，下马名陵，式祠堂于旧治，想馨欤于遗书，斐然之思，不能自已者也。又以《公羊》旧疏，不著撰人，言例虽详，考礼则略，遂乃覃精研思，退稽博览，著《公羊礼疏》十一卷、《礼说》一卷。……作《公羊问答》二卷。荀慈明之问徐钦，王悠期之答庚翼，昔有其书，今存其目。旧疏自为问答，兹编盖仿其例，凡以导扬古义，遵守旧闻。文淇赋质梼昧，莫测涯涘，猥忘谫陋，重荷谣诼。但乏孝绰之奇作，未许同游，试元幹之藏书，或堪授读云尔。道光元年二月，受业甥仪征刘文淇谨撰。

四月三十日，阮元自广州致书陈寿祺，告撰《性命古训》成，并寄《论仁论》，且告粤中开学海堂事。

据《左海文集》卷首录道光元年《仪征阮宫保尚书札》记：

夏初接到手翰，具稔堂上康健，年兄近祉安和，为慰。林下爱日正长，恬然于经史文艺之中，心安理得，此乃真道学，非末流空讲象山之派所知也。生近来将胸中数十年欲言者，写成《性命古训》一卷，大抵欲辟李习之《复性》之书，而以《书·召诰》"节性"为主，少暇当再钞寄。又《论仁论》二卷奉政，此内庐山一段，乃千古学术关键，不足为外人道也。……粤中学术故不及闽，近日生于书院中立学海堂，加以经史杂课，亦略有三五佳士矣。肃此奉复，不具。四月晦日，生阮元顿首。

七月十二日，江藩改订旧作，成《尔雅小笺》三卷。
据《尔雅小笺》卷首《尔雅小笺序目》记：

《尔雅》之名见于《孔子三朝记》，则《释诂》一篇为周公所著无疑，《释言》以下，则秦汉儒生递相增益之文矣。在当时，经文皆篆书，读者望文即知形声，故但著训义而略形声也。至西京时，变篆为隶，形声已非其旧，然篆隶之体不甚相远，其文犹可考索。嗣后变隶为楷，形声皆失矣。字体在后汉已大坏，如持十为斗，屈中为虫，乡壁虚造，变乱常形，此许叔重所以叹古文欲绝而作《说文解字》也。桓灵之世，贿改兰台漆书，而文字逾坏矣。魏晋以降，讹体百出，诡更正文，变骓为驱，改悖作背，易荼为茶，别华作花，草木之名无不从艸从木，虫鱼之属亦皆从虫加鱼。文义乖舛，违戾六书，且传写多讹，帝虎鲁鱼，辗转滋谬。徐鼎臣曰《尔雅》所载草木鱼鸟之名，肆意增益，不可观矣。诸儒传释文，非精究小学之徒，莫能矫正。此说是也。

予少习此经，乾隆四十三年，年十八矣，不揣谫陋，为《尔雅正字》一书。承艮庭先师之学，以《说文》为指归，《说文》所无之字，或考定正文，或旁通假借，不敢妄改字画，张美和手可断，笔不可乱之言，岂欺我哉。王西沚光禄见之，深为叹赏，谓予曰，闻邵晋涵太史作疏有年矣，子俟其书出，再加订正，未晚也。弱冠后，千里饥驱，未遑卒业。嘉庆二十五年，年六十矣，为阮生赐卿说《毛传》，肄业及之。《尔雅》自郭注行而旧注尽废，景纯乃文章家，于小学涉猎而已。邢疏肤浅，固不足论，而邵疏又袭唐人义疏之弊，曲护注文，至于形声，则略而不言，亦未为尽善也。因检旧稿，重加删订，邵疏引《毛传》《郑笺》《说文》诸书，读所引之文，即知讹字为某字，故不复出，其误者正之，未及者补之。数年中窃闻师友之绪论，择善而从，皆书姓氏。有其说本出于予而为人剽窃者，直书己说，置之不辩，读者幸勿以掠美责之。笺中称后人者，魏晋以后之人也。称陋人者，本郭注之例，犹言浅人也。称庸人者，有其人而不质言之，若曰夫己氏也。书爵、书氏、书名、书人，《春秋》之名例也。今据古本厘为三卷，易名《小笺》，变篆作楷者，俾循览之人趣于简易云。道光元年，太岁在重光大荒落，霜月庚申，自叙，时年六十又一。

八月，方东树幕游广东，接友人姚莹所寄文集，欣然撰序。
据《东溟文集》卷首方东树《序》记：

文章如面，万有不同，而要有同乎古今者，所以为文之心而已。不能同其心，而强同其面，则入于伪，伪不可久居，虽有见于今，必不足传于后，是故为文者必有仁义之质，道德之积，如不得已而后有言，然后其言有物，其言信乃久传。而方其学之始，又必深求古人之心，研说之久，然后古人之精神面目与我相觌，而我之精神面目亦自以见于天下后世。树少与石甫学文时，持论如此。石甫平居，慕贾谊、王文成之为人，故其学体用兼备，不为空谈。其文一自抒所得，不苟求形貌之似。其齿少于余，而其才识与学之胜余，相去之远，中间恒若可容数十百人者。既成进士后，尝游粤数年，归则出示以其所为文数大束，余读之骇服，既为题论而去。嘉庆二十四年，余客粤，是时，石甫仕于闽之漳州，为平和县令，往来之人皆传其政事之美异，而不及其文。久之，石甫自闽中以其集来寄，且命为之序。急读之，则视向所见益充实，不可涯际。观其义理之创获，如云霾过而耀星辰也。其论议之豪宕，若快马逸而脱衔羁也。其辨证之浩博，如眺溟海而睹涛澜也。至其铺陈治术，晓畅民俗，洞极人情白黑，如衡之陈，鉴之设，幽室昏夜而悬烛照也。而其明秀英伟之气，又实能使其心胸、面目、声音、笑貌、精神、意气、家世、交游与夫仁孝恺悌之效于施行者，毕见于简端，使人读其文，如立石甫于前，而与之俯仰抵掌也。嗟夫！石甫之得于古，以见于今者如是，其传于后世，宜何如也。石甫固愿学阳明，而其出宰之县，适即为阳明所开。其民俗根株犷悍难治，又与阳明当日所征八排洞猺无异。石甫之治此地，禽狝兽薙，剔抉爬梳，化诱若雨露，震慑若风雷。申严之法，诰诫之文，朗畅恺切，恢阔明白，又若无一不与阳明气象相似者。吾不知天特遗此盘根错节以别利器乎？抑故遣石甫居此，行其学，显其才，以蹈阳明之迹，俾天下后世知其志愿之不虚乎？石甫囊为书达诸公，论治剧之理，及石甫为县，一一行之如其言。嗟乎！石甫之学，既见于治矣，石甫之治，既见于文矣。石甫之治与文，既见于当世，而又将揭以示后世矣。然而人之知其文者或寡，知其文之所以效于治，与夫其治与文之气象之何似益寡矣。知不知亦何足损益，余独耻读人之文而不能识其真，使作者之心不著于天下，亦古今斯道文章之大憾也。故亟为著之，使读石甫之文者有以考其迹焉。道光元年秋八月同邑方东树。

十一月二十八日，徐松为己作《西域水道记》撰序。

据《西域水道记》卷首徐松《叙》记：

> 叙曰：广谷大川异制，民生其间者异俗，况其在要荒之外哉？西域二万里，既隶版图，耕牧所资，守捉所扼，襟带形势，厥赖导川。乃综众流，条而次之。首曰昆仑，惟帝下都，浑浑泡泡，暨于泑泽，潜行地下，化益所疏，记罗布淖尔所受水第一。汉表六通，至今利益，冥安籍端，中部旧迹，孔道所经，魅碛斯辟，记哈喇淖尔所受水第二。白山之阴，曰蒲类海，我疆我理，原田每每，千耦其耘，岁获则倍，记巴尔库勒淖尔所受水第三。何里移之汤汤，而白杨之淙淙，翳清军之扼西，亦轮台之表东，虽城郭之已改，考川流之实同，记额彬格逊淖尔所受水第四。土扈之族，畤以蕃之，林丹之裔，畤使迁之，锡之土田，牧圉是扞，记喀喇塔拉额西柯淖尔所受水第五。西域既平，则建之庭，滔滔伊列，环流镜清，中函三岛，取象蓬瀛，记巴勒喀什淖尔所受水第六。有白斯海，在彼西方，处昏而晓，当暑而霜，惜矣天池，佳名不彰，记赛喇木淖尔所受水第七。碎叶有二，清池居一，热波未闻，而克淬铁，不逢大同，斯疑胡质，记穆默尔图淖尔所受水第八。元之叛王，阻彼金山，河名平安，莫救其患，今斯畎浍，有恬其澜，记阿拉克图古勒淖尔所受水第九。洋洋龙骨，其流不息，有硙可舂，有鱼可食，种人居之，以康以殖，记噶勒札尔巴什淖尔所受水第十。万里辎轩，靡国不到，我穷崖涘，奄蔡之徼，取殿兹篇，聿彰声教，记宰桑淖尔所受水第十一。凡十一篇，以图系焉。列城相望，具言其地；其所不言，非水所经也。道光初元，日南至，蓟徐松撰。

是年，王念孙有书答江有诰，论上古音韵，称江著《诗经韵读》"与鄙见如趋一轨"。

据《王石臞先生遗文》卷四《答江晋三论韵学书》记：

> 晋三兄足下：往者，胡竹邨中翰以大著《诗经韵读》见赠，奉读之下，

不胜佩服。念孙少时，服膺顾氏书。年二十三，入都会试，得江氏《古顾标准》，始知顾氏所分十部犹有罅漏。旋里后，取三百五篇反复寻绎，始知江氏之书仍未尽善。辄以己意重加编次，分古音为二十一部，未敢出以示人。及服官后，始得亡友段君若膺所撰《六书音均表》。……己酉仲秋，段君以事入都，始获把晤，商订古音。……及奉读大著，则与鄙见如趋一轨，不觉狂喜。嗟乎！段君殁已六年，而念孙亦春秋七十有八，左畔手足偏枯，不能步履，精日销亡，行将继段君而去矣。唯是获睹异书，犹然见猎心喜。……大著自《诗经韵读》而外，念孙皆未之见，并希赐读，以开茅塞。海内存知己，天涯若比邻，爱而不见，怅何如之。

十月二十八日，江有诰接胡培翚转寄之王念孙手札，至感鼓舞，旋即复书致谢。

据江有诰《诗经韵读》卷首《复王石臞先生书》记：

石臞先生阁下：十月二十八日，接胡竹邨中翰寄到先生手书，反复观诵，不胜雀跃。伏念有诰以无师之学，鼓其臆说，虽笃于自信，而绝鲜知音。后得段茂堂先生推许，窃自幸得一知己，可以不恨。今又蒙先生如此嘉奖，有诰益可以无恨矣。……承索拙著各种，但拙著甚繁，家贫无力刊布。今将已刻数种敬呈座右，仍望先生纠其纰缪而赐教焉，则幸甚幸甚。有诰再拜。

道光二年壬午　1822年

三月二十八日，阮元主持纂修《广东通志》成。

据阮福续编《雷塘庵主弟子记》道光二年五十九岁条记：

> 三月二十八日，《广东通志》成。

又据阮元《揅经室二集》卷八《重修广东通志序》记：

> 元莅两广，阅《广西通志》，乃嘉庆初谢中丞启昆所修，喜其载录详明，体例雅饬。及阅《广东通志》，则犹是雍正八年郝中丞玉麟所修，书仅六十四卷。《四库提要》称其一年竣事，体例抵牾，未悉订正。且迄今九十余年，未经续纂，若再迟，则文献愈替，是不可不亟修纂矣。爰奏请开局纂修之，大略以《广西通志》体例为本，而有所增损。凡总纂、分纂、采访、校录，莫不肩任得人，富于学而肯勤其力。三年有成，奏进御览。……《广东通志》旧有康熙十二年刘中丞秉权所修之三十卷，明万历二十九年郭棐所纂之七十二卷，嘉靖三十六年黄佐所撰之七十卷，嘉靖十四年戴璟所撰之初稿四十卷。各书多就残佚，惟《黄志》为泰泉弟子所分撰者，体裁渊雅，廑有存本，今求得之，备加采录。元家藏秘籍，如宋王象之《舆地纪胜》，亦多采录。是以今志阅书颇博，考古较旧加详，而选举、人物、前事、艺文、金石各门，亦皆详核。至于国初收粤、平削尚藩诸巨事，则已载在国史，此志不得记之，与《广西通志》同例也。书成刊校，爰叙其后。道光二年闰三月。

案：据《广东通志》卷首阮元此序，"闰三月"后尚有"丙子朔"三字。即闰三月初一。又据该志所列纂修职名，总纂为陈昌齐、江藩等四人，分纂为吴兰修、曾钊、方东树等十一人。

闰三月初一，顾广圻为苏州藏书家汪士钟庋藏宋元图籍撰序。据顾广圻《思适斋集》卷十二《艺芸书舍宋元本书目序》记：

> 汪君阆原藏书甚富，取宋本、元本别编其目，各成一册。以予于此向尝究心，出以相示，且属为序。夫宋元本之可贵，前人所论綦详，收藏之家罔不知宝。而近世称鉴别精审，网罗广博者，唯遵王、斧季数子而已。今汪君宿具神解，凡于有板以来官私刊刻，支流派别，心开目瞭，遇则能名。而又嗜好所至，专壹在兹，仰取俯拾，兼收并蓄，挥斥多金，曾靡厌倦。以故郡中传流有名秘笈，搜求略遍，远地闻风，挟册趋门，朝夕相继。如是累稔，遂获目中所列宋若干种，元若干种。既精且博，希有大观，海内好古敏求之士，未能或之先也。汪君之于宋元本，可谓知之深而爱之笃矣！间尝思之，天水、蒙古两朝，自秘阁兴文，以暨家塾坊场，儒学书院，雕镂印造，四部咸备，往往可考，固无书、无地、无人不皆宋元本。其距今日远者，甫八百余年，近者且不足五百年，而天壤间乃已万不存一。虽常熟之钱、毛，泰兴之季，昆山之徐，尚著于录者，亦十存二三，然则物无不敝，时无不迁，后乎今日之年何穷？而其为宋元本者，竟将同三代竹简、六朝油素，名可得而闻，形不可得而见，岂非必然之数哉？然则，为宋元本计当奈何？曰：举断不可少之书，覆而墨之，勿失其真，是缩今日为宋元也，是缓千百年为今日也。幸其间更生同志焉，而所谓宋元本者，或得以相寻而无穷。计无过于此者矣！乃若汪君之于宋元本，其知之也深，爱之也笃，其欲为之计者，当必有度越寻常之见。故详述斯语，用为序而稔诸。壬午闰三月朔书，时将复之扬州，为洪宾华殿撰校刊《说文系传》之前一日也。

春，陈寿祺为王士让遗著《仪礼纠解》撰序，多涉学术源流、著述掌故。

据《左海文集》卷六《仪礼䞉解序》记：

> 治《仪礼》者，自唐以后浸微。吾乡则宋朱子、黄文肃，元敖君善，其最著也。清兴，通儒济阳张稷若、婺源江慎修，秀水盛龙里、歙金辅之、程易畴、凌仲子，武进张皋文，其所撰著，均礼家功臣。而康熙中，安溪相国用经术提倡天下，以礼属之其弟耜卿。乾隆初，朝廷开"三礼"之馆，选明经之才，董以大臣，鸿生宿师，讨论修纂。于是相国之孙穆亭侍郎，奉命总裁礼事，同邑官洗马石溪、王判官尚卿与焉。尚卿先生始尝应博学鸿词科，至是复以解褐荐入馆，异数也。当是时，穆亭侍郎善于礼而好问，旬日辄延诸名士为礼会。先生亦在会中，发疑辨难，同异风生，令人复见汉甘露、建初讲"五经"故事。於乎盛矣！先生治《仪礼》故具稿，至是又采获而益之，前后六易稿甫成编，命曰《仪礼䞉解》。其书虽不墨守郑注，然博摭先儒及同时礼说，标举姓氏，然后下己意。其一说而出众人论断者，归之"三礼"馆议，众说并通则兼存之，约仿《石渠论》《白虎通》，体例甚善。书中所存吴泊邮、蔡宸锡、程慄也、王九黎、诸襄七、吴东壁诸君子，即馆中同议者也。……其于吾乡先进，殆可远匹君善，近掩耜卿者乎！先生以官书成，议叙，出判蕲州，不四年卒于官。洗马属同邑乡贡张源义，以是编锓木，然后先生数十年之勤，默窥数千载之绝学，乃克有传于世而无憾。嘉庆壬申，余来清源，始获见是编，亟与安溪教谕谢退谷谋广其传。询其板尚存张氏，王氏之族将赎还不果。余亟怂恿之。居无何，板竟归王氏，顾间有刓阙，置之数稔。道光元年，余复语训导蔡君南圃，屡促之。明年春，则先生从孙上舍树功，已补锓完善矣。

陈寿祺有书复阮元，推许阮著《论孟论仁论》之识见，并以外商输入鸦片而忧心如焚。

据《左海文集》卷五《上宫保尚书仪征公书》记：

> 弟子寿祺谨启宫保尚书夫子阁下：去夏，桓副戎抵闽，赍赐札及掷还

鄙稿五册。去秋，寻复得洪衕官书，寄至所赐仿宋刻《十三经注疏》一箧，敬感敬谢。蒙示《论孟论仁论》，明辨以晢，其中庐山讲学源流一段，诚千古学术关键，自来博洽通儒，未有窥见及此者也。《性命古训》，它日冀更受而读之。……寿祺尝深思天下事，重有忧者。如鸦片一物，夷人贩运，既以戕中国之人，又以耗中国之财，用心叵测，流毒无穷。计二十年间，天下之甘其鸩而倾其赀者，奚啻累千亿万。编氓陷之十二三焉，庠序陷之十四五焉，纨绔陷之十八九焉，冠弁陷之十一二焉。其势方日炽而未有止，不识再复二三十年，其为戕耗又将何若。荡而不反，得无如狂国之驱不狂者而饮于狂泉耶！

四月三日，凌曙著《礼论》成。
据《礼论》卷首凌曙《序》记：

自郑康成《礼注》既行，后之治《礼》者，以郑氏为大宗焉，唯王肃好与郑争异。晋武为王肃外孙，故多与王说，以致庙制用王肃之议，而终晋之世，太祖不得正东乡之位，其失岂浅鲜哉！其时儒者，或伸郑以难王，或据王以攻郑，然从郑学者多，《隋书》所谓"《礼》则同宗于郑氏"也。唐人作《礼疏》，亦专宗郑说，然唐代典礼，多违古义。延及宋、元，臆说谈经，如敖氏、郝氏，破道甚矣。近儒知崇汉学，然尚不免改郑君之旧辙，助敖、郝之狂澜。兹故辨正诸儒之说，而受裁于郑氏晋云。道光二年四月三日，凌曙撰。

又据同书卷首曾燠《序》记：

我朝经学昌明，说经之儒辈出，昆山顾氏为之倡，徐健庵、秦树峰为之继，近时若江慎修、金辅之诸君，皆能恪守古训，博而有要。虽论难时有抵牾，而综核无伤本始，诚不朽之盛业也。凌生晓楼，余二十年前讲院所拔士也，家贫力学，焠掌绝韦，久而弥挚。曾游楚粤，尽以所得修脯付剞劂，至于断炊而不顾。所锓《春秋繁露注》《公羊问答》诸书，士林翕然称之。顷撰《礼论》成，发以见示。迹其撷拾汉魏六朝及近代诸名家言，凡与《礼经》有稍背者，必条举而缕剖之，洵足以羽翼康成之学矣。至其学博而意醇，理茂而词达，则虽高仲舒、勾中正之闳通不是过矣。余嘉生之能论古而又不戾于古，爰为小引，以告世之能读"三礼"者。诰授资政大夫、巡视两淮盐政、前兵部侍郎兼都察院右副都御史、巡抚贵州等处地方、提督军务兼理粮饷、加节制通省兵马衔、加二级，南城曾燠撰。

六月十六日，王念孙为朱彬著《经传考证》撰序，赞朱书"采汉唐宋诸儒之所长，而化其凿空之病与拘牵之习"。

据刘盼遂《王石臞文集补编》之《经传考证序》记：

> 余曩与刘端临台拱善，端临数以所为经说示予。予叹其好古而能求是，深得作者之意，而不为传注所域，其学识有过人者。朱武曹彬，端临之内兄弟也，其识与端临相伯仲。昔在京师，与予讲论经义，多相符合。今年寓书于予，以所作《经传考证》八卷见示。予读而善之。……揆之文义而安，求之古训而合，采汉唐宋儒之所长，而化其凿空之病与拘牵之习，盖非置前人之说而不之用，乃师前人之说而善用之者。至其援据之确，搜讨之精，非用力之深且久者，不能有是。是可谓传注之功臣矣。读武曹书讫，因举其荦荦大者，以告于缀学之士云。道光二年六月既望，高邮王念孙，时年七十有九。

九月一日，汪廷珍为崔述遗著《考信录》撰序，称崔书"先得我心"。

据《崔东壁遗书》附录汪廷珍《考信录序》记：

> 道光壬午，顾南雅学士以滇南陈大令履和所刊大名崔东壁先生《三代考信录》示仆。仆受而读之，不觉跃以起，忭而舞，曰，嗟乎，当吾世而竟有先得我心者乎！既复取其书，反复读之。已复得其所著《提要》及各《考信录》而读之，见其考据详明如汉儒，而未尝墨守旧文而不求夫心之安也，辨析精微如宋儒，而未尝空执虚理而不核夫事之实也。举凡仆平日所

疑不能明者，无不推极至隐，得其会通。然后知先生志大而学正，识高而心细，洞然有以见古圣贤之心于千载之上，而不忍使邪说诐论得而淆之。其书为古今不可无之书，其功为世儒不可及之功也。……大令求序，爰书此以遗之。时季秋月朔，……山阳汪廷珍序。

九月二十一日，丁晏撰《孝经征文》成。
据《孝经征文》卷首《自序》记：

《孝经征文》何为而述也？为宋儒之疑《孝经》者述也。疑《孝经》几于非圣矣，余滋惧焉，故述《征文》也。……道光壬午九月二十一日。

十月二十日，陈履和在京重刻崔述遗著，为文略记始末。
据《崔东壁遗书》附录陈履和《校刊考信录例言九则》记：

道光元年，履和服阕如京，赍先生书以来，谋续刻之而无其力。幸阳曲太史静生张君廷鉴，同乡桃源令筼园谭君震，好古乐善，分金成美。……向欲求人序书，不可得。大宗伯汪公，今之韩、欧也，到京后欲往求之，未敢遽请。今年夏，乃乞顾南雅先生先以书就正。公大加赏叹，尤爱其论汤、武诸则，致南雅先生书云：“事核理明，足定千秋之案。孟子云知人论世，史公云好学深思，东壁先生信其人矣。”履和读之狂喜，乃踵门求序。一见许可，不数日即赐之文。……道光二年十月二十日，履和谨识于京师宣武门外寓斋。

十二月二十七日，龚自珍为庄存与撰《神道碑铭》成。
据《龚自珍全集》第二辑《资政大夫礼部侍郎武进庄公神道碑铭》文末《自记》记：

嘉庆戊寅，庄君绶甲馆予家，一夕，为予言其祖事行之美，且曰碑文未具。是夕，绶甲梦见公者再，若有所托状。明日，绶甲以为请。越己卯之京师，识公之外孙宋翔凤，翔凤则为予测公志如此。越壬午岁不尽三日，始屏弃人事,总群言而删举此大者以报。自记。

十二月,江藩著《国朝宋学渊源记》在广东刊行。

据《国朝宋学渊源记》卷首达三《序》记:

  甘泉江子郑堂,博学多识,有志斯文,经术湛深,渊源有自,既编《汉学师承记》,芸台宫保为跋于前,继又纂《宋学渊源记》,问序于予。予才疏学浅,曷能妄测高深!详阅其书,无分门别户之见,无好名争胜之心,唯录本朝潜心理学而未经表见于世者,其余庙堂诸公,以有国史可考,不敢僭议也。其用心至矣,其用力勤矣。因忘其谫陋,本诸师传,验诸心得,为弁数语于简端,以答其虚衷下问之意。若夫精一执中,至诚无息之渊源,请还质诸世之善法孔子者。时道光二年嘉平月,长白达三书于粤东榷署。

又据同书卷上《自序》记:

  藩少长吴门,习闻硕德耆彦谈论,壮游四方,好搜辑遗闻逸事,词章家往往笑以为迂。近今汉学昌明,遍于寰宇,有一知半解者,无不痛诋宋学。然本朝为汉学者,始于元和惠氏,红豆山房半农人手书楹帖云,"六经尊服、郑,百行法程、朱",不以为非,且以为法,为汉学者背其师承何哉!藩为是记,实本师说。嗟呼!耆英凋谢,文献无征,甚惧斯道之将坠,耻躬行之不逮也。惟愿学者求其放心,反躬律己,庶几可与为善矣。至于孰异孰同,概置之弗议弗论焉。国朝儒林,代不乏人,如汤文正、魏果敏(当为敏果。——引者)、李文贞、熊文恪、张清恪、朱文端、杨文定、孙文定、蔡文勤、雷副宪、陈文恭、王文端,或登台辅,或居卿贰,以大儒为名臣,其政术之施于朝廷,达于伦物者,具载史氏,无烦记录,且恐草茅下士见闻失实,贻讥当世也。若陆清献公位秩虽卑,然乾隆(误,当作雍正。——引者)初特邀从祀之典,国史自必有传矣。藩所录者,或处下位,或伏田间,恐历年久远,姓氏就湮,故特表而出之。黄南雷、顾亭林、张蒿庵见于《汉学师承记》,兹不复出。此记之大凡也,附书于此。

是年，阮元子福录元任官浙江所辑《四库未收书提要》，编为《揅经室外集》。

据《揅经室外集》卷首阮福《四库未收书提要题记》记：

> 家大人在浙时，曾购得《四库》未收古书进呈内府。每进一书，必仿《四库提要》之式，奏进《提要》一篇。凡所考论，皆从采访之处先查此书原委，继而又属鲍廷博、何元锡诸君子参互审订，家大人亲加改定纂写，而后奏之。十数年久，进书一百数十部。此《提要》散藏于扬州及大兄京邸，福因偕弟祜、孔厚校刻《揅经室集》，请录刊《提要》于集内。家大人谕，此篇半不出于己笔，即一篇之中，创改亦复居半，文不必存，而书应存，可别而题之曰"外集"。道光二年，阮福谨记。

明年正月，为两广总督阮元六十初度，京中多有寿文寄广东，十二月二十九日，俞正燮集白居易文句为寿祝，中有按语可见一时学术消息。

据俞正燮《癸巳存稿》卷十五《广东阮宫保六十寿引集香山文句》记：

> 嘉庆丁卯冬，在卫辉，见公札府州县官，买经史古书置儒学，其意甚盛。今御史乃请令人诵理学平话书，时道光壬午腊月，廷议尚未上。忆前有学政请令人默写朱子《小学》者，以此益念公教人有法焉。……道光壬午冬十二月，京都多作寿文寄广东者。因看正定李宝臣碑，有王士则名，检香山集，见白公以正月二十日生，亦宫保生日也。旅邸夜坐，因集此文。宫保为余座师之师。……小除日，记于黟县会馆。

道光三年癸未　1823 年

正月，阮元《揅经室集》刻成。

据阮福续编《雷塘庵主弟子记》道光三年六十岁条记：

> 正月，……是月《揅经室集》刻成。大人《自序》云："余三十余年以来，说经记事，不能不笔之于书。然求其如《文选序》所谓事出沉思，义归翰藻者甚鲜，是不得称之为文也。今余年届六十矣，自取旧帙，命儿子辈重编写之，分为四集。其一则说经之作，拟于贾、邢义疏，已云僭矣，十四卷。其二则近于史之作，八卷。其三则近于子之作，五卷。凡出于《四库书》史、子两途者皆属之，言之无文，惟纪其事、达其意而已。其四则御试之赋及骈体有韵之作，或有近于古人所谓文者乎，然其格亦已卑矣，凡二卷。又诗十一卷，共四十卷。统名曰集者，非一类也。继此有作，各以类续也。室名揅经者，余幼学以经为近也。余之说经，推明古训，实事求是而已，非敢立异也。"

同月，龚自珍为阮常生等辑阮元《阮尚书年谱》撰序。

据《龚自珍全集》第三辑《阮尚书年谱第一序》记：

> 今皇帝御极之三年，……太子少保、兵部尚书、都察院右都御史、两广总督仪征阮公，年六十矣。……其门下士大理少卿程同文……出书二十四卷，请曰："是公子长生之所为也，子其序之。"……公先视浙学，成《经籍籑诂》二百六卷，及乎持节，乃设精舍，颜曰诂经。……及莅江右，刊宋本"十三经"若干卷。今兹来粤，暇日无多，又复搜其文献，勒成巨编，刊《广东通志》若干卷。斠士之堂，榜曰学海。……敬语程公，

为我报公子,俟公七秩之年,更增十卷之书,当更序之,此其第一序云尔。癸未正月。

二月十一日,清廷以汤斌从祀文庙。
据《宣宗实录》卷四九道光三年二月辛亥条记:

谕内阁:礼部议覆通政司参议卢浙奏,请以汤斌从祀文庙一折。原任尚书汤斌,学术精醇,……着从祀文庙东庑,列于明臣罗钦顺之次,以崇实学而阐幽光。

宣宗连日释奠孔子,临雍讲学,敕谕监臣,以示崇儒重道。
据《宣宗实录》卷四九道光三年二月癸丑条记:

敕谕国子监祭酒、司业等官:朕惟化民成俗,基于学校,兴贤育德,责在师儒。矧夫成均首善之地,风励天下,实始于兹。……朕嗣位之三年,聿修茂典,爰于二月上丁,躬亲释奠。越六日癸丑,临雍讲学。……夫学有本原,士先器识,渐摩孺染,厥有由来。咨尔监臣,式兹多士,尚其端乃教术,正乃典型,毋即于华,毋邻于固,入孝出弟,择友亲师,庶几成风,绍休圣绪。惟尔监臣,无旷厥职。钦哉,特谕。

三月,王念孙复书江有诰,对有诰音韵学期许甚厚。
据《王石臞先生遗文》卷四《与江晋三书》记:

接奉手札,谓古人实有四声,特与后人不同,陆氏依当时之声,误为分析,特撰《唐韵四声正》一书。与鄙见几如桴鼓相应,益不觉狂喜。顾氏"四声一贯"之说,念孙向不以为然,故所编古韵,……大约皆与尊见相符。至字则上声不收,惟收去、入,为小异耳。其侵、谈二部,仍有分配未确之处,故至今未敢付梓。既与尊书大略相同,则鄙著虽不刻可也。足下富于春秋,敏而好学,日进无疆,不能测其所至。念孙日西方暮,恐不及见大著之成矣。手战,书不成字,可胜惭悚。

三月十三日，为王念孙八十寿辰，胡培翚撰长文庆祝，于念孙、引之父子之学，论之颇详。

据《研六室文钞》卷六《王石臞先生八十寿序》记：

> 道光癸未三月，为太夫子石臞先生八十寿辰。先生生于华阀，早历词馆，服官中外，宣劳著绩，受列圣之知。复以吾师位卿贰，晋一品封，德福兼隆，海内共仰，无俟觀缕。……我国家文运昌隆，通儒辈出，时则有若顾氏、江氏、戴氏，究心声音训诂之学，然或引其端而未竟其绪，或得其偏而未会其全。先生博学以综之，精思以审之，伟识以断之，集诸家之大成，为后学之津导。其始出入经史百家，儒先传注，浸淫衍绎，以自得其指归。其后即以所得者，鉴别乎经史百家之书，而是非疑似无不立辨。盖能会音、形、义三者之大原，以言文字，使古籍之传得存真面目于天壤者，千百年来，先生一人而已。先生尝以魏张揖之《广雅》，荟萃魏以前故训，勤勤疏证之。闻先生之为是书也，日课疏三字，罔间寒暑，积十余稔乃成。又以子史中微文奥义，研究者少，患传本讹脱日甚，乃取《管子》《淮南子》《国策》《史记》等书，详加厘定，方将以次别录所校于简，为《读书杂志》。盖先生胸怀高淡，实能吐弃一切，嗜古著书，杜门谢客，惟一编为乐。吾师退食之暇，从先生旁讲问经义，凡有所获，互相证佐，穆穆愉愉，以两大儒萃于一门而晨夕传业，亦千古所未有也。……培翚敬仰先生久，己卯出吾师门下，进拜先生，亲承训教，故敢以所窥测者侑一觞焉。谨序。

七月二十八日，董祐诚病逝。

据罗士琳续补《畴人传》卷五十一《董祐诚传》记：

> 董祐诚，字方立，阳湖人。嘉庆二十三年，应顺天乡试，中式经魁。初名曾臣，乡试后更今名。……三试礼部皆未第，意恒郁郁，遂肆力治经。又不乐为世俗学，专治钩棘隐奥之书，务出新义，阐秘曲，补罅漏。以是

精力耗竭,于道光三年殁于京寓,年三十有三。撰有《割圆连比例术图解》三卷,……《椭圆求周术》一卷,……《堆垛求积术》一卷,……《斜弧三边求角补术》一卷,……《三统术衍补》一卷。……祐诚殁后,其兄基诚,时官户曹,取其已成之历算稿五种,计七卷,附以《水经注图说残稿》四卷,《文甲集》二卷、《乙集》二卷,《兰石词》一卷,共九种,凡一十六卷,名曰《方立遗书》,嘱同里张成孙校而刻之。张成孙者,字彦惟,阳湖张皋文编修惠言子也。名父之后,经学传家,兼精天学。

又据缪荃孙《续碑传集》卷七十二李兆洛撰《董君方立传》记:

方立……生于乾隆五十六年五月二十日,卒于道光三年七月二十八日,年三十三。

八月,陈寿祺著《左海经辨》刊行。

据吴守礼《陈恭甫先生父子年谱》道光三年五十三岁条记:

仲秋,锓所著《左海经辨》。九年,阮元收录于《学海堂经解》。

九月,杨绍文汇其师张惠言及同门诸友文于一编,题为《受经堂汇稿》刊行。

据张惠言《茗柯文编》卷末附录《受经堂汇稿序录》记:

受经堂者,绍文居京师时,偕金式玉、董士锡、江承之,从张皋文先生讲学所也。先生尝病魏晋以降,经术文章罕能兼茂,故治经于《礼》主郑氏,于《易》主虞氏,为文章自周秦两汉而下,至唐宋诸名家,皆悉其源流,辨其深浅醇杂,而合之于道。其诲人也,各因其资之所近。式玉、士锡工辞赋,而士锡与承之治《易》及《礼》,并能通其说。绍文少喜议论,偶有闻见,辄著之于文。……嘉庆庚申,承之殇,先生哭之恸,哀其遗学,录而藏之。壬戌,式玉入翰林,旋卒,先生亦卒。士锡奉先生丧南归,绍文独留京师,后亦以事去。……绍文于诸子,固无能为役,今复浮汩下僚,日逐风尘之中,旧时所业,已废弃殆尽。后之人,尚有能传先生之书、守先生之学者耶?即有其人,其所得于先生者,以视亲受业于先生者,果何如耶?故录先生之文及式玉、士锡、承之所作,汇为一编,而以绍文自为文附于后,时一览观,殊恍然于与诸子从先生一堂讲学时也。道光三年九月,山阴杨绍文。

十月十五日,汪龙在歙县故里病逝。

据胡培翚《研六室文钞》卷十《汪叔辰先生别传》记:

> 先生姓汪氏,名龙,字叔辰,歙人。乾隆丙午举人,拣选知县。尝读《诗》,……博稽《传》、《笺》同异,用力于是经者数十年,成《毛诗异义》四卷、《毛诗申成》十卷。……先生尤熟于许氏《说文》,所著书数自手写,点画悉宗六书,无一笔苟。年过七十,交于段氏玉裁,得所注《说文》,复将《异义》补正若干条,重写定本,而段氏亦多采其说入《说文注》。生平安分守道,绝不预外事。而当事者高其学,每造访其庐。郡守尝请修志书,所纂体例简严,后之为志书者,不能如其范围也。又尝主讲郡城古紫阳书院。生于乾隆七年十一月,殁于道光三年十月十五日,年八十二。

是年,汪喜孙刻其父汪中遗著《广陵通典》成,顾广圻为《序》,阐扬汪中撰作此书之学博识精。

据《广陵通典》卷首顾广圻《广陵通典序》记:

> 郡邑志乘,滥觞晋宋,贺循《会稽》、刘损《京口》,陆任所合,内多斯例,后此继之,盈乎著录。其为书也,能使生是邦者,晓前古事迹;至其地者,验方今物土,洵为善矣。降及明叶,末流滋弊,事既归官,成由借手,府县等诸具文,撰修类皆不学。虽云但縻餐钱,虚陪礼秕,犹复俗语丹青,后生疑误,正失复贯,必也其人。此江都汪容甫先生《广陵通典》所以有作也。盖其天才踔越,雅识渊深,目洞千秋,胸罗《七略》,出摘朱育之对,挢舌名公,入著虞卿之书,关心乡邑。爰于撢经之余,悉取城邘

以下，用编年之体，作释地之篇，会萃条流，差次月日。吴濞开国，孙韶领镇，据割重形胜，治平饶转输，上下各代，排比列城，沿革道里，户口贡赋，巨靡不包，细亦无漏，故谓之"通"。进节义，退草窃，贵贤能，贱奢逾，刊弃神怪，摈落嘲咏，唯录有用之事，弗为无益之谈；字求其实，言归于正，故谓之"典"。构造仅半，奄忽辍简。后三十载，嗣子喜孙，字孟慈，始奉遗稿，以墨于板，道光三年，癸未之岁也。夫观其贯穿正史，纷纶乙部，裴松之之引《江表传》，司马公之采《惊听录》，罗昭谏之志，魏郑公之文，放轶兼网，幽隐曲登，可以知其取材之鸿也。孙吴所不居，江左所侨置，此隶彼割，朝回夕改，国在典午较狭，郡于大业特雄，以至太守、刺史、长史、节度，废建不恒，迁茬相互，罔弗秩然备于开卷，可以知其立例之当也。匡琦之战，时滨江之徙年，王舒代镇，哀岂宜冠褚桓，宏中兵刘，未可著毅，勘宣兰是简，则宋谥获通，订萧昺非景，而唐讳遂悟，决史文之宿疑，破相传之积谬，若斯之伦，不胜指数，可以知其考核之精也。上焉解剥马、班，下焉合和昫、祁，三国参范蔚宗书，八朝连李延寿史，凡此成文，胥同己出，全收隐括之功，悉泯弥缝之迹，可以知其镕裁之妙也。况乎规橅严整，气局开张，人物于焉如生，江山为之增壮，天下后世有善读者，庶几开拓心胸，奚止研练故实？以视其他图经地记，纵使淳熙吴陵、绍熙广陵，故书具存，皆将避席，起成化之废疾，箴嘉靖之膏肓，所勿论也。杨、吴而下，虽曰阙如，一门世业，前后续成，昔繁其比，今亦谓然，是于孟慈有厚望焉。元和顾千里撰。

是年，龙万育为徐松所著《西域水道记》撰序，表彰是书于研究西域水道之贡献。

据《西域水道记》卷首龙万育《叙》记：

> 余既棨《方舆纪要》书成，伏念我国家发祥东土，北抚喀尔喀内外诸札萨克，南县台湾寺卫藏，西开伊犁定回疆，幅员之广，千载一时，不可无书以纪盛美。窃拟考其地理，勒成一编，附景范先生书后。盛京、热河、

台湾有通志，蒙古地理有程春庐先生书，卫藏地理有松湘浦先生书，独西域未有志乘，无可依据，书故积久未成。嘉庆丁丑岁，谪戍伊犁，与旧友太史徐星伯先生比屋居，见先生所撰《伊犁总统事略》及《新疆赋》、《汉书西域传补注》，叹其赅洽。先生又出其《西域水道记》草稿数卷，余方为移书，而先后赐环归京师。松湘浦先生奏进先生所撰《事略》，御制序文，付武英殿施行。好事者又争为刊《新疆赋》《汉书补注》，将以次开雕《水道记》。先生以此《记》定本余手写也，因问叙于余。余往来西域，固不得其要领，然先生绪论窃尝闻之矣。先生之言曰："志西域水道，难于中夏者三：一曰穷边绝徼，舟车不通；二曰部落地殊，译语难晓；三曰书缺有间，文献无征。……于是有实非古地而附会者，……；又有实见古籍而误改者，……；复有以译语致误者，……。踳讹駜谬，不可胜言。且新疆之水，有地异而名异者，……；有地异而名同者，……；又有名异而实同者，……。如斯之类，尤不易于决别。"先生于南北两路，壮游殆遍，每所之适，携开方小册，置指南针，记其山川曲折，下马录之。至邮舍则进仆夫、驿卒、台弁、通事，一一与之讲求。积之既久，绘为全图，乃遍稽旧史、方略及案牍之关地理者，笔之为记。记主于简，所以拟《水经》也；又自为释，以比道元之注。即用郦氏注经之例，记则曰导、曰过、曰合、曰从、曰注释，于经水曰出、曰径、曰会、曰自、曰入，于枝水曰发、曰经、曰汇。又以图籍所纪，异文踳驳，使夫揽者叹其混淆，一以《钦定西域同文志》写之，而释其可知者，斯诚有条不紊矣。每卷之后，各附以图。盖先生孜孜不倦，十载成书，吾知其必能信今传后，岂独资余续顾氏之书也哉！道光三年，锦里龙万育叙。

道光四年甲申　　1824年

正月初七，鲍桂星为张惠言等《受经堂汇稿》撰序。
据张惠言《茗柯文编》卷末附录鲍桂星《受经堂汇稿序》记：

　　武进张编修皋文，吾畏友也，与余丙午、己未同出朱文正夫子之门。君与其徒以第一流自期待，视今之为学者蔑如也。其学长于《易》《礼》，于唐宋人说，皆欲甄覆之。赋必马、扬，古文则韩以下弗道。其徒之杰者，曰金朗甫，曰董晋卿，曰江安甫，曰杨云在。金、江，吾歙人，杨与董，则君同里也。金入庶常，卒年二十有八。江弱冠而夭。董为君女夫，以副榜贡生受州倅职，亦郁郁不出。独云在尹蓟于津门，年五十矣。距君之卒二十年，乃始剞劂君之遗文，为《茗柯文》四编，分为五卷，而附以朗甫《竹邻遗稿》二卷、晋卿《齐物论斋集》二卷、《安甫遗学》三卷，自以《云在文稿》一卷殿之，总名之曰《受经堂汇稿》。受经云者，君与诸子京师讲学之堂也。君他著多梓行，此编搜辑差广，而三子所著，则今始见于世。世有识者能知之，余未暇以详。独念君生晚近，时慨然为举世不为之学，每举一艺，辄欲与古之第一流者相角，而不屑少贬以从俗。其磊落卓烁瑰异之气，可谓壮哉。年四十而殁，不克臻大成以为诸子先，而如金、江二子俊雄之才，亦溘先朝露以死。呜呼！其可悲也已。余故习于君者，云在请一言为序，乃挥涕而书之。道光甲申人日，歙鲍桂星。

五月十五日，阮元辑《两浙金石志》在广州刊行。
据《揅经室续三集》卷三《两浙金石志序》记：

　　余在浙久，游浙之名山大川殆遍，录浙人之诗数千家，成《两浙輶轩录》刻之；访两浙帝王贤哲之陵墓，加以修护，成《防护录》刻之；以其余力及于金石刻，搜访摹拓，颇穷幽远，又勒成《两浙金石志》一书。尔时助余搜访考证者，则有赵晋斋魏、何梦华元锡诸君子。许周生兵部宗彦，亦多考订增益，且录全稿以去，匆匆十余年矣。道光四年，粤中有钞本十八卷，校原稿文有所删，钟鼎钱印之不定为浙物者亦多所删，然亦简明可喜。李铁桥廉访沄，率浙人之官于粤者校刻之，不两月而工毕。今而后藏板于浙，印书通行，使古金石自会稽秦石刻以下，迄于元末，皆著于篇，好古者得有所稽，不亦善钦！夏五月望日，书于岭南节院之定静堂。

八月十日，清廷续修《通礼》成，宣宗撰序刊行。

据《宣宗实录》卷七二道光四年八月庚午条记：

续纂《通礼》书咸，御制序曰：安上全下，莫大乎礼。……夫礼者理也，千古所不易之经；通者同也，古今所共贯之义。历时久而其间有因者，即不能无损与益。要之，斟酌损益之中，正所以善厥因也。《通礼》一书，于乾隆元年，皇祖特命儒臣，博采前闻，广搜往册，越二十四年己卯告成。……我皇考于嘉庆二十四年，允臣工之请，命礼臣重加修辑。予践阼以来，敬绍先志，万几之暇，亲为观览，并予指授，俾令分门别类，增入四卷，汇为五十四卷。兹以蒇事，礼臣请序于予，予谓礼之时义大矣哉，……愿与天下臣民共勉之。

九月二十三日，陈履和刊刻崔述遗著《古文尚书辨伪》。

据《古文尚书辨伪》卷末陈履和《跋》记：

右《尚书辨伪》二卷，先生晚年作。……履和藏先生全书久，昔年在都，质之山阳汪公，公悦之序之。……《伪书》二十五篇，人人童而习之，昔贤辨论尚未必首肯，何况晚出之作，众难群疑，固然不足怪。伏思我朝《四库全书总目提要》一书，皆奉高宗纯皇帝钦定，刊布海内，古文二十五篇之伪，朝廷早有定论，非草茅下士一人一家之私言也。故今刻《辨伪》

一书，恭录《提要》中论《尚书》三则，别为一册，以冠篇首。……道光四年九月二十三日，履和谨跋。

是年，陈寿祺应福建巡抚孙尔准之请，编校邵晋涵遗著《南江诗文钞》。

据《左海文集》卷七《南江诗文钞序》记：

> 清乾隆中，文治极盛，网罗千载，缇橐九流，往古未有伦比。开四库馆，以收海内秘籍，擩《永乐大典》三万余卷，以缉前代坠简。诏征天下博洽通才五人，参预编摩，授职词垣，而余姚邵二云与休宁戴东原两先生为之冠。天下士大夫言经学必推戴，言史学必推邵，当时以为笃论云。然邵先生于学无所不通，所撰《尔雅正义》外，有《孟子述义》《穀梁正义》、《韩诗内传考》《皇明大臣谥迹录》《方舆金石编目》《輶轩日记》《南都事略》《宋史稿》，卒后皆佚不传。独在馆纂辑《薛氏旧五代史》，在毕尚书幕编定《续资治通鉴》行于世。《续通鉴》与《尔雅正义》二书，亦毕生精力所萃者也。嘉庆末，先生高足弟子金匮孙侍郎都转闽中，先生之次子来游，余一见之座上，尝从访先生遗书不可得。及侍郎以巡抚至之二年，出所校《南江文钞》《诗钞》若干卷，属寿祺覆审，将付锓。……寿祺虽不及见先生，然少读先生书，心向往之久矣。今乃幸预编校之末，此固后生小子景慕之私，不禁揽卷而奋然以起也。

冬日，彭邦畴跋徐松所作《新疆赋》，表彰徐氏之为学精神。

据《新疆赋》卷末彭邦畴《跋》记：

> 国家文治昌明，幅员辽阔，在昔高庙赋盛京，泰庵和公赋西藏，渊乎懿哉！诚巨制也。今上御极之初，余同年友星伯徐君献所著《新疆志》，旋拜中书之命。盖星伯以身所阅历，证之简编，故能综贯古今，包举巨细，发前人所未发，其承宠光也固宜。兹又撮其要领，成《新疆赋》二篇，句栉字梳，俾地志家便于省览。予受而读之，如睹爻间之会，帕首镂耳，其

状貌皆可名也；如观画中之山，千支万干，其脉络皆可数也；如诵《内典》之文，聱牙结舌，其音韵皆天成也。煌煌乎与盛京、西藏之作后先辉映，班孟坚、左太冲之流，未足多矣。抑余于星伯更有以观其微者。远适异国，昔人所悲，自来放逐之徒，其发为文章，大都反覆以辨其诬，愤激以行其志。即或寓忧危之旨，写劳苦之词，亦令观者读不终篇，愀然掩卷。此其人皆返于中而不能无所愧怍，求于世而不能无所怨尤，故不得已而为此。若星伯之兀兀铅椠，于殊方绝域之地，宣皇风而扬盛轨，以成其独有千古者，其志趣固已过人远矣。且并其当日之所以获戾者，亦不待辨而自明矣。世之览者，惜其才，悯其遇，能大昌其所学，俾得由丝纶之地，重登著作之庭，则高文典册，藉以黼黻升平，其表见更当何如耶？道光甲申冬日，年愚弟彭邦畴拜读一过，书此数语以归之。

又徐松自序所作《新疆赋》，阐明撰此赋之缘起及旨趣。
据《新疆赋》卷首徐松《赋序》记：

粤征西域，爰始班书。孟坚奉使于私渠，定远扬威于疏勒。语其翔实，必在经行。走以嘉庆壬申之年，西出嘉峪关，由巴里坤达伊犁，历四千八百九十里。越乙亥，于役回疆，度木素尔岭，由阿克苏、叶尔羌达喀什噶尔，历三千二百里。其明年，还伊犁，所经者英吉沙尔、叶尔羌、阿克苏、库车、哈喇沙尔、吐鲁番、乌鲁木齐，历七千一百六十八里。既览其山川城邑，考其建官设屯，旁及和阗、乌什塔尔、巴哈台诸城之舆图，回部哈萨克斯坦、布鲁特种人之流派，又征之有司，伏观典籍。仰见高宗纯皇帝自始祃师，首稽故实。乾隆二十年二月，谕曰：汉时西陲塞地极广，乌鲁木齐及回子诸部落皆曾屯戍，有为内属者。唐初开都护府，扩地及西北边。今遗址久湮，着传谕鄂容安，此次进兵，凡准噶尔所属之地，回子部落内，伊所知有与汉唐史传相合可援据者，并汉唐所未至处，一一询之土人，细为记载，以资采辑。迄乎偃伯，毕系篇章。圣制十全集载初定准噶尔，再定准噶尔，平定回部，共诗七百四十首，文二十二首。勒方略以三编,《平定准噶尔方略》前编五十四卷,正编八十五卷,续编三十三卷。乾隆三十七年大学士傅恒等奏进。界幅员为四路,《钦定皇舆西域图志》四十八卷,乾隆二十七年大学士傅恒等奉敕撰。分新疆为四路:嘉峪关、玉门、敦煌至安西州为安西南路;哈密、镇西府、迪化州为安西北路;库尔喀喇乌苏至伊犁、塔尔巴哈台为天山北路;辟展、哈喇沙尔、库车、叶尔羌、和阗为天山南路。图战地以纪勋伐,《钦定新疆战图》十六幅。志同文以合声均,《钦定西域同文志》二十四卷,乾隆二十八年奉敕撰。在辰朔时宪之经,厘职方河源之次。乾隆二十年三月,上谕:西师报捷,噶勒藏、多尔济抒诚内附,西陲诸部相率来归,愿入版图。其日出入昼夜、节气时刻,宜载入《时宪书》,颁赐正朔,以昭远裔向化之盛。侍郎何国宗素谙测量,著加尚书衔,带同五官正明安图、司务那海,前往各该处,测其北极度、东西偏度,绘图呈览。所有《坤舆全图》及应需仪器,著何国宗酌量带往。二十一年正月,授努三为三等侍卫,同左都御史何国宗往伊犁。二十四年五月,谕:回部将次竣事,应照平定伊犁之例,绘画舆图。钦天监监正明安图、傅作霖,西洋人高慎思,二等侍卫什长乌、林泰,乾清门行走蓝翎侍卫德保,驰驿前往。二十五年四月,还京,以各城节气载入《时宪书》。三十八年,编土尔扈特、和硕特入《时宪书》。四十七年,命侍卫阿弥达穷河源,《钦定河源纪略》三十六卷。备哉灿烂,卓哉煌煌!是用敷陈,导扬盛美。将军罢猎,脱长剑以高吟;刁斗无声,倚征鞍而瞑写。辨其言语,孤涂撑犁之文;存其地名,的博蓬婆之号。设为主客,本诸见闻。有道守在四夷,不取耿恭之赋;劳者须歌其事,聊比葱女之词。徒中上书,非敢然也。采薇先辈,无或讥焉。

十一月,钮树玉著《段氏说文注订》成,阮元应请撰序。
据陈鸿森《阮元揅经室遗文辑存》卷上《段氏说文注订序》记:

金坛段懋堂大令,通古今之训诂,明声读之是非,先成《十七部音均表》,又著《说文解字注》十四篇,可谓文字之指归,肄经之津筏矣。然智者千虑，必有一失，况书成之时，年已七十，精力就衰，不能改正。而校雠之事，又属之门下士，往往不参检本书，未免有误。吴门钮君匪石，钱竹汀宫詹之高足也，深于六书之学，著《段氏说文注订》八卷，介予弟仲嘉亨，邮寄岭南节院，索弁言。《序》中所举六端，及书中举正，皆有依据，当与刘炫《规杜》并传于世。惜此书成后，大令已归道山，不及见也。设使见之，必如何邵公所云"入我之室，操我之戈"矣。道光四年冬至月，阮元作于广州节院。（原注：录自钮树玉本书卷首。）

十二月，阮元在广州建学海堂成，并刊《学海堂初集》。
据阮福续编《雷塘庵主弟子记》道光四年六十一岁条记：

九月，福侍大人亲至粤秀山觇地，欲建学海堂，遂在山半古木丛中定地开工。盖因连年以经古课士，士人之好古者日多，而学海堂惟在文澜书院虚悬一匾，并无实地，是以建堂于此，实有其地而垂永久焉。……十二月，建学海堂成。堂为三楹，前为平台，瞻望狮洋景象，甚为雄阔。又于堂后建小斋三楹，曰启秀山房，盖依粤秀山也。最后最高处建一亭，曰至山亭，盖取学山至山之义也。案：堂中匾额亦是大人仿三国吴《天发神谶碑》字体书之，并撰楹帖云："此地有狮海珠江之胜，其人在儒林文苑之间。"又撰一联云："公羊传经，司马记史，白虎德论，雕龙文心。"是时学海堂课士，经解、诗赋诸作，已得数十题，乃刊为《初集》，大人撰序一篇，冠诸集首。又书刊于石，嵌于堂壁。福窃闻庭训，以为粤东自前明以来，多传白沙、甘泉之学，固甚高妙，但有束书不睹，不立文字之流弊。此序文特为骈体，且命福考文与笔之分。文载《续四集》。

又据《揅经室续四集》卷四《学海堂集序》记：

余本经生，来总百粤，政事之暇，乐观士业。曩者抚浙，海氛未销，日督戈船，犹开黉舍。矧兹清晏，何独阙然？粤秀山峙广州城北，越王台故址也，山半石岩，古木荫翳，绿榕红棉，交柯接叶，辟莱数丈，学海堂启焉。……昔者何邵公学无不通，进退忠直，聿有学海之誉，与康成并举。惟此山堂，吞吐潮汐，近取于海，乃见主名。多士或习经传，寻疏义于宋、齐；或解文字，考故训于《仓》《雅》；或析道理，守晦庵之正传；或讨史志，求深宁之家法；或且规矩汉、晋，熟精《萧选》，师法唐、宋，各得诗笔。虽性之所近，业有殊工，而力有可兼，事亦并擅。……道光四年，新堂既成，《初集》斯勒，四载以来，有笔有文，凡十五课。潜修实践之士，聪颖博雅之材，著书至于仰屋，岂为穷愁，论文期于贱壁，是在不朽。及斯堂也，升高者赋其所能，观澜者得其为术，息焉游焉，不亦传之久而行之远欤？

道光五年乙酉　1825年

二月二日，清廷举仲春经筵，"务本而节用"为君臣所关注。

据《宣宗实录》卷七十九道光五年二月庚申条记：

> 上御文华殿经筵，直讲官禧恩、卢荫溥进讲《大学》"生之者众，食之者寡，为之者疾，用之者舒"。讲毕，上宣御论曰：此圣人本先慎乎德，以明足国之道，在乎务本而节用也。……闾阎之一丝一粟，皆关宵旰之廑思，兢兢业业，不敢一息或弛，一念或怠。尤愿百尔臣工，克襄郅治，庶几国用足而民生裕。

春，方东树在学海堂撰《书林扬觯》二卷。

据《书林扬觯》卷上序记：

> 两粤制府阮大司马既创建学海堂，落成之明年乙酉初春，首以学者愿著何书策堂中学徒。余慨后世著书太易，而多殆于有孔子所谓不知而作者。因诵往哲遗言，及臆见所及，为十有六论，以谂同志，知者或有取于鄙言也。桐城方东树。

三月二十八日，重建开封大梁书院成，宣宗题"正学渊源"扁。

据《宣宗实录》卷八十道光五年三月乙卯条记：

> 谕内阁：河南省城大梁书院，地处湫隘。前经程祖洛奏，请将备用官房一所，改建书院，并由该抚等捐资办理。当经降旨准行。兹据奏称，现已落成。从前康熙年间，奉有御赐扁额，业于移建后，只加丹䯻，敬谨悬挂。该省书院，经此次移建之后，多士得资肄业，更可收观摩之益。著加

赏御书扁额，交该抚摹泐悬挂，用示朕乐育人才至意。寻颁御书扁额，曰：正学渊源。

四月十六日，胡承珙撰《仪礼古今文疏义自序》。
据胡承珙《求是堂文集》卷四《仪礼古今文疏义自序》记：

《后汉书·儒林传》云："《前书》鲁高堂生，汉兴传《礼》十七篇，后瑕邱萧奋以授同郡后苍，苍授梁人戴德及德兄子圣。于是德为《大戴礼》，圣为《小戴礼》。"又云："郑玄本习《小戴礼》，后以古经校之，取其义长者，故为郑氏学。"是则郑注所谓今文者，乃《小戴》本，所谓古文者，则《前书·艺文志》云古经出于鲁淹中也。《六艺论》云："得孔子壁中古文《礼》，凡五十六篇，其十七篇与高堂生所传同，而字多异。"盖郑君作注，参用二本。从今文者则今文在经，古文出注，从古文者则古文在经，今文出注，此其大较也。……至于句字多寡，语助有无，参酌异同，靡不悉记。疏家视为牺略，鲜有发明，不知当日礼堂写定，只字之去取，义例存焉，闳意眇旨，有关于经者实夥。曩治《礼经》，窃见及此，遂取注中叠出之字，并读如、读为、当为各条，排比梳栉，考其训诂，明其假借，参稽群经，旁采众说，一一疏通而证明之。他如《丧服传》注，或弥缝传文，或驳正旧读，虽无关今古文，而考义定辞，致为审核，亦为引申端绪，附著于篇，仍其次第，都为十七。凡皆墨守郑学，邕厥指归，靳为治此经者撮壤涓流之裨助云尔。时道光五年青龙乙酉四月既望，自识于求是草堂。

四月二十八日，清廷准安徽巡抚陶澍奏，开局纂修《安徽通志》。
据《宣宗实录》卷八一道光五年四月乙酉条记：

谕内阁：陶澍奏，创修省志一折。《江南通志》成于乾隆元年，安徽自分省以来，未辑通志，于掌故难免阙漏。兹据该抚奏明，在省城设局纂修。着即酌定章程，督饬所属，博加采访，毋滥毋遗。并著予限一年，纂辑成书，以重文献而资考镜。

五月二十七日，徐养原在德清病逝。

据缪荃孙《续碑传集》卷七十二钱仪吉撰《徐新田墓志铭》记：

> 德清徐氏，自余姚西迁。……新田，君字也，讳养原，又字饴庵。……嘉庆六年，充浙江副贡。……条通经传，著其大者，为《明堂说》《禘郊辨》《井田议》《饮食考》《古乐章考》《周官五礼表》《五官表》《考工杂记》。其说多墨守郑氏。……为《黑水考》《渤海考》，不附和其乡先生东樵胡氏之说，皆实事求是，不为苟同。于六书会意、指事，辨析最精，以及形声四者，字字别出之，为《六书故》。纠二徐释许之误，为《檀园字说》，著李斯作篆之迹，为《僮钥》，还史游字体之正，为《急就篇考异》。于古音增析段氏十七部，得十九部，求其得声之原，为《说文声类》，本其分部之实，为《毛诗类韵》《周易楚词经传诸子音证》《古音备征记》。于是《仪礼》之古今文，《周官》之故书，《春秋》三家，《论语》鲁读，皆能列其异同而为之考。于算学有《周髀解》、《九章重差补图》……偶为邑人评论所著书，钱詹事先生见之大惊叹，时始知之。仪征阮公征高材生数十人，诂经于杭州，君与其弟养灏与焉。……其后校勘诸经注疏，以《尚书》《仪礼》二者属君。……君以道光五年五月二十七日卒，年六十八。

七月八日，毛岳生题凌曙《壤室读书图》，赞凌氏之《春秋》公羊学，认为"子昇虽不遇于今，而必尸祝于后"。

据《休复居文集》卷二《题凌子昇壤室读书图后》记：

> 子昇虽贫，至饔飧不继，而殚思虑，著书不已。所著《公羊礼疏》，解说董子《繁露》，皆精研经术，可传。又达《礼经》，体履邃曲，《礼论》诸篇，明粹通博，虽庾蔚之、贾公彦二君子为之，亦无以过。是子昇虽不遇于今，而必尸祝于后，以视余困无所成者，不可道里计矣。……道光五年，七月八日。

八月十三日，黄丕烈在苏州病逝。

据江标《黄荛圃先生年谱》道光五年六十三岁条记：

> 八月十三日，卒。

又据《清史列传》卷七十二《黄丕烈传》记：

> 黄丕烈，字荛圃，江苏吴县人。乾隆五十三年举人，官主事。丕烈博学赡闻，寝食于古。好蓄书，尤好宋椠本书。尝构专室，藏所得宋本，名之曰百宋一廛，自称佞宋主人。顾广圻为之赋，谓其"驰香㕞与芳茮，思计日而取俊，范屋室于卫荆，姑掩廱而一憠"。香㕞者同郡周锡瓒书屋名，芳茮者归安严元照堂名，皆藏有宋椠本。其后丕烈复收得宋本数十种，自喜以为符掩廱之颂。廱，二百也。尤精校勘之学，所校《周礼郑氏注》《夏小正》《国语》《国策》，皆有功来学。好刻古籍，每刻一书，行款点画，一仍旧本，即有讹踬，不敢擅改，别为札记缀于书末。钱大昕、段玉裁甚称之，谓可以矫近世轻改古书之弊。

十一月一日，阮元为吴步韩《说文引经异字》撰序。
据陈鸿森《阮元揅经室遗文辑存》卷上《说文引经异字序》记：

> 《说文》所载诸名，多不外乎经传，钱竹汀宫詹曾略举三百余名，载《经史问答》中矣。今吴子小㕞先将许氏标明经传异字，分经罗列，凡通转假借，悉加辨别，用力可为勤挚，而于经传洵能起覆发微，直可上窥汉唐闑奥。小㕞更有《解字释例》之辑，编纂成书，于许氏之旨邃，益抉蕴无遗矣。道光五年十一月朔，扬州阮元题。（原注：录自《说文诂林》前编《叙跋类八》。）

王引之有书致陈奂，讨论《诗经》训诂。
据《王文简公文集》卷四《又与陈硕甫书》记：

硕甫大兄先生执事：……承寄示《毛诗传义》五则，具见讨论精采，询及刍荛，可胜钦佩。尊说《毛诗》"塞，瘗也"，瘗当为实；"养，取也"，引《月令》"群鸟养羞"为证，皆确不可易。至"王事敦我"，"敦，厚也"，于经意尚未允协，故郑易之云："敦，犹投擿也。"《笺》是而《传》非，似不必曲为之讳。尊说又言《三家诗》多用本字，疑以己意读经，不必尽是师传本子不同，如司马迁以训诂字代经之比。案：《三家诗》训诂字皆在注中，……未尝取以代经，其正文异字，仍是师传本子可知。故其字虽异，而声则同，非若司马迁以训诂字代经，义同而声异也。……《经义述闻》补缀尚未完竣，未及付梓，故不获寄呈。《汉书杂志》现在校刻，约明年夏间可毕耳。

姚莹为亡友张聪咸遗著《谢王二史辑遗》撰序。
据《东溟文集》卷二《谢王二史辑遗序》记：

谢承《后汉书》若干卷，王隐《晋书》若干卷，吾友张阮林聪咸之所纂辑也。嘉庆十六年，阮林会试不第，留京师专意著书。慨然有网罗放失之志。既撰《左传杜注辨正》若干卷成，以为史书之善，如子长、孟坚尚矣，自蔚宗、承祚而下，不无讥焉。范书虽取材旧史，犹出一人之手，乖迕尚鲜。《晋书》则唐文皇命诸臣分采十八家晋史编录而成，踳驳殊甚。唐代官书行，十八家之业遂废，其中容有胜新书者。今世所传唐以前遗书，犹时时见之，后汉诸家记载，未必遂愈蔚宗。然如荀悦《汉纪》及《东观汉记》，世已刊行，而李贤、裴松之注《后汉书》《三国志》，亦多存别说。思欲并二代佚史，表而出之，勇于成书，所在搜罗，不遗余力。日书细字，几壁皆遍，而谢、王二家书居然可观。乃先比次其巨者，他条纪繁碎，未及纂列，遂病且死都中，无人知其业者。吾族兄幼樗始终病事，见其用力之勤，怜而收之，归于其家。阮林之妻，吾族姊也，藏袭以待其孤。道光五年，吾由闽之京师道里中，其家出示所藏，见此二书粗成卷帙，乃为之叙。呜呼！阮林之为此也，是所谓事劳功半者耶。夫古人之矻矻于著述也，非徒为身后名而已，以为道有所在，吾书所系大焉。至于史者，著一代兴亡之迹，为法戒于天下万世，苟非其人，书不妄作，故有敝毕生之精神而书卒不成，成而不及传，传而不能久者，亦视其书为显晦，未可遽以幸不幸借口也。且夫著述之难，史为最，岂不以求实事之难耶。一事甚微，已有传信、传疑之异，况代历百年，人逾数十，一一始终论次之，曰吾于此盖无失焉，不敢必也。及乎此一言焉，彼亦一言焉，言者既多，吾上下栉比之，取其切于事而近于理者，亦曰庶几可折衷矣。此创者难为功，而因者易为述也。前者果善，后复何为？后人为之犹未尽，则仍以俟诸后，今必薄后尊先，不亦迂乎？顾前人创之之功未可殁，后人虽善，不能不考诸前，乃尽弃置，则过矣，并前后而两存之，不惟前人之善者见，即后人之善者亦逾见，此阮林之所矻矻也。吾独悲夫谢、王二君及十八家者，以当代、近代之人求当代、近代之事，已不能尽，卒敝一世之精神，书幸成，而复不能久。阮林后千数百年，欲传已亡之书于千数百年以上。呜呼！阮林虽欲不敝精神而死，其可得耶？而书又卒不成也。此书幸而或传，后之览者亦略其文而哀其志哉。

是年，陈穆堂逢衡刻《逸周书补注》成，顾广圻为之撰序，推扬陈氏之学问，及其所注《逸周书》《疏证隋经籍志》之价值。

据顾广圻《思适斋集》卷十一《逸周书补注序》记：

邗水之阳，有修絜自好之士，曰陈君穆堂。家世儒林，受学植行；插架既备，寝馈其闲；遍涉四部，尤邃三古；雪钞萤篆，祁酷靡辍；专室左右，池亭花药；琴樽香荈，胜侣过访，从容谭艺，皆以君为如春之熙恬、秋之旷爽也。值今天子元年开殊科，有司欲选君以上大府，君力辞非所敢当，至再三乃止，于昔人所谓"为善而不近名"，庶乎似之。予屡游是土，交君颇稔。客冬，尝数晨夕，获见所注《逸周书》廿二卷，并属为之序。夫《逸周书》晋孔晁解，疏陋无足观。近世余姚卢学士文弨，虽集合众家校正刊行，然闲一寻览，但觉尚多棘口薔心，譬犹蚕丛鱼凫，与康庄相错，每至窘步,辄复掩卷。君独不避艰难,钩深致远,字梳句栉,旁征博引,详哉言之。凡孔解所无,卢校之欠,期于全得其通。则将读是书,舍君之注曷由哉!定本有年,未遽问世。造物不听,君秘而自娱。迨乎今兹,削氏告竟,予遂操翰濡墨,克完宿诺。为读《逸周书》者幸!弥为《逸周书》幸矣!又尝见君有《疏证隋经籍志》一书,为例本诸深宁叟《汉艺文》之作,加以推广,厥在补亡。搜罗鸿阔,排比妥帖,当使百氏废者咸起,九流散者仍聚。其殆兼会前此孙毂、姚之骃、余萧客、章宗源等诸公所长,而益其所未及为,成一家言。兹事体大,方迟脱稿。以君富齿仅艾,笃嗜罔迁,日而月之,优而柔之,玉屑堆案,此中闭户,珠光照乘,他时悬门,可屈指计尔,牵连及焉。用讯夫世之以读是书而知君者,且毋以知是书而尽君也。

郝懿行于是年在京病逝。

据《清史列传》卷六十九《郝懿行传》记:

> 郝懿行,字恂九,山东栖霞人。嘉庆四年进士,授户部主事。二十五年,补江南司主事。道光三年卒,年六十九。懿行谦退,呐若不出口。然自守廉介,不轻与人晋接,遇非素知者,相对竟日无一语。迨谈论经义,则喋喋忘倦。所居四壁萧然,庭院蓬蒿常满,僮仆不备,懿行处之晏如。浮沉郎署,视官之荣悴,若无与于己者,而一肆力于著述,漏下四鼓者四十年。所著有《尔雅义疏》十九卷、《春秋说略》十二卷、《春秋比》一卷、《山海经笺疏》十八卷、《易说》十二卷、《书说》二卷、《郑氏礼记笺》四十九卷。……懿行之于《尔雅》,用力最久,稿凡数易,垂殁而后成。训故同异,名物疑似,必详加辨论,疏通证明,故所造较(邵)晋涵为深。高邮王念孙为之点阅,寄仪征阮元刊行。

又据胡培翚《研六室文钞》卷十《郝兰皋先生墓表》记:

> 栖霞郝兰皋先生,以嘉庆己未成进士,官户部主事。……浮沉郎署

二十七年，视官之荣悴若无与于己者，而惟一肆其力于著述。……先生讳懿行，字恂九，兰皋其号也。道光乙酉卒于官。

案：郝懿行卒年，胡培翚记为道光五年，《清史列传》《清史稿》《清国史》均作道光三年。培翚乃懿行挚友，所记当属可信，两年后，培翚撰《刻郝氏春秋二种序》，依然记懿行卒于道光五年乙酉。故此处从胡氏记。

道光六年丙戌　1826 年

二月二十日，凌曙著《礼论略钞》刊刻。

据《礼论略钞》卷首凌曙《后序》记：

> 客岁十二月二十九日，曙自他归，中途中风，危甚，数日少可。仪真阮君梅叔、江都陈君穆堂过存，曙垂泪而言曰："曙死何足惜，身后亦不敢累诸友，虽藁葬可也。惟以五龄之子育儿弗克视成立，《礼论》百余篇无由传后，为憾耳。"梅叔、穆堂乃慨然曰："吾当商之诸友，以《礼论》付剞劂如何。"恐资或不足，复以原稿录正阮伯元宫保尚书。尚书虽为刻入《大清经解》中，然稿本尚夥。曙固寒素，尝远游岭外，既归，妻病且亡，医药裒敛，资蓄殆尽。略以所学教授乡里，束脩所给，食恒不继。适海昌陈君受笙、宝山毛君生甫，皆客曾宾谷醣使师署，既以《礼论》请为序首，复以曙之饥寒颠厄为言。宾谷师悯其少通经术，困无所告，用先后荐曙馆泰州盐分司柴、陈二先生官廨，岁有所入，颇赡贫乏。受笙恐曙复以所入尽刊所著，尝从容微讽曙曰："金帛甚难得。五旬以外，惟此幼子，家无余粮，他日竟何恃？"曙亦甚感受笙爱我之深，然身后之文，谁为论定。虽所撰著不足覆酱瓿，或少有留贻，即滋后人讪笑，不犹愈于湮没草茅，忽与万物同化耶？因以生甫所定者刻为一卷，名曰《礼论略钞》。后有余资，当留儿子衣食，不敢负受笙苦口也。刻既成，略书缘起，以志一时师友高谊云。道光六年二月廿日，江都凌曙，书于蜚云阁中。

三月，钱仪吉辑《碑传集》成。

据《碑传集》卷首钱仪吉《序》记：

於戏盛哉！自天命以来，王侯将相、卿尹百执事、硕儒才彦之名迹，炳著于国史矣，而金匮石室之藏，外人弗得见。曩承乏《会典》之役，幸获展观，亦不敢私有写录。今乃采集诸先正碑版状记之文，旁及地志杂传，得若干篇。略依杜氏大珪、焦氏竑之例，以其时，以其爵，以其事，比而厌之为若干卷。其于二百年文献之林，不啻岳之一尘、海之一勺耳。果能口诵而心识焉，可以考德行，可以习掌故，不徒飞文染翰，为耳目之玩已也。……自知言者观之，固可考信而不惑也。而要其大体，主乎乐道人善，以为贤士大夫蓄德之助。爰取湘东王之事以名之，后有得者，当为续次云。道光六年季春月，嘉兴钱仪吉定庐甫识。

四月二十日，毛岳生为凌曙《礼论略钞》撰序。
据《礼论略钞》卷首毛岳生《序》记：

余友江都凌君子昇，性质厚，好学，少通《公羊》家言，尝为其《礼说》《礼疏》十余卷。后尤殚心服术，于是因前人论礼偶舛，与他立异攻康成者，原本此经，博考古书史传，钩校浩赜异同，统疏条例，正所由讹，复成《礼论》百余首。……余尝综核是经，颇思有撰著，既屡辍不就，又学识浅滞，不堪艰苦，甚有愧子昇，所谓不能无惑于重轻，无蒙于损益者也。然辄校正其文，则子昇学之邃，论之正，窃以为知之独深。故序以发其端，使治是学者有述焉。道光六年四月二十日，宝山毛岳生序。

四月，陈寿祺一意表彰乡邦先贤，历时十余年，钞辑黄道周遗集成。
据《左海文集》卷六《重编黄漳浦遗集序》记：

漳浦石斋黄公遗书，见于公门人石秋子洪思收文序，凡四部、百九十有六卷。富哉！纂述之大业也。经解九种，……板存福州鳌峰书院。文集十三卷，则康熙甲午，龙岩郑虚舟取石秋所编刻之，近又重刻于漳，非全集也。余往在京师，尝得其一部。既归里，始闻公之遗书厪藏漳州一士人家，寤寐求之。嘉庆丙子，属友人展转假其藏本以来，乃海澄郑白麓中书所编，文三十六卷，诗十四卷，视虚舟本增多数倍，字句间有小异。余以虚舟本所遗，缮写十余册，人间始有副墨矣。又钞得石秋及庄起俦所撰《黄子年谱》各一卷，又购得《易本象》二册、《邺山讲义》一册、《近体五七言诗》一册、《逸诗》一册。又《骈枝别集》二册，公蚤岁刻《大涤函书》二册，门下士陈卧子刻皆昔已行世，而今始见之。顷嘉兴沈鼎甫大理督闽学，闻其得公全集钞本数十册于漳人，急假校对，则倍于虚舟本而不及白麓本四之一。……余悉录补，而益以它时所见卷册、遗文、遗诗数十，汇为一编，重定位目录，而仍存洪、郑数家旧次。盖积十有余年，然后公之遗集乃得揽其全，以慰平生饥渴矣。……公经解九种及《榕坛问业》，咸已著录《四库》，惟文集未及进。然公之文如日月江河，万古常新而不废，在处宜有神物护持。后有好义如郑宫谕等，必取而谋公之海内也夫。大清道光六年丙戌，夏四月，福州后学陈寿祺谨序。

顾广圻就《皇清经解》复书阮元。
据《思适斋集》卷六《与阮芸台制府书》记：

自违钧范，又十余年。顷奉赐缄，深蒙垂注，询及拙著说经之书，许以附刻《学海堂经解》中，感愧交并。千里早岁虽颇有志于此，而迄今尚无成书也。尝读《尔雅》，病郭注浅陋，思采《毛傅》以下古义尚存者，条举件系，加以驳论。又读康成诸经，推寻家法，始悟近人痛斥王子雍，皆能言其当然之迹，而不能言其所以然之故。譬之治病，未知症结之所在，终无以断其宿患。拟每事穷彼根源，各得其所以然，庶郑、王公案由兹而定。又读《说文》反复有年，见许氏自有义例，具在本书。后来治此者，驰骛于外，遽相矜炫，非徒使叔重之指转多沉晦，且致他书亦牵合附会。意欲刊落浮词，独求真解，就本书之义例，疏通而证明之，自然可与群籍并行不悖，似于小学、经学皆为有益。凡此等类，草创大纲，奔走佣笔，事多冗杂，究难卒业，以副下问。今呈论王子雍者一则，伏俟诲正，便中希示。《经解》现在所有目录，或有一二未备，兼可代访也。使回匆促，不尽愿陈。

四月，方东树初成《汉学商兑》，指斥一时学风病痛，并就此致书阮元，谋求支持。

据《汉学商兑》卷首《序例》记：

> 近世有为汉学考证者，著书以辟宋儒、攻朱子为本，首以言心、言性、言理为厉禁。海内名卿巨公，高才硕学，数十家递相祖述，膏唇拭舌，造作飞条，竞欲咀嚼。究其所以为之罪者，不过三端：一则以其讲学标榜，门户分争，为害于家国；一则以其言心、言性、言理，堕于空虚心学禅宗，为歧于圣道；一则以其高谈性命，束书不观，空疏不学，为荒于经术。而其人所以为言之旨，亦有数等。若黄震、万斯同、顾亭林辈，自是目击时敝，意有所激，创为救病之论，而析义未精，言之失当。杨慎、焦竑、毛奇龄辈，则出于浅肆矜名，深妒《宋史》创立《道学传》，若加乎《儒林》之上，缘隙奋笔，恣设诐辞。若夫好学而愚，智不足以识真，如东吴惠氏、武进臧氏，则为暗于是非。
>
> 自是以来，汉学大盛，新编林立，声气扇和，专与宋儒为水火。而其人类皆以鸿名博学为士林所重，驰骋笔舌，贯穿百家，遂使数十年间承学之士，耳目心思为之大障。历观诸家之书，所以标宗旨，峻门户，上援通贤，下訾流俗，众口一舌，不出于训诂、小学、名物、制度。弃本贵末，违戾诋诬，于圣人躬行求仁，修齐治平之教，一切抹摋。名为治经，实足乱经；名为卫道，实则畔道。公孙禄所谓颠倒五经，使学士疑惑者也。犹幸显悖于道，不足以惑人，然岂可不察乎？昔孟子不得已而好辨，欲以息邪说，正人心。窃以孔子没后，千五百余岁，经义学脉，至宋儒讲辨，始得圣人之真。平心而论，程、朱数子廓清之功，实为晚周以来一大治。今诸人边见慎倒，利本之颠，必欲寻汉人纷歧异说，复汨乱而晦蚀之，致使人失其是非之心，其有害于世教学术，百倍于禅与心学。又若李塨等，以讲学不同，乃至说经亦故与宋人相反，虽行谊可尚，而妒惑任情，亦所不解。

东树居恒感激，思有以弥缝其失。顾寡昧不学，孤踪违众，河滨之人，捧土以塞孟津，不自度其力之弗胜也，要心有难已。辄就知识所逮，掇拾辨论，以启其端，俟世有真儒出而大正焉。倘亦识小之在人，而为采获所不弃与？道光丙戌四月，桐城方东树。

又据《考槃集文录》卷六《上阮芸台宫保书》记：

月日方东树顿首再拜，谨上书芸台宫保阁下：昔韩退之自多其文，以为能赞王公之能，而道大君子之德。伏惟阁下，道佐苍生，功横海望，岁路未强，学优而仕，归墟不舍，仕优复学。凡所措布，皆裕经纶，凡所撰著，皆关圣业，三十年间，中外咸孚，万口一舌。使退之复生，且将穷于言句，又岂晚进小生所能扬摧其大全者哉。然惟阁下早负天下之望，宜为百世之师，齐肩马、郑，抗席孔、贾，固以卓然有大功于"六经"而无愧色，信真儒之表见不虚矣。窃独以学术显晦，递相升降，犹之三代之运，忠质循环，上溯嬴、刘，面稽昭代，其间二千余岁之隆污消息，可得而言矣。有明中叶，以空疏狂禅谈学，文业虽盛而淹贯者稀。其后升庵、澹园诸公，以博综立名，而粗缪踳驳亦浅甚矣。夫精非粗人所信，博非精人所能，二者分途，由来自昔，固不可比而同之矣。国家景运昌明，通儒辈出，自群经诸史外，天文、历算、舆地、小学，靡不该综载籍，钩索微沉，既博且精，超越前古。至矣，盛矣，蔑以加矣。然窃以为，物太过，则其失亦犹之不及焉。传曰，火中则寒暑退。今日之汉学亦稍过中矣。私心以为，于今之时，必得一非常之大儒，以正其极，扶其倾，庶乎有以挽大过之运于未敝之先，使不致倾而过其极，俾来者有以考其功焉。以此求之当今之世，能正八柱而扫秕糠者，舍阁下其谁与归。不揣梼昧，尝著有《汉学商兑》三卷，引其端，见大意，蓄之笥中，未敢示人。非惟迹近竞名，惧以忤世犯患，抑实以事关学术，乡里鄙生，见闻不出街衖，未睹于天下是非之全，疑而不敢自信故也。继思世有大儒，而怀疑不谒，亦见其自外于君子，即聋从昧颛固而终于愚惑矣。用是辄敢写录，冒昧献之左右，虽知荒陋浅谬，然意在质疑，事同请业，非布鼓雷门之比，不复引以自嫌。伏惟经纶余暇，俯赐披阅，明正是非，俾解愚惑，用循奉以遵厥途，幸甚，幸甚。干冒威尊，不任屏营之至，树再拜。

六月，阮元调任云贵总督，辑刻近一年的《皇清经解》交由督粮道夏修恕接办，具体编辑事宜则仍由严杰负责。

据阮福续编《雷塘庵主弟子记》道光六年六十三岁条记：

> 六月十三日，接部咨，奉上谕："云贵总督着阮元调补，两广总督着李鸿宾调补，钦此。"……是时，编辑《皇清经解》将一载，已得成书千卷。今欲赴滇，大人将书交付粮道夏公修恕接办，至编辑者，仍严厚民先生也。

八月八日，王念孙为李惇遗著《群经识小》撰序，述二人为学必求其是的共同旨趣。

据《王石臞先生遗文》卷二《群经识小序》记：

> 《群经识小》者，余友李进士成裕之所作也。余自壮年有志于郑、许之学，考文字，辨音声，非唐以前书不敢读也。逡巡里下，同志者卒鲜。唯进士与余有声气之应，晨夕过从，无间风雨。市酒一榼，园蔬数器，抵掌而谈，莫非古义。有所疑则相问难，有所得则相告语，闻者或讪笑之，而进士与余不因而少沮也。岁在丙申，余乞假归，进士始裒集说经之文，颜以《群经识小》。又九年而进士没。儿子引之撰《经义述闻》，载进士经说二条，一为"子孙其逢"，一为"济盈不濡轨"，皆至当不易之论，可谓独有千古矣。今年，进士子培紫，取进士所撰付梓，而间叙于余。……进士好学深思，必求其是，不惑于晚近之说，而亦不株守前人。……若陈氏之《礼记集说》及近世之"四书"讲章，皆直指其镠，不使贻误后人。而各经中饮食、衣服、宫室、器皿之制，皆考定精审，而言之凿凿。故能以古义之宏深，启后学之锢蔽，使沉溺俗说者，一见而失其所守，学识通明者，一见而旷然大变。其发聋振聩之功，岂可一二数哉！……道光六年，

八月八日叙,时年八十有三。

冬,陈寿祺有书复阮元,既惋惜阮元移节滇黔,不能竟《皇清经解》主持之功,又为时局多故而忧虑。

据《左海文集》卷四下《答仪征公书》记:

> 弟子寿祺谨启尚书夫子阁下:夏秋两奉札谕,惠寄重刻宋本《列女传图》及《揅经室文集》。……夫子所编《学海堂皇清经解》,撷近儒说经之粹,网罗众家零镠碎璧之宝也。然欲以鄙撰《经辨》杂厕其中,恐不足称。今夫子移节滇黔,此举惜未能竟矣。边陲清简,意可节养神思,以俟台鼎之任。……闽中台湾斗杀已熄,而逋逃尚多,大府驻兵竹堑,内渡𫐉稽。然此特疥癣之疾而已。西陲蠢动,远近绎骚,淮徐河患,屡败宣防,中外百寮,夙夜靡盬,虽处江湖之远,能无惴惴忧心乎?想夫子不以为迂愚而笑之也。

十一月,江苏布政使贺长龄得魏源助,辑刻《皇朝经世文编》成。
据《皇朝经世文编》卷首魏源代贺长龄撰《叙》记:

> 事必本夫心,……法必本夫人,……今必本夫古,……物必本夫我。……故聚本朝以来硕公、庞儒、俊士、畸民之言,都若干篇,为卷百有二十,为纲八,为目六十有三。言学之属六,言治之属五,言吏之属八,言户之属十有二,言礼之属九,言兵之属十有二,言刑之属三,言工之属九。则鳃理于魏君,雠校于曹生,告成于道光六年柔兆阉茂之仲冬也。

十一月二十一日,姚学塽在北京病逝。
据缪荃孙《续碑传集》卷七十一张履《诰授奉政大夫兵部职方司郎中镜塘姚先生行状》记:

> 先生姓姚氏,讳学塽,字晋堂,一字镜堂,学者称镜塘先生。……嘉庆丙辰,成进士,授内阁中书。……今上御极,转兵部武选司主事,累迁

至职方司郎中。……道光六年十一月廿一日，卒于京邸，年六十有一。

又据胡培翚《研六室文钞》卷九《姚镜塘先生行略》记：

先生于书无不读，然宗主宋儒，践履笃实，不欲以空言讲学，其教人以敬恕为要。……尝答友人曰："自宋以来，讲学之书多矣。然其大略有三，以致知启其端，以力行践其实，以慎独握其要。三者之中，慎独尤急，不慎独则所知皆虚，而所行亦伪。"又答人书："宋儒之学，非尽于宋儒之书也。本之于经以深其源，博之于史以广其识，验之伦常日用以践其实，参之人情物理以穷其变。不必终日言心言性而后谓之理学，亦不必言太极、阴阳、五行而后谓之理学也。"……殁后，门人并编其古文、时文与诗为十卷，题曰《竹素斋遗稿》，刊以行世。

道光七年丁亥　1827 年

三月，阮元著《塔性说》成。

据阮福续编《雷塘庵主弟子记》道光七年六十四岁条记：

　　三月……，著《塔性说》成。福尝蒙庭训云："余之学多在训诂，甘守卑近，不敢矜高以贤儒自命，故《论仁论》、《性命古训》，皆不过训诂而已。塔性之说，本应载入《性命古训》之后，嫌其取譬少入于谐，然由晋入清谈转入翻译释典，又转入于唐人之复性，实非此篇不能言之通彻。此笔也，非文也，更非古文也，将来姑收入《续集》而已。"

五月初一日，胡承珙为其《小尔雅义证》作序。

据胡承珙《求是堂文集》卷四《小尔雅义证自序》记：

　　《小尔雅》者，《尔雅》之羽翼，"六经"之绪余也。《汉书·艺文志》与《尔雅》并入孝经家，扬子云、张稚让、刘彦和之伦，皆以《尔雅》为孔门所记以释六艺之文者，然则《小尔雅》犹是矣。汉儒训诂，多本《尔雅》，毛公传《诗》，郑仲师、马季长注《礼》，亦往往有与《小尔雅》合者。特以不著书名，后人疑其未经援及。……唐以后人取为《孔丛子》第十一篇，世遂以《孔丛》之伪而并伪之。而郦氏之注《水经》，李氏之注《文选》，陆氏之《音义》，孔、贾之《义疏》，小司马之注《史》，释玄应之译经，其所征引，核之今本，粲然具存。此可见《孔丛》本多刺取古籍，而所取之《小尔雅》犹系完书，未必多所窜乱也。曩见东原戴氏横施驳难，仅有四科，予既援引古义，一一辨释，因复原本雅故，区别条流，又采辑经疏、选注等所引，通为《义证》，略存旧帙之仿佛，间执后儒之訾议，将有涉乎此者庶其取焉。时道光丁亥五月朔日。

七月十一日，王引之以工部尚书兼武英殿总裁。八月，奉命主持《康熙字典》校勘。

据《宣宗实录》卷一二一道光七年七月甲寅条记：

以工部尚书王引之为武英殿总裁官。

又据刘盼遂《高邮王氏父子年谱》道光七年王引之六十二岁条记：

八月起，校《康熙字典》。

八月，郝懿行遗著《春秋说略》、《春秋比》刊行，胡培翚专为撰序，纪念亡友。

据《研六室文钞》卷六《刻郝氏春秋二种序》记：

道光旃蒙作噩之岁，郝兰皋先生卒于京邸，遗命其嗣，以所著《春秋》《尔雅》，属余与比部李君月汀谋付诸梓。越月，其嗣抱《春秋说略》《春秋比》二书来，时为先生谋刻《尔雅》，未遑及也，为写副藏之。今岁夏，先生之中表弟大令赵君凤崖，谒选入都，谈次及此，慨然允出赀任剞劂。工既竣，属余记其事。余窃惟《春秋》一经，自左、公、穀三家各异其说，迨后说者日滋。余尝涉览通志堂所刻《春秋》经解三十余种，率皆宋以后之书。及考之宋、明各史《艺文志》，而所刻者未及十之二三焉。又进考之《隋》《唐志》，而其存于今者，十无一二焉。呜呼！何其作之多而传之少也，岂非以无好古者为之刊布，仅资钞录孤本，难不泯失欤？然作者敝精耗神，竭数十年之心力以成一书，其言纵不必尽合于经，要自多足采者，而往往尘蕰蠹蚀，与烟云同尽，良足哀也。今二书得大令镂版以传，不特先生含怡泉壤，而余与月汀承先生垂殁之委托，亦可藉以告慰已。时道光七年，岁在强圉大渊献八月，序。

十一月十一日，姚文田在礼部尚书任上病逝。

据缪荃孙《续碑传集》卷八刘鸿翱《礼部尚书姚文僖公墓志铭》记：

  道光七年十一月十一日酉时，诰授光禄大夫秋农姚公卒于京寓，距生于乾隆二十三年七月二十六日寅时，寿享七十岁。……姚氏系出吴兴，自元以后，为湖州府归安县人。……嘉庆四年己未成进士，殿试一甲一名及第。……生平以文章、经术结主知。……于书无所不读，学宗程、朱，尝言："五代后，人道不至陵夷者，宋儒之力。"著《易原》一卷，《春秋日月表》五卷，《说文声系》三十卷，《说文考异》三十卷，《古音谐》八卷，《四声易知录》四卷，《后汉郡国志校补》一卷，《广陵事略》七卷，《邃雅堂集》四卷、《诗》二卷、《赋》一卷，……皆藏于家。

十二月，王引之《经义述闻》三十二卷，在北京重刊。

据《经义述闻》卷首王引之《叙》记：

  合《春秋名字解诂》《太岁考》，凡三十二卷。道光七年十二月，重刊于京师西江米巷寿藤书屋。

道光八年戊子　1828 年

二月二十六日，清廷以孙奇逢从祀文庙。

据《宣宗实录》卷一三三道光八年二月丙申条记：

> 以前明直隶举人孙奇逢从祀文庙，从御史张志廉请也。

春，粤中拟刊明儒陈建著《学蔀通辨》，阮元撰文明确陈氏"表章正学"之功，亦重申"理必附乎礼以行，空言理，则可彼可此之邪说起矣"。

据《揅经室续三集》卷三《学蔀通辨序》记：

> 道光八年春，粤中学人寄《学蔀通辨》来滇请序。元谓此书《四库全书目录》载在子部儒家，注云"内府藏本"，是此书曾为内府所藏，而非外省所进也。此书专辨朱、陆异同，推尊朱子。《四库书提要》曰："朱、陆之书具在，其异同本不待辨。王守仁辑《朱子晚年定论》，颠倒岁月之先后，以牵就其说，固不免矫诬。然建此书痛诋陆氏，至以病狂失心目之，亦未能平允。"元于东园清暇，重加披阅，遵《提要》之言，手将"病狂失心"等语加以删削而还之。盖除此所删，则皆表章正学之要言，即有过激之论，无非欲辨朱子之诬。粤中学人，固当知此乡先生学博识高，为三百年来之崇议也。

又据同书同卷《书东莞陈氏学蔀通辨后》记：

> 朱子中年讲理，固已精实，晚年讲礼，尤耐繁难，诚有见乎理必出于礼也。……故理必附乎礼以行，空言理，则可彼可此之邪说起矣。……若

如王阳明诬朱子以晚年定论之说，直似朱子以晚年厌弃经疏，忘情礼教，但如禅家之简静，不必烦劳，不必凄黯矣，适相反矣。然则"三礼"注疏，学者何可不读。盖未有象山、篁墩、阳明而肯读《仪礼》注疏者也。其视诸经注疏，直以为支离丧志者也。岂有朱子守孔、颜博文约礼之训，而晚悔支离者哉？此清澜陈氏所未及，亦学海堂诸人所未言者，故特著之。

夏，沈垚撰《新疆私议》，力主维护国土完整，反对弃西域不守。
据《落帆楼文集》卷一《新疆私议》记：

> 西域地广，饶水草，其处温和田美，种五谷与中国同时熟，诚广行屯田积粟之法，即有军兴，可无需中国馈运。然则谓西域绝远，得之不为益，弃之不为损，真迂士之论，而不审于汉唐之已事者矣。然汉之都护，虽统率南北二道，固非有其地也。唐所有者，仅车师前后国及焉耆地，而龟兹以西为国如故也。我国家皇灵远暨，威德遐宣，风行所及，日入以来，皆慕化输诚，愿为臣妾。高宗皇帝平伊犁，定回疆，辟地二万余里，汉唐所谓乌孙、西突厥及葱岭东城郭诸国，均编入内地，有重臣镇守。则昔之羌种、塞种，今皆天子生全长育之民。昔之穷荒极远，界在区外之国，今皆国家出贡赋、列亭障之地矣。夫汉不有西域地，然弃西域则河西受敌；唐不有龟兹以西地，然弃四镇则伊西庭三州单弱，故当时君臣深谋远虑，悉力与匈奴吐蕃争，而不肯弃也。况地皆王土，民皆王臣，隶版图已久，涵濡酿化已深者哉！前年逆回张格尔叛，攻陷喀什噶尔等四城，西垂自荡平后，休养生息六十余年，一旦逆贼猖獗，调兵筹饷，羽书旁午。加以地界穷边，冰雪满山，戈壁匝地，挽粟飞刍，转运艰阻。大臣以其悬远难守，欲弃四城。皇上深仁覃覆，不忍置远方于域外，谓英吉沙尔为外蕃各国入回疆之总道，弃之则朝贡路断，和阗南通后藏叶尔羌等城，岁解伊犁铜布棉数万，弃之则伊犁经费有缺。夫回部诸城，北界雪山，西界葱岭，四城据葱岭之要，无四城，是西面无门户也。由喀什噶尔而东，据乌什而北钞，则伊犁之兵，列城障而守。由和阗而东，渡河而北，则库车以东诸城危。

渡河而东，经故曲先卫，历白龙堆而东钞，则安西、敦煌诸州县城尽守矣。四城不可不复，非一劳不能永逸。且祖宗开辟之地，尺寸不可失，赫然震怒，命将出现，扬威将军长龄等承圣旨，统劲旅，跃马昆山之西，投鞭计式之水，三战皆捷，遂复四城。曾未几时，逆首就获，安集延、布鲁特诸蕃，益慑皇威，稽首恐后。葱邱以西，至于海曲，莫不震叠，咸修职贡。高宗皇帝开创新疆，远拓边塞于万里之外，皇上敬绳祖武，天戈所指，电扫尘清，诚所谓圣人之达孝，善继善述者矣。

秋，刘宝楠、刘文淇、梅植之、包慎言、柳兴恩、陈立等应试南京，相约各治一经。宝楠自此致力于《论语正义》之结撰。

据《论语正义》卷末刘恭冕《后叙》记：

> 我朝崇尚实学，经术昌明，诸家说《论语》者，彬彬可观，而于疏义之作，尚未遑也。先君子少受学于从叔端临公，研精群籍。继而授馆郡城，多识方闻缀学之士，时于毛氏《诗》、郑氏《礼注》，皆思有所述录。（原注：初著《毛诗详注》、《郑氏释礼例》，后皆辍业。）及道光戊子，先君子应省试，与仪征刘先生文淇、江都梅先生植之、泾包先生慎言、丹徒柳先生兴恩、句容陈丈立始为约，各治一经，加以疏证。先君子发策得《论语》，自是屏弃他务，专精致思，依焦氏作《孟子正义》之法，先为长编，得数十巨册，次乃荟萃而折衷之。不为专己之学，亦不欲分汉宋门户之见，凡以发挥圣道，证明典礼，期于实事求是而已。

庄绶甲汇刻其祖存与经学遗著，阮元应请撰序，并录《春秋正辞》入《皇清经解》。十月，《易说》成，董士锡撰序表彰。

据《味经斋遗著》卷首阮元《庄方耕宗伯经说序》记：

> 元少时受业于李晴川先生，先生固武进庄方耕宗伯辛卯会试所得士也。常为元言，宗伯践履笃实，于六经皆能阐抉奥旨，不专专为汉宋笺注之学，而独得先圣微言大义于语言文字之外，斯为昭代大儒。心窃慕之。岁丙午，

与公之文孙隽甲同举于乡,是时公已解组归田,未及以通家子礼求见,亲炙其绪言也。公之弟学士本淳公之子述祖官山东,元视学时,常叹其学有本原,博雅精审,为不可及。岁辛未,公之外孙刘逢禄应春官试,馆于邸寓,公之从外孙宋翔凤亦时来讲学,益叹公之流泽长也。元于庚寅("寅"字误,当为"辰"。——引者)岁,建学海堂讲舍于粤东,思欲搜采皇朝说经之书,选其精当,胪其美富,集为大成,为后学津逮。兹刘君从其外兄庄绶甲,录寄宗伯公遗书凡□种,元受而读之。《易》则贯串群经,虽旁涉天官、分野、气候,而非如汉宋诸儒之专衍术数,比附史事也。《春秋》则主公羊、董子,虽略采左氏、穀梁氏及宋元诸儒之说,而非如何劭公所讥"倍经任意,反传达戾"也。《尚书》则不分今古文文字异同,而剖析疑义,深得夫子序《书》、孟子论世之意。《诗》则详于变雅,发挥大义,多可陈之讲筵。《周官》则博考载籍,有道术之文,为之补其亡阙,多可取法致用。《乐》则谱其声,论其理,可补古《乐经》之阙。《四书说》敷畅本旨,可作考亭争友,而非如姚江王氏、萧山毛氏之自辟门户,轻肆诋诘也。公通籍后,在上书房授成亲王经史,垂四十年,所学与当时讲论,或枘凿不相入,故秘不示人。通其学者,门人邵学士晋涵、孔检讨广森,及子孙数人而已。文孙绶甲,虑子孙之不克世守,既次弟付梓行世。元复为之序其大略,刊入《经解》,以告世之能读是书者。仪征阮元序。

又据同书同卷首董士锡《易说序》记:

本朝经学盛于宋、元、明,非以其多,以其精也。乾隆间为之者,《易》则惠栋、张惠言,《书》则孙星衍,《诗》则戴震,《礼》则江永、金榜,《春秋》则孔广森,小学则戴震、段玉裁、王念孙,皆粲然成书,著于一代。而其时庄先生存与,以侍郎官于朝,未尝以经学自鸣,成书又不刊板行世,世是以无闻焉。嘉庆间,其弥甥刘逢禄作《公羊释列》,精密无耦,以为其源自先生。道光八年,其孙绶甲刻所著《易说》若干卷,成以示余,再三读之。盖先生深于《周礼》,深于《春秋》,深于天官、历律、五行之学。夫深于《周礼》，则综核名物，不厌其详。深于《春秋》，则比事属辞，不厌其密。深于天官、历律、五行之学，则征引断制，不厌其博。故其为说，以孟氏六日七分为经，而以司马迁、班固天官、地理、历律各书志为纬。其为文辩而精，醇而肆，旨远而义近，举大而不遗小，能言诸儒所不能言。不知者以为乾隆间经学之别流，而知者以为乾隆间经学之巨汇也。方乾隆时，学者莫不由《说文》《尔雅》而入，醰深于汉经师之言，而无溷以游杂，其门人为之，莫不以门户自守，深疾宋以后之空言。固其艺精，抑示术峻，而又乌知世固有不为空言而实学恣肆如是者哉！昔许慎、何休著书，郑康成驳辩之，而《郑志》文有与诸弟子互相问答之语，亦或病其术之太峻，而虞其说之太拘欤。余为张先生惠言弟子，学《易》谨守师法，如庄先生书，昔所未见。循诵既毕，窃叹天壤间学问之大，有非可以一端竟者。因即所见，以附识此。道光八年十月十日，后学董士锡谨序。

十月二十一日，汪喜孙绘《传经图》，表彰其父汪中经学，阮元应请为之撰文纪念。

据陈鸿森《阮元揅经室遗文辑存》卷上《传经图记》记：

有陋儒之学，有通儒之学。何谓陋儒之学？守一先生之言，不能变通，其下焉者，则惟习辞章、攻八比之是务，此陋儒之学也。何谓通儒之学？笃信好古，实事求是，汇通前圣微言大义而涉其藩篱，此通儒之学也。元当弱冠后，即乐与当代经师游，若戴君东原、孔君巽轩、孙君渊如，皆与元为忘年交，与元教学相长，因得略窥古经师家法。今诸君墓有宿草矣，回想昔日谈经之乐，不禁动黄垆之感。吾乡有汪君容甫者，年长于元，寿止五十。闻汪君壮年，从朱竹君侍郎、毕秋帆制军游，于海内经师，咸与之上下其议论。所著有《述学》内外篇，……殆所谓通儒之学者矣。今哲嗣孟慈农部绘《传经图》，以表彰其先德，而索题于元。元老矣，不能从事简册。壮年所读之书，半归遗忘，惟早年所闻诸先生之绪论，则至今犹能记忆。惜吾未及从容甫请益也，因书之以示孟慈。道光八年十月廿一日，颐性老人阮元记。(原注:录自刘师培《左盦题跋》页十一。)

案:此记似有数处可疑。戴震卒于乾隆四十二年,阮元时仅十四岁,既未及弱冠之年,亦无从与戴氏为忘年交。此其一。其二,朱筠仕宦未及侍郎,阮元久在官场,知之最明。其三,阮元自号颐性老人,当在致仕之后。道光二十三年正月,元年届八十,宣宗赐御书"颐性延龄"扁额。颐性老人之称,或在此后。

十二月二十三日,庄绥甲病逝,《味经斋遗书》刊刻中止。

据李兆洛《养一斋文集》卷十四《附监生考取州吏目庄君行状》记:

君姓庄氏,讳绥甲,字卿珊,行四,常州武进县人。国朝以来,庄氏为邑右族。观察公以名德矜式乡里,宗伯公兄弟相继大魁,子孙仍世,科名鼎盛。君兄弟三人,从兄弟复若干人,皆能守其家学,而君尤力学得师法,好深湛之思。宗伯公经术渊茂,诸经皆有撰述,深造自得,不分别汉宋,必融通圣奥,归诸至当。而君从父珍艺先生,尽传其学,复旁究《夏小正》《逸周书》,暨古文篆籀之学,皆一代绝业也。训导公凤禀庭闻,因源导委,缀次遗学,所著盈箧,而年寿未究,九仞犹亏。君既负敏达之资,思兼综素业,通汇条流。又承师论交,博访孤诣,如张编修皋文、丁大令若士、刘礼部申受、宋大令于廷、董明经晋卿诸子,无不朝夕研咏,上下其议论,盖庶几于好学不倦、笃行不困者焉。宗伯公所著诸书,多未刊布,君研精校寻,于未刻者次第付梓,已刻者补续未备。每一书竟,即探求旨趣,附记简末,条理秩然可观。惜乎仅竟三书,而遽属疾不起也。珍艺先生于诸子行尤器识君,有所得辄相披示,君亦能以颖悟之思,出所见相攸益。珍艺先生之殁也,《古文甲乙篇》尚未脱稿,君方思理其纶绪,就所知见条其大端,使来者可继,此志亦竟不遂。君伯兄吾珍贵甲,季弟颂平褒甲,从弟观喻涛,少同师,长同尚,斐斐竞爽。兆洛每过君斋,共诸昆季谈学艺,未尝不心怀。未几,观喻早丧。今年秋,颂平从若士于肥城,遂卒焉。兆洛以哭颂平故,执君手,悲不能胜。时君已病,然尚能理丧事,不谓其相继殂谢也。君于师友谊甚笃，若士，君姊婿也，君少从问业，终身执弟子礼甚恭。申受、于廷、晋卿皆亲串，并年小于君，然每折衷经义，问所疑否，欿然请益。一义之胜，欢欣怡愉，奉之若师；意所不可，侃侃辨诤，不肯少挫。朋友有过，举未尝不婉规；其有缓急，未尝不援恤也。以贫故，时时客游，所至倒屣，无不敬而暱之。体质魁岸，肩后可隐二人，声气宽缓，眉宇慈和。素通于医，始病痎，治之不愈，遂成痁，二年始向痊，精气已匮，骨柴立矣。而君尚以壮盛自信，读书、尼家事外，应接宾友，操心无息。寻患疮疡，展转不息，其卒也以喘。卒之前一日，兆洛就榻前见，君不能卧，隐几对语，尚惓惓于宗伯公诸书，病起当悉力校刊。呜呼！其志足悲也已。君生乾隆甲午年九月二十八日，卒于道光戊子十二月二十三日，年五十有五。

道光九年己丑　1829年

二月，王鸣盛遗著《蛾术编》在苏州付梓，陶澍应请撰序。
据《蛾术编》卷首陶澍《序》记：

  稽古之难也，其始悼纠纷而未经博览，其继骛夸谩而未极精研，故必兼二者之长，乃可以言学。间观诸子杂兴，类各自立说：唐代如王氏《摭言》、封氏《闻见记》等，则掇拾遗逸，虽鲜宏旨，而考证名物，往往取资焉；宋之《梦溪笔谈》《容斋五笔》《困学纪闻》，为近世所竞称，然尚苦未备。外此撰述益孤陋，或凭胸臆、多踳驳，识者讥之。迨我朝儒术彬蔚，事溯其原，理疑其是，骎骎乎最盛矣。嘉定王西庄光禄，具通敏之才，早谢簪绂，矢志读书，至老而忘倦。所著《尚书后案》《十七史商榷》，已风行宇内。又有《蛾术编》，网罗繁富，六艺百氏，旁推交通，靡弗洞畅。大抵先生之学，经义主郑康成，文字主许叔重，宗尚既正，遂雄视一切，凡汗漫绝无依据之谈，攻瑕倾坚，不遗余力。案汉人传授，皆号专门，尊奉本师，罔敢弃家法，异同之论，致烦天子亲临白虎观称制剖决。后儒作疏，亦墨守传注，惟恐逾越，苟有乖违，胥加驳难。自世儒少见多怪，中实空枵，徒事悬测，妄生荆棘，一知半解，辄惊新奇，而此达彼室，失诸目睫，转欲凌蔑前哲，高自标置，终堕昏蒙，人复掎其后，盖是丹非素，伊昔而然。然则持故训以别歧趋，正赖先生为中流之砥柱也。先生与同邑钱竹汀少詹齐名，钱务笃实，而先生淹贯有余。既殁，征行入史馆，遂附少詹列《儒林传》中，金匮珍藏，永垂不朽。兹编出，使先生生平含咀英华、张皇幽眇之能较然尤共见。余词垣后进，忝抚吴，适值刊编主者来问序，公暇竟阅，辄阐大意。弁其端曰"蛾术"者，先生自谓积三十年之功始克就，又《戴记》时术之喻,其功乃复成大垤者也。缀学之士,尚观此而知所积以求其博且精矣哉!时道光九年,岁在己丑仲春月,馆后学安化陶澍撰。

五月二十六日,凌曙在江都病逝。
据《清史稿》卷四八二《凌曙传》记:

凌曙,字晓楼,江都人。国子监生。曙好学根性,家贫,读"四子书"未毕,即去乡杂作庸保,而绩学不倦。年二十为童子师,问所当治业于泾包世臣,世臣曰:"治经必守家法,专法一家,以立其基,则诸家渐通。"乃示以武进张惠言所辑"四子书"汉说数十事。曙乃稽典礼,考古训,为《四书典故核》六卷,歙洪梧甚称之。既治郑氏学,得要领,又从吴沈钦韩问疑义,益贯穿精审。后闻武进刘逢禄论何氏《公羊春秋》而好之。及入都,为仪征阮元校辑《经郛》,尽见魏晋以来诸家《春秋》说。深念《春秋》之义存于《公羊》,而《公羊》之学传自董子。董子《春秋繁露》,识礼义之宗,达经权之用。……乃博稽旁讨,承意仪志,梳其章,栉其句,为注十七卷。又病宋元以来,学者空言无补,惟实事求是,庶几近之,而事之切实无过于礼。著《公羊礼疏》十一卷,《公羊礼说》一卷,《公羊问答》二卷。……作《礼论》百篇,引申郑意。阮元延曙入粤课诸子,曙书与元商榷,乃删合三十九篇为一卷。道光九年卒,年五十五。

又据《续碑传集》卷七四包世臣撰《国子监生凌君墓表》记:

凡君所著书三十八卷,五十余万言,皆有显证,远雷同附会之陋,足为来学先路。……以道光九年五月廿六日,卒于寓庐,年五十有五。

八月十六日,刘逢禄在北京病逝。
据刘逢禄《刘礼部集》卷十一附录刘承宽等撰《先府君行述》记:

府君讳逢禄,字申受,亦字申甫,号思误居士。……大抵府君于《诗》《书》大义及六书、小学,多出于外家庄氏,《易》《礼》多出于皋文张氏,至《春秋》则独抱遗经，自发神悟。……为《释例》三十篇，又析其凝滞，强其守卫，为《笺》一卷、《答难》二卷。又推原左氏、穀梁氏之得失，为《申何难郑》四卷。又断诸史刑礼之不中者为《礼议决狱》四卷。又推其意为《论语述何》《中庸学礼论》《夏时经传笺》《汉纪述例》各一卷。其杂涉蔓衍者，尚有《纬略》一卷、《春秋赏罚格》二卷，凡为《春秋》之书十有一种。……虞氏之《易》，虽惠、张创通大义，学者尚罕得其门而入，因别为《易虞氏变动表》一卷、《六爻发挥旁通表》一卷、《卦象阴阳大义》一卷、《易言补》一卷、《易象赋》《卦象颂》一卷。……刑为《尚书今古文集解》三十卷。……又尝欲为《五经考异》，仿陆德明《经典释文》之例，以存异文古训，先成《易》一卷、《春秋》一卷。又取《史记·天官书》及《甘石星经》为之疏证二卷。又有少时所著《毛诗谱》三卷、《诗说》二卷。……府君生于乾隆四十一年六月十二日戌时，卒于道光九年八月十六日未时，享年五十有四。

九月，《皇清经解》一千四百卷在广州编刻蒇事。
据《皇清经解》卷首夏修恕《序》记：

《皇清经解》之刻，乃聚本朝解经之书，以继《十三经注疏》之迹也。自《十三经注疏》成，而唐宋解经诸家，大义多括于其中。此后，李鼎祚书及宋元以来经解，则有康熙时通志堂之刻。我大清开国以来，御纂诸经为之启发，由此经学昌明，轶于前代。有证《注疏》之疏失者，有发《注疏》所未发者，亦有与古今人各执一说，以待后人折衷者。国初如顾亭林、阎百诗、毛西河诸家之书，已收入《四库全书》。乾隆以来，惠定宇、戴东原等书，亦已久行宇内。惟未能如通志堂总汇成书，久之恐有散佚。道光初，宫保总督阮公立学海堂于岭南以课士，士之愿学者，苦不能备观各书。于是宫保尽出所藏，选其应刻者付之梓人，以惠士林，委修恕总司其事。修恕为属官，且淑于公门生门下，遂勉致力。宫保以六年夏移节滇黔，修恕校勘剞劂，四载始竣。计书一百八十余种，庋板于学海堂侧之文澜阁，以广印行。不但岭南以此为《注疏》后之大观，实事求是，即各省儒林亦同此披览，益见平实精详矣。道光九年九月，广东督粮道、前翰林院检讨、新建夏修恕谨记。

又据同书卷首严杰《跋》记：

《钦定四库全书总目》云，我国家经学昌明，一洗前明之固陋。乾隆四年，诏刻《十三经注疏》，颁布学官，鼓箧之儒，皆骎骎乎研求古义矣。唐宋人经疏，如孔冲远、贾公彦诸人，依据闳深，包罗古训，诚为肄经者不可少之册也。今云贵总督官保阮师，素以经术提唱后学。嘉庆二十二年，奉命总督两广，数载之间，百废具举。于粤秀山麓建学海堂，为课士之所。取国朝以来解经各书，发凡起例，酌定去取，命杰编辑为《皇清经解》。是编以人之先后为次序，不以书为次序，凡见于杂家、小说家及文集中者，亦挨次编录，计一千四百卷。《注疏》罕言推算，编中所载天算各书，使孔冲远明乎此，不致误为《三统》以庚戌之岁为太极上元矣；贾公彦明乎此，自无中气帀则为岁，朔气帀则为年之说矣。解经贵通诂训，《广雅》一书，依乎《尔雅》，王观察之《疏证》，尤宜奉为圭臬也。许氏《说文》，凡经师异文，莫不毕采。段大令积数十年心力而成是注，悉有根据，不同臆说。诸如此类，并为编入，更足补《注疏》所未逮。经术之盛，洵无过于昭代矣。道光九年九月九日，钱塘弟子严杰，谨识于督粮道署之调鹤书堂。

秋，阮元在云南编刻《段氏十七部古音》。
据陈鸿森《阮元揅经室遗文辑存》卷上《段氏十七部古音自序》记：

古韵之分合，近惟金坛段氏《六书音均表》十七部为最善。余令家塾学人以段氏十七部为纲，裁取《广韵》二百六韵，分归于十七部之下，为《十七部古韵》，以便拟汉以上文章辞赋者取用。……道光九年秋，揅经老人阮元，订于滇署之宜园。

此段氏十七部也。后于十年，得高邮王怀祖先生念孙之二十一部目录

（见其子引之尚书《经义述闻·通说》之末），乃益知王氏论去、入二声之类，不但密于段氏，更有陆氏等所未析者，即寄书广东学。此件本欲发学海堂刻一小本，只大字，不小字，只三万多字耳，因欲分王氏廿一部停工。其实可不廿一部，即十七部已足矣，远胜于近人之韵徵分五声也。（原注：王献堂氏从底本过录，见《顾黄书寮杂录》页四三—四六。）

季秋，汤金钊为其师王宗炎遗著《晚闻居士集》撰序。
据王宗炎《晚闻居士集》卷首汤金钊《序》记：

> 先师晚闻王先生捐馆舍之三年戊子仲冬，哲嗣端履、端蒙哀集先生之诗文，厘为十卷，寄示金钊，而属为之叙。金钊谨受而卒业，喟然而叹曰，先生之文，盖精于义理，达于事情，根极经训，博总载籍，而能言所欲言，以有补于世者也。金钊自年十五从先生学举业，继以诗古文辞，又继而问政事，积四十年。先生随时指引，善诱不倦。窃见先生于书无所不读也，于事无所不习也，一名一物无不讲明而切究也，前言往行无不默识而并蓄也。实务格物立诚之功，而不空谈天人性命之恉，谨守师承故训之旧，而不杂入后人虚造之说。……先生尝言："文以有济实用为贵，作是文必有所以作之故。"故其持论立说，皆有关于世道人心。……道光九年，岁次己丑，季秋之月，受业汤金钊谨识。

十月，顾广圻为秦恩复所刻《词学丛书》撰序。
据顾广圻《思适斋集》卷十三《词学丛书序己丑十月》记：

> 词而言学，何也？盖天下有一事即有一学，何独至于词而无之。其在宋元，如日之升，海内咸睹，夫人而知是有学也。明三百年，其晦矣乎？学固自存，人之词莫肯讲求耳。迨竹垞诸人出于前，樊榭一辈踵于后，则能讲求矣。然未尝揭学之一言，以正告天下，若尚有明而未融者。此太史所以大书特书，而亟亟不欲缓者欤？吾见是书之行也，填词者得之，循其名，思其义，于词源可以得七官、十二调声律一定之学，于《韵释》可以

得清浊部类、分合配隶之学，于《雅词》等可以博观体制，深寻旨趣，得自来传作无一字一句任意轻下之学。继自今复夫人而知有词即有学，无学且无词，而太史之为功于词者，非浅鲜矣！其言丛书，何也？盖丛聚之书也。夫言乎其归宿，则同一词学；言乎其词学之所从得，则凡如前后开雕而丛聚者，举不可偏废也。

十一月三日，夏銮在当涂故里病逝。

据胡培翚《研六室文钞》卷十《徽州府训导夏先生墓志铭》记：

> 道光九年十一月初三日，夏朗斋先生卒于家。……先生姓夏氏，讳銮，字德音，朗斋其号也。……嘉庆丙辰，诏举孝廉方正。……己未入都，考取八旗官学教习。辛酉，补正蓝旗教习。期满，用知县，以太孺人春秋高，恐不获远道就养，呈改教职，选徽州府训导。……庚午，丁母忧。……道光辛巳，补原官，再莅徽州。九载告休旋里。先生之学，于诗古文辞、训诂名物，无不研究，而尤以切于身、有益于世为急务。初习汉注、唐疏，中年以后，服膺程、朱，身体力行。……尝与培翚论近儒学术，谓兼考据、词章者惟朱竹垞，兼汉学、宋学者惟江慎修。江氏书无不读，人知其邃于"三礼"，而不知其《近思录集注》，实撷宋学之精。……先生生于乾隆二十五年庚辰二月初七日，至道光九年己丑，年七十。……生四子，炘、炯、燠、燮，皆能传父业，治经有家法。

十一月，张琦为徐松所著《汉书西域传补注》撰序，推扬徐氏是书之有功学林。

据《汉书西域传补注》卷首张琦《序》记：

> 《汉书西域传补注》二卷，内阁中书徐松星伯所作也。指综事类，切直形势，万里之广，二千余年之久，如辐凑毂，如指植掌。昔范蔚宗自赞其书体大思精，为天下之奇作，星伯此注，不其然欤！星伯前以翰林谪戍伊犁六年，撰《新疆志略》若干卷，既归奏上之。于是，即所经览，证引往

说，而为此注。夫读《汉书》者不必至西域，至西域者不必能著书，而星伯非亲历新疆南北路，悉其山川道里风土，亦不能考证今古，卓然成一家言。然则星伯之谪戍，乃星伯之厚幸，抑亦天下后世读《汉书》者之厚幸也！爰索其本，序而刻之。道光九年十一月，阳湖张琦。

冬，姚莹《东槎外记》撰成。
据《东槎外记》卷首《自序》记：

嘉庆己卯、庚辰之岁，余从攻台邑，兼摄南路同知，今上元年，权判噶玛兰，稍识全台大略，尝有所言，上官弗善也，未几罢去。癸未春，先师赵文恪来督闽、浙军，深忧海外，特请以知福州府方君往守，属要务十余事焉。君知无不言，每陈事，文恪未尝不称善，立从所请，卒能戡弭祸乱，海外以安。甲申夏五，中丞孙公巡台，表上其绩。会诏问贤能，文恪以君对。擢汀、漳、龙道，仍守台事。又一年，文恪督云、贵去，乃易。夫天下治安在守令，督抚虽贤，耳目固难真切，即切矣，而奉行之实仍待其人。故知之而不能言，咎在其下，言之而不能举，咎在其上。若夫言而举之，合如针芥，吾不以羡君之遇，而叹文恪之知君，能竟其用也。余以羁忧，栖迟海外，且睹往来论议区画之详，实能明切事情，洞中机要。苟无以纪之，惧后来者习焉不得其所以然，设有因时损益，益莫能究也。乃采其要略于篇，附及平素论著涉台政者，而以陈周全之事终焉。世有审势察几之君子，尚其有采于兹。道光己丑冬月。

十二月二十日，王念孙著《读荀子杂志》成。
据《王石臞先生遗文》卷三《读荀子杂志叙》记：

《荀子》一书，注者盖鲜，独杨评事创通大义，多所发明，洵兰陵之功臣也。而所据之本已多讹错，未能厘正。又当时古音久晦，通借之字或失其读，后之学者讽诵遗文，研求古义，其可不加以讨论与。卢抱经学士据宋吕夏卿本校刊，而又博访通人，以是正之。刘端临广文，又补卢校之所未及，已十得其六七矣，而所论犹有遗忘。不揣固陋，乃详载诸说，而附以鄙见，凡书之讹文、注之误解，皆一一剖辨之。又得陈硕甫文学所钞钱佃本，龚定庵中翰所得龚士离本，及元明诸本，以相参订，而俗本与旧本传写之讹，胥可得而正也。汲深绠短，自信未能，所望好此学者，重为研究焉。道光九年十二月二十日，高邮王念孙叙，时年八十有六。

十二月，广东刻竣《皇清经解》寄至云南阮元官署。
据阮福续编《雷塘庵主弟子记》道光九年六十六岁条记：

十二月，粤东将刻成《皇清经解》寄到滇南。福案：是书大人于道光五年在粤编辑开雕。六年夏，移节来滇，乃嘱粮道夏观察修恕接理其事，严厚民先生杰司编辑。凡书之应刻与否，大半皆是邮筒商酌所定。今越五年书成，计卷一千四百，自顾氏炎武以下，计书一百八十余种，共分三十函，板藏于粤东省城学海堂中，刷印通行。

道光十年庚寅　1830 年

闰四月，阮元致书吴兰修，瞩学海堂诸友辑录段玉裁、王念孙古音部类，以为准绳。

据《揅经室续三集》卷三《与学海堂吴学博兰修书》记：

> 古韵之分合，近惟金坛段氏若膺《六书音均表》十七部为善。如之、脂、支、咍四韵，唐人皆并为四支合用，孰知群经、《楚辞》皆断分三部，绝不相混，《文选》亦分，不通用乎？高邮王怀祖先生精研六书音韵，欲著《古音》一书，因段氏成书，遂即辍笔。（原注：余三十年前，即闻此论。）然其分廿一部，甄极《诗》《骚》，剖析毫芒，不但密于段氏，而有密于陆氏者。予屡欲并《广韵》，而以古音分部，使便于拟汉以上文章辞赋者取用之，迄未暇为之。计学海堂中，年兄深擘古音，曷就段氏精审之，而进以王氏之学，定为古韵廿一部，以群经、《楚辞》为之根柢，为之围范，庶无隔部臆用之谬乎？……年兄试再与堂中林、曾、杨诸子商榷写定，（原注：即如廿一部至、质，须在各韵中将各字提摘而出，而删去彼韵之字。）即可在堂中刊板成帙。不过数万大字，即可嘉惠学古之士，予虽老，亦乐得观之，且可以分授家乡子弟矣。庚寅闰月。

五月二十四日，王念孙为程瑶田遗著《果臝转语》撰跋，表彰程氏为学之专精。

据《王石臞先生遗文》卷四《程易畴果臝转语跋》记：

> 昔余应试入都，始得交于程易畴先生，先生长于余十九岁，而为忘年交。同在京师，则晨夕过从，南北索居，则尺牍时通，相与商榷古义者

四十余年。先生立品之醇，为学之勤，持论之精，所见之卓，一时罕有其匹。其所著《丧服文足征记》《考工创物小记》《沟洫疆理小记》，及《磬折古义》《九谷考》《乐器三事能言》，皆足正汉以来相承之误。其他说经诸条，载在《通艺录》者，皆熟读古书而得之，一字一句不肯漏略。故每立一说，辄与原文若合符节，不爽毫厘。说之精，皆出于心之细也。惟所作《果臝转语》，未及付梓而殁。岁在庚寅，先生同族侄问源中丞，携以属余校而序之。盖双声叠韵出于天籁，不学而能由经典以及谣俗，如出一轨。而先生独能观其会通，穷其变化，使学者读之，而知绝代异语，别国方言，无非一声之转，则触类旁通，而天下之能事毕矣。故《果臝转语》，实为训诂家未尝有之书，亦不可无之书也。余奉教于先生之日久，服膺于先生之学者深，其能已于言乎！道光十年五月庚辰，高邮王念孙跋，时年八十有七。五月二十九日，王念孙撰《读荀子杂志补遗》成。

据《王石臞先生遗文》卷三《读荀子杂志补遗叙》记：

余昔校《荀子》，据卢学士校本，而加案语，卢学士校本则据宋吕夏卿本，而加案语。去年陈硕甫文学以手录宋钱佃校本异同，邮寄来都，余据以与卢本相校，已载入《荀子杂志》中矣。今年，顾涧薲文学又以手录吕、钱本异同见示，余乃知吕本有刻本、影钞本之不同，钱本亦有二本，不但钱与吕字句多有不同，即同是吕本，同是钱本，而亦不能尽同，择善而从，诚不可以已也。时《荀子杂志》已付梓，不及追改，乃因顾文学所录而前此未见者，为《补遗》一编，并以顾文学所考订，及余近日所校诸条，载于其中，以质于好古之士云。道光十年五月二十九日，高邮王念孙叙，时年八十有七。

十二月，陈寿祺为李清植遗著《仪礼纂录》撰序，述李氏一门及清代前期礼学源流甚明。

据《左海文集》卷六《李侍郎仪礼纂录序》记：

国初，安溪李文贞公毗辅熙朝，以醇儒之学倡天下，诸经均有论说，而"三礼"属之厥弟耜卿。洎乾隆初，开"三礼"馆，公之孙穆亭先生位卿贰，被命总裁。于是同邑官石谿洗马、王尚卿州倅，并预修纂，其著述咸有所发明。而先生于《礼》尤邃，寿祺尝阅志乘，载所为《仪礼纂录》。既观洗马《读仪礼》，州倅《仪礼绌解》，每援引其语，未尝不叹其辨析疑滞，非它经生所及也。道光九年，文贞玄孙尔启搜刻祖父遗书，增多十数种，问序于余。余因告以是录，宜求而锓之，乃获缮写，编次为二卷，邮示余。长儿乔枞，弱冠喜辜是经，命预校雠。余复据洗马书，补丧服二则，往反再三然后定。先生是录，盖肄业之余，以所心得者笔之简端，未暇成书耳。然钩贯明密，深得礼意，驳正郑注、贾疏，及敖君善旧说，靡不灼然如晦之见明，优于盛龙里、诸襄七、任翼圣诸人倍蓰矣。斯其足以绍文贞之传而裨其阙者与！於乎！学者每苦《仪礼》难读，弃若土苴，故胜国无名家。我朝江慎修、惠氏父子、吴泊邺、程悝也、蔡敬斋、金辅之、程易畴、任子田、凌次仲、焦里堂诸君子，后先蹑踵，奚啻汉之二戴、二郑。而吾乡自黄勉斋、敖君善后，若龚海峰、林樾亭、林钝邺、万虞臣、谢甸男等，咸通礼学，基绪未坠。余衰老，无能为役，甚望海内治经之士，记曲台、论石渠者，当如先生之邃于《礼》，非徒习其文，而贵心知其意也。道光十年嘉平，三山后学陈寿祺谨序。

　　冬，王引之等校勘《康熙字典》完竣，辑为《考证》十二册。

据刘盼遂《高邮王氏父子年谱》道光十年王引之六十五岁条记：

　　冬，校刻《康熙字典》毕，共改正二千五百八十八条，辑为《考证》十二册。

又据《王文简公文集》卷二《进呈重刊字典折》记：

　　奏为重刊《字典》完竣，辑录《考证》一并进呈，仰祈圣鉴事。……臣等钦遵谕旨，细检原书，凡字句讹误之处，皆照原文逐一校订，共更正二千五百八十八条。谨照原书十二集辑为《考证》十二册，分条注明，各附案语，总汇二函，恭缮进呈。……此次书成，与他馆移交刊刻者不同。今全书校刊已经四载，其间奔走承值，收发、校对、缮录各微员，应择其勤奋者，量予甄叙。

是年，汪阆源士钟重刻宋景德官本贾公彦《仪礼疏》五十卷，顾广圻代为撰序，志重刻此书之缘起。

据顾广圻《思适斋集》卷七《重刻宋本仪礼疏序代汪阆源》记：

《仪礼》合疏于经注，而并其卷第，始自明正德陈凤梧。迨李元阳以下，皆因之。从事校雠者，多言其讹。而宋景德官刊贾公彦元分五十卷，不合经注之疏，与唐旧新志同者，则均未得见也。宋椠残本幸存，仅缺去卅二至卅七，无恙者计卷尚四十有四。嘉庆初入吾郡黄氏，于是张古余太守得其校本，别合严州经注，重编于江省。后阮宫保取配十行不足者也。唯时段若膺大令亦得此校本，谓之单疏《仪礼》，亦订正来用《经传通解》转改之失。而单疏之善，既有闻矣。然五十卷之面目，仍未有见之者也。吾郡宋椠转归予艺芸书舍，念世间无二，遂命工影写重雕之，以饷学子。使数百年来弗克寓目者，今乃可家置一部，竟如前此马廷鸾之得诸箧中，岂非大愉快哉！宋每半叶十五行，每行廿七字，修者不等，各仍其旧，缺卷亦然。并卷内缺叶十有三翻，因他本尽割弃，所标经注无由推知也。其卷内正误补脱、去衍乙错，数千百处，视迩日诸家约略是同，究不若此次之行摹款仿，尤传景德之真矣。若夫撰定异同，不特出入纷纭，恐致词费。抑复管窥专辄，曷若阙如？悉心寻绎，元文自见云尔。

又据顾广圻《思适斋集》卷七《重刻宋本仪礼疏后序》记：

道光庚寅岁，阆源观察重刻所藏宋景德官本五十卷贾公彦《仪礼疏》，自一至卅一，又自卅八至五十。既成，以千里平日粗涉此经，命以一言缀于后。千里思夫治经者，期晓然乎经之意而已。经之意不易晓，晓之必由注；经注之意不易晓，晓之必由疏，此读疏之所以为治经先务欤？读贾公彦之疏，由之以晓经注之意者最多。举其一言之，……又何用如若膺大令，及其晚年别《诗序》"先王之所以教"郑注，而后始见其或不言文王、或言文王有不合，仍未述及贾公彦具有明文，转谓从前不能知此哉！用是推之，治经者必以读疏为先务，断断然矣。今闻原观察知所先后，独举罕觏之本，用饷学子，可谓盛心。千里转虑此后得之较易，而读者通患，习焉弗察，爰附著之。若乃是书流传之绪，美善之征，校刊之例，此不具出者，见观察所自序中也。

魏源编定刘逢禄遗著《刘礼部集》。
据《刘礼部集》卷首魏源《叙》记：

今世言学，则必曰东汉之学胜西汉，东汉郑、许之学综"六经"。呜呼！二君惟六书、"三礼"，并视诸经为闳深，故多用今文家法，（原注：别详《两汉经师今古文考》。）及旁释《易》《书》《诗》《春秋》，则又皆创异门户，左今右古。其后郑学大行，骎淫遂至《易》亡施、孟、梁邱，《书》亡夏侯、欧阳，《诗》亡齐、鲁、韩，《春秋》邹、夹、公羊、穀梁，半亡半存，亦成绝学。谶纬盛，经术卑，儒用绌，晏、弼、肃、预、谧、赜之徒，始得以清言名理并起持其后。西京微言大义之学坠于东京，东京典章制度之学绝于隋唐，两汉故训声音之学熄于魏晋，其道果孰隆替哉？且夫文质再世而必复，天道三微而成一著。今日复古之要，由故训声音以进于东汉典章制度，此齐一变至鲁也；由典章制度以进于西汉微言大义，贯经术、政事、文章于一，此鲁一变至道也。清之兴二百年，通儒辈出。若所见之世，若所闻之世，若所传闻之世，则有若顾、江、戴、程、段、庄，明"三礼"、六书，阎、陈、惠、张、孙、孔，述群经家法，于东京之学，盖尽心焉。求之西汉，贾、董、匡、刘所述，七十弟子所遗，源流本末，其尚尽合乎？其未尽合乎？有潜心大业之士，睪睪然，竺竺然，由董生《春秋》以窥六艺家法，由六艺以求圣人统纪，旁搜远绍，温故知新，任重道远,死而后已,虽盛业未究,可不谓明允笃志君子哉?

道光十年,商横摄提格之岁,既论定武进礼部刘君遗书若干篇,为若干卷,群经家法具在。诸子以源为能喻其先人之志,复使叙其大都。故著先王之道,偏全同异,艰难绝续者于篇,俾成学治古文之士折其衷。《诗》曰:"周道如砥,其直如矢。君子所履,小人所视。"又睪然以睎来者焉。内阁中书邵阳魏源谨叙。

道光十一年辛卯　　1831 年

正月，宣宗撰文集《自序》，称旨在"自摅心得"，有其"维世之深心"。

据《宣宗实录》卷一八三道光十一年正月末记：

> 是月，编刊《御制文初集》成。御制序曰：予于文惟自摅心得，未尝刻意求工。……御宇以来，孜孜图治，日昃不遑，何暇染翰操觚，研覃著述。……凡皆临政之大经，宰治之根本。如徒以文集视之，则是怀铅提椠、缔章绘句者之所为，岂统驭寰区者之所尚哉？是集刊布，观者知予维世之深心，于宵旰敬勤，牖民立教之旨，或庶几焉。

同月，王念孙有书复朱彬，称朱著《礼记训纂》稿"有功经学甚巨"，并附商榷二十八条，请作者斟酌。

据刘盼遂《王石臞文集补编》之《与朱武曹书》记：

> 王念孙顿首武曹先生执事：令嗣公孚司马抵京之便，得奉手书，存问殷殷，并蒙奖许过情，殊增颜汗。藉稔先生杖履绥和，诸凡如意，欣慰之至。捧读大著《礼记训纂》，根据《注疏》而参以后儒之说，使读者饮水而知源，实事以求是，洵为酌古准今之作，有功经学甚巨，钦佩奚如。不揣固昧，间有献疑者数处，遵命录呈，未知是否，仍希先生裁酌。《述闻》中管蠡之见，殊不足存，而乃见采于通儒，愧何如之。弟衰老之躯，艰于撰述，差幸眠食如旧，足慰热情。崇此谢，并问福履，不尽欲言。王念孙再拜。小儿引之禀笔请安。
>
> 念孙衰病日增，每日晨饭食，方能起床，略坐一二时。至午后，仍

就床偃息，不能久坐。撰述一事，久已束之高阁。差幸（原注：下无文。）……道光十一年正月□日，高邮王念孙读于京师西江米巷之寿藤书屋。谨附签二十八，寄求武曹先生教政。时年八十有八。

二月，陈寿祺有书复王引之，询及《康熙字典》校勘事，并绍介其子乔枞《仪礼》经说。

据《左海文集》卷五《答王伯申尚书书》记：

> 去冬接奉手教，谨悉前呈拙刻已尘清览，辱奖借过情，徒增惭恧。伏惟尚书阁下懋膺天宠，荣长春官，政禧绥豫，侍奉万福，为颂。恭校《康熙字典》曾否竣事？此书部分，多依梅氏《字汇》之旧，与《说文》《玉篇》《类篇》异，每字音切，往往汇合群书为一，不易分别，不识今何以析之。寿祺曩在京师，窃闻绪论，亦欲謏谈经义，希附于石渠、虎观之徒，而才资驽钝，无由致专。归里以来，疲于文字之役，精力衰减，学卒无成。视阁下一门传业，冠绝海内，比肩许、郑，陵轹孔、贾，相去奚啻千里耶？枞儿年少，妄喜治经，穿穴注疏，颇有心得。《东夹西夹考》一篇，主焦里堂说，以为东堂东向，西堂西向，东西序之端折而为南墉。而谓东夹、西夹，即东西堂，无室之名，夹室乃门夹之室，仍辨焦氏之解夹室为误。其义似创而殊确。既而见凌仲子、胡竹邨皆尝驳难焦氏，且承来札下询。寿祺老矣，不复能研思博考，窃念《礼经》中所言宫室之地，必有足相印证者，因命枞儿重钩稽之。……曩蒙许可，姑令灾梨，俾得广于请益。今奉呈《礼说》《毛诗笺说》二册，伏乞通儒尊宿教所不逮，庶几两世执经，咸承师法。

三月一日，王引之为王宗炎遗著《晚闻居士集》撰序，昌言"文章之原，出于经训"。

据《晚闻居士集》卷首王引之《序》记：

> 文章之原，出于经训，故"六经"者，文章之祖也。其次则先秦诸子，

两汉遗书，皆无意为文，而极天下之文之盛。不本乎此而为文，则薄而已矣，俗而已矣，庞杂而已矣。萧山王晚闻先生，东南硕学，祖述三代、两汉之书而发为文，故其辞质，其义醇，其出之也有章，其言之也有物。昔人谓文章尔雅，训辞深厚者，先生之文，其庶几乎！余既快读先生之文，愈欲睹先生之著作，它日将从敦甫尚书转求之，以广闻见，则所敬佩而服膺者，非直此一编而已也。道光十一年，三月朔日，高邮王引之叙。

三月十九日，王念孙著《读晏子春秋杂志》成。

据《王石臞先生遗文》卷三《读晏子春秋杂志叙》记：

《晏子春秋》，旧无注释，故多脱误。乾隆戊申，孙氏渊如始校正之，为撰音义，多所是正，然尚未该备，且多误改者。卢氏抱经《群书拾补》，据其本复加校正，较孙氏为优矣，而尚未能尽善。嘉庆甲戌，渊如复得元刻影抄本，以赠吴氏山尊。山尊属顾氏涧蘋校而刻之，其每卷首皆有总目，又各标于本篇之上，悉复刘子政之旧，诚善本也。涧蘋以此书赠予，时予年八十矣，以得观为幸。因复合诸本及《群书治要》诸书所引，详为校正，其元本未误，而各本皆误，及卢、孙二家已加订正者，皆世有其书，不复罗列。唯旧校所未及，及所校尚有未确者，复加考证。其《谏下篇》，有一篇之后脱至九十余字者，《问上篇》，有并两篇为一篇，而删其原文者。其他脱误及后人妄改者尚多，皆一一详辩之，以俟后之君子。道光十一年三月十九日，高邮王念孙叙，时年八十有八。

三月二十一日，王念孙著《汉隶拾遗》成。

据《王石臞先生遗文》卷三《汉隶拾遗叙》记：

余曩未讲求金石文字，家藏汉隶亦甚少。前官运河道时，友人以汉碑拓本相赠，余因于残阙剥落之中，推求字画。凡宋以后诸家所已及者略之，有其字而未之及与误指为佗字者补之，凡二十五事，名曰《汉隶拾遗》。盖当时目尚未衰，故注视久之，亦能得其一、二，今则并此而不能矣。益以见读碑之时，适当力能读之时，为可幸也。儿子引之请以付梓，因缀数语，以质于当世之通金石文字者。道光十一年三月二十一日，高邮王念孙叙，时年八十有八。

九月十一日，王引之复书陈寿祺，谢前寄陈氏父子经说，并寄《读书杂志》已刻九种及《汉隶拾遗》，请寿祺是正。

据刘盼遂《王伯申文集补编》卷上《与陈寿祺书》记：

恭甫年兄大人阁下：九月上旬，连奉手书，藉稔尊候安吉，为慰。承惠《礼堂经说》《诗笺改字说》及指示《夹室考》，所据《仪礼》诸篇本文，援据既确，剖析亦精，洵足折衷诸说，贾徽、郑兴父子传经，不得专美于前矣。欣羡奚似！凌次仲诘难理堂之说，尚望赐寄一读，以观其异同。次仲所撰《礼经释例》，条理精密，礼家不可少之书也。苏州新刻褚氏《仪礼管见》，亦颇精实，惜剞劂稍迟，阮夫子《经解》内未及载入。《字典》校刊本，三月内已进呈。其校订之处，别为《考证》十二册，留于馆中备察，不敢付梓也。《读书雄志》已刻九种，近又刻《汉隶拾遗》一本，谨寄呈请览。……年愚弟王引之顿首，九月十一日状。

九月十三日，王念孙著《读墨子杂志》成。

据《王石臞先生遗文》卷三《读墨子杂志叙》记：

《墨子》书旧无注释，亦无校本，故脱误不可读。至近时卢氏抱经、孙氏渊如，始有校本，多所是正。乾隆癸卯，毕氏弇山重加校订，所正复多于前，然尚未该备，且多误改误释者。予不揣寡昧，复合各本及《群书治要》诸书所引，详为校正。……道光十一年九月十三日，高邮王念孙叙，时年八十有八。

冬，方东树修订《汉学商兑》，重为撰序刊行。

据《考槃集文录》卷四《汉学商兑后序》记：

由今而论，汉儒、宋儒之功，并为先圣所攸赖，有精粗而无轩轾，盖时代使然也。道隐于小成，辨生于末学，惑中于狂疾，诞起于妄庸。自南宋庆元以来，朱子既殁之后，微言未绝。复有巨子数辈，蜂起于世，奋其私智，尚其边见，逞其驳杂，新慧小辨，各私意见，务反朱子。其所谓道非道，而所言之氐，不免于非。其于道，概乎未尝有闻焉者也。逮于近世，为汉学者，其蔽益甚，其识益陋。其所挟，惟取汉儒破碎穿凿谬说，扬其波而汩其流，抵掌攘袂，明目张胆，惟以诋宋儒，攻朱子为急务。要之，不知学之有统，道之有归，聊相与逞志快意，以骛名而已。吾尝譬之，经者良苗也，汉儒者农夫勤蓄畚者也，耕而耘之，以殖其禾稼，宋儒者获而舂之，蒸而食之，以资其性命，养其躯体，益其精神也。非汉儒耕之，则宋儒不得食，宋儒不舂而食，则禾稼蔽亩，弃于无用，而群生无以资其性命。今之为汉学者，则取其遗秉滞穗而复殖之，因以笑舂食者之非，日夜不息，曰吾将以助农夫之耕耘也。卒其所殖不能用，以置五升之饭，先生不得饱，弟子长饥。以此教人，导之为愚，以此自力，固不获益。毕世治经，无一言几于道，无一念及于用，以为经之事尽于此耳矣，经之意尽于此耳矣。

十月四日，宣宗颁谕，为防科举士子作弊，"严禁书肆小本文策"。据《宣宗实录》卷一九八道光十一年十月壬午条记：

　　谕军机大臣等，前据给事中王云锦奏，请严禁书肆小本文策，以防士子怀挟之弊，并称有"文海""文备"名目。兹据步军统领衙门奏，……该役等向各书肆访查板片，佥称此书来自江南，其板片自必在该省书肆收存等语。着陶澍严饬所属，查明此种板片，务须迅速销毁净尽，以杜流弊而端士习。

十月二十四日，宣宗严禁小本文策再度颁谕，除概营销毁，将严惩作弊士子。

据《宣宗实录》卷一九九道光十一年十月壬寅条记：

谕内阁：军机大臣会同礼部、都察院议奏，给事中王云锦条陈，请禁书肆小本一折。……着各省督抚、顺天府、五城步军统领，明查暗访，将书肆小本板片，概行毁销。……其各直省学政，于岁、科两试，及国子监录科，务各严行搜检。遇有不肖士子带小本文策者，立予褫革。……士子中式后，除策学援引经史，语句相同无庸议外，其"四书"经文有全篇剿袭旧文者，一经磨勘官签出，立即斥革，务期永绝此弊，以端士习。冬，钱庆曾辑其曾祖年谱续编成。

据《竹汀居士年谱续编》卷末钱庆曾《跋》记：

先曾祖少詹事公所著《廿二史考异》《金石文跋尾》《十驾斋养新录》《三统术衍》《元史艺文志》等书，久已刊行传世。公殁后，先祖等与在院诸公校刊《潜研堂文集》《养新余录》。而祖姑夫瞿公中溶、许公希冲（原注：初名荫堂），又以《金石文字目录》，公门人李公赓芸以《考史拾遗》《王伯厚王元美年谱》《补唐五代宋学士年表》，黄公钟以《元氏族表》《潜研堂诗集》先后付梓。钱塘何公元锡，又于《日记》中摘取所见古书、金石及书院策文，汇为一帙刻之，题曰《钱氏日记钞》。近年，仪征阮氏、江宁汪氏、海盐吴氏，复有《恒言录》《四史朔闰考》《声类》《疑年录》之刻。海内之愿读公书者，亦几备矣，而名公卿学士之访求遗稿，至于今犹未已也。庆曾之生，不及闻公謦欬，又十龄而孤，于先世著录撰述，茫然不知所自。比长，稍有知识，偶得手泽，谨谨宝藏。恭缮《潜研堂全书》，以史传拟稿，及公之遗像、像赞、墓铭并冠诸卷首。而公之年谱阙如，不无遗憾，因案先世行述、传铭，及所闻于族党长老者，辑为一稿。既成，而叔祖石桥先生检出公《自编年谱》一卷，受而读之。乃改削前稿，其壬子以前，恭录原文，而凡散见于诗文集及他书之可以互证者，分记其下。盖公所不暇详者，皆后人所不敢略者也。原文所称人物、书籍、碑刻之属，又略加诠注，不知者阙之。文集各篇作于何时，有可考者亦分记每年之末。其癸丑以后，谨为续编以附焉。道光辛卯冬日，曾孙庆曾谨识。

是年，胡培翚为其师王引之《经传释词》作跋，述师门之学甚明。据刘盼遂《高邮王氏父子年谱》道光十一年王引之六十六岁条记：

复署工部尚书，胡培翚为序《经传释词》。

又据《研六室文钞》卷七《经传释词书后》记：

吾师自弱冠后，究心《尔雅》、《说文》、顾氏《音学五书》者有年，得其要领。既而侍石臞太夫子于京邸，聆承庭训，贯通众说，益得指归。厥后师友一堂，凡有著作，互相考核，（原注：石臞公著《广雅疏证》二十卷、《读书杂志》八十四卷，多附吾师之说，吾师所著书，亦多载石臞公之说。）故其论撰极精。近吾师为武英殿总裁，奉旨重刊《康熙字典》，校正原书传写之误，撰《字典考证》十二册，以佐盛朝同文之治。而其所著《经义述闻》，久已传布艺林，海内宗仰。是书专释语词虚字，辟前未有之涂径，荟萃众解，津逮后人，足补《尔雅》之阙。学者诚能即是书熟复而详考之，则于经义必无扞格，而读史、读子、读古书，无不迎刃以解矣。其功不与《尔雅》并传也哉！受业胡培翚敬识。

江藩于是年病逝。
据《清史列传》卷六十九《江藩传》记：

江藩，字子屏，江苏甘泉人。监生。受业吴县余萧客及元和江声，得惠栋之传。……初，惠栋作《周易述》，未竟而卒。……藩乃著《周易述补》五卷，羽翼惠氏。……又著《汉学师承记》八卷，……《国朝经师经义目录》一卷，……《宋学渊源记》三卷，少尝为《尔雅正字》，道光元年，年六十一，复重加删订，为《尔雅小笺》三卷。他著有《隶经文》四卷、

《炳烛室杂文》一卷、《江湖载酒词》二卷。卒穷困以终。

案：据闵尔昌编《江子屏先生年谱》记，江藩生于乾隆二十六年，卒于道光十一年。

道光十二年壬辰　1832 年

正月二十四日，王念孙在北京病逝。

据《高邮王氏六叶传状碑志集》卷四王引之撰《石臞府君行状》记：

  府君讳念孙，字怀祖，号石臞，姓王氏。先世居苏州，明初始迁高邮。……府君之持躬正直，得于庭训者甚早。休宁戴东原先生，当代硕儒，精于"三礼"、六书、九数、声音、训诂之学，文肃公延请授经，而府君稽古之学遂基于此矣。……岁在乙未，年三十二，试礼部中式。……奉旨以六品休致，府君时年六十有七矣。……自顾生平读书最乐，乃以著述自娱，亟取所校《淮南子内篇》，重加校正，博考诸书，以订讹误。由是校《战国策》《史记》《管子》《晏子春秋》《荀子》《逸周书》，及旧所校《汉书》《墨子》，附以《汉隶拾遗》，凡十种八十二卷，名曰《读书杂志》，陆续付梓。……自壮年好古，精审于声音、文字、训诂之学。……分顾亭林古韵十部为二十一部，而于支、脂、之三部之分，辨之尤力，以为界限莫严于此。海内惟金坛段茂堂先生，与府君暗合，其他皆见不及此。而分至、祭、盍、缉四部，则又段氏之所未及。……及官御史时，治事之余，必注释《广雅》。日以三字为率，寒暑无间，十年而成书，凡二十二卷，名曰《广雅疏证》。……讲明经义，多发前人所未发，不取凿空之谈，亦不为株守之见，惟其义之平允而已。不孝引之过庭之余，随时手录，恭载于《经义述闻》及《经传释词》中，已梓行于世矣。……府君生于乾隆九年三月十三日寅时，卒于道光十二年正月二十四日寅时，享年八十有九。

七月，朱彬著《礼记训纂》成。

据《礼记训纂》卷首《自序》记：

本朝经学昌明，诏天下诸生习《礼记》者，兼用古注疏，于是洪哲俊彦之伦，钻研经义，遐稽博考，盖彬彬矣。不揣梼昧，年逾知命，始取《尔雅》《说文》《玉篇》《广雅》诸书之故训，又刺取《北堂书钞》《通典》《太平御览》诸书之涉是《记》者，虎观诸儒所论议，《郑志》师弟子之问答，以及魏晋以降诸儒之训释，撮其菁英，以为辑略。管窥蠡测，时有一得，亦附于编。郑君注《礼》，如日月之在天，江河之行地，而千虑之失，亦间有之。后儒规其阙失，补其瑕间，用是知经传之文，非一人一家之学所能尽也。唯《大学》《中庸》不加训释，仍依郑注，列经文于次，以还四十九篇之旧焉。道光壬辰七月自序。

八月九日，宣宗颁谕，整饬科场纪律。
据《宣宗实录》卷二一七道光十二年八月癸未条记：

近来士习日坏，前据科道等条奏防弊之法，经朕降旨准行，并谆谆诰诫，几于三令五申，该士子宜如何涤虑洗心，奉公守法。乃本科乡试，仍有吴思同等携带诗文之事。该士子以身试法，行险徼幸，习为故常，恬不知耻，若令其幸得科名，通籍后夤缘钻刺，更何事不可为，尚望其为朝廷出力耶？……嗣后该士子等，务须恪遵功令，敦品励行，勉为真才实学，毋再存幸获之心，求荣反辱。其搜检王大臣，及都察院堂官派出科道等，总当认真办理，不可日久生懈，视为具文。

九月十六日，陈立著《白虎通疏证》成。
据《白虎通疏证》卷首《自序》记：

班氏位参玄武，生值东京，待诏金马之门，珥笔白虎之观，胪群言之同异，衷师说之是非，立学官者十有四家，著《艺略》者三十八种。漆书故训，杂出西州，蝌字佚文，仍遗东观。虽一尊之定说未伸，而六艺之微言斯在。……立质赋颛愚，学惭俗陋，耻乡壁之虚造，守先儒之旧闻，不揣梼昧，为之疏证，凡十二卷。只取疏通，无资辨难，仿冲远作疏之例，依河间述义之条,析其滞疑,通其结辖,集专家之成说,广如线之师传。口传耳剽,固未究其枝叶,管窥莛击,或有补于涓埃云尔。道光壬辰九月既望,句容陈立撰于扬州寓宅之惜分轩。

闰九月十四日,胡承珙在泾县故里病逝。
据胡培翚《研六室文钞》卷十《福建台湾道胡君别传》记:

君姓胡氏,讳承珙,字景孟,号墨庄,先世自徽州婺源迁径之溪头都。……嘉庆……乙丑,成进士。……道光甲申,以病乞假回籍调理。……所著《仪礼古今文疏义》十七卷、《小尔雅义证》十三卷,皆手自付梓。《毛诗后笺》三十卷、《尔雅古义》二卷、《求是堂诗集》二十二卷、《奏折》一卷、《文集》六卷、《骈体文》二卷,子先翰、先颡次第梓以行世。其为之而未成者,又有《公羊古义》《礼记别义》二书。……归田后,家居九载,足不出里门,不预外事。……生于乾隆丙申岁三月十四日,卒于道光壬辰岁闰九月十四日,年五十七。

闰九月二十二日,张宗泰卒于扬州故里。
据缪荃孙《续碑传集》卷七六薛寿撰《张登封先生家传》记:

先生讳宗泰,字登封,号筠岩,扬州甘泉人。……所著书如《周官尔雅注疏正误》《孟子七篇诸国年表》《天长县志表》,俱授梓行世。其未付刻而卷轴甚巨者,以《旧唐书疏正》《新旧唐书合钞》为最。……先生生于乾隆十五年二月三十日,卒于道光十二年闰九月二十二日,年八十三。

十月,章学诚遗著《文史通义》《校雠通义》刊行。
据《章氏遗书》卷末附录章华绂《文史通义跋一》记:

先君子……易箦时,以全稿付萧山王毂塍先生,乞为校定,时嘉庆辛酉年也。毂塍先生旋游道山。道光丙戌,长兄杼思自南中寄出原草,并毂塍先生订定《目录》一卷。查阅所遗尚多,亦有与先人原编篇次互异者,自应更正，以复旧观。先录成副本十六册，其中亥豕鲁鱼，别无定本，无从校正。庚寅、辛卯，得交洪洞刘子敬、华亭姚春木二先生，将副本乞为覆勘。今勘定《文史通义·内篇》五卷、《外篇》三卷，《校雠通义》三卷，先为付梓。尚有《杂篇》及《湖北通志检存稿》，并《文集》等若干卷，当俟校定，再为续刊。道光壬辰十月，男华绂谨识。

十一月六日，毛岳生为其师姚鼐遗著《惜抱轩书录》撰序，颇及一时学术消息。

据《休复居文集》卷一《惜抱轩书录序》记：

> 学术之衰久矣！自学者不务知类通达，而惟考辨于古书传记，以矫宋儒之失，职业益以不修，而材识亦日蒙锢。……其流失至于穿凿胶合，破碎缴绕，毫发肤末之事，往往辨论至数千百言。……桐城姚先生惜抱，笃行懋学，轨以程、朱，为海内大贤，文章议论，浩博坚整，而毕出深醇。先生尝云："学问之事，有义理、考证、词章三者，世必有豪杰之士，兼收其美。"若先生者，可谓具得其要领者也。……先生之从孙，金坛令石甫，器识宏杰，文尤雄骏奇变，在所明肃，慈惠不苟。然则先生所示为醇儒之学者，石甫必益恢大其传绪焉矣。《书录》凡四卷，文八十八首。往与武进李申耆先生斠正误脱，石甫今为刻附先生集后。岳生尝学于先生，石甫又不弃颛固，《诗》不云乎，"自古在昔，先民有作"，矧亲承言议哉？辄僭述所闻著于篇。道光十二年十一月六日戊寅，宝山弟子毛岳生谨撰。

是年，经胡培翚首倡，钱大昕入祀南京钟山书院。

据《研六室文钞》卷八《钱竹汀先生入祀钟山书院记》记：

> 钱竹汀先生名大昕，江苏嘉定人，博洽经训，尤精史学，通六书、九数、天文、地舆、氏族、金石，熟于历代官制及辽金元国语世系，……盖乾隆中一大儒也。道光十二年，培翚来钟山书院，得先生所撰《学约》，切实该括，有裨学者。求其版不可得，乃重梓以诒在院之士。其堂之东有

祠，祀院长之有学行者，而先生未与，心窃嗛焉。既与诸荐绅言之，而陈君懋龄、吴君刚、汪君云官六七人，同应声曰，是真此邦缺典也。亟制栗主，敬送入祠。陈君为言，先生主讲时，伊年尚幼，曾受业焉。先生精风角，亲验其术，其著《廿二史考异》，即在院内。然则兹地之祀先生，乌容已欤！

道光十三年癸巳　1833年

自嘉庆十三年秋起，严可均始辑《全上古三代秦汉三国六朝文》，历时二十余年，至是年春夏间蒇事。

据《铁桥漫稿》卷六《全上古三代秦汉三国六朝文总叙》记：

> 嘉庆十三年，开《全唐文》馆，不才越在草茅，无能为役，慨然曰：唐之文盛矣哉，唐已前要当有总集，斯事体大，是不才之责也。其秋始草创之，广搜三分书，与夫收藏家秘笈、金石文字，远而九译，旁及释道鬼神。起上古迄隋，鸿裁巨制，片语单词，罔弗综录。省并复叠，联类畸零，作者三千四百九十五人，分代编次，为十五集，合七百四十六卷。肆力九年，草创粗定。又肆力十八年，拾遗补阙，抽换之，整齐之，画一之，已于事而竣。揪五厄之亡散，扬万古之天声，唐已前文，咸萃于此，可缮写。乌程严可均。

六月十日，严可均有书致浙江学政陈用光，告《全上古三代秦汉三国六朝文》辑竣。

据《铁桥漫稿》卷三《上提学陈硕士同年书》记：

> 六月十日，严可均顿首硕士大人执事：陈石堂先生，宋末醇儒而集罕传。执事竟访得其遗书廿二卷，有心哉！《勉学诗》即从遗书录出乎？抑集外诗乎？讲学家为诗，都沿击壤派，而石堂不然，弥复可爱。《本注》汉高不帝，疑衍不字，武帝楼船将军，疑脱遗字，衍武帝字。彭文勤、姚姬传两先生，数十年前曾亲色笑，乾嘉间老辈，竟成古人。承示《方舆纪要摘抄》及《惜抱轩书录》，皆曩年所未睹。前有俞理初正燮、李申耆兆洛

叙文。理初、申耆与可均旧好，申耆好学深思，不亚张皋文。理初于书无所不览，尝在孙渊翁德州司漕署，为《古天文说》廿卷，文勤《新五代史补注》亦理初草创。可均稍有撰述，除已梓借梓外，尚数十种，积稿等身，又半皆从搜罗残剩得来。就中有《上古三代秦汉三国六朝全文》，七百册六卷，三千四百九十五家，凡百四册，非有大力者，断难付梓。来日苦短，亟宜谢病去官，就省垣写手众多处，缮录清本，明知覆瓿，姑听后人。

六月，俞正燮著《癸巳类稿》十五卷，在京中刊刻。

据《癸巳类稿》卷首王藻《序》记：

黟县俞正燮理初，敦甫夫子辛巳再典江南省试所得士也，与同门久而不相识。癸巳春闱，予忝与分校之役，得理初卷，异之，意其为皖省宿学无疑也。既又得徐卓荦生卷，二卷根柢相伯仲，同时并荐。荦生得隽，而理初下第矣。比荦生来谒，询以皖省知名士，则首举理初。因撮闱文中一、二语，趣荦生亟往询之，果理初也。荦生之与理初，遇不遇各有命，而爱素好古，澹泊寡营，不诡遇以求合，其蒐讨之勤，识议之博，上下古今，纵横驰骋，分镳并驱，悉讲求于根柢之学。故其见之于文也，真而不凿，要而不芜，质而不僿，辩而不哗，覃精研思，实事求是，率皆发明经史奥义，旁及诸子百家九流之说，剖晰疑似，若辨黑白，可不谓博学强识君子哉？荦生著作甚多，予未之见。其《经义未详说》五十四卷，先已梓行，时方携之行箧，乞序于予。理初有《类稿》三十余卷，尚未付梓。余索观之，卷帙颇繁，且系初稿。惧其挈之南行，久而散失。亟商诸及门孔继勋炽庭、邱景湘镜泉、吴林光蘅泠，醵金为付剞劂，厘其校正者十五卷为正集，余为外集，以俟续梓。题曰《癸巳类稿》，明是编之辑成于癸巳也，理初之志也。荦生成进士，以本班注选，既复从需次之暇，归理旧业。理初锻羽南归，而兹稿之辑不至湮没无传，信乎遇不遇固有命，而传不传亦各有定数也。若两生者，可以传矣。于其归而送之行，因以为两生序。道光十有三年癸巳夏六月，王藻菽原氏书于京寓之求日益斋。

七月二十二日，毛岳生为姚莹《东溟文集》撰序，以姚氏慕阳明学而颇有规劝。

据《休复居文集》卷一《姚石甫文集序》记：

> 余友桐城姚君石甫，……于古贤中尤慕贾生、王文成二人，以其所言，考其所行，或庶几有合矣。然以二人之伟抱闳识，而皆不免于逸嫉。文成又说性道过高，学者颇病其后之舛驰，至猖狂恣睢。则凡论议之立，虽巨细隐显之不同，何可不慎其终极哉？闳通俊伟之材不易得也，而文之适于用者尤寡。事势参错，岁月殊异，士之功业学术，欲求合于古人，知其得，不可不防其失也，防其失矣，乃益审其通变焉。……道光十三年七月二十二日庚寅。

道光十四年甲午　1834 年

元旦，汪喜孙倡导泾川书院学子读《通艺录》、《经义述闻》及其父遗著《述学》。

据汪喜孙《从政录》卷一《再示左生书》记：

> 前札书成，恐无以塞足下之意，无已，且就今之经学，为足下告。今之经学书，无过《通艺录》《经义述闻》二种。《通艺录》既精且博，千门万户，非读书数十年之功不能成，亦非读书数十年之功不能读。《经义述闻》实事求是，不尚墨守，非读书数万卷不能览，亦非读书数万卷不能注。读《通艺录》者，不必即如程君瑶田；读《经义述闻》者，不必如王宗伯。善学者，贵乎述，尤贵乎作。当今经学昌明，贯通众家之说固难，作述一家之言尤难；博览群籍固难，独辟门径尤难。譬如行远，不期其至而自至；譬如登高，不厌其卑而遂不卑。为程徵君之学者，远之读郑、贾、孔之注疏，近之观江永、戴震、金榜、凌廷堪之著作；为王宗伯之学者，远之读先秦两汉之书，近之考顾、江、戴、段、江之古韵十部、十三部、十七部、二十一部，所以，非数十年、数万卷不为功。若等而下之，取注疏，采录记诵，再加以近儒所著说，以侈其博，分训诂名物，以类相从，合之于注疏之精华，以择其雅，此不过数年而成，亦非本年所能急就。无已，则姑取《困学纪闻》《日知录》《通艺录》《养新录》《经义述闻》，用朱墨圈点记之，亦愈于束书不观者矣。若经史词章，各种门径俱有，则无如《述学》，不可不读之书也。元旦试笔再书。

正月十五日，马瑞辰为胡承珙《毛诗后笺》撰序。

据《毛诗后笺》卷首马瑞辰《毛诗后笺序》记：

《毛诗后笺》三十卷，余同年友胡观察墨庄所著也。墨庄性沉静，寡嗜欲，独耽著述，治群经无不赅贯，而于《毛诗》尤专且精。往尝与余同宦京师，余亦喜为《毛诗》学，朝夕过从，心有所得，辄互相质问，时幸有出门之合。盖《毛诗》词义简奥，非浅学所易推测。唐人作《正义》，每取王子雍说，名为申毛，而实失毛旨。郑君笺《诗》，宗毛为主，毛义隐略，则或取正字，或以旁训疏通证明之，非尽易毛也。《正义》泥于《传》无破字之说，每误以笺之申毛者为易毛义。又郑君先从张恭祖授《韩诗》，兼通齐鲁之学，间有与毛不同者，多本三家《诗》，而参以己意，《正义》又或误以笺义为传义。余与墨庄同见及此，凡所援据《说文》《字林》《玉篇》《广韵》及经、传、子、史所引《诗》与近人说《诗》，若惠氏《诗说》《诗古义》，陈氏《稽古编》、段氏《诗小学》、阮氏《校勘记》、王氏《经义述闻》、孔氏《诗义厄言》、李氏《毛诗紬义》，征引略备。是所见同，所学同，所援引又同，宜其说之不谋而合也。故余所注名《毛诗传笺通释》，而墨庄自名其书为《毛诗后笺》，名虽异而实则同。今墨庄已作古人，令嗣仲池持其书请序于余，余受而读之。其书主于申述毛义，自注疏而外，于唐、宋、元诸儒之说有与《毛传》相发明者，无不广征博引，而于名物训诂及毛与三家诗文有异同，类皆剖析精微，折衷至当。有与余说大略相同，而征引博于余者；有余蓄疑既久，未能得其端绪，读是书而昭若发蒙者；亦有与余说互异，而不妨并存其说以待后人论定者。墨庄曾与余约，俟书成，互相为序。今余书粗已毕业，欲求序于墨庄不可得，而墨庄是书实能集《毛诗》之大成，评异同而辨白黑。余既录其说之精核，可悬国门者百数十条，将以补入余书，示服膺之笃，因并序而归之。昔何劭公开户十有七年，始成《公羊解诂》，墨庄以台湾观察引疾归里，亦键户十余稔，而后《毛诗后笺》得以成书，研精覃思，古今同辙。墨庄虽年未满六十，而其书信今传后，可称立言不朽者已。道光十四年正月望日，年愚弟桐城马瑞辰谨序。

二月二十日，陈寿祺在福州病逝。

据钱仪吉《碑传集》卷五一高澍然撰《奉政大夫翰林编修记名御史陈先生寿祺行状》记：

> 先生姓陈氏，讳寿祺，字恭甫，一字苇仁，福州府闽县人。……嘉庆己未进士，……辛酉散馆，……授编修。……假归，仪征公方巡抚浙江，延主敷文书院，兼课诂经精舍生。又因先生在浙，特开局聘名士，编纂群经古义为《经郛》，义例取舍，悉受成先生。先生亦自著《五经异义疏证》，海内治郑、许学者，咸取正焉。……癸亥冬还朝，庚午奉先大夫讳归。……服阕，即陈情乞养，……卒不出。……凡掌教泉州清源书院十年，鳌峰书院十一年。……综先生所著，《文集》及《五经异义疏证》《东越儒林文苑后传》外，尚有《尚书大传定本》《洪范五行传辑本》《左海经辨》《欧阳夏侯经说考》《齐鲁韩诗说考》《礼记郑读考》《说文经诂》《两汉拾遗》《左海骈体文》《绛跗堂诗集》《遂初楼杂记》。……以道光十四年二月二十日，卒于里第，享年六十有四。晚号隐屏，作《隐屏山人传》。

二月二十五日，清廷重申禁毁"一切淫书小说"。

据《宣宗实录》卷二四九道光十四年二月庚申记：

> 谕内阁：御史俞焜奏，请申明例禁，以培风俗一折。……近来传奇、演义等书，踵事翻新，词多俚鄙。……嗣后各省督抚及府尹等，严饬地方官实力稽查，如有坊肆刊刻，及租赁各铺，一切淫书小说，务须搜取板书，尽行销毁。

黄汝成辑《日知录集释》成，于是年五月撰序刊行。

据《日知录集释》卷首黄汝成《序》记：

> 昆山顾亭林先生，质敏而学勤，谊醇而节峻，出处贞亮，固已合于大贤。虽遭明末丧乱，迁徙流离，而撰述不废。先后成书二百余卷，闳廓奥赜，咸职体要，而智力尤瘁者，此也。……先生因时立言，颇综核名实，

意虽救偏，而议极峻正，直俟诸百世不惑，而使天下晓然于儒术之果可尊信者也。汝成钻研是书，屡易寒暑，又得潘检讨删饰元本，阎徵君、沈鸿博、钱宫詹、杨大令四家校本。先生讨论既夥，不能无少少渗漏，四家引申辩证，亦得失互见，然实为是书羽翼也。用博采诸家疏说传注名物、古制时务者，条比其下。伏处海滨，见闻孤陋，又耆硕著书富邃，而义无可附，则亦阙诸。……书凡三十二卷，篇帙次第，略不改易。……道光十四年五月，嘉定后学黄汝成叙录。

十一月二十四日，王引之病逝于工部尚书任。
据《高邮王氏六叶传状碑志集》卷五王寿昌等《伯申府君行状》记：

府君讳引之，字伯申，号曼卿，姓王氏。先世居江苏苏州郡城，明初始迁高邮。……年三十四，己未成进士。……自庚戌入都，侍大父讨论经义，凡有所得，即笔于篇，过庭所闻，亦备载之。迄庚寅成书，凡三十二卷，名《经义述闻》。……博考九经三传，及周秦西汉之书，发明助语古训，分字编次，为《经传释词》十卷，以补《尔雅》《说文》《方言》之缺。……先大父所著《广雅疏证》，末卷即命府君为疏，《读书杂志》十种，亦多列府君之说。而府君《经义述闻》及《经传释词》，亦谨载先大父之说。……府君生于乾隆三十一年三月十一日寅时，卒于道光十四年十一月二十四日辰时，享年六十有九。

十二月八日，严可均致书徐松，叹二人之遭际，鼓励友人整理所辑钞之《宋会要》，并述一己《四录堂类集》目录。
据《铁桥漫稿》卷三《答徐星伯同年书》记：

我两人文字之交，忧患之交，洵非泛泛同年比也。可均偃蹇终身，足下亦一蹶未振，同病相怜，既不能致君泽民，只应与古为徒，皇皇焉上观千载，网罗放失旧闻，以羽仪经业，导扬儒风。不尔，天生我材，亦何所用？夫立德立功难，立言亦大不易，载籍极博，千仅一存，补阙拾遗，毋俾失坠，匪异人任也？愿与足下共勉之。嘉庆中，足下在《全唐文》馆，从《永乐大典》写出《宋会要》，此天壤间绝无仅有者。及今闲暇，依《玉海》所载《宋会要》体例，理而董之，存宋四百年典章，肆力期年，粗可竣事。……至来书言，迩日见梁永阳王前墓志、高丽隋碑、薛河东所书信行禅师碑，闻所未闻，安得手录其文，以补鄙著《金石三录》及《全梁》《全隋文》哉！然而关系无多，虚想亦快，不如《宋会要》之尤要也。可均四十余年来，所撰辑再等身，大率皆千数百年前之古人之心血寄存者，搜拾丛残而联比之，整齐之，为《四录堂类集》千二百余卷。除已刻借刻外，欲缮写清本，留覆酱瓿。而去日苦多，来日苦少，言之索索气尽。二十年前校辑经佚、注佚、子书等数十种，就中郑注《孝经》最完善，曾叙其源委，今夏将刻板，复为后叙，欲削繁就简而未能，足见心力已衰。语许印林云老矣。后此两年，太岁在申，月建在辰，其大限乎？术家之说，或验或不验，印林以语足下，乃云限在明年，殆非也。十一月望，可均为缮写清本地，引疾去官，明年幸或惠书，尚当再三往复，以博轩渠。承索鄙著书目，附呈如左。可均顿首，时甲午岁腊月八日也。

又据该札所附《四录堂类集总目》记：

《京氏易》八卷（王保训辑，可均校补。《叙录》《传述》《论证》三篇列于卷首。《易章句》一，《易传》二，《易占上》三，《易占下》四，《易妖占》、《易飞候》五，《别对灾异易说》、《五星占》、《风角要占》六，《外传》七，《灾异后序》、《易集林》、《易逆刺律术》八。《丛书木》三卷，见存不录。）

《韩诗》二十一卷（可均辑。附《鲁诗》《齐诗》《汉人诗说》。）

《仪礼古今文异同说》一卷（可均撰。）

《三礼图》三卷（孙星衍与可均同辑。）

《谥法》三卷（孙星衍与可均同辑。）

《郑氏注孝经》一卷（可均辑。已刻）

《郭璞尔雅图赞》一卷（可均辑。）

《尔雅一切注音》十卷（可均辑。）

《唐石经校文》十卷（可均撰。已刻。）

《说文长编》七十卷（可均撰。凡四十七册，亦名《类考》。《天文算术类》二卷，《地理类》六卷，《草木鸟兽虫鱼类》十卷，《声类》二卷，《说文引群书类》六卷，《群书引说文类》二十九卷，《钟鼎古籀文秦篆类》十五卷。）

《说文声类》二卷（可均撰。即《长编》第四种，已刻。）

《说文翼》十五卷（可均撰。即《长编》第七种。）

《说文校议》三十卷（可均撰。先是为《说文长编》，以撰《疏义》，草创未半。孙氏星衍劝先作提纲，遂为《校议》三十篇，半年而竣。姚氏文田之说亦在其中，而《疏义》至今未成。已刻。）

《段氏说文订订》一卷（可均撰。）

《毛氏四书改错改》四卷（可均撰。已上经类十五种，一百八十卷。）

《嵇康圣贤高士传》一卷（可均辑。）

《周处风土记》一卷（可均辑。）

《郭璞山海经图赞》二卷（可均校辑。）

《沈充吴兴山墟名》一卷（可均辑。）

《山谦之吴兴记》一卷（可均辑。）

《沈怀远南越志》二卷（可均辑。）

《范成大桂海虞衡志佚文》一卷（可均辑。已上史类七种，九卷。）

《孔子集语》十七卷（孙星衍与可均同撰。已刻入《平津馆丛书》。）

《王孙子》一卷（可均辑。）

《陆贾新语》二卷（可均辑。）

《桓谭新论》三卷（可均辑。）

《魏文帝典论》一卷（可均辑。）

《杜恕体论》一卷、《笃论》一卷（可均辑。）

《陆景典语》一卷（可均辑。）

《袁准正论》一卷、《正书》一卷（可均辑。）

《鬻子》一卷（可均辑。）

《钟会等注老子》一卷（可均辑。）

《老子唐本考异》一卷（可均撰。据易州碑本、傅奕古本、明皇注本，与《释文》互校。）

《抱朴子内篇校勘记》一卷（继昌与可均同撰。已刻。）

《抱朴子内篇佚文》一卷（继昌与可均同辑。已刻。）

《苻子》一卷（可均辑。）

《苏子》一卷（可均辑。）

《商子》五卷（可均校。）

《慎子》一卷（可均校。已刻。）

《申子》一卷（可均辑。）

《崔寔正论》二卷（可均辑。）

《桓范世要论》一卷（可均辑。）

《刘廙政论》一卷（可均校。）

《阙子》一卷（可均辑。）

《仲长统昌言》二卷（可均辑。）

《蒋济万机论》一卷（可均辑。）

《傅子》四卷（可均辑。）

《抱朴子外篇校勘记》一卷（继昌与可均同撰。已刻。）

《抱朴子外篇佚文》一卷（继昌与可均同辑。已刻。）

《马总意林校勘记》一卷（可均撰。）

《明初写本北堂书钞》五十五卷（可均校卷一至卷二十六，又校卷百三十二至卷百六十，已刻。）

《初学记》三十卷（可均据宋刻本校。）

《惠松崖笔记》三卷、《九曜斋笔记》三卷（可均校。）

《崔寔四民月令》一卷（可均辑。）

《黄帝占》三卷（可均辑。）

《欧阳棐集古录目》十卷（可均辑。）

《古今钱图》三十卷（可均撰。）

《钱龙手鉴》二卷（可均撰。）

《访碑续录》一卷（可均撰。）

《平津馆金石萃编》二十四卷、《续编》四卷、《再续》二卷、《三续》一卷（可均撰。《三续》皆新收拓本，未编定。）

《铁桥金石跋》四卷（可均撰。已上子类四十一种，三百三十一卷。已刻。）

《全上古三代秦汉三国六朝文》七百四十六卷（可均辑。凡一百四册。《全上古三代文》十六卷，《全秦文》一卷，《全汉文》六十三卷，《全后汉文》一百六卷，《全三国文》七十五卷，《全晋文》一百六十七卷，《全宋文》六十四卷，《全齐文》二十六卷，《全梁文》七十四卷，《全陈文》十八卷，《全后魏文》六十卷，《全北齐文》十卷，《全后周文》二十四卷，《全隋文》三十六卷，《先唐文》一卷，《韵编全文姓氏》五卷。）

《司马长卿集》二卷（可均校编。）

《扬子云集》四卷（可均校编。）

《蔡中郎集》十四卷、《录》一卷（可均校编。）

《陈思王集》十卷（可均校编。）

《海珊外集》八卷（可均编。）

《鸾坡先生集》三卷（可均恭校。）

《孙渊如外集》五卷（可均编。）

《铁桥诗稿》十四卷、《文稿》十六卷（可均撰。少作不足存。）

《铁桥漫稿》八卷（可均撰。已上集类十种，八百三十一卷，时文不入录。已刻。）

右《四录堂类集总目》七十三种，千二百五十一卷。

十二月十五日，张惠言遗著《茗柯文补编》《外编》刻竟，陈善为之撰《后序》，述缘起甚明。

据《茗柯文编》卷末陈善《茗柯文补编外编后序》记：

《茗柯文四编》，武进张皋文师所定，今仪征相国阮公已序而刊之矣。尚有遗文若干篇，善藏之箧笥惟谨。去年游闽，同门友兴泉永道富阳周君凯，见而欲授之梓人，属内阁中书光泽高君澍然，汰其率尔之作，存若干篇，分《补编》《外编》上下各二卷。……后之读者，由兹编以窥前编之文，则先生体道之精微可见矣。合二编以窥删存之意，则先生辨道之深严亦可知矣。刻既竟，因书其后，以质之周君。道光十四年十二月望，仁和陈善。

道光十五年乙未　1835年

二月十九日，顾广圻逝世。

据《思适斋集》卷首李兆洛撰《顾君墓志铭》记：

  先生名广圻，字千里，以字行，号涧薲，陈黄门侍郎野王之三十五世孙也。……世为吴人。少孤多病，枕上未尝废书。……年三十，始补博士弟子员，县府试皆冠其曹。继从江艮庭先生游，得惠氏遗学，因尽通经学、小学之义。……当是时，孙渊如观察、张古愚太守、黄荛圃孝廉、胡果泉中丞、秦敦夫太史、吴山尊学士，皆深于校雠之学，无不推重先生，延之刻书。为孙刻宋本《说文》《古文苑》《唐律疏议》，为张刻抚州本《礼记》、严州本单疏本《仪礼》《盐铁论》，为黄刻《国语》《国策》，为胡刻宋本《文选》、元本《通鉴》，为秦刻《扬子法言》《骆宾王集》《吕衡州集》，为吴刻《晏子》《韩非子》。每一书刻竟，综其所正定者为考异，或为校勘记于后，学者读之益钦向。为汉学者，往往不平宋儒而訾警之，先生独服膺焉，遍读先儒语录，摘其切近者为《邂翁苦口》一卷，以教学者。胸中博综，而能识之无遗，每论议滔滔不竭，而是非所在，持之甚力，无所瞻徇。家故贫，常以为人校刻，博糈以食，虽往来皆名公卿，未尝有以自润。晚得类中症，卧床第者五年，道光十五年二月十九日卒，年七十。

四月二十一日，宣宗策试天下贡士，经世实务成为策问主题。

据《宣宗实录》卷二六五道光十五年四月庚戌条记：

  策试天下贡士张景星等二百七十二人于保和殿，制曰：……夫慎德所以图治，讲武所以卫民，除莠所以安良，治河所以利运，皆经国之远猷，立政之要图也。多士学古通今，蕴怀有素，其勉悉乃心，胪列见闻，详著于篇，毋泛毋隐，朕将亲览焉。

七月十三日，宣宗颁谕，整饬学校，端正士风。
据《宣宗实录》卷二六九道光十五年七月庚子条记：

> 谕内阁，御史豫泰奏，请整饬学校，以励人材一折。……若如该御史所奏，近来奉行日久，视若具文，教官懈于训诲，士风习于浮夸，允宜亟加整顿，振起人材。……以期士习民风蒸蒸日上，用副朕作养人材至意。

道光十六年丙申　　1836年

春，朱琦有书复汪喜孙，会通汉宋，同调共鸣。
据朱琦《小万卷斋文稿》卷七《与汪孟慈农部书》记：

　　孟慈先生足下：旧秋由同年卓海帆少宰转致一简，知已投呈。冬间接奉手翰，幸以蒙为可与言，而上溯周、孔，下逮汉、宋儒家之得失，证据明确，实获我心。……昌黎韩子《原道》曰："尧以是传之舜，舜以是传之禹，禹以是传之汤，汤以是传之文、武、周公，周公传之孔子，孔子传之孟轲。"由是而观，文、武以上皆帝王，道在上，孔、孟皆儒者，道在下，而周公适介其间，实古今道统之一大转关也。特是道统高深，占毕之士弗敢与闻，而吾侪自髫龄入学，朝夕诵读，只知为孔子之书，不知为周公之书，可谓忘本。足下备陈诸经俱属之周公，即此卓识，岂泛常所能几及哉！……我朝启经筵，于文渊阁旁建传心殿，祀历代帝王，而必及周公，则所以尊之者至矣。学者于此，苟能耽周情孔思，研究经义，无论何代，一知半解，咸可发挥，而何必为汉儒、宋儒之分，分之者乃后人成见，自封之为之也。……要之，汉儒去古未远，制度、名物，依据自较真。宋儒专言义理，亦何尝无博雅之儒。必欲概从抹煞，绝不使宋人一插颐颌，则汉人议不同，将何所折衷？大儒如郑康成，而千虑一失，亦间许后人之匡正。世之浮慕汉儒者，徒恃己见，而不能平心以求其实，蒙滋惑焉。江郑堂为《汉学师承记》，议黄梨洲、顾亭林于汉、宋两家多依违之言，非灼见真知者。有心轩轾，未免太隘。
　　蒙以为郑君与许叔重皆汉人，郑驳许《五经异义》，而至今许、郑并称，不闻因郑以黜许也，何独苛于宋儒？然因是而转嗤宗汉学，则又不可。

近自袁简斋重辞章而薄考据，从之游者往往倡言考据为非。……足下谓汉学以郑注为最，宋学以朱子为主，道在破拘孪之见，祛凿空之谈。语极通达。……足下于吴门推王西庄、惠定宇、段茂堂，而惜其厌世。诚然。然西庄之赅赡，不及钱竹汀之笃实，茂堂旁通诂训，至为穿贯，而注《说文》，亦有伤武断者。去其非而存其是，善读书人不当如是耶？蒙知识浅陋，服膺汉儒，尚未窥其藩篱，何况堂奥！譬诸下邑穷乡，更无从画界自守。惟不敢高谈心性，援儒入墨，时时探寻，仅托于贤之识小。而齿届衰颓，罕所成就，深自惭悔。侧闻足下言周、孔之书，非汉人、宋人之书，则何所用其偏袒，复何容分其门户？此固夙昔自矢于幽独者也。若夫讲坛提唱，大公无我，一洗积习，蒙何能为役，即言之，枉资匿笑耳。聊就凫论，畅言其旨，私贡诸左右。

顾涧薲校订古书，是其所长。然为胡果泉中丞所校《文选》，蒙年来颇从事于此，知亦不尽足凭。且于段氏，初师之而遽背之，遂断断相竞，操戈入室，恐非儒者所为。

八月初一，张瀛暹序祁韵士所作《西域释地》，推赞此作之价值。据《西域释地》卷首张瀛暹《西域释地序》记：

《西域释地》一卷，姻丈祁鹤皋先生谪戍时所著书之一也。天山南北疆域山川，条分件系，考古证今，简而核矣。至喀什噶尔、乌什、库车之译名与《钦定新疆识略》不同者，先生成书在丁卯、戊辰间，传闻异词，早登简札，非误也。巴颜喀喇山之即古昆仑也，《钦定河源纪略》有定论矣，先生以非所亲历，略之。而于葱岭之南北两支、星宿海之潜源重发，则缕擘焉。昔人为舆地之学者，每云目验得之，先生亦犹是义尔。顷者，淳父侍郎写定遗书，先以此本开雕，属瀛为厘订体例，因缀数言，弁诸册首。道光十有六年八月初吉，姻愚侄张瀛暹拜序。

道光十七年丁酉　1837 年

正月十九日，清初学者胡承诺遗著《绎志》刊行，毛岳生撰序予以表彰。

据《休复居士文集》卷一《胡氏绎志序》记：

《绎志》十九卷，六十一篇，为文数十万言，竟陵胡先生石庄所述也。竟陵今为天门县，先生名承诺。……余以为自前明来，书之精博，有益于理道名实，决可见诸施设者，惟顾氏《日知录》与先生是书为魁杰。而惜乎是书晚出，知之者鲜，即知矣，尊信者不易顾其言，不可一日不昭焯于天下也。……武进李先生申耆，前得是书而重之，后几遗佚。去年，用亟谋于娄东顾君竹泉，刻于江阴，以余亦尊信是书，命少疏列其指意。余学识颛固痹隘，罔克测毫末，所以惓惓乐道者，紬绎既久，颇恨不获新质于贤硕，又欲附是书，使名见于后世云。道光十七年正月己卯朔，十九日丁酉，宝山毛岳生撰。

三月，庄述祖《珍艺宧遗书》刊行，李兆洛撰序表彰庄氏学术。
据李兆洛《养一斋文集》卷三《庄珍艺先生遗书序》记：

兆洛自交若士、申受两君，获知庄氏之学。庄氏学者，少宗伯养恬先生启之，犹子大令葆琛先生赓之者也。宗伯如泰山洪河，经纬大地，而龙虎出没，风云自从；大令如蓬莱闻风，变现意外，而跬步真实，不堕幻虚，盖有积精致神之诣焉。继又得交宗伯之孙卿珊，始得尽窥所著述者。伏而读，仰而思，累月日乃晓然有会于读经之法与读书之法。经为圣言，圣人之心同天地，实有见于其心，然后可以为言。宋儒以常人之心即圣人之心。

夫常人之心，不学不虑之良心也；圣人之心，则有学有虑之心，学与虑，而后同于天地也。孟子曰："圣而不可知之谓神，神者，天也。"由宗伯之书，足以窥圣人之学，圣人之虑有如此者。书乃古人之言，子曰："述而不作，信而好古。"又曰："好古，敏以求之者也。"又曰："多闻，择其善者而从之。"信而从，在乎择；择而求，贵乎敏。择焉者，必非圣贤之志不敢存；敏焉者，必深造自得，资深而逢源。大令则可谓择而敏者矣。宗伯诸书，文孙卿珊已刻之，未竟；《易》、"四书"、《乐说》三种，未刊成而殁。大令之书，今其幼子文灏始付梓，书几百卷，不能竟刻，多刊序例，使读者可寻绎；又合他文及诗为遗集，并刊焉。为庄氏学者，于此可以得其大凡矣。而若士、申受、卿珊皆已殁，不及与校订之役，甚可悼也。若士、申受所著《公羊》之说，多本宗伯。卿珊搜览汉学，亦能紬绎先生之旨，皆杰然能自立于学者。后之闻而兴者，能无望乎！

案：据《珍艺宧遗书》卷首所录，此文末尚有如下十三字：道光十有七年春三月，李兆洛序。

四月七日，毛岳生为李兆洛《地理韵编今释》撰序，赞李氏舆地学之博通古今。

据《休复居文集》卷一《地理韵编今释序》记：

自《汉书》有《地理志》，条列郡县因革建置，历代从之，于是舆地之学遂为专家。唐宋至今，纂述益广，其疆域名号，合并析易，或间废阙。晋魏后，复有侨置，镇堡羁縻诸名，纷纭参错，代有罢立。苟非由今日以推诸古昔，明其地之远近，名之同异，人士且南朝之不辨，奚以达其形势利病之得失缓急哉！武进李先生申耆，学术闳邃，慨学者于舆地之学，多昧古今，而诸家之书，或过繁赜而失统纪。尝纵横为图，自沙漠以迄岛屿，以水道纬其经界，以极度准其里差，率明简有法。复取诸史郡县，分隶韵书，以今为本，推诸前代。或地名皆同，或同地异名，或同名异地，与今昔增损，有无殊异，皆列其疆域广袤所在。至其字为韵书所无者，则以古音读与今方言，次于其部。不出户庭，而时代之迁嬗，裔徼之荒辽，源流具在，其绝舛驰何如哉！夫古之儒者，其于问学多辟险阻，而务以其简易者道人。《记》所云成物也，则以极天下之赜者是矣。道光十七年四月戊申朔，越七日。

六月十五日，王梓材、冯云濠整理《宋元学案》稿成。
据《宋元学案》卷首王梓材识语记：

  右《宋元学案》一百卷，吾鄞全谢山吉士因姚江黄氏本而修补之者也，其详具见慈水冯君五桥所与同辑《考略》。盖黄氏原本，创于梨洲，纂于其子主一，谢山修补之，其稿辗转归于及门月船卢氏，别见数帙于同门樗庵蒋氏，而梨洲后人又有八十六卷校补之本。要之，梨洲、谢山皆为未成之书，黄氏补本则虽成而犹未成也。比岁壬辰，何大司空仙槎师按试吾郡，首进梓材而问及是书，梓材对以《明儒学案》见有数刻，《宋元诸儒学案》则未之见也。退而遍访，始知是书原委。其明年，陈少宗伯硕士师代督学事，又以是书命题，俾为之考。冯君五桥同在试院，互言其详。既而同出硕士师之门，硕士师已获黄氏补本，思得谢山修补原稿参校之，月船之孙卓人茂才又深护之，不肯出，而硕士师亦遂谢世。呜呼，两美之合，其难也如是！自是厥后，贤士大夫莅吾郡者，每访求是书，而卓人茂才亦虑是书藏稿之终归散佚也。冯君五桥慨然以剞劂自任，而梓材适有晋都之役，勉为留行，出其藏稿，与冯君散者整之，杂者厘之，兼以黄氏补本参互考订。盖自孟春至季夏，而谢山百卷之书，凡六阅月而始克成编。惜乎硕士师之不克见其成也！行将教习北学，敬奉是书晋谒仙槎师而鉴裁之，必有以教其不及，益以见蔼然垂问之非偶然矣。道光十七年丁酉六月望日，甬上后学王梓材谨识。

胡培翚撰文，述其从叔父秉虔著述大要。
据《研六室文钞》卷八《从叔父同知公遗书记》记：

公讳秉虔，字伯敬，号春乔，嘉庆己未进士。……会试为大兴朱文正公及今相国阮芸台先生所赏拔，而归安姚文僖公、高邮王文简公、武进编修张皋闻先生，皆其同年友。故其学具有根源，尤精于训诂音韵。辛未之岁，培翚计偕在都，与公同寓处，每夜读书，必尽银烛二条。虽日间酬应纷纭，而夜课不减。甲申，自甘入觐，以所著《甘州明季成仁录》属培翚校梓。临行，送至窦店，论学达曙。……乃未及三年，遽卒于任。呜呼，窦店一宿，孰意竟成永诀耶！……余恐其著作之散失也，致书讯问，而培绪、培濬二弟来书，详述所著书目，并述著书大旨，情词呜咽。间一年，肇昕侄赍遗书数册归，培翚于是得读公之著作。以其卷帙之多，而梓之有待也，乃为条陈其目而记之。……道光丁酉，侄培翚谨记。

朱珔辑《国朝诂经文钞》成，以"罕作空谈，务求实证"为清代经学特征。胡培翚应请为《文钞》撰序，评述一代经学成就。

据朱珔《小万卷斋文稿》卷十《国朝诂经文钞序》记：

尝读《汉书·艺文志》，所载"六经"章句解故，已什不存一。宣帝、章帝，曾前后大会诸儒于石渠阁、白虎观，讲论经义。《志》列石渠议奏之文，《书》四十二篇，《礼》三十八篇，《春秋》三十九篇，《论语》与《五经杂议》俱十八篇，可云宏富。然并归亡逸，惟班固纂《白虎通义》行于世，而又未备，遂使后人末由溯博士所说，汇其全以参核是非。惜哉！高密郑君号儒宗，其《箴膏肓》《起废疾》《发墨守》，零落过半，祇与其徒赵商、张逸等问答犹得辑之为《郑志》。逮乎王肃，作《圣证论》难郑，为郑学者马昭诸人，复申郑难王。顾说多不传，仅散见于《礼记正义》中，而孙叔然所著，竟绝无一语。因是而知网罗放失，俾永永流播，其功盖不可没焉。我朝尚经学，超越前代。近时纯笃专壹之士，搜采研索，期复夫古初。《易》不重王弼、韩康伯，而于郑之爻辰，虞之纳甲，荀之乾升坤降，一一推阐，且上追孟喜、京房。《书》力辟伪《孔传》，而从马、郑真古文，并及欧阳、夏侯所习伏生之今文。《诗》固传笺为主，又于齐、鲁、韩三家剩字单词，罔敢遗弃。《春秋》既斥胡传，即啖助、赵匡亦所不收，往往援贾、郑、服以正杜注之误。独"三礼"本遵郑注，无可移易，然犹哀集马融、卢植、蔡邕诸家。《尔雅》沿郭璞，又撫拾犍为舍人、樊光、李巡辈以为汉注。夫岂好自立异，盖年代较近，征验较确。卢召弓云："犹州郡土音各别，以吴人解越人之言，纵不尽通，尚得其六七，燕秦之人必不逮。"斯喻甚明。然则汉人师授，家法相承，固皆七十子之微言大义也。余窃揆厥旨趣，约有数端，曰典章、曰名物、曰训诂、曰音韵。典章莫大于郊庙，而圜丘与郊必分为二。祎有三，皆配天之祭，而不应以大祎、时祎、吉祎专属宗庙。社祭地祇以句龙配，而句龙非即社庙数。据《吕览》引《商书》"五世之庙"，谓非七庙外别有文武二庙。他若诸草庐《补飨礼》，任钓台《肆献裸馈食礼》，沈果堂《禄田考》、王西庄《军赋考》胥是也。名物繁错，殆不可悉举，略言之，如江慎修《深衣考误》、戴东原《车制图解》，而程易畴《通艺录》于《考工记》一编，剖析微茫，深得制器、尚象之精意，尤卓然著称。至于训诂，乃说经之枢机，宋元来辄视为末务，不知因字以释义，因义以诠经，曩但泥执本训，纡回迁就，终致窒碍。苟熟于古人假借通转之法，文即奥颐，每能昭晰而无疑，此事在近人为最擅长。论古音者虽自明陈第始，而未免于疏。顾氏《音学五书》、江氏《古韵标准》，则愈臻密丽。以后作者复竞起，考诸古书，不独同韵可协，同声亦可协，或以声之转为协，凡同母之字即双声也。故明乎是，而刘渊之部分，吴棫之韵补，概不足凭矣。综计本朝经学之粹如此。大抵罕作空谈，务求实证。成书外，更有各家文集，暨札记之属，咸创抒己见，辅翼群经，发前人所未发。特是散而不聚，学者难遍观尽识，增长神智，久之且恐渐湮灭。不揣固陋，随处觅购，都付钞胥。迄今二十余年，几及百卷，名之曰《诂经文钞》。中率篇幅完善，殊鲜碎金，至异同之说，则不妨兼取。昔韩昌黎因文以见道，兹其或者因文而得经之梗概乎？编次粗具，聊述管窥之指，弁诸首简，藉质世之有志穷经者，庶苦衷共谅，勿以瞀闻浅陋为讥。

又据胡培翚《研六室文钞》卷六《国朝诂经文钞序》记：

　　我国家重熙累洽，列圣相承，尊经重学，颁御纂钦定之书于天下，而又广开四库，搜罗秘逸，两举鸿博，一举经学，天下之士，靡然向风。二百年来，专门名家者，于《易》有半农、定宇惠氏父子，于《书》有艮庭江氏、西庄王氏，于《诗》有长发陈氏，于《春秋》有复初顾氏，于《公羊》有巽轩孔氏，于《礼》有稷若张氏、慎修江氏、易畴程氏，于《尔雅》《说文》、音韵有亭林顾氏、东原戴氏、二云邵氏、懋堂段氏、石臞王氏。于诸经，言天文则勿庵梅氏，言地理则东樵胡氏、百诗阎氏，言金石文字则竹汀钱氏。其读书卓识，超出前人，自辟涂径，为历代诸儒所未及者，约有数端。一曰辨群经之伪。如胡氏之《易图明辨》，辨河图、洛书、先天后天各图非《易》书本有；王氏之《白田杂著》，辨《周易本义》前九图非朱子所作；阎氏《古文尚书疏证》、惠氏《古文尚书考》，辨东晋晚出之古文《孔传》为梅赜伪托；毛氏《诗传诗说驳议》，辨子贡传、申培说为丰坊伪撰是也。一曰存古籍之真。如《易》经二篇、传十篇本自别行，王弼作注，始分传附经。朱子《本义》复古十二篇，而明时修《大全》，用《程传》本，以《本义》附之。后坊刻去《程传》，专存《本义》，仍用《程传》本，而朱子书亦失其旧。自《御纂周易折中》改从古本，学者始见真面目。惠氏《周易本义辨证》详言之。又如竹君朱氏之倡刊《说文》始一终亥之本，通志堂、抱经堂之校刊《经典释文》全书是也。一曰发明微学。惠氏之《易汉学》《周易述》，张氏之《周易虞氏义》《虞氏消息》，王氏之《广雅疏证》，段氏之《说文注》，黄梨洲、梅勿庵之本《周髀》言天文，邵二云之重疏《尔雅》，焦里堂之重疏《孟子》是也。一曰广求遗说。余氏之《古经解钩沉》，任氏之《小学钩沉》，邵氏之《韩诗内传考》，洪氏之辑郑、贾、服诸家说为《左传诂》，臧氏之辑《仪礼·丧服》马、王注，《礼记》卢植解诂，《月令》蔡邕章句，《尔雅》古注是也。一曰驳正旧解。江氏之《深衣考误》，辨深衣非六幅交解为十二幅，《乡党图考》辨治朝本无屋无堂。顾亭林《左传杜解补正》、顾复初《春秋大事表》，皆纠杜注谅暗短丧之谬。戴东原《声韵考》，以转注为互训，历指前人解释之误是也。一曰创通大义。顾氏之《音学五书》分十部，江氏之《古韵标准》分十三部，段氏之《六书音均表》分十七部，以考古音；王尚书之《经传释词》，标举一百六十字，以明经传中语词非实义；凌教授之《礼经释例》，分通例、饮食例、宾客例、射例、变例、祭例、器服例、杂例，以言礼之节文等杀是也。凡此，皆本朝经学之卓卓者……

泾邑朱兰坡先生，以许、郑之精研，兼马、班之丽藻，出入承明、金马著作之庭二十余年，内府图籍外间所未见者，辄录副本。又性好表章遗逸，宏奖士类，四方著述未经刊布者，多求审定。先世培风阁藏书最富，而其万卷斋所得秘本尤多。于是博采本朝说经之文，核其是非，勘其同异，分类编录，名曰《诂经文钞》。凡《易》八卷，《书》八卷，《诗》八卷，《春秋》八卷，《周礼》十卷，《仪礼》五卷，《礼记》五卷，《三礼总义》十卷，《论语》《孟子》附群经义共五卷，《尔雅》一卷，《说文》一卷，《音韵》一卷，总七十卷。《续钞》又已积二十卷。其文多钞自诸家集中，而解经之书有分段笺释，自成篇章者，亦同录入。寻其义例，宗主汉儒，惟收征实之文，不取蹈空之论。至于一事数说，兼存并载，以资考证，盖欲读者因文通经，非因经存文也。然而诸家撰著之精，亦藉是萃聚，不致散逸矣。

培翚曩岁在都，追陪讲论，饫闻大旨。今获睹是书之成，奉命作序，自惭肤末，无裨高深。惟敬述我朝经学之盛，与是书所以嘉惠艺林之意，揭之于篇，以谂来者。倘有好而梓之，广其传布，则后进获益无穷，不朽之业，实在于斯，所深企焉。

案：朱、胡二家序，年月未详。惟胡序既入《研六室文钞》，《文钞》刊于是年六月下旬，故姑系于此。

胡承珙遗著《求是堂文集》刊行，胡培翚撰序缅怀故友。

据《研六室文钞》卷六《求是堂文集序》记：

《求是堂文集》，宗兄墨庄之所撰也。……道光壬辰秋，余往钟山讲院，过其家。君时病疟，居内寝，余入视，尚摄衣冠坐，遽谓余曰："吾病将不起，所著《毛诗后笺》未及写毕，所作杂文亦未删定，子其为我理而付诸梓。"……后月余，果不起。……明年，余至其家求遗书，而遗文已经朱君兰坡略为编次。又一年，余移讲泾川，乃取《后笺》等书次第校读。以苏郡陈君硕甫治《诗》宗毛，与君同志，思引与雠校。而喆嗣先翰、先颒，日夜思刊父书，即如余言往请。硕甫欣然来就，将《后笺》之未毕者补之，并取君所著《尔雅古义》，校以授梓。君之为御史给事中也，数言事，多奉旨允行。今其奏稿存于家者，仅有数篇，皆已明见施行者，乃依兰坡先生所编，谨录为一卷，冠于文集之首。其散文析为六卷，而骈体文二卷附焉。校刻将竣，先翰等请余序之。噫，余交于君廿年矣。君为人勤恳和厚，待友以诚。忆自癸酉定交都中，余与君系出同宗，而世远各自为谱，行次不可考。君年长余六岁，以兄弟称。其时，余同年张阮林亦交于君，而君邸舍又与郝兰皋近，四人者盖无旬月不会晤，晤则必谈经义。……阮林病殁，其遗书《左传》，余为校之。又十年，郝丈殁，余为校其《春秋》《尔雅》，求梓于世。今又校君之书，回忆身世交游，生死之际，其亦重可伤也已。

六月下旬，胡培翚《研六室文钞》刊行，弟子胡先翰、先颒撰文述其缘起。

据《研六室文钞》卷首胡先翰、先颒识语记：

家竹邨师邃于《仪礼》，因贾疏漏略，重为义疏，精力专注于此。其他著作成者已有数种，所作古文约有三百余篇。仪征阮芸台先生，采其二种刊入《皇清经解》，余俱未梓行，盖吾师未肯以自信也。近岁主讲泾川书院，先君子未刊书藏于家者，督率翰等次第校刊，并为先君子作传，庶赖以传世永久焉。翰等间请梓其著述，吾师谓所著书尚须改订，惟说经之文久思就正四方有道，而苦钞写不及，若以刻代钞其可。于是出所作古文，命择有关经义者，得八十余篇，编为《研六室文钞》十卷，授之剞劂。其无关经义者，虽已传于外，概命勿付梓，曰："此自为商质经义计，若以言文，尚须数年后，学力或有进也，再为续钞。"盖吾师之不肯自信如此。然其文古劲闳深，实有汉唐风味。其解经不尚新奇，不事穿凿，惟以经证经，心得最多，阅者自知之，翰等非阿所好也。刻既成，因敬记其缘起。道光丁酉六月下浣，受业先翰、先颣谨识。

七月，张澍《养素堂文集》刊行，钱仪吉应请撰序，述二人交谊，赞张氏学术。

据《养素堂文集》卷首钱仪吉《序》记：

嘉庆四年，仁宗始亲政。是岁也，天下贡士录用中外官，倍于曩时，其通经术、能文者，得人尤盛。时论以拟康熙、乾隆朝两制科，殆无愧云。而武威张君介侯，年甫十九，博闻丽藻，才气无双，一时惊以为异人。……年仅逾艾，竟不复出。乃以暇日，次第平生所作赋、颂、序、记、论、辨之属，六百余篇，都为一集，而属予序之。……君于经史，纂述甚富，其《诗小序翼》，搜采极博，而《姓氏五书》，尤为绝学，予亦为之序云。道光十有七年孟秋之月，嘉兴钱仪吉序。

七月二十五日，清廷敦促各省整顿学校、书院。

据《宣宗实录》卷二九九道光十七年七月庚子条记：

谕内阁：御史巫宜禊奏振兴学校一折，直省儒学书院之设，所以教学造士，培植人材，立法极为周备。若如该御史所奏，近来教官，大率不能振作，竟有干预地方公事。劣生莠士，因之效尤，以致包抗钱粮，起灭词讼。士风人才日益污下，尚复成何政体。着直省督抚学政严加整顿。

九月三日，邵懿辰辑钞方苞《奏议》十九篇成。

据《方苞集》卷末附录《邵钞奏议序》记：

望溪先生《奏议》十九篇，自桐城《桂林方氏家谱》钞出。惟《江南闽广积贮议》一篇，先生曾孙传贵刻《集外文》有之，而题目删去议字，余十八篇皆前后刻所不载者。……襄尝病《望溪集》独阙奏议一体，今喜得而录之。他日当益搜先生遗文，重刻以惠学者，庶表区区私淑之志云。道光丁酉九月三日，仁和邵懿辰记。

十月，苏惇元重订《张杨园先生年谱》成，方束树撰序盛赞谱主之笃信朱子学，"为朱子后一人"。

据《杨园先生全集》卷末附录方东树《重编张杨园先生年谱序》记：

> 近代真儒，惟陆清献公及张杨园先生为得洛、闽正传。……去年秋，苏厚子惇元自浙归，携其《全集》来示，且盛言当从祀孔子庙庭，并钞辑诸序文、杂传，将以补《年谱》之阙疑。东树受读卒业，信悦服玩，如冻饿者之获饔飧布帛也。因论儒者学圣人之道，徒正固不及中，中或不能纯粹以精，而纯粹以精必在于明辨晳。先生可谓深诣而全体之矣，前辈称为朱子后一人，非虚语也。……而先生闲邪之功，其最切者，莫如辨阳明之失。惜所评《传习录》不见，然就其总评及集中所论，皆坚确明著，已足订阳明之岐误矣。若求其全书读之，其说应在罗整庵、陈清澜、张武承之上。因序《年谱》，略论其大概于此。道光丁酉十月，桐城后学方东树谨序。

十月，陈奂为胡承珙《毛诗后笺》作序。

据《毛诗后笺》卷首陈奂序记：

> 襄奂游学至京师，相见胡墨庄先生于万柳堂，己卯秋七月也。于后，先生之闽，由闽归里第，通音问，商疑难，奂亦时时出己说以请益于先生，《后笺》中所载之说，皆所请益者也。甲午夏，令嗣先翰、先颖招奂至其里第，属任校雠遗书，以刊传于后世，先生殁已二年矣。先生有言曰："诸经传注，唯《毛诗》最古，数千年来，三家皆亡，而毛氏独存，源流既真，义训尤卓。后人不善读之，不能旁引曲证以相发明，而乃自出己意，求胜古人，实则止坐卤莽之过。"斯言可谓深切而著明也已。毛氏之学，文简

而义赡，体略而用周，进取先秦百氏之书而深究之，所以知古训之归，广采近者数十百家之解而明辨之，所以绝后来之惑。先生所谓准之经文，参之传义，必思曲折以求通。其引博，其指约，其事甚大，而其心甚小，说《诗》之家未有偶也。侧闻先生在病亟时，犹自沉吟，默诵不倦，至易簧然后已。《鲁颂·泮水篇》以下竟不能卒业，而抱志以殁，儒者惜之。今奂因令嗣之请，不辞谫陋，爰以拙著《传疏》语为之条录而补缀之，俾有完璧之观，讵无续貂之诮。时道光十有七年，岁次丁酉，冬十月，长洲陈奂谨记颠末云。

十二月，程廷祚遗著《青溪集》刊行。
据《青溪集》卷末程兆恒跋记：

先伯祖绵庄征士，著有《青溪文集》，稿藏于家。……兹先梓文集及《晚书订疑》《论语说》，余俟陆续筹刊。兆恒年虽老，不敢不勉焉。道光丁酉年嘉平月，侄孙兆恒谨识。

是年，魏源辑《明代食兵二政录》成。
据《魏源集》上册《明代食兵二政录叙》记：

少游京师，好咨掌故，曾以道光五载，为江苏贺方伯辑《皇朝经世文编》。继又念今昔病药之相沿，常以对治而益著，爰复仿宋臣鉴唐汉臣过秦之谊，故集有明三百年文章论议，言食政之类十有三，……兵政之类二十有四，……凡为卷七十有八。劳臣荩士，蒿忧瑰画，綮矣具矣。若夫议礼之聚讼，刑狱之匡救，于今无涉，概不旁录。其辽东边防，事关敌忌，可酌改而不必讳言，则有钦定《明史》旧例在，有纯皇帝褒熊廷弼及赠谥殉节诸臣之诏书在。

案：《古微堂集》别钞本，于此文末署"道光十有七载，岁次丁酉，邵阳魏源序于江都絜园"。

道光十八年戊戌　1838年

夏，《宋元学案》一百卷刻竣。七月十六日，冯云濠撰文，述其成书始末。

据《宋元学案》卷首冯云濠识语记：

宋元儒之有《学案》也，姚江黄梨洲先生既辑《明儒学案》，因溯宋元诸儒而为之述其学派也。顾梨洲仅举大要，至其子主一未史先生始编辑之。其稿尝归吾邑南溪郑氏而旋失，梨洲之孙证孙复得之淮阴杨氏。厥后，吾郡谢山全先生续修之，以补黄氏所未及。考其《年谱》，盖自乾隆丙寅以至甲戌之春，几无岁不修《学案》。明年乙亥遂卒，而其编次序目，草创甫定。修补之稿，递归及门卢月船氏。月船剧思完补，既任平阳学博归，即取稿本手钞之，以冀成编，且与梨洲玄孙稚圭号大俞者往还商榷。未卒业，而月船以乙巳卒，距谢山之殁，盖已三十一年。其原稿与钞本，庋藏于家，世守之，迄今又五十余年，始出诸其孙卓人而尽录之。……第黄氏原稿，不言卷数，谢山修定，《序录》列为百卷，而蒋氏藏稿，帙尾乃有六十卷之目，黄氏大俞及其子平黼别见校补本，分卷八十有六。……互见杂出，端宜归一。是用不揣固陋，与同志王君朦轩悉心参校，汇为一编，适如《序录》百卷，以付剞劂。经始于丁酉之春，告竣于戊戌之夏。海内君子，得有所藉，以资观览。庶梨洲、未史、谢山诸先生拳拳示学之意，不至湮没云。道光戊戌岁七月既望，慈溪后学冯云濠谨识。

八月，方东树刻《援鹑堂笔记刊误》。

据郑福照《方仪卫先生年谱》道光十八年六十七岁条记：

刻《援鹑堂笔记刊误》，序之曰："往岁癸巳、甲午，为姚石甫撰其曾大父姜坞先生笔记，寡昧不学，多所缪戾。浩帙已行，不及削改，中心思之，如芒在背。一己之遗讥通识其事小，古义之疑误来学，则其害大矣。故即其所已悟者，亟改正于此。其未悟者，则望之来哲。"九月，陈乔枞承其父寿祺遗志，著《鲁诗遗说考》成。

据《鲁诗遗说考》卷首《自序》记：

乔枞幼承庭训，稍长治三家《诗》，先大夫因出所撰《三家诗遗说》，命卒其业。案：《鲁诗》授受源流，《汉书》章章可考。申公受《诗》于浮邱伯，伯者，荀卿门人也。刘向校录孙卿书亦云："浮邱伯受业于孙卿，为名儒。"是申公之学出自荀子。凡荀子书中说《诗》者，大都为《鲁训》所本，今故缀之列于《鲁诗》，原其所自始也。孔安国从申公受《诗》为博士，至临淮太守，见《史记·儒林传》。太史公尝从孔安国问业，所习当为《鲁诗》。观其传儒林，首列申公，叙申公弟子首列孔安国，此太史公尊其师传，故特先之。刘向父子世习《鲁诗》，高邮王氏《经义述闻》以向为治《韩诗》，未足征信。考《楚元王传》，言："元王好《诗》，诸子皆读《诗》。王子郢客与申公俱卒学。申公为《诗》传，元王亦次之《诗》传，号《元王诗》。"向为元王子休侯富曾孙，汉人传经最重家学，知向世修其业，著《说苑》《新序》《列女传》诸书，其所称述，必出于《鲁诗》无疑矣。后汉建初四年，下太常将大夫、博士、议郎、郎中，及诸生、诸儒会白虎观，讲议五经同异，使五官中郎将魏应承制问，侍中淳于恭奏帝亲制临决，如孝宣石渠故事，作《白虎议奏》。今于《白虎通》引《诗》，皆定为《鲁说》，以当时会议诸儒，如鲁恭、魏应，皆习《鲁诗》，而承制专掌问难，又出于魏应也。《尔雅》亦《鲁诗》之学。汉儒谓《尔雅》为叔孙通所传，叔孙通，鲁人也。臧镛堂《拜经日记》以《尔雅》所释《诗》字，训义皆为《鲁诗》，允而有征。郭璞不见《鲁诗》，其注《尔雅》多袭汉人旧义。若犍为舍人、刘歆、樊光、李巡诸家注解，征引《诗经》皆鲁家今文，往往与毛氏殊。……乔枞敬承先志，次第补辑，成《鲁诗遗说考》六卷。其齐、韩二家，采缀粗就，尚当细加稽核，别为篇帙。然距先大夫弃养之日，于今五年。每抚昔时所授遗编，手泽犹存，音容已邈，掩卷怆然，不胜风木之感云。时道光十有八年戊戌秋九月，福州陈乔枞序于蕙修兰实之斋。

十月，方东树修订《汉学商兑》、《书林扬觯》，成《刊误补义》刊行。

据郑福照《方仪卫先生年谱》道光十八年六十七岁条记：

《汉学商兑》《书林扬觯》刊行后，先生检其中尚有宜改正者；后观书时有所获，可以补入本条相发明者，随札记于本书之上下方。积久遂多，取而甄辑之，成《刊误补义》二卷。十月，序而刊之。

同月，朱珔《小万卷斋文稿》二十四卷刊行。

据《小万斋文稿》卷首朱珔《自序》记：

余早岁即喜读古文，尝加甄择，手钞数十帙，旋以应试，攻制举艺中辍。既入词馆，律赋尤重，益无暇兼及，且知其难，未敢轻执笔。彼时又好为训诂之学，穷日搜览，此事遂废。然终眷恋不忍去，或退直偶一成章。久之，徇人请乞，所制稍多，积累至今，乃衰而录焉，得廿余卷。……存此区区，藉以自验，并藉以自励。其间有考证，罔知当否，倘逢良友，鉴其诚而牖其愚，实符夙愿。爰将此意揭诸端。时道光十有八年，岁在著雍阉茂之阳月，泾兰坡朱珔，自识于吴门紫阳书院。

庄绥甲遗著《拾遗补艺斋遗书》，得李兆洛编定，于是年刊行。

据李兆洛《养一斋文集》卷三《拾遗补艺斋遗书序》记：

吾友卿珊庄君，少宗伯方耕先生之孙，山阳训导开美先生之子，而大令珍艺先生之从子也，承其家学，尽能通之，斐然有著述之志，五十五而殁。殁十一年，而君之子润尽奉其所著遗稿，乞余为理而刊之。其书之粗就者，曰《尚书考异》，曰《释书名》，二种而已。余皆首尾不能完具，所为古文几百篇，亦丛残不成篇帙。稍稍诠次，而成是编。忆与卿珊聚首时，每抗论当世绩学之士述造所得，其致功之门径，诣力之深浅，铢分而寸计之，莫不洞其得失，缅缅有条理，以为将来当集其大成，为本朝一代碎学之荟，尤为珍艺先生所爱重。凡所著述，常与上下其议论，而资其佽焉。方耕先生遗书皆未刻，君始为次第刊之，仅成一二种而君死矣。此编区区，何足以尽君之学，亦何足以见君之志致所谓宏且远者，而不能不藉是以传君也。可哀也哉！吾党少俊而夭折者多有，如江安甫、金朗甫，皋文先生俱为刻其未成之书，以传其学。然安甫、朗甫年才弱冠，而卿珊已逾强仕，不可谓无年，徒以奔走衣食，日月耗于道途。自恃壮盛，欲得衣食足而后毕力于此，此日足可惜，安能待来兹，此则不能不为君深憾者也！残稿中其有端绪可寻者，尚十之三四，润若能引其余绪，通其条贯，上以继先人之志，而下亦足以自成其业。谈、迁、彪、固，彼独何人，于润有厚望焉。

道光十九年己亥　1839年

二月十三日，俞正燮撰文，记严可均等辑《全三古至隋文》事。据《癸巳存稿》卷十二《全三古至隋文目录不全本识语》记：

此嘉庆乙亥以前《全三古周秦八代文》目录也，实阳湖孙渊如观察之力。时歙鲍氏欲为刊于扬州而不果。此所收者，《史记》至《隋书》，及史注，及《文选》《古文苑》《文纪》《百三家集》，及《世说注》《意林》《北堂书钞》《艺文类聚》《初学记》《太平御览》，及《开元占经》、两《高僧传》、两《宏明集》、《云笈七签》，及《金石萃编》。归安严铁桥广文、同人签写裁帖成之。丙子及戊寅，两晤铁桥于上元皇甫巷，相与检文及目，因言文已大备。……丙子后，铁桥复搜校古书及金石稗官，其文真实可据者，乃能补至十分之一，又皆记其文所从得者于目录下，可云宝书矣。又为作者撰小传，冠于其文之首。道光甲午春夏间，两次见其本于严州铁桥官舍，叹服其用心。日照许印林州同出所携金石打本，彼此相勘，或改补一两字，相视大乐。又得见铁桥《说文翼》十五卷，时商所以使书得传者，展转告人而未得其方。己亥春，于江阴李申耆山长处见此目录，为乙亥以前目，又无三古及秦目，然即此本所类聚，能得其时朝制大典章、山川形势、沿革风俗，及古人衣服舟车、饮食好恶之真，已可为有用之书矣。倘乙亥时鲍氏以淮醝余力刊之，汉及隋文亦止于此。因录存此，既可自成一书，他日挟此，过湖州城东骥村，谒铁桥，乞其书以补此目，尤易为力。此目经数写，如《汉中山靖王闻乐对》，人人能诵者，当时实已入编，而此目遗漏。如此类，俟他日从铁桥目补。此时多留净纸，以为他日快意纵笔地也。己亥二月十三日。

四月，方东树校刊胡虔遗著《柿叶轩笔记》，并撰胡氏行历。
据郑福照《方仪卫先生年谱》道光十九年六十八岁条记：

  在粤东。四月，校刊同里胡雒君虔《柿叶轩笔记》。因撰其行历并及同里先辈与展卿先生尤厚者，为《先友记》。

又据方东树《仪卫轩文集》卷十《先友记》记：

  胡虔，字雒君。父承泽，字廷简，号蛟门，雍正丙午举人，己酉聘充山东乡试同考官，庚戌成进士，授刑部主事，改山西灵石县知县，有惠政，修堤防河，民称为胡公堤。蛟门先生与先曾大考友，晚始生君，故君年齿少而行辈为长。先子少与君友，盖扳以相接也。君少孤，生母朱早卒，嫡母戴教养以至成立。性至孝好学，刻苦自成，师事姚姬传先生。家贫，客游为养。乾隆丙午，翁学士方纲视学江西，君在其幕。时南康谢公启昆居忧在籍，因得与订交。谢故学士门生也。其后，谢官江南河库道、浙江按察使，皆邀君至其署。惟任山西藩司，以道远不获同行，遂入秦观察瀛幕。及谢调浙藩，以至巡抚广西，自是君皆相从，与之终始焉。谢所纂《西魏书》《小学考》《广西通志》，皆出君手。嘉庆元年，恩韶保举孝廉方正，时朱文正公为安徽巡抚，仪征阮相国为浙江学政，同谢公首致书推荐。君以不与试，赐六品顶戴。先是毕尚书沅督两湖日，聘君纂修《两湖通志》及《史籍考》等书。君平生撰述，多他人主名，故己所私著罕卒业。尝刻《识学录》一卷，其余残稿散佚，尽为乡里小生窃取去，今其家藏书手墨，盖无只字存者。君为学勤，留心掌故，桐城新修邑志，所载《艺文目录》一卷，亦本君稿。……往年，君仲子以君所著《柿叶轩笔记》一卷见示，东树钞而藏之，以君之著罕存也，辄代付梓，并撰君行历，以传学者。

八月十五日，卢枢辑其曾祖见曾诗文集刊行。
据《雅雨堂文集》卷末卢枢跋记：

> 先曾祖雅雨公最笃师友之谊，故名人著作卓有可传，皆序梓而表章之，所刻已不下数十种。而手所自著诗八集、文十余卷，惟《塞外诗》有板本，余虽编定，悉遭回禄，天下惜之。……近延金立方先生授诸子经，闻其师封棣堂先生家藏有我先曾祖诗文若干篇，急求借钞。虽非全稿，然合前后所得，已有诗二卷、文四卷。恐岁久复有散失，则无以慰我祖父之心，且并无以伸天下惋惜者之意矣。因亟商于金君立方、王子品泉，共相校雠，付诸剞劂。倘此后片稿零笺，有能更出以相示，俾得补成全集，以与当代名人诗文并传于世，是又在诸君子与善为怀，而为吾先曾祖以下之所深幸也夫。道光己亥桂月望日，曾孙枢谨识。

十月，李兆洛为祁韵士所著《皇朝藩部要略》撰序，褒扬祁氏是书之有功后学。

据《皇朝藩部要略》卷首李兆洛《皇朝藩部要略序》记：

> 鹤皋大前辈之在翰林也，历年最久，当被命为蒙古回部诸王公列传，皆内检黄册，外译舌人，仅能通晓，久而后成。盖先生于蒙古回部之事，尽劳勚矣。既进呈，为《钦定蒙古王公列传》，编之四库。先生之为是书也，先以年月日编次，条其归附之先后，叛服之始终，封爵之次第，以为纲领，而后分标各藩之事迹，而为之传，名曰《藩部要略》。是传仿《史记》，而《要略》仿《通鉴》也。滈父学使视学江左，行辕在江阴，而兆洛忝主讲席，因进见叩鹤皋先生诸书，学使因以《西陲要略》《西域释地》见赐，而曰："《藩部要略》尚未刻也。"兆洛因请而读之。既卒业，谨拜首稽首，作而言曰：……先生此书，于皇朝数百年以来所以绥养藩服者，无不综具其缘起，悉载著列圣恩德之所由隆，明威之所以畀，恍然造化之亭毒，皇极之相协，如读邃皇之书，睹鸿蒙开辟之规模焉。乌可不令承学之士闻所未闻，见所未见，了然于天人之故哉！道光十九年冬十月，馆后学武进李兆洛，书于暨阳书院之辈学斋。

孟冬，李宗昉序朱珔《小万卷斋文稿》，述二人交谊，并朱氏于一时吴中士风之影响。

据《小万卷斋文稿》卷首李宗昉《序》记：

> 泾县朱兰坡侍讲，于宗昉为同年交。方其初入词馆，已负盛名。同时若白田朱咏斋士彦、长乐梁茞邻章钜、吴中吴棣华廷琛、顾南雅莼，皆以治经为业，质疑问难，多所讲习。而君与昉同出徐昼堂夫子门，谊弥笃，凡所为文，咸获观览。……今主讲正谊、紫阳书院又十余年，吴门文学佩服师训，以明经为务，士风丕变，文词蔼如。桑梓之乡，知所则效已。宗昉在壬戌同岁中，年差少，今已六十有一。往时把臂论心诸侣，零落殆尽，而南雅、咏斋又皆谢去，东南灵光之望，非君其谁与归！是以乘跸归庐墓之余，一诣吴阊而握手焉。……时道光十有九年，岁次己亥，孟冬月，山阳李宗昉撰。

十月三十日，宣宗颁谕，令将翰林院所拟"黜异端以崇正学"韵文颁行各省。

据《宣宗实录》卷三二七道光十九年十月壬辰条记：

> 谕内阁：前据署两江总督陈銮、署江苏巡抚裕谦、江苏学政祁寯藻奏，请饬下儒臣，敬谨推阐《圣谕广训》内"黜异端以崇正学"一条，拟撰有韵之文，颁发各省。当经降旨，着翰林院敬谨拟撰。兹据掌院学士等进呈四言韵文一篇，候朕钦定。朕详加披阅，足以阐明圣训，启迪愚蒙。着礼部即颁行各直省学政，恭书刊刻，遍颁乡塾，俾民间童年诵习，激发良知，涵育薰陶，风俗蒸蒸日上。

主要引用书目

《清实录》(高宗、仁宗、宣宗三朝)，中华书局1986年影印本。

《清国史》，中华书局1993年影印本。

《清史列传》，中华书局1987年王钟翰点校本。

《清史稿》，中华书局1977年点校本。

《清人注疏十三经》，中华书局1998年影印本。

毕沅主编：《经训堂丛书》，乾隆间镇洋毕氏刊本。

陈鸿森：《段玉裁年谱订补》，台湾《史语所集刊》本。

陈鸿森编：《清儒陈鳣年谱》，台湾《史语所集刊》本。

陈鸿森辑：《陈鳣简庄遗文辑存》、《续辑》，1999年稿本。

陈鸿森辑：《段玉裁经韵楼遗文辑存》，1999年稿本。

陈鸿森辑：《王鸣盛西庄遗文辑存》，《大陆杂志》第九十九卷第五期。

陈鸿森辑：《钱大昕潜研堂遗文辑存》，《经学研究论丛》第六辑。

陈鸿森辑：《阮元揅经室遗文辑存》，《大陆杂志》第一〇三卷、第一至六期本。

陈鸿森著，蒋秋华主编：《钱大昕年谱别记》，《乾嘉学者的治经方法》本。

陈寿祺：《左海全集》，嘉庆、道光间刊本。

陈鳣：《简庄文钞》，光绪十四年刊本。

程晋芳：《勉行堂文集》，嘉庆二十五年刊本。

程廷祚：《青溪文集》及《续编》，道光间刊本。

程瑶田：《通艺录》，1933年《安徽丛书》影印本。

崔述著，顾颉刚编订：《崔东壁遗书》，上海古籍出版社1983年排印本。

戴震：《戴震文集》，中华书局1980年赵玉新点校本。

戴震著，张岱年主编：《戴震全书》，黄山书社1997年点校本。

段玉裁：《经韵楼丛书》，道光间金坛段氏刊本。

段玉裁编：《戴东原先生年谱》，《经韵楼丛书》本。

方苞：《方苞集》，上海古籍出版社1983年刘季高点校本。

方东树：《汉学商兑》、《书林扬觯》，光绪十七年刊本。

方东树：《仪卫轩文集》、《考槃集文录》，同治七年刻本。

龚自珍：《龚自珍全集》，上海古籍出版社1999年王佩净点校本。

顾广圻：《思适斋集》，道光二十九年上海徐氏校刻本。

顾广圻著，蒋祖诒辑：《思适斋集外书跋》，1935年吴县邹氏百拥楼排印本。

顾广圻著，王大隆辑：《思适斋集补遗》，学礼斋校录本。

管同：《因寄轩文集》，光绪五年重刊本。

惠栋：《易汉学》、《周易述》、《古文尚书考》、《春秋左传补注》、《九经古义》，《皇清经解》及《续编》本。

桂馥：《晚学集》，《丛书集成初编》本。

桂馥：《札朴》，中华书局1992年赵智海点校本。

杭世骏：《道古堂文集》，光绪十四年刊本。

洪榜：《初堂遗稿》，梅华书院刊《二洪遗稿》本。

洪亮吉：《洪亮吉集》，中华书局2001年刘德权点校本。

胡培翚：《研六室文钞》，光绪四年刊本。

胡适：《科学的古史家崔述》，《崔东壁遗书》本。

胡适著，姚名达订补：《章实斋年谱》，商务印书馆1934年排印本。

黄丕烈：《荛圃藏书题跋》，上海远东出版社1999年屠友祥校注本。

黄云眉编：《邵二云先生年谱》，1933年金陵大学中国文化研究所铅印本。

惠栋：《松崖文钞》，《聚学轩丛书》本。

纪昀：《纪晓岚文集》，河北教育出版社 1995 年孙致中等点校本。

江标编，王大隆补：《黄丕烈年谱》，中华书局 1988 年冯惠民点校本。

江藩：《炳烛室杂文》，《丛书集成》本。

江藩：《国朝汉学师承记》、《国朝宋学渊源记》，中华书局 1983 年钟哲点校本。

江海波编：《江慎修先生年谱》，中华书局 1922 年排印本。

江永：《古韵标准》，1926 年刊本。

江永：《周礼疑义举要》、《深衣考误》、《春秋地理考实》、《群经补义》、《乡党图考》、《仪礼释宫增注》、《礼经释例》、《礼记训义择言》，《皇清经解》及《续编》本。

蒋天枢编：《全谢山先生年谱》，上海商务印书馆 1932 年铅印本。

蒋彤编：《养一先生年谱》，光绪十三年嘉兴木活字本。

焦循：《雕菰楼集》，道光四年阮氏刻本。

焦循：《焦氏丛书》，嘉庆、道光间江都焦氏雕菰楼刊本。

孔广森：《顨轩孔氏所著书》，嘉庆二十二年曲阜孔氏仪郑堂刊本。

来新夏：《近三百年人物年谱知见录》，上海人民出版社 1983 年。

雷鋐：《经笥堂文钞》，嘉庆十六年刊本。

李绂：《穆堂初稿》、《别稿》，道光十一年重刊本。

李瑚编：《魏源诗文系年》，中华书局 1979 年铅印本。

李灵年、杨忠主编：《清人别集总目》，安徽教育出版社 2000 年。

李调元：《童山文集》，《函海》本。

李文藻：《南涧文集》，《功顺堂丛书》本。

李兆洛：《养一斋文集》，光绪四年重刻本。

凌廷堪：《校礼堂文集》，中华书局 1998 年王文锦点校本。

刘逢禄：《刘礼部集》，道光十年刊本。

刘盼遂编：《段玉裁先生年谱》，《段王学五种》本。

刘盼遂编：《高邮王氏父子年谱》，《高邮王氏遗书》本。

刘盼遂编：《经韵楼文集补编》，《段王学五种》本。

刘盼遂辑：《王伯申文集补编》，《高邮王氏遗书》本。

刘台拱：《刘端临先生遗书》，道光十四年世德堂刊本。

刘文兴编：《刘端临先生年谱》，1932年《国学季刊》本。

柳诒徵编：《卢抱经先生年谱》，1928年铅印本。

卢见曾：《雅雨堂文集》，道光二十年刊本。

卢见曾辑：《雅雨堂藏书》，乾隆二十一年刊本。

卢文弨：《抱经堂文集》，中华书局1990年王文锦点校本。

陆燿编著：《切问斋集》、《切问斋文钞》，光绪十八年江苏书局重刊本。

罗继祖编：《程易畴先生年谱》，1934年石印本。

罗继祖编：《段懋堂先生年谱》，《朱程段三先生年谱》本。

吕培等编：《洪北江先生年谱》，中华书局《洪亮吉集》本附录。

毛岳生：《休复居文集》，道光二十四年嘉定黄氏刊本。

彭绍升：《二林居集》，光绪七年重刊本。

齐召南：《宝纶堂文钞》，嘉庆二年刊本。

钱大昕：《潜研堂集》，上海古籍出版社1989年吕友仁点校本。

钱大昕著，陈文和主编：《嘉定钱大昕全集》，江苏古籍出版社1997年。

钱大昕自编，钱庆曾校注：《钱辛楣先生年谱》，《嘉定钱大昕全集》本。

钱仪吉：《衎石斋记事稿》、《续稿》，光绪六年刻本。

钱仪吉编：《碑传集》，上海古籍出版社1997年《清代碑传全集》本。

全祖望：《全祖望集汇校集注》，上海古籍出版社2000年朱铸禹整理本。

任兆麟：《有竹居集》，道光六年刊本。

阮元：《揅经室集》，道光间《文选楼丛书》本。

阮元主编：《畴人传》，商务印书馆1955年重印本。

阮元主编：《皇清经解》，道光九年学海堂刊本。

阮元主编：《经籍纂诂》，中华书局1982年影印本。

邵晋涵：《南江文钞》，道光十二年刊本。

沈德潜：《归愚文钞》，乾隆间刻本。

沈德潜编：《沈归愚自订年谱》，乾隆间教忠堂刊本。

沈彤：《果堂集》，乾隆间刻本。

沈垚：《落帆楼文集》，《丛书集成初编》本。

盛百二：《柚堂文存》，上海古籍书店影印《柚堂四种》本。

史善长编：《弇山毕公年谱》，同治十一年重刊本。

宋翔凤：《朴学斋文录》，咸丰间刊本。

苏惇元编：《方望溪年谱》，上海古籍出版社1983年刘季高点校本。

孙殿起：《贩书偶记》，上海古籍出版社1982年重印本。

孙殿起：《贩书偶记续编》，上海古籍出版社1980年。

孙星衍：《孙渊如先生全集》，光绪二十年长沙王氏刊本。

汤志钧：《庄存与年谱》，台湾学生书局2000年。

汪绂：《双池文集》，道光十四年一经堂刊本。

汪辉祖：《汪龙庄先生遗书》，光绪十二年山东书局刊本。

汪辉祖：《元史本证》，中华书局1984年姚景安点校本。

汪辉祖编：《病榻梦痕录》、《梦痕余录》，《汪龙庄先生遗书》本。

汪喜孙：《孤儿编》、《从政录》，《江都汪氏丛书》本。

汪喜孙编：《容甫先生年谱》，《江都汪氏丛书》本。

汪中：《汪中集》，台湾"中研院"文哲所2000年王清信等点校本。

王昶：《春融堂集》，嘉庆十二年刻本。

王德毅编：《清人别名字号索引》，台湾新文丰出版公司1985年。

王鸣盛：《西庄始存稿》，乾隆三十年刻本。

王念孙：《王石臞先生遗文》，江苏古籍出版社2000年《高邮王氏遗书》本。

王先谦主编：《皇清经解续编》，光绪十四年南菁书院刊本。

王逸明：《武进庄存与庄述祖年谱稿》，学苑出版社2000年《新编清人年谱稿三种》本。

王引之：《王文简公文集》，江苏古籍出版社20000年《高邮王氏遗书》本。

王永祥编：《焦里堂先生年谱》，1933年《焦学三种》本，

王宗炎：《晚闻居士遗集》，道光十一年杭州爱日轩刻本。

魏源：《魏源集》，中华书局1976年排印本。

翁方纲：《复初斋文集》，道光二十六年刊本。

翁方纲编：《翁氏家事略记》，道光刊本《复初斋文集》附录。

吴昌绶编：《龚定盦先生年谱》，光绪间《龚礼部集》附录本。

吴晗辑：《朝鲜李朝实录中的中国史料》，中华书局1980年。

吴骞：《愚谷文存》，《拜经楼丛书》本。

武亿：《授堂文钞》，《丛书集成》本。

徐松：《徐星伯先生小集》，《畑画东堂小品》本。

徐文靖：《管城硕记》，中华书局1998年范祥雍点校本。

严可均：《铁桥漫稿》，道光十八年家刻本。

严可均编：《全上古三代秦汉三国六朝文》，中华书局1958年影印本。

严荣编：《述庵先生年谱》，光绪十八年重刊本。

严元照：《悔庵学文》，光绪间湖州陆氏刻本。

杨椿：《孟邻堂文钞》，嘉庆二十五年刊本。

杨凤苞：《秋室集》，光绪间湖州陆氏刻本。

杨廷福、杨同甫编：《清人室名别称字号索引》，上海古籍出版社1988年；2001年增补本。

杨应芹编：《东原年谱订补》，《戴震全书》本。

姚名达编：《朱筠年谱》，上海商务印书馆1933年铅印本。

姚鼐：《惜抱轩诗文集》，上海古籍出版社1992年刘季高点校本。

姚莹：《东溟文集》，同治六年《中复堂全集》本。

佚名编：《李穆堂先生年谱》，浙江图书馆藏残抄本。

余龙光编：《汪双池先生年谱》，同治五年刊本。

俞正燮：《癸巳类稿》、《癸巳存稿》，道光间刊本。

袁行云：《清人诗集叙录》，文化艺术出版社1994年。

袁枚：《袁枚全集》，浙江古籍出版社1993年王英志主编本。

臧庸：《拜经堂文集》，1930年上元宗氏影印汉阳叶氏旧藏写本。

詹杭伦：《李调元学谱》，天地出版社1997年排印本。

张惠言：《茗柯文编》，上海古籍出版社1984年黄立新点校本。

张鑑等编：《雷塘盦主弟子记》，咸丰间刊本；中华书局1995年黄爱平点校本。

张其锦编：《凌次仲先生年谱》，道光间《校礼堂全集》刊本附录。

张绍南编：《孙渊如先生年谱》，《藕香零拾》本。

张舜徽：《清人文集别录》，中华书局1980年铅印本。

张廷玉：《澄怀园文存》，光绪十七年重刊本。

张廷玉编：《澄怀主人自订年谱》，光绪六年重刊本。

章学诚：《章学诚遗书》，文物出版社1985年整理本。

赵诒琛编：《顾千里先生年谱》，1931年赵氏再刊本。

赵翼：《赵瓯北全集》，光绪三年四川官印刷局刊本。

郑福照编：《方仪卫先生年谱》，同治七年《仪卫轩文集》附。

郑福照编：《姚惜抱先生年谱》，同治七年刊本。

中国第一历史档案馆编：《纂修四库全书档案》，上海古籍出版社1997年。

朱珪：《知足斋文集》，《畿辅丛书》本。

朱珔：《小万卷斋文稿》，光绪十一年重刊本。

朱筠：《朱笥河集》，嘉庆二十年家刻本。

朱锡经编：《朱石君年谱》，嘉庆间家刻本。

庄存与：《味经斋遗书》，道光间刊本。

庄述祖：《珍艺宧文钞》，嘉庆、道光间刊《珍艺宧遗书》本。